U0827335

ZHAOBIAO TOUBIAO CAOZUO SHIWU

（第四版）

# 招标投标操作实务

主编 赵曾海

副主编 李进仓 贾西贝

首都经济贸易大学出版社
Capital University of Economics and Business Press
·北京·

**图书在版编目(CIP)数据**

招标投标操作实务/赵曾海主编. —4版. —北京:首都经济贸易大学出版社,2017.8

ISBN 978-7-5638-2700-8

Ⅰ.①招… Ⅱ.①赵… Ⅲ.①招标—基本知识 ②投标—基本知识 Ⅳ.①F271

中国版本图书馆CIP数据核字(2017)第192384号

**招标投标操作实务(第四版)**
**赵曾海 主编**

**责任编辑** 晓 云
**封面设计** 砚祥志远·激光照排 TEL:010-65976003
**出版发行** 首都经济贸易大学出版社
**地　　址** 北京市朝阳区红庙(邮编100026)
**电　　话** (010)65976483　65065761　65071505(传真)
**网　　址** http://www.sjmcb.com
**E-mail** publish@cueb.edu.cn
**经　　销** 全国新华书店
**照　　排** 北京砚祥志远激光照排技术有限公司
**印　　刷** 北京九州迅驰传媒文化有限公司
**开　　本** 710毫米×1000毫米 1/16
**字　　数** 532千字
**印　　张** 30.25
**版　　次** 2006年7月第1版　2012年5月第2版
2015年1月第3版　2017年8月第4版
2023年8月总第12次印刷
**书　　号** ISBN 978-7-5638-2700-8
**定　　价** 56.00元

# 前言

Foreword

招标投标是商品交易活动的一种最佳的运作方式之一，也是国际上通用的一种经济手段。我国自20世纪80年代初开始逐步实行招标投标制度，先后在利用外国贷款、建设工程发包、机电设备进口、出口商品配额分配、科研课题分配等领域推行。在多年实践的基础上，经过反复总结、提高，结合我国改革开放的实际情况和经济发展、社会进步的需要，第九届全国人民代表大会常务委员会第十一次会议于1999年8月30日通过了《中华人民共和国招标投标法》（以下简称《招标投标法》），并于2000年1月1日起实行。这部法律是我国社会主义现代化建设中的一部重要法律。该法的颁布对于规范招标投标活动，保护国家利益、社会公共利益和招标投标活动当事人的合法权益，提高经济效益，保证项目质量，都具有重要的意义。到目前为止，它是我国对招标投标问题规定得最全面、最完整的法律，对保护国有资产，保护市场正常竞争秩序，防止腐败，完善招标投标制度具有很大的推动作用。根据法律的要求，国家行政机关按部门职责的需要，围绕招标投标在实际操作过程中产生的问题，又制定了许多行政法规，以便于操作。**2011年11月30日国务院第183次常务会议通过《中华人民共和国招标投标法实施条例》，并自2012年2月1日起施行。各地有立法权的人大机关也都制定了地方性法规，以规范招标投标工作**。招标投标工作已逐步深入到我国经济和社会建设的各个领域。

但是，《招标投标法》及其配套规章颁布后，对它的学习、宣传与普及工作还做得很不够，对招标投标法律制度进行研究的工作尤为不足。特别是在经济全球化的今天，为了提高资金使用的效益，确保工程的质量，为了进一步推进政府职能的转变，提高工作效率，为了使我国的经济运行同国际经济通行的运行规则接轨，加强对招标投标问题的研究十分必要。

本书正是试图在对招标投标制度进行深入系统的理论探讨的同时，对招标投标制度中某些内容的应用及实务操作进行具体分析,力争做到理论研究和实务操作的融合并举。全书共分为五编:第一编是招标投标法概论;第二编是招标投标具体法律制度,其中主要介绍了招标主体制度、招标代理制度以及招标、投标、开标、评标及中标中的问题;第三编是各类招标投标操作实务,介绍了几种主要的招投标方法以及律师在招标投标过程中的地位和提供法律服务的主要内容;第四编是招标投标案例分析,介绍了几种典型的案例;第五编是招标投标文件范本,列出了几种不同的版本,供从事应用及实务操作的人员参考和借鉴。本书的最后,附有我国最新的有关招标投标的法律、法规和规章,希望对进行招标投标实务操作的人员能有所帮助。

在本书编写过程中,我们参考了丰富的资料,在内容的取舍和篇章结构的设计上都力求理论性和实用性并重,从而为在招标投标领域提供法律服务及其他相关从业人员提供一本具有现实可操作性的参考用书,同时让更多的人了解和熟悉招标投标的相关理论和法律实务问题。限于作者水平和经验,书中难免有不妥之处,欢迎读者不吝赐教。

囿于篇幅,新增范本已上传至北京首都经济贸易大学出版社有限责任公司官网(www. sjmcb. com),有兴趣的读者可自行下载。

目录 CONTENTS

## 第一编　招标投标法概论



## 第二编　招标投标具体法律制度

## 第三编　各类招标投标操作实务

## 第四编 招标投标案例分析

## 第五编　招标投标文件范本

# 第一编

# 招标投标法概论

# 第一章

# 招标投标概述

## 第一节　招标投标的概念与特点

### 一、招标投标的概念

#### （一）招标投标的界定

招标投标的概念有不同的表述。首先，在国际上，一般是将招标投标作为一个行为整体处理的，如世界银行发布的《国际复兴开发银行贷款和国际开发协会信贷采购指南》就是如此。第二种表述方式则是将招标与投标分开进行界定，这是我国学术界主要的表述方式，如："所谓招标，是指招标人为购买物资、发包工程或进行其他活动，根据公布的标准和条件，公开或书面邀请投标人前来投标，以便从中择优选定中标人的单方行为。所谓投标，是指符合招标文件规定资格的投标人按照招标文件的要求，提出自己的报价及相应回答行为。"第三种表述方式则是采用列举式，界定具体的招投标方式，但不对招投标作直接的概念规定，如《中华人民共和国招标投标法》的规定。

由于招标在招标投标中处于主动的地位，在现实生活中我们有时是使用"招标"一词来代表完整的招标投标过程。例如，各地方的建设工程招标管理办公室实际上管理的是招标投标的全过程。但是，这种理解不为我国规范的汉语和立法所认可，我国的《招标投标法》也把招标与投标理解为交易行为的两个方面。事实上，招标投标首先是一个完整的交易行为，我们首先应当对招标投标作一个整体的定义（因为目前汉语中尚无一个词可以代表完整的招标投标，因此，只能把招标投标理解为一个词），然后再分别对招标和投标进行界定，这样才能对招标投标有一个全面的理解。

综上所述，应当对招标投标作如下界定：招标投标是在市场经济条件下进行大宗货物的买卖、工程建设项目的发包与承包，以及服务项目的采购与提供时，愿意成为卖方（提供方）者提出自己的条件，采购方选择条件最优者成为卖方（提供方）的一种交易方式。招标与投标是相互对应的一对概念，是一个问题的两个方面。具体地说，招标是指招标人对货物、工程和服务事先公布采购的条件和要求，以一定的方式邀请不特定或者一定数量的自然人、法人或者其他组织投标，而招标人按照公开规定的程序和条件确定中标人的行为；投标则是指投标人响应招标人的要求参加投标竞争的行为。

**（二）招标投标的宗旨**

1. 提高经济效益。招标投标首要的宗旨在于提高经济效益，这主要是针对招标人而言的。当招标项目的质量、期限明确后，招标人最为关注的是价格。因此，绝大多数招标项目都要求投标人主要在价格方面展开竞争。因此，提高经济效益是招标投标需要实现的首要宗旨。

2. 提高交易效率。在小型的交易活动中，人们很少考虑交易本身的效率。但在大型的交易活动中，交易效率却是人们必须考虑的问题。招标投标活动能把交易过程中发生的大量的一对一的询价和谈判有效地组织成一对多的形式，达到事半功倍的效果，从而提高交易效率。

**（三）招标投标的标的**

招标投标的标的，是指招标人和投标人双方权利义务所指向的对象。对招标人而言，它是采购的对象；对投标人而言，则是出卖的对象。从国内及国际招标投标活动实践来看，招标投标的标的应当包括货物、工程、服务三类。

1. 货物。货物是指具有一定的物质形态、占有一定空间、具有一定价值和使用价值、用于交易的物质。货物从不同的角度有不同的分类：生活资料和生产资料；种类物和特定物；原物和孳息；动产和不动产；等等。作为货物的不动产与工程不同，是指已经成为成品的建筑产品。招标投标制度是起源于货物招标的，时至今日，货物仍是招标最主要的标的。

2. 工程。工程是指土木建筑或其他生产、制造部门用比较大而复杂的设备来进行的工作，如土木工程、机械工程、化学工程等，因此，建设领域中所指工程仅指施工工程和安装工程两类工程，但以施工为主。在我国，工程建设的支出在政府总支出中所占的比重非常大，在我国的招标投标实践中，也以工程招标执行得最为普遍。

3. 服务。不同的国家、不同的国际机构对服务的理解有很大的差别。例如，世界银行和亚洲开发银行将咨询（包括设计和监理）列入服务范围，而《招标投标法》则规定工程建设项目招标包括勘察、设计和监理。国家财政部 2013 年发布的《政府采购品目分类目录》将服务类采购内容概括为 24 种：①科学研究和试验开发；②信息技术服务；③电信和其他信息传输服务；④租赁服务；⑤维修和保养服务；⑥会议和展览服务；⑦住宿和餐饮服务；⑧商务服务；⑨专业技术服务；⑩工程咨询管理服务；⑪水利管理服务；⑫房地产服务；⑬公共设施管理服务；⑭能源的生产和分配服务；⑮金融服务；⑯环境服务；⑰交通运输和仓储服务；⑱教育服务；⑲医疗卫生和社会服务；⑳文化、体育、娱乐服务；㉑农林牧副渔服务；㉒采矿业和制造业服务；㉓批发和零售服务；㉔其他服务。

### 二、招标投标的特点

招标投标作为一种有效地选择交易对象的市场行为，贯穿了竞争性、公开性和公平性的原则，具有以下特点。

#### （一）程序规范

按照目前各国做法及国际惯例，招标投标的程序和条件由招标机构事先设定并公开颁布，对招标投标双方具有法定约束效力，一般不能随便改变。当事人必须严格按照既定程序和条件并由固定招标机构组织招投标活动。

#### （二）全方位开放，透明度高

招标的目的是在尽可能大的范围内寻找合乎要求的中标者，一般情况下，邀请供应商或承包商的参与是无限制的。在信息发布、中标标准披露以及评标方法和过程等方面，都置于公开的社会监督之下，素有“阳光”事业之称，可以有效地防止不正当的交易行为。

#### （三）公正客观

招标投标全过程自始至终按照事先规定的程序和条件，本着公平竞争的原则进行。在招标公告或投标邀请书发出后，任何有能力或资格的投标者均可参加投标，招标方不得有任何歧视某一个投标方的行为。同样，评标委员会在组织评标时也必须公平客观地对待每一个投标者。

#### （四）交易双方一次性成交

一般交易往往在进行多次谈判之后才能成交。招标采购则不同，禁止双方面对面地讨价还价。采购的主动权掌握在招标方，投标者只能应邀一次性递价，招标方也只能以合理的价格定标。

基于以上特点，招标投标对于获取最大限度的竞争，使参与投标的供应商和承包商获得公平、公正的待遇，提高采购的透明度和客观性，促进采购资金的节约和采购效益的最大化，杜绝腐败和滥用职权，都具有极为重要的作用。

## 第二节　招标投标的产生与发展

### 一、招标投标的产生

招标投标作为一种交易方式，与商品经济的产生和发展有密切的联系。在早期的商品经济时期，个别买主为了获得更多的利润，在开展某项购买业务时，有时会有意识地邀请多个卖主与他接触，借以选出供货价格和质量比较理想的成交对象，这可以说是招标投标的萌芽。招标投标可以说是对这样的交易方式进行规范的结果。比较规范的招标活动最先出现在较大规模的投资项目或大宗物品的购买活动中。19 世纪上半叶属于自由资本主义的上升时期，机器大规模生产的应用从生产方式上为买方经济创造了供给条件，同时，社会专业化分工协作的发展也达到了前所未有的发达程度。这一时期成为现代成熟而独立的招标方式正式产生和发展的时期。

各国的招标投标制度往往都起始于政府采购。其原因有以下两点：一是政府采购的规模比较大，并且政府也有能力将政府各部门分散的采购集中起来；二是政府的采购需要给供应商平等的竞争机会，此外，政府的采购也需要监督，招标投标制度能够较好地实现这一目的。例如：1972 年，美国联邦政府规定，美国联邦政府财政部为政府招标投标采购的责任人；1861 年，美国国会制定法案，要求每一项政府采购至少要有 3 个投标人；1868 年，美国国会通过立法确立公开开标和授予合同的程序。

## 二、招标投标的发展

自第二次世界大战以来，招标投标制度的影响力不断扩大，先是西方发达国家，接着世界银行在货物采购、工程承包中大量推行招标方式。近二三十年来，发展中国家也日益重视和采用设备采购、工程建设招标。招标投标作为一种成熟而高级的交易方式，其重要性和优越性在国内、国际经济活动中日益为各国和各种国际经济组织所广泛认可，进而在相当多的国家和国际组织中得到立法推行。

从制度建设上看，已经有相当多的国家建立了招标投标制度，有的国家甚至有专门的法律，如我国的《招标投标法》。当然，更多的国家是在政府采购法中规定了明确的招标投标制度。世界银行、亚洲开发银行等国际金融机构也都有严格的招标投标制度的规定。

从招标投标的实际操作上看，招标竞争成为政府采购的核心原则，许多国家都有招标投标的详细规定。在美国，1997 年联邦政府采购额达 1 900 亿美元（不含工资支出），占当年国内生产总值（GDP）的比重约为 3%；联邦政府从事政府采购的人员达 45 000 人。新加坡 1995 年的政府采购支出占国内生产总值的比重约为 13%。英国 1997 年的政府采购额为 3 000 亿英镑，占全部财政支出的 24%，占国内生产总值的比重为 12%。绝大多数国家的政府采购支出占本国当年国内生产总值的比重一般在 10% 左右，占年度财政支出的比重一般在

30%以上。由于各国规定的必须招标的金额都较低,因此,大部分政府采购都是通过招标完成的。据统计,发展中国家全部进口物资和劳务的20%～40%(按价值计算)是国家机构通过国际招标输入的。

国际贸易也越来越多地采用招标方式。最具有代表性的是世界贸易组织(WTO)的《政府采购协议》。世界贸易组织的《政府采购协议》是加入世界贸易组织的国家和地区需要签署的诸边协议之一。我国在与欧盟谈判时,欧盟就提出了我国应开放政府采购市场的要求。1996年,我国政府向亚太经济合作组织提交的单边行动计划明确提出,中国政府最迟2020年开放政府采购市场。

## 三、我国招标投标的沿革

### (一)我国招标投标的萌芽

由于我国的商品经济的发展真正始于改革开放之后,而招标投标是成熟商品经济中的一种交易方式,因此,招标投标在我国的起步较晚。据史料记载,我国最早采用招商比价(招标投标)方式承包工程的是1902年张之洞创办的湖北制革厂,5家营造商参加开价比价,结果张同升以1 270.1两白银的开价中标,并签订了以质量保证、施工工期、付款办法为主要内容的承包合同。这是目前可查的我国的最早的招标投标活动。嗣后,1918年汉阳铁厂的两项扩建工程曾在汉口《新闻报》刊登广告,公开招标。1929年,当时的武汉市采办委员会曾公布招标规则,规定公有建筑或一次采购物料在3 000元以上者,均须通过招标决定承办厂商。应当说,在清末和民国时期,并没有形成全国性的招标投标制度。新中国成立后到改革开放前,由于商品经济基本被窒息,招标投标方式也不可能被采用。

### (二)改革开放后招标投标的产生和发展

党的十一届三中全会之后,经济改革和对外开放揭开了我国招标发展历史的新篇章。1979年,我国土木建筑企业最先参与国际市场竞争,以投标方式在中东、亚洲、非洲和我国港澳地区开展国际承包工程业务,取得了国际工程投标的经验与信誉。国务院在1980年10月颁布了《关于开展和保护社会主义竞争的暂行规定》,指出"对一些适宜于承包的生产建设项目和经营项目,可以试行招标、投标的办法"。世界银行在1980年提供给我国第一笔贷款,即第一个大学发展项目时,便以国际竞争性招标方式在我国(委托)开展其项目采购与建设活动。自此之后,招标活动在我国境内得到了重视,并获得了广泛的应用与推广。国内建筑业招标于1981年首先在深圳试行,进而推广至全国各地。国内机电设备采购招标于1983年首先在武汉试行,继而在上海等地广泛推广。1985年,国务院决定成立中国机电设备招标中心,并在主要城市设立招标机构,招标投标工作正式纳入政府职能。从那时起,招标投标方式就迅速在各个行业发展起来。

**(三)建设工程招标投标的产生和发展**

在《招标投标法》颁布以前,各个行业的招标投标制度基本上是各自发展,不同行业的招标投标的规定都有所不同,发展的完善程度也不同。在所有的行业中,以建设工程领域对招标投标制度建设的重视程度为最。其大致的发展过程如下:20 世纪 80 年代,我国招标投标经历了试行——推广——兴起的发展过程,招标投标主要侧重于宣传和试验,还处于探索阶段。20 世纪 80 年代中期,招标管理机构在全国各地陆续成立,有关招标投标方面的法规建设开始起步。1984 年 11 月 20 日国家计委、建设部发布了《建设工程招标投标暂行规定》,提出改变行政手段分配建设任务,实行招标投标,大力推行工程招标承包制。随后,各地也相继制定了适合本地区的招标管理办法,开始探索我国建设工程的招标投标管理和操作程序。但在招标投标制度的初创期间,招标方式基本上以议标为主,在纳入招标管理的项目中,约 90% 是采用议标方式发包的。这种招标方式在很大程度上违背了招标投标的宗旨,不能充分体现竞争机制。招标投标在很大程度上还流于形式,招标的公正性得不到有效监督,工程大多私下交易,暗箱操作,缺乏公开、公平竞争性。20 世纪 90 年代初期到中后期,全国各地普遍加强对建设工程招标投标的管理和规范工作,也相继出台了一系列法规和规章,招标方式已经由以议标为主转变到以邀请招标为主。这一阶段是我国招标投标发展史上重要的阶段,招标投标制度得到了长足的发展,全国的建设工程招标投标管理体系基本形成,为完善我国的招标投标制度打下了坚实的基础。其具体表现有:

第一,全国各省、自治区、直辖市、地级以上城市和大部分县级市都相继设立了招标投标监督管理机构,工程招标投标专职管理人员队伍不断壮大,全国已初步形成招标投标监督管理网络,招标投标监督管理水平正在不断提高。

第二,招标投标法制建设步入正轨,从 1992 年建设部第 23 号令《工程建设施工招标投标管理办法》的发布到 1998 年正式施行《中华人民共和国建筑法》(以下简称《建筑法》),从部分省的《建筑市场管理条例》和《工程建设招标投标管理条例》到各市制定的有关招标投标的政府令,都对全国规范建设工程招标投标行为和制度起到极大的推动作用,特别是有关招标投标程序的管理细则也陆续出台,为招标投标在公开、公平、公正的原则下顺利地进行提供了有力保障。

第三,自 1995 年起在全国各地陆续开始建立建设工程交易中心,它把管理和服务有效地结合起来,初步形成以招标投标为龙头、相关职能部门相互协作的、具有“一站式”管理和“一条龙”服务特点的建筑市场监督管理新模式,为招标投标制度的进一步发展和完善开辟了新的道路。工程交易活动由无形转为有形，由隐蔽转为公开，且信息公开化和招标程序规范化，已有效遏制了工程建设领域的腐败行为，为在全国推行公开招标创造了有利条件。

## 第三节 招标投标的性质与作用

### 一、招标投标的法律性质

招标投标是合同订立的一种方式，因此，要从合同订立的一般原理来认识招标投标中的法律问题。合同是当事人之间意思表示一致的结果，合同的订立一般要经由要约和承诺两个阶段。

要约是一方向另一方提出的愿意按一定的条件同对方订立合同，并含有一旦要约被对方承诺即对提出要约的一方产生约束力的一种意思表示。要约一方称为要约人，对方称为受要约人。一项有效的要约必须符合以下要求：要约必须表明要约人愿意按照要约中所提出的条件同对方订立合同的意思表示；要约的内容必须明确、肯定，即应该包括拟签订合同的主要条件，一旦受要约人表示承诺，就足以成立一项对双方当事人均有约束力的合同；要约必须传达到受要约人才能生效。

要约的约束力包含两个方面的含义：一个是指对要约人的约束力，另一个是指对受要约人的约束力。要约对二者的约束力是不同的。一般地说，要约对于受要约人是没有约束力的。受要约人接到要约，只是在法律上取得了承诺的权利，但并不受要约的拘束，并不因此而承担了必须承诺的义务。不仅如此，在通常情况下受要约人即使不予承诺，也没有通知要约人的义务。所谓要约对要约人的约束力，是指要约人发出要约之后在对方承诺之前能否反悔，能否变更要约的内容，或撤销要约的问题。这个问题主要产生于要约已经到达受要约人之后到受要约人作出承诺之前这段时间。在法律上要把要约与要约邀请区分开来。要约邀请又称要约引诱，其目的虽然也是订立合同，但它本身不是一项要约而是为了邀请对方向自己发出要约。要约与要约邀请的主要区别在于：如果是要约，它一经对方承诺，要约人即须受到约束，合同即告成立；如果是要约邀请，则即使对方完全同意或接受该要约邀请所提出的条件，发出该项要约引诱的一方仍不受约束，除非他对此表示承诺或确认，否则合同仍不能成立。

承诺则是受要约人按照要约所指定的方式，对要约的内容表示同意后的意思表示。承诺的法律效力表现在要约人收到承诺时起合同即为成立。

招标投标的目的在于选择中标人，并与之签订合同。因此，招标是签订合同的具体行为，是要约与承诺的特殊表现形式。招标投标中主要的具体法律行为有招标行为、投标行为和确定中标人行为。

第一,招标行为的法律性质是要约邀请。依据合同订立的一般原理,招标人发布招标通告或投标邀请书的直接目的在于邀请投标人投标,投标人投标之后并不当然要订立合同,因此,招标行为仅仅是要约邀请,一般没有法律约束力。招标人可以修改招标公告和招标文件。实际上,各国政府采购规则都允许对招标文件进行澄清和修改。但是,由于招标行为具有特殊性,采购机构为了实现采购的效率及公平性等原则,在对招标文件进行修改时也往往要遵循一些基本原则。例如,各国政府采购规则都规定,修改应在投标有效期内进行,应向所有投标商提供相同的修改信息,并不得在此过程中对投标商造成歧视。

第二,投标行为的法律性质是要约行为。投标文件中包含有将来订立合同的具体条款,只要投标人承诺(宣布中标)就可签订合同。作为要约的投标行为具有法律约束力,表现在投标是一次性的,同一投标人不能就同一投标进行一次以上的投标;各个投标人对自己的报价负责;在投标文件发出后的投标有效期内,投标人不得随意修改投标文件的内容和撤回投标文件。

第三,确定中标人行为的法律性质是承诺行为。采购机构一旦宣布确定中标人,就是对中标人的承诺。采购机构和中标人各自都有权利要求对方签订合同,也有义务与对方签订合同。另外,在确定中标结果和签订合同前,双方不能就合同的内容进行谈判。

## 二、招标投标的作用

在招标投标实际过程中,有许多招标人并不具备招标项目的实际管理能力,也不了解招标投标保证招标项目质量的法律意义;把招标变为单纯压低报价的手段,使一些不符合资质条件的供应商或承包商乘机以最低价中标。这种情况造成实际招标项目施工过程中的标准降低、粗制滥造,进而引起一系列的招标项目工程质量问题和施工安全事故。这是对招标投标的作用认识不够造成的。简而言之,招标投标的作用有以下几方面:

第一,确定最佳的承发包、买卖、服务合同关系。由于招标投标有前面所述的四个方面的特点,所以通过它能获得最大限度的竞争,因而,对于招标人采购的工程、货物和服务来讲,就能确定最佳的承发包、买卖、服务合同关系。

第二,以最少的资金投入,采购到优质的工程、货物和服务。由于获得最大限度的竞争,所以能促进采购资金的节约和采购效益的最大化,因而能以最少的资金投入,采购到优质的工程、货物和服务。

第三,缩短项目建设工期、确保项目工程质量、提高投资效益。由于获得最大限度的竞争,确定了最佳的承发包、买卖、服务合同关系,能够缩短项目建设工期、确保项目工程质量、提高投资效益,杜绝腐败和滥用职权。

# 第二章

# 招标投标法概述

## 第一节　招标投标法的概念及我国的立法概况

### 一、招标投标法的概念

招标投标法是国家用来规范招标投标活动、调整在招标投标过程中产生的各种关系的法律规范的总称。按照法律效力的不同，我国招标投标法律规范分为三个层次：第一层次是由全国人民代表大会及其常务委员会颁布的法律，如《招标投标法》；第二层次是由国务院颁发的招标投标行政法规以及有立法权的地方人民代表大会颁发的地方性法规，如《中华人民共和国招标投标法实施条例》；第三层次是由国务院有关部门颁发的招标投标的部门规章以及有立法权的地方人民政府颁发的地方性招标投标规章，如商务部颁发的《机电产品国际招标投标实施办法（试行）》、财政部颁发的《政府采购非招标采购方式管理办法》等。《招投标法》是属第一层次上的，即由全国人民代表大会及其常务委员会制定和颁布的。《招标投标法》是社会主义市场经济法律体系中非常重要的一部法律，是整个招标投标领域的基本法，一切有关招标投标的法规、规章和规范性文件都必须与《招标投标法》相一致。

### 二、我国招标投标立法现状

从20世纪80年代初开始，我国先后在国家基本建设项目、机械成套设备、进口机电设备、科研课题、出口商品配额、项目融资等领域推行招标投标制度。经过20多年的实践，我们不断摸索和积累经验，并借鉴国外的通行做法，相继制定和颁布了一些部门和地方性法规或规章，对指导和规范招标投标工作起了重要作用。在国家基本建设项目方面。早在1984年，国家计委与建设部就发布了《建设工程招标投标暂行规定》，率先在工程建设领域推行招标投标。此后，又先后发布了《国家计委、建设部建设工程设计招标投标暂行办法》《建设部工程建设施工招标投标管理办法》《国家计委关于加强国家重点建设项目大型建设项目招标投标管理的通知》等。1997年,国家计委在系统总结实践经验的基础上,顺应社会主义市场经济体制的发展要求,制定并发布了《国家基本建设大中型项目实行招标投标的暂行规定》,这个规定是我国目前基本建设项目招标中具有基本规范和指导意义的法规性文件。

此外,其他有关部门也颁布了相应行业项目建设的招标投标规定,如铁道部的《铁道工程勘测设计招标实施办法》,电力部的《电力工程施工招标投标管理规定(暂行)》,广电部的《关于加强广播电影电视工程设计施工招标管理工作的规定》,等等。

近两年,我国招标投标立法呈现加快的趋势,主要表现有:

1. 2011年11月30日,为全面规范招标投标活动,《中华人民共和国招标投标法实施条例》通过并予公布,自2012年2月1日起施行。

2. 2012年4月2日,为提高政府投资效益,加强对中央投资项目招标代理机构的监督管理,规范招标代理行为,提高招标代理质量,防止腐败行为,国家发展和改革委员会颁布实施《中央投资项目招标代理资格管理办法》。

3. 2012年6月1日,为规范机电产品国际招标市场秩序,加强机电产品国际招标机构资格管理,国家商务部颁布实施《机电产品国际招标机构资格管理办法》。

4. 2012年11月27日,交通运输部为规范水运工程建设项目招标投标活动,保护招标投标活动当事人的合法权益,保证水运工程建设项目的质量,通过了《水运工程建设项目招标投标管理办法》,并于2013年2月1日起开始施行。

5. 2013年2月4日,为规范电子招标投标活动,促进电子招标投标健康发展,国家发展和改革委员会、工业和信息化部、监察部、住房城乡建设部、交通运输部、铁道部、水利部、商务部联合制定了《电子招标投标办法》及相关附件,并于2013年5月1日起开始施行。

6. 2014年2月19日,为加强和规范铁路建设工程招标投标监督管理工作,国家铁路局颁布了《铁路建设工程招标投标监管暂行办法》,并于2014年3月1日起开始施行。

7. 2014年2月21日,为规范机电产品国际招标投标活动,保护国家利益、社会公共利益和招标投标活动当事人的合法权益,提高经济效益,保证项目质量,国家商务部通过了《机电产品国际招标投标实施办法(试行)》,并于2014年4月1日起开始实施。

8. 2014年5月4日,为了规范通信工程建设项目招标投标活动,国家工业和信息化部颁布了《通信工程建设项目招标投标管理办法》,并于2014年7月1

日起施行。

## 三、我国《招标投标法》的制定

《招标投标法》是我国市场经济法律体系中一部重要的法律。它的颁布，是我国改革开放 30 多年来法制建设所取得的重要成果，是我国市场化进程的重大突破。这部法律的通过和实施必将对我国的市场化进程起到极大的推动作用，对我国的投资融资体制产生深刻的影响。

招标投标是商品交易活动的一种运作方式。它是伴随着社会经济的发展而产生，并不断发展的高级的、有组织的、规范的交易运作方式。在当今强调竞争与效率的世界经济活动中，已越来越多地受到重视并被广泛采用。招标投标充分发挥了市场经济运作机制的作用，实现了时间的节约、资金的节约、劳动的节约，最终实现资源的优化配置。

制定和实施《招标投标法》，将是我国建立和完善社会主义市场经济体制的重大举措，是进一步扩大对外开放，将我国经济融入世界经济贸易体系的重大步骤。《招标投标法》将为我国国有企业、集体企业、"三资"企业和个体私营企业提供平等竞争的环境和机遇，从而为我国经济的持续快速发展注入新的活力。

20 多年来，招标在我国从无到有，从小到大，发展得非常迅速。但是，也存在一些问题，主要表现为：①推行招标投标的力度不够，不少单位不愿意招标或者想方设法规避招标。②招标投标程序不规范，做法不统一，漏洞较多，不少项目有招标之名而无招标之实。③招标投标中的不正当交易和腐败现象比较严重，招标人虚假招标、私泄标底，投标人串通投标、贿赂招标，中标活动的行政干预过多。④有的招标人既是管理者也是经营者；有的国家机关随意改变中标结果，指定招标代理机构或者中标人。⑤行政监督体制不健全，职责不清，一些地方和部门自定章法，各行其是，在一定程度上助长了地方保护主义和部门保护主义，有的地方和部门甚至只允许本地方、本系统的单位参加投标，限制公平竞争。上述问题，应尽快通过立法加以解决。当前，国家加大投资力度，加快基础设施建设，以此拉动国民经济持续增长。在这种形势下，提高资金使用效益，确保工程质量，更成为当务之急。因此，实施《招标投标法》，推广招标投标制度，规范招标投标行为，发挥招标投标的积极作用，不仅是非常必要的，而且是十分迫切的。

从 1994 年 6 月起，原国家计委受全国人民代表大会委托，成立了由国家经贸委、国家科委、建设部、内贸部、外经贸部等部门参加的《招标投标法》起草领导小组。经过两年多的工作，完成了送审稿的起草任务，于 1996 年 7 月上报国务院审议。1999年3月,国务院第十五次常务会议讨论并原则通过后,向全国人民代表大会常务委员会提交议案,提请审议《招标投标法》草案。此后举行的第九届全国人民代表大会常务委员会第九次、第十次会议对这部草案进行了初审和再审,并提出了有针对性的修改意见。会后,法律委员会还多次召开会议,根据人民代表大会常务委员会及各方面的意见,对草案进行修改,并将修改后的草案提交第九届全国人民代表大会常务委员会第十一次会议审议通过。

## 四、《招标投标法》的现实意义

《招标投标法》从我国国情出发,总结了招标投标活动20年来的经验与教训,充分体现了保护国家利益和社会公共利益,规范招标投标活动的立法宗旨。

### (一)确立了强制招标制度

由于招标在提高经济效益和保证项目质量方面作用显著,世界各国和主要国际组织都规定,某些类型的采购项目,凡达到一定数额的,必须通过招标进行,否则采购单位要承担法律责任。在借鉴国际惯例和考虑我国国情的基础上,我国法律规定:大型基础设施、公用事业等关系社会公共利益、公众安全的项目,全部或部分使用国有资金投资及国家融资的项目,使用国际组织或外国政府贷款、援助资金的项目,包括勘察、设计、施工、监理以及与工程建设有关的重要设备、材料等的采购,必须进行招标。

### (二)确立了公开招标和邀请招标两种招标方式

公开招标是指招标人以招标公告的方式邀请不特定的法人或者其他组织投标。邀请招标是指招标人以投标邀请书的方式邀请特定的法人或其他组织投标。我国法律规定,国家重点项目和地方重点项目应当进行公开招标,不适宜公开招标的,经国务院发展计划部门或省、区、市人民政府批准,可以进行邀请招标。

### (三)确立了招标人自行招标和招标代理机构代理招标两种制度

法律规定,招标人有权自行选择招标代理机构,委托其办理招标事宜;招标人具有编制招标文件和组织评标能力的,可以自行办理招标事宜。任何单位和个人不得以任何方式为招标人指定招标代理机构,或强制其委托招标代理机构办理招标事宜。依法必须进行招标的项目,招标人自行办理招标事宜的,应向有关行政监督部门备案。

### (四)确立了公开、公平、公正的招标投标程序

我国法律规定,招标投标活动中必须遵循公开、公平、公正和诚实信用的原则,并从这一原则出发,规定了招标、投标、开标、评标、定标各环节应遵守的程序性规则。例如,公开招标必须发布公告,邀请招标必须发出投标邀请书;招标

文件中要详细说明拟采购的货物、工程或服务的技术规格和选定中标者的标准；在提交投标文件截止时间的同一时间公开开标；招标人依法组建评标委员会评标，评标委员会由招标人的代表和有关技术、经济等方面的专家组成，专家必须符合法定条件；招标人根据评标委员会推荐的中标候选人确定中标人，或授权评标委员会直接确定中标人，并与中标人自中标通知书发出之日起 30 日内订立合同；中标人应按合同完成中标项目，不得向他人转让，或将中标项目的主体、关键性工作分包给他人完成等。

**（五）确立了行政监督体制**

我国法律规定，有关行政监督部门依法对招标投标活动实施监督，依法查处招标投标活动中的违法行为。监督内容包括：必须招标的项目是否进行了招标，是否选择了有利于竞争的招标方式，是否严格执行了法律规定的程序，是否体现了“三公”原则等。同时，也对各种行政干预或限制作出了禁止性规定，如任何单位和个人不得违法限制或排斥本地区、本系统以外的法人或组织参加投标，不得以任何方式非法干涉招标投标活动；招标代理机构与行政机关和其他国家机关不得存在隶属关系或其他利益关系；任何单位和个人不得非法干预、影响评标过程和结果。

《招标投标法》作为我国市场经济法律体系的一部基本法，规范了市场主体在市场经济活动中的基本准则，这种国际通行的市场准入和市场运作规则，必将加速经济全球化，使我国经济进一步融入世界经济之中。我国改革开放的进一步深化，将会使国内市场经济更加规范和完善，招标投标法规的建立和实施将有助于创造出更为有利的社会条件。

## 五、招标投标法实施条例

2011 年 11 月 30 日，国务院常务会议审议通过了《中华人民共和国招标投标法实施条例》并于 2017 年 3 月 1 日起完成修订。针对当前招标投标领域一些项目规避招标或者搞“明招暗定”的虚假招标、有的领导干部利用权力插手干预招标投标、当事人互相串通转标串标等突出问题，在总结实践经验基础上，该条例对《招标投标法》作出进一步细化，起到保障公开公平公正、预防和惩治腐败、维护招标投标正常秩序的作用。

一是进一步明确了应当公开招标的项目范围。凡属国有资金占控股或者居主导地位的依法必须招标的项目，除法律、行政法规定的特殊情形外，都应当公开招标。

二是充实细化了防止虚假招标的规定。禁止以不合理条件和不规范的资格审查办法限制、排斥投标人。不得对不同的投标人采取不同的资格审查或者评标标准,不得设定与招标项目具体特点和实际需要不相适应或者与合同履行无关的资格审查和中标条件,不得以特定业绩、奖项作为中标条件,不得限定特定的专利、商标、品牌或供应商等。

三是完善了评标委员会成员选取和规范评标行为的规定。除招标投标法规定的特殊招标项目外,评标委员会的专家成员应当从评标专家库内相关专业的专家名单中以随机抽取的方式确定。国家工作人员以任何方式非法干涉选取评标委员会成员的,依法追究法律责任。评标委员会成员不得私下接触投标人,不得收受投标人给予的财物或者其他好处,不得向招标人征询确定中标人的意向,不得接受任何单位及个人提出的倾向或排斥特定投标人的要求,不得有其他不客观、不公正履行职务的行为;收受财物或者其他好处的,处以罚款、取消资格,构成犯罪的依法追究刑事责任。

四是进一步明确了防止招标人串通搞权钱交易的规定。招标结束后依法订立的合同,主要条款应当与招标文件、中标人投标文件的内容一致,招标人和中标人不得再行订立背离合同实质性内容的其他协议。

五是强化了禁止利用权力干预、操纵招标投标的规定。禁止国家工作人员以任何方式非法干涉招标投标,违反规定的依法给予处分,构成犯罪的依法追究刑事责任。

六是完善了防止和严惩串通投标、弄虚作假骗取中标行为的规定。有这些行为的,中标无效,没收违法所得,处以罚款,情节严重的取消一定期限内的投标资格,直至吊销营业执照,构成犯罪的依法追究刑事责任。

## 第二节　招标投标法的调整对象和适用范围

### 一、招标投标法的调整对象

招标投标法的调整对象是招标投标活动,即招标人对货物、工程和服务事先公布采购条件和要求,吸引众多投标人参加竞争,并按规定程序选择交易对象的行为。货物,是指各种各样的物品,包括原材料、产品设备和固态、液态或气态物体和电力,以及货物供应的附带服务。工程,指各类房屋和土木工程建造、设备安装、管道线路敷设、装饰装修等建设以及附带的服务。服务,是指除货物和工程以外的任何采购对象,如勘察、设计、咨询、监理等。另外,《招标投标法》第七条对行政监督作了规定,因此,加强对招标投标活动的监督也是非常重要的一个内容。总之,招标投标法的调整对象既包括招标、投标、开标、评标、定标等各个环节的活动,也包括政府部门对招标投标活动的行政监督、规范。

## 二、招标投标法的适用范围

明确规定法律的调整范围，即法律所调整和规范的社会关系，是立法的基本原则之一。每一部法律因调整和规范的社会关系不同，也就有各自不同的调整范围。从《招标投标法》的规定看，《招标投标法》适用于在中华人民共和国进行的一切招标投标活动。不仅包括《招标投标法》列出必须进行招标的活动，而且包括必须招标以外的所有招标投标活动。也就是说，凡是在中国境内进行的招标投标活动，不论招标主体的性质、招标采购项目的性质如何，都要适用《招标投标法》的有关规定。

### （一）关于招标主体范围

在我国，从保护国有资产的原则出发，将国家机关、国有企事业单位及其控股的公司作为招标的主体，已被各种招标投标法规所确定。一般来讲，国家机关、国有企事业单位（包括其控股的公司）在进行国家基本建设大中型项目建设时，都是招标的主体。目前，在我国某些招标投标规定中，还将其他性质的企业也列入招标主体的范围。

### （二）关于招标标的范围

招标标的涉及的范围广，而且各国经济和贸易的发展状况各有千秋，招标标的往往会随着各国现实情况的变化而不断被修正。一个共同的发展趋势是，招标标的的范围逐渐扩大，从过去单一的实物形态项目转向全方位的实物形态和知识形态项目，新产品开发、设备改造、科研课题、勘察设计、科技咨询等知识形态的服务项目招标不断拓展。从我国的情况来看，在货物方面，招标标的主要是机电设备和机械成套设备；在工程方面，招标标的主要是建筑安装；在服务方面，招标标的主要是科研课题、工程监理、代理招标等。

在国际范围的招标中，各国法律都对招标标的的范围特别是服务项目范围，根据其参加的条约、协议规定或根据互惠、对等原则进行一定的限制，以保护本国投标人的利益。例如，欧盟在加入《政府采购协议》时，承诺适用于协议条款的服务范围是：银行和金融、保险、卫生服务、道路运输、铁路运输、城市运输、海洋运输、内陆水运、港口、机场、旅游、客货运输、宾馆和餐饮、维修、研究和开发、健康、住房等；美国也提出了大致对应的报价单。在此之外的服务，或者谈判双方根据对等原则互不开放的服务，都不得对外开放。我国在这方面尽管还未作出明确的例外或保留，但也作了原则性规定。例如，《国家基本建设大中型项目实行招标投标的暂行规定》规定，建设项目经批准采取国际招标的，“除按本规定招标外，还应遵从国家有关对外经济贸易的法律、法规”。

### （三）关于招标限额

目前，我国对货物和服务项目的招标限额基本没有法规规定，而对工程施工招标限额的规定则不尽一致。实践情况是,在工程招标限额方面,全国平均控制在建筑面积 1 000 平方米或投资额 100 万元人民币以上;在货物方面,据统计,国内机电设备的招标采购合同额大部分在 50 万元~100 万元;至于服务,也基本上与货物适用一个限额标准。因此,在我国目前通行掌握的招标限额大致为:①合同估价在 50 万元人民币以上的货物和服务;②建筑面积在 1 000 平方米以上或投资额在 100 万元人民币以上的工程;③法律、法规规定的其他必须实行招标的货物、工程或服务。需要说明的是,这些招标限额是指单项合同的金额,而且不可能一成不变,应在一定时期内由政府作出适当调整。

## 三、《招标投标法》的效力范围

《招标投标法》的调整范围,仅限于在中华人民共和国境内发生的招标投标活动。对这一规定,主要应从以下几个方面理解。

### (一)《招标投标法》的空间效力

《招标投标法》适用于中华人民共和国全部领域。但是,有几点需要特别注意:一是这里的"境内"从领土范围上说包括香港、澳门,但是由于我国对香港、澳门特别行政区实行"一国两制",根据《香港特别行政区基本法》第 18 条、《澳门特别行政区基本法》第 18 条之规定,全国性法律除列入"基本法"附件三者外,不在特别行政区实施。《招标投标法》不在实施之列。二是《招标投标法》只适用于在中国境内进行的招标投标活动,包括国家机关(各级权力机关、行政机关和司法机关及其所属机构)、国有企事业单位、外商投资企业、私营企业等种类主体进行各类活动的基本法,在招标立法体系中居于最高的地位,部门性和地方性的法规、规章不得与其相抵触。

### (二)《招标投标法》的时间效力

《招标投标法》的时间效力涉及以下几个方面:法律何时生效? 何时失效?《招标投标法》是否适用于其生效前的行为,即法律是否有溯及力?

法律生效的时间有几种不同的情况:有的法律自颁布之日起生效;对于某些较为重要和复杂的法律,为了保证公众对其有一个熟悉的过程,往往自颁布后的一段时间开始生效。根据《招标投标法》第 68 条的规定,《招标投标法》自 2000 年 1 月 1 日起生效。

法律的生效时间还涉及法律的溯及力问题,即新颁布的法律对于其生效前发生的行为是否适用。一般说来,法律以不具有溯及力为原则,以具有溯及力为例外。具体到《招标投标法》而言,我们认为《招标投标法》不具有溯及力。对于本法生效前发生的行为,适用原有的法律规定;原来的法律没有规定,可参照本法。本法生效前判决的案子,在本法生效后当事人提出上诉的,法院应按照原有的法律进行审理。

法律在时间上的效力范围还涉及法律何时失效的问题。有的法律在条文中明确规定了其适用的期间，期间届满自动失效。但大多数法律不在条文中明确规定其失效的时间，法律自何时失效，一般由新颁布的相关法律规定。也有些法律会因客观情况发生了变化而自然失效。可以认为，在被新法律代替或明确宣布废止前，《招标投标法》将一直有效。

## 四、强制招标范围

《招标投标法》第3条规定："在中华人民共和国境内进行下列工程建设项目包括项目的勘察、设计、施工、监理以及与工程建设有关的重要设备、材料等的采购，必须进行招标：（一）大型基础设施、公用事业等关系社会公共利益、公众安全的项目；（二）全部或者部分使用国有资金投资或者国家融资的项目；（三）使用国际组织或者外国政府贷款、援助资金的项目。前款所列项目的具体范围和规模标准，由国务院发展计划部门会同国务院有关部门制订，报国务院批准。法律或者国务院对必须进行招标的其他项目的范围有规定的，依照其规定。"

《招投标法实施条例》第3条进一步明确规定："依法必须进行招标的工程建设项目的具体范围和规模标准，由国务院发展改革部门会同国务院有关部门制订，报国务院批准后公布施行。"

从上可以看出，《招标投标法》中规定的强制招标范围，主要着眼于"工程建设项目"，而且是工程建设项目全过程的招标，包括从勘察、设计、施工、监理到设备、材料的采购。工程勘察，指为查明工程项目建设地点的地形地貌、土层土质、岩性、地质构造、水文条件和各种自然地质现象而进行的测量、测绘、测试、观察、地质调查、勘探、试验、鉴定、研究和综合评价工作。工程设计，指在正式施工之前进行的初步设计和施工图设计，以及在技术复杂而又缺乏经验的项目中所进行的技术设计。工程施工，指按照设计的规格和要求建造建筑物的活动。工程监理，指业主聘请监理单位，对项目的建设活动进行咨询、顾问、监督，并将业主与第三方为实施项目建设所签订的各类合同履行过程，交其负责管理，法律之所以将工程建设项目作为强制招标的重点，是因为当前工程建设领域发生的问题较多，在社会生活中产生了很坏的影响。其中很重要的一个原因，就是招标投标推行不力，程序不规范，由此滋生了大量的腐败行为。据有关部门调查，在工程建设项目中，勘察、设计、监理单位的选择采取指定方式占有一定的比例；设备、材料采购中只有部分进行了招标，其余均由业主或承包商直接采购；施工环节虽然大部分采取了招投标的形式，但许多未严格按公开、公平、公正原则进行。因此,实行规范招标投标制度是十分迫切的。基于资金来源和项目性质方面的考虑,法律将强制招标的项目界定为以下几项。

**(一)大型基础设施、公用事业等关系社会公共利益、公众安全的项目**

这是针对项目性质作出的规定。通常来说,所谓基础设施,是指为国民经济生产过程提供基本条件的设施,可分为生产性基础设施和社会性基础设施。前者指直接为国民经济生产过程提供的设施,后者指间接为国民经济生产过程提供的设施。基础设施通常包括能源、交通运输、邮电通信、水利、城市设施、环境与资源保护设施等。所谓公用事业,是指为适应生产和生活需要而提供的具有公共用途的服务,如供水、供电、供热、供气、科技、教育、文化、体育、卫生、社会福利等。从世界各国的情况看,由于大型基础设施和公用事业项目投资金额大、建设周期长,基本上以国家投资为主,特别是公用事业项目,国家投资更是占了绝对比重。从项目性质上说,基础设施和公用事业项目大多关系社会公共利益和公众安全,为了保证项目质量,保护公民的生命财产安全,各国政府普遍要求制定相关的法律,即使是私人投资于这些领域,也不例外。

**(二)全部或部分使用国有资金投资或者国家融资的项目**

这是针对资金来源作出的规定。国有资金,是指国家财政性资金(包括预算内资金和预算外资金),国家机关、国有企事业单位的自有资金。其中,国有企业是指全民所有制企业、国有独资公司及国有控股企业,国有控股企业包括国有资本占企业资本总额50%以上的企业以及虽不足50%,但国有资产投资者实质上拥有控制权的企业。部分使用国有资金的项目,是指一切使用国有资金(不论其在总投资中所占比例大小)进行的建设项目。国家融资的建设项目,是指使用国家通过对内履行政府债券或向外国政府及国际融资机构举借主权外债筹集资金进行的建设项目。这些以国家信用为担保筹集,由政府统一筹措、安排、使用、偿还的资金也应视为国有资金。

**(三)使用国际组织或者外国政府贷款、援助资金的项目**

如前所述,这类项目必须招标,是世界银行等国际金融组织和外国政府所普遍要求的。我国在与这些国际组织或外国政府签订的双边协议中,也对这一要求给予了认可。另外,这些贷款大多属于国家的主权债务,由政府统借统还,在性质上应视同为国有资金投资。从我国目前的情况看,使用国际组织或外国政府贷款,基本上用于基础设施和公用事业项目。基于上述原因,《招标投标法》将这类项目列入强制招标的范围。

需要指出的是,上述项目只是一个大的、概括的范围。项目的具体范围和规模标准,即投资额多大的项目需要招标,何种性质的工程需要招标,采购额多大的设备、材料需要招标,什么品种的设备、材料需要招标,由国务院发展计划部门会同国务院有关部门制定，报国务院批准后发文公布施行。

**（四）法律或者国务院规定的其他必须招标的项目**

随着招标投标制度的逐步建立和推行，我国实行招标投标的领域不断拓宽，强制招标的范围还将根据实际需要进行调整。因此，除《招标投标法》外，其他法律和国务院对必须招标的项目有规定的，也应纳入强制招标的范围。

## 第三节 招标投标活动的原则

“公开、公平、公正和诚实信用”，是招标投标活动必须遵循的最基本的原则，违反这一基本原则，招标投标就失去了本来的意义。《招标投标法》有关招标投标的各项规定，都是为了保证这一基本原则的贯彻而制定的。

从国际上来看，招标投标活动应当遵循公开、公平、公正和诚实信用的原则。如《联合国货物、工程及服务采购示范法》规定应给予所有供应商和承包商以公正和平等的待遇。《指南》规定了采购过程应当有高度的透明度，所有世界银行成员国的投标商都可参加由世界银行资助的项目投标活动，并应给予平等待遇。关税与贸易总协定乌拉圭回合达成的世界贸易组织《政府采购协议》也规定了透明度原则，并规定非歧视原则是政府采购适用的重要原则。《欧盟指令》将在共同体范围内增加采购程序和活动的透明度作为指令促进的目标之一，通过在欧洲联盟的合同广告来实现采购的透明度，还规定非歧视原则是政府采购适用的重要原则。

### 一、公开原则

公开原则就是要求招标投标活动具有高的透明度，实行招标信息、招标程序公开，公开开标，公开中标结果，使每个投标者获得相同的信息，知悉招标的一切条件和要求。

公开原则是招标投标应当遵循的最主要的原则，主要指四个方面要公开：

**（一）进行招标的信息要公开**

招标人采用公开招标方式的应当发布招标公告，必须通过国家指定的报刊、信息网络或其他公共媒介发布；需要进行资格预审的，应当发布资格预审公告；采用邀请招标方式的，招标方应当向三个以上的特定的法人或其他组织发出邀请书。招标公告、资格预审公告和招标邀请书应当载明的信息通常应当包括：招标方的名称、地址；招标采购货物的性质、数量和交货地点；或拟定工程的性质、地点，或所需提供服务的性质和提供的地点；提供招标文件的时间、地点和收取的费用；等等。在发布招标公告、发出招标邀请书的基础上，还应按照招标公告或招标邀请书中载明的时间和地点,向有意参加投标的承包商、供应商提供招标文件。招标文件应当载有为供应商、承包商作出投标决策、进行投标准备所必需的资料,以及其他为保证招标投标过程公开、透明的有关信息,通常应当包括:关于编写投标文件的说明,以避免投标者因其提交的投标文件不符合要求而失去中标机会;投标者为证明其资格而必须提交的有关资料;采购项目的技术、质量要求,交货、交工或提供服务的时间、地点;投标有效期,即投标者应受其投标条件约束的期间;开启投标书的时间、地点和程序;对投标书的评审程序和确定中标的标准等。招标人对已发出的招标文件进行必要的澄清或修改的,应当以书面方式通知所有招标文件收受人。

### (二)开标的程序要公开

开标应当公开进行,所有的潜在投标人或其代表均不参加开标,开标的时间和地点应当与事先提供给所有投标人的招标文件上载明的时间和地点相一致,以便投标人按时参加;开标时应当由投标人或其选出的代表检查投标文件的密封情况,经确认无误后,由工作人员当众拆封,以唱读的方式,报出各投标人的名称、投标价格等投标书的主要内容,并作好记录,存档备查。招标人在招标文件中载明的提交投标文件的截止日期前收到的所有投标文件,开标时都应当众予以拆封、宣读,对在投标截止日期以后收到的投标书,招标人应当拒收。

### (三)评标的标准要公开

评标的标准和办法应当在提供给所有投标人的招标文件中载明,评标应当按照招标文件载明的办法和标准进行,不得采用招标文件未列明的任何标准和办法。招标人不得与投标人就投标价格、招标方案等实质性内容进行谈判。

### (四)中标的结果要公开

确定中标人后,招标人应当向中标人发出中标通知书,并同时将中标结果通知所有未中标的投标人。未中标的投标人对中标结果有异议的,有权向招标人提出或向有关行政监督部门提出投诉。

应当把招标投标的信息在新闻媒体和招标文件中公开,表明招标工程的技术要求、投标资格、活动程序等,做到公开透明,以便各方面监督,使所有符合条件的承包商都有机会参与投标竞争。

## 二、公平、公正原则

公平原则就是要求给予所有投标人平等的机会,使他们享有同等的权利并履行相应的义务,不歧视任何一方。

公正原则就是要求评标时按事先公布的标准对待所有的投标人。对招标方来说,要求客观地按照事先公布的条件和标准对待各位投标人,必须严格按照公开招标的条件和程序办事,同等地对待每一个投标者,不得厚此薄彼。例如:招标方应向所有的投标人提供相同的招标信息;招标方对招标文件的解释和澄清应提供给所有的投标人;对所有投标人的资格审查应适用相同的标准和程序;提供招标投标担保的要求应同样适用于每一投标者;对采购标的的技术、质量要求应尽可能采用通用的标准,不得以标明特定的商标、专利等形式倾向某一特定的投标人,排斥其他投标人;所有投标人都有权参加开标会;所有在投标截止日期前收到的投标都应当在开标时当众打开;对所有在投标截止日期以后送到的投标书都应拒收;与投标人有利害关系的人员不得作为评标委员会成员;中标标准应当尽可能量化,并严格按既定的评标程序对所有的投标进行评定,按既定的中标标准确定中标者;不得向任何投标人泄露标底或其他可能妨碍公平竞争的信息。对投标方来说,应当以正当的手段参加投标竞争,不得串通投标,不得有向招标方及其工作人员行贿、提供回扣或给予其他好处等不正当竞争行为。对招标方与投标方之间的关系来说,双方在采购活动中地位平等,任何一方不得向另一方提出不合理的要求,不得将自己的意志强加给对方。

总之,公平、公正原则是指对待所有的投标人的条件和标准公平、公正,只有这样,才能真正体现市场经济的公平性,才能公平地对待各个投标人。

### 三、诚实信用原则

诚实信用原则,就是要求招标投标当事人应以诚实、守信的态度行使权利,履行义务,以维持双方的利益平衡以及自身利益与社会利益的平衡。在当事人之间的利益关系中,诚信原则要求尊重他人利益,以对待自己事务的态度对待他人事务,保证彼此都能得到自己应得的利益。在当事人与社会的利益关系中,诚实信用原则要求当事人不得通过自己的活动损害第三人和社会的利益,必须在法律范围内以符合其社会经济目的的方式行使自己的权利。

招标投标是以订立采购合同为目的的民事活动,必须遵守“诚实信用”这一民事活动原则和民事基本法律原则。招标投标各方在招标投标中都要诚实守信,不能有欺诈、失信行为。对违反“诚实信用”原则给他方造成的危害或损失,应该承担赔偿责任或法律责任。

## 第四节 招标投标的程序

根据国际社会有关招标规则和我国一系列招标法规,一般来说,招标投标需经过招标、投标、开标、评标和定标等程序。

## 一、招标

招标人采用公开招标方式的，应当发布招标公告。依法必须招标的项目的招标公告，应当通过国家指定的报刊、信息网络或者其他媒介发布。国家计委2000年7月1日发布第4号令，根据国务院授权，指定《中国日报》《中国经济导报》《中国建设报》《中国采购与招标网》为发布依法必须招标项目招标公告的媒介。其中，依法必须招标的国际招标项目的招标公告在《中国日报》上发布。招标公告应当载明招标人的名称、地址和招标项目的性质、数量、实施地点和时间以及获取招标文件的办法等事项。招标人采用邀请招标方式的，应当向3个以上具备承担招标项目能力、资信良好的特定的法人或者其他组织发出投标邀请书；采用议标程序的，应当向两个以上具备相应能力并有投标兴趣的特定法人或其他组织发出投标邀请书。投标邀请书应当载明的事项与招标公告相同。招标人可以根据招标项目本身的要求，在招标公告或投标邀请书中，要求潜在投标人提供有关资质证明文件和业绩情况，并对潜在投标人进行资质审查；国家对投标人的资格条件有规定的，依照其规定。招标人不得以不合理的条件限制或者排斥潜在投标人，不得对潜在投标人实行歧视待遇。

招标人应当根据招标项目的特点和需要编制招标文件，载明招标项目的技术要求、对投标人资格审查的标准、投标报价要求和评标标准等所有实质性要求和条件，以及拟签订合同的主要条款等事项，并且按照招标公告或投标邀请书规定的时间、地点出售。招标文件售出后不得退还。除不可抗力原因外，招标人在发布招标公告或发出投标邀请书后不得终止招标。招标文件应当采用国际或者国内公认的技术和标准，不得要求或标明特定的生产供应者以及含有倾向或者排斥潜在投标人的其他内容。国家对招标项目的技术标准有规定的，招标人应当按照其规定在招标文件中提出相应要求。招标项目需要划分标段、确定工期的，招标人应当合理划分标段、确定工期，并在招标文件中载明。

招标人可以根据项目的具体情况，组织潜在投标人踏勘项目现场，但不得向他人透露已获取招标文件的潜在投标人的名称、数量以及可能影响公平竞争的有关招标投标的其他情况。招标人设有标底的，标底必须保密。招标人对已发出的招标文件进行必要的澄清或者修改的，一般至少应在招标人要求提交投标文件截止日期前的15日内，以书面形式通知所有招标文件收受人。该澄清或者修改的内容为招标文件的组成部分。招标人应当确定投标人编制投标文件所需要的合理时间。我国《招标投标法》规定："依法必须进行招标的项目，自招标文件开始发出之日起至投标人提交投标文件截止之日止，最短不得少于20日。"

对于同一招标项目,招标人可以分为两个阶段进行招标。第一阶段,招标人应当要求有兴趣投标的法人或者其他组织先提交不包括投标价格的初步投标文件,列明关于招标项目技术、质量或者其他方面的建议。招标人可以与投标人就初步投标文件的内容进行讨论。第二阶段,招标人应当向提交了初步投标文件并未被拒绝的投标人提供正式招标文件。投标人根据正式招标文件的要求提交包括投标价格在内的最后投标文件。

## 二、投标

投标人应当具备承担招标项目的能力;国家对投标人资格条件或者招标文件对投标人资格条件有规定的,投标人应当具备规定的资格条件。投标人应当按照招标文件的要求编制投标文件,对招标文件提出的实质性要求和条件作出响应。招标项目属于建设施工的,投标文件的内容应当包括拟派出的项目负责人与主要技术人员的简历、业绩和拟用于完成招标项目的机械设备等。投标人应当在招标文件要求提交投标文件的截止时间前,将投标文件送达投标地点。招标人收到投标文件后,应当签收保存,不得开启。投标人少于 3 个的,招标人应当重新招标。在招标文件要求提交投标文件的截止时间后送达的投标文件,招标人应当拒收。投标人在招标文件要求提交投标文件的截止时间前,可以补充、修改或者撤回已提交的投标文件,并书面通知招标人。补充、修改的内容为投标文件的组成部分。

投标人根据招标文件载明的项目实际情况,拟在中标后将中标项目的部分非主体、非关键性工作进行分包的,应当在投标文件中载明。我国《招标投标法》规定:两个以上法人或者其他组织可以组成一个联合体,以一个投标人的身份共同投标。联合体各方均应当具备承担招标项目的相应能力;国家有关规定或者招标文件对投标人资格条件有规定的,联合体各方均应当具备规定的相应资格条件。由同一专业的单位组成的联合体,按照资质等级较低的单位确定资质等级。联合体各方应当签订共同投标协议,明确约定各方拟承担的工作和责任,并将共同投标协议连同投标文件一并提交招标人。联合体中标的,联合体各方应当共同与招标人签订合同,就中标项目向招标人承担连带责任。招标人不得强制投标人组成联合体共同投标,不得限制投标人之间的竞争。

我国《招标投标法》还规定:"投标人不得与招标人串通投标,损害国家利益、社会公共利益或者他人的合法权益。禁止投标人以向招标人或者评标委员会成员行贿的手段谋取中标。投标人不得以低于成本的报价竞标,也不得以他人名义投标或者以其他方式弄虚作假,骗取中标。"

## 三、开标、评标和定标

开标应当在招标文件确定的提交投标文件截止时间的同一时间公开进行;开标地点应当为招标文件中预先确定的地点。开标由招标人主持,邀请所有投标人参加。开标时,由投标人或者其推选的代表检查投标文件的密封情况,也可以由招标人委托的公证机构检查并公证;经确认无误后,由工作人员当众拆封,宣读投标人名称、投标价格和投标文件的其他主要内容。招标人在招标文件要求提交投标文件的截止时间前收到的所有投标文件,开标时都应当当众予以拆封、宣读。开标过程应当记录,并存档备查。评标由招标人依法组建的评标委员会负责。招标人应当采取必要的措施,保证评标在严格保密的情况下进行。任何单位和个人不得非法干预、影响评标的过程和结果。评标委员会可以要求投标人对投标文件中含义不明确的内容作必要的澄清或者说明,但是澄清或者说明不得超出投标文件的范围或者改变投标文件的实质性内容。评标委员会应当按照招标文件确定的评标标准和方法,对投标文件进行评审和比较;设有标底的,应当参考标底。评标委员会完成评标后,应当向招标人提出书面评标报告,并推荐合格的中标候选人。

招标人根据评标委员会提出的书面评标报告和推荐的中标候选人确定中标人。招标人也可以授权评标委员会直接确定中标人。我国《招标投标法》规定:“中标人的投标应当符合下列条件之一:(1)能够最大限度地满足招标文件中规定的各项综合评价标准;(2)能够满足招标文件的实质性要求,并且经评审投标价格最低,但是投标价格低于成本的除外。”评标委员会经评审,认为所有投标都不符合招标文件要求的,可以否决所有投标。依法必须招标项目的所有投标被否决的,招标人应当重新招标。除采用议标程序外,在确定中标人前,招标人不得与投标人就投标价格、投标方案等实质性内容进行谈判。

中标人确定后,招标人应当向中标人发出中标通知书,并同时将中标结果通知所有未中标的投标人。中标通知书对招标人和中标人具有法律效力。中标通知书发出后,招标人改变中标结果的,或者中标人放弃中标项目的,须承担法律责任。我国法律规定,招标人和中标人应当自中标通知书发出之日起30日内,按照招标文件和中标人的投标文件订立书面合同。招标人和中标人不得再行订立背离合同实质性内容的其他协议。招标文件要求中标人提交履约保证金的,中标人应当提交。

中标人应当按照合同约定履行义务,完成中标项目。不得向他人转让中标项目,也不得将中标项目肢解后分别向他人转让。中标人按照合同约定或者经招标人同意,可以将中标项目的部分非主体、非关键性工作分包给他人完成。

接受分包的人应当具备相应的资格条件,并不得再次分包。中标人应当就分包项目向招标人负责,接受分包的人就分包项目承担连带责任。

## 第五节 招标投标活动的行政监督

《招标投标法》规定的强制招标制度主要是针对关系社会公共利益、公众安全的基础设施和公用事业项目,利用国有资金或国际组织、外国政府贷款及援助资金进行的项目等。由于这些项目关系国计民生,政府必须对其进行必要的监控,招标投标活动便是其中重要的一个环节。同时,强制招标制度的建立,使当事人在招标与不招标之间没有自治的权利,也就是说,赋予当事人一项强制性的义务,必须主动、自觉接受监督。这就使《招标投标法》带有一定的行政色彩。

### 一、招标投标活动的行政监督

《招标投标法》第 7 条规定,招标投标活动及其当事人应当接受依法实施的监督。有关行政监督部门依法对招标投标活动实施监督,依法查处招标投标活动中的违法行为。对招标投标活动的行政监督有关部门的具体职权划分,由国务院规定。

第一,招标投标活动及其当事人应当接受依法实施的监督。行政监督部门依法对招标投标活动实施监督,依法查处招标投标活动中的违法行为。行政监督部门可根据监督检查的结果或当事人的投诉,依法查处违反《招标投标法》的行为。需要指出的是,监督必须依法实施,不能成为变相的行政干预;处罚也必须依法进行,不能没有法定依据或不遵守法定程序。招标投标当事人有权拒绝行政部门违法实施的监督,或者违法给予的行政处罚,并可依照《中华人民共和国行政复议法》《中华人民共和国行政诉讼法》《中华人民共和国国家赔偿法》的有关规定获得救济。

第二,对招标投标活动的行政监督及有关部门的具体职权划分,由国务院规定。由于实行招标投标的领域较广,有的专业性较强,涉及不少部门,不可能由一个部门统一进行监督,只能根据不同项目的不同特点,由有关部门在各自的职权范围内分别负责监督。根据宪法和国务院组织法的规定,划分国务院各部门职责的权力属于国务院。另外,由于各个部门的管理权限划分会随着政府机构改革的深化而有所调整,在法律中规定各个部门的具体管理职责会影响法律的稳定性。基于以上考虑,《招标投标法》第 7 条最后一款中规定,"对招标投标活动的行政监督及有关部门的具体职权划分,由国务院规定"。

## 二、行政监督的具体内容

我国的行政监督实行分级负责制，一般情况下，国务院行政主管部门负责全国工程招标投标活动的监督管理，县级以上地方人民政府建设行政主管部门负责本行政区域内招标投标活动的监督管理，有的地方把具体的监督管理工作委托给工程招标投标监督机构负责实施。

行政监督具体内容包括：依照《招标投标法》及其他法律、法规的规定，必须招标的那些项目是否进行了招标；是否按照《招标投标法》的规定，选择了有利于竞争的招标方式；在已招标的项目中，是否严格执行了《招标投标法》规定的程序、规则，是否体现了公开、公平、公正和诚实信用原则；招标投标主体身份是否符合规定；必要时可派人监督开标、评标、定标等活动。

### (一)备案或报告事项

根据有关法律、法规的规定，招标过程中应当向有关行政监督部门备案或报告的事项主要有：

1. 依法必须进行招标的项目，招标人自行办理招标事宜的，应当向有关行政监督部门备案。

2. 依法必须进行招标的工程，招标人应当在招标文件发出的同时，将招标文件报工程所在地的县级以上地方人民政府建设行政主管部门备案。

3. 招标人对已发出的招标文件进行必要的澄清或者修改的，应以书面形式报工程所在地的县级以上地方人民政府建设行政主管部门备案。

4. 订立书面合同后一定时日内，中标人应当将合同送工程所在地的县级以上地方人民政府建设行政主管部门备案。

5. 重新招标的，招标人应当将重新招标方案报有关主管部门备案，招标文件有修改的，应当将修改后的招标文件一并备案。

6. 评标委员会完成评标后，应当将书面评标报告抄送有关行政监督部门。

7. 依法必须进行招标的项目，招标人应当自确定中标人之日起 15 日内，向有关行政监督部门提交招标投标情况的书面报告。

### (二)审批事项

根据有关规定，依法必须进行招标的项目，在招标过程中涉及的审批事项主要有：

1. 可以进行邀请招标的项目的招标，应当按照规定报有关主管部门批准。例如：国家重点建设项目和地方重点建设项目不适宜公开招标的，需经国务院发展计划部门或者省、自治区、直辖市人民政府批准；项目总投资额在 3 000 万元人民币以上，但分标单项合同估算价低于规定标准的水利工程建设项目，需经水利行政主管部门批准。

2. 可以不进行招标的项目的发包，须经主管部门批准。例如：涉及国家安全或者有特殊保密要求的；建设项目的勘察、设计采用特定专利或者专有技术的，或者其建筑艺术造型有特殊要求的。

3. 承包者、供应者或服务提供者少于3家，不能形成有效竞争的应重新招标的；不具备招标条件的公益性水利工程建设项目的项目建议书和可行性研究报告；停建或者缓建后恢复建设的单位工程的施工，且承包人未发生变更的；施工企业自建自用的工程，且该施工企业资质等级符合工程要求的。

# 第二编

# 招标投标具体法律制度

# 第三章

# 招标投标主体

## 第一节 招标投标活动的参加者

### 一、招标投标活动的参加者

招标投标活动中的主要参与者包括招标人、投标人、招标代理机构和政府监督部门。招标投标活动的每一个阶段，一般既要涉及招标人和投标人，也需要监督管理部门的参与。

**（一）招标人**

招标人是指依照法律规定提出招标项目，进行工程建设的勘察、设计、施工、监理以及与工程建设有关的重要设备、材料等招标的法人或者其他组织。提出招标项目，是指根据实际情况和《招标投标法》的有关规定，提出和确定拟招标的项目，办理有关审批手续，落实项目的资金来源等。进行招标，是指提出招标方案，拟定或决定招标方式，编制招标文件，发布招标公告，审查潜在投标人资格，主持开标，组建评标委员会，确定中标人，签订书面合同等。这些工作既可由招标人自行办理，也可委托招标代理机构代而行之。

招标人具有编制招标文件和组织评标能力的，可以自行办理招标事宜。也就是说，招标人自行办理招标必须具备两个条件，一是有编制招标文件的能力，二是有组织评标的能力。这两个条件不能满足的，必须委托代理机构办理。这是因为，如果让那些对招标程序不熟悉、自身也不具备招标能力的项目单位组织招标，会影响招标工作的规范化、程序化，进而影响到招标质量和项目的顺利实施。此外，也可防止项目单位借自行招标之机，行招标之名而无招标之实。

招标人自行办理招标的能力要求，具体包括：①具有项目法人资格（或者法人资格）；②具有与招标项目规模和复杂程度相对应的工程技术、概预算、财务和工程管理等方面的专业技术力量；③有从事同类工程建设项目招标的经验；④设有专门的招标机构或者拥有 3 名以上专职招标业务人员；⑤熟悉和掌握

《招标投标法》及有关法规、规章。

(二)投标人

投标人是响应招标、参加投标竞争的法人或者其他组织。

招标公告或者投标邀请书发出后,所有对招标公告或投标邀请书感兴趣的并有可能参加投标的人,称为潜在投标人。那些响应招标并购买招标文件参加投标竞争的潜在投标人称为投标人。

所谓响应招标,是指潜在投标人获得了招标信息以后,接受并通过资格审查,购买招标文件,并编制投标文件,按照招标人的要求参加投标的活动。参加投标竞争是指,按照招标文件的要求并在规定的时间内提交投标文件的活动。

投标人应当具备承担招标项目的能力,并且符合招标文件规定的资格条件。也就是说,参加投标活动必须具备一定的条件,不是所有感兴趣的法人或经济组织都可以参加投标。

投标人通常应当具备下列条件:①与招标文件要求相适应的人力、物力和财力;②招标文件要求的资质证书和相应的工作经验与业绩证明;③法律、法规规定的其他条件。

(三)招标代理机构

招标代理机构是依法设立、从事招标代理业务并提供相关服务的社会中介组织。招标代理机构受招标人委托,代为办理有关招标事宜,如编制招标方案、招标文件及工程标准,组织评标,协调合同的签订等。招标代理机构在招标人委托的范围内办理招标事宜,遵守法律关于招标人的规定。

《招投标法实施条例》第 11 条规定:“招标代理机构的资格依照法律和国务院的规定由有关部门认定。国务院住房城乡建设、商务、发展改革、工业和信息化等部门,按照规定的职责分工对招标代理机构依法实施监督管理。”该实施条例第 13 条规定:“招标代理机构代理招标业务,应当遵守招标投标法和本条例关于招标人的规定。招标代理机构不得在所代理的招标项目中投标或者代理投标,也不得为所代理的招标项目的投标人提供咨询。”

我国是从 20 世纪 80 年代初开始进行招标投标活动的,最初主要是利用世界银行贷款进行项目招标。由于一些项目单位对招标投标知之甚少,缺乏专门人才和技能,一批专门从事招标业务的机构便产生了。1984 年成立的中国技术进出口总公司国际金融组织和外国政府贷款项目招标公司(后改为中技国际招标公司)是我国第一家招标代理机构。目前全国有专门从事招标代理业务的机构数百家。这些招标代理机构拥有专门的人才和丰富的经验,在招标投标活动中发挥了积极的作用。

代理成为一种独立的法律制度,是商品经济发展的结果。代理是指代理人以被代理人的名义，在其授权范围内向第三人作出意思表示，所产生的权利和义务直接由被代理人享受和承担的法律行为。代理行为具有以下特征：①代理人以自己的技能为被代理人的利益独立为意思表示。换句话说，代理人是代他人为法律行为，如订立合同、履行债务、请求损害赔偿等。②代理人必须以被代理人的名义实施法律行为，即所谓的"直接代理"。③代理行为的法律效果直接归属于被代理人。

从产生代理权的不同根据划分，我国《中华人民共和国民法通则》（以下简称《民法通则》）规定了三类代理：基于被代理人的授权发生的委托代理；基于法律的直接规定而发生的法定代理；基于法院或有关机关指定发生的指定代理。委托代理是一种最常见、最广泛适用的代理形式。代理人必须在委托的权限范围（代理权限范围）内实施代理行为，也只有在此范围内进行的民事活动，才能被视为被代理人的行为，被代理人对代理行为的法律后果方承担民事责任。从法律意义上说，招标代理属于委托代理的一种，应遵守法律有关规定。

根据有关规定，招标代理机构应当具备下列条件：①必须依法取得国务院建设行政主管部门或者省、自治区、直辖市人民政府建设行政管理部门认定的工程招标代理机构资格；②有从事招标代理业务的营业场所和相应资金；③有能够编制招标文件和组织评标的相应专业力量；④有符合规定条件、可以作为评标委员会成员人选的技术、经济等方面的专家库。

招标代理机构在招标人委托的权限范围内，以招标人的名义办理招标事宜。因此，在招标投标活动中，尽管投标人是与招标代理机构联系，但其代表的是招标人的利益，行为后果也由招标人承担。

招标代理机构作为社会中介组织，应独立于政府和个人之外，客观、公正地履行职责，提供各项服务。在现实生活中，由于一些历史上的原因，一些招标代理机构直接隶属于某一行政机关，在与其他招标代理机构开展业务竞争的同时，还行使行业管理者的职能，为其他代理机构确定行为规范。这种政企（事）不分的状况，根本违背了市场经济条件下建立办事高效、运转协调、行为规范的行政管理体系的基本原则。此外，由于这些代理机构与主管行政机关之间有着千丝万缕的关系，在竞争中处于绝对的优势地位，给其他代理机构造成不公平的待遇。为此，法律明确规定：招标代理机构不得隶属于任何行政机关或国家机关，或者与其有其他利益关系。隶属，即受管辖或从属；隶属于行政机关或国家机关，即受行政机关或国家机关管辖，其主要负责人由行政机关任命，以行政机关的名义发布文件等。有利益关系，是指虽不直接隶属于行政机关，但与行政机关之间有着经济上或其他方面的联系，受行政机关的影响。例如：挂靠在行政机关名下，成为"联系单位"；按业务额向行政机关缴纳管理费，接受其管理;依据行政机关发布的文件,对行政机关审批的项目实行垄断招标代理;等等。从这个意义上讲,任何政府部门及所属机构以及行政、事业单位,均不得成为招标代理机构。

(四)政府监督部门

在我国,由于实行招标投标的领域较广,有的专业性较强,涉及众多部门,目前不可能由一个部门统一进行监督,只能根据不同项目的特点,由有关部门在各自的职能内分别负责监督。

2012 年 4 月 14 日,国务院办公厅转发国家发展和改革委员会法制办监察部《关于做好招标投标法实施条例贯彻实施工作意见》的通知,通知要求加强和改进对招投标的行政监督管理工作,主要内容有:

1. 加强监督管理。项目审批、核准部门应当严格履行招标内容核准职责,在审批、核准项目时审批、核准招标范围、招标方式和招标组织形式。严格规范国有企事业单位特别是中央企业招投标活动,落实监管责任,切实改变监督缺位状况。严格执行招标从业人员职业资格制度,有关部门在认定招标代理机构资格时,要确保招标代理机构拥有一定数量的取得招标职业资格的专业人员。有关行政监督部门要加强对评标委员会成员确定方式、评标专家抽取以及评标活动的监督,规范评标专家自由裁量权,确保评标行为客观、公正、科学;加强对合同签订和履行的监督,防止签订"阴阳合同"、违法转包和违规分包;加强对依法必须招标项目合同变更的监督约束,防止"低中高结"等违法违规行为的发生;加强过程监督,及时依法查处违法违规行为,对如不及时纠正将造成难以弥补损失的,可以责令暂停招投标活动。

2. 加大执法力度。有关行政监督部门要进一步强化执法意识,加大行政监督执法力度。要以政府投资项目、国有投资占控股和主导地位的项目为主,重点检查招标人规避招标、虚假招标、限制或者排斥潜在投标人、泄露标底等信息,投标人串通投标、以他人名义投标、弄虚作假,招标代理机构不规范代理,评标委员会成员不客观公正履行职责,中标人不严格履行合同、非法转包和违规分包等违法违规行为。一经认定,要严肃查处,并公布违法行为记录。涉嫌犯罪的,移送司法机关处理。

3. 规范监督行为。各部门在履行好各自职责的同时,要加强协调配合,形成监管合力。有关行政监督部门要依法受理符合条件的投诉,并及时作出处理决定。有关部门及其工作人员应当依法履行监督管理职责,不得违法设置审批事项、增加管理环节;应当合理确定行政监管边界,不得非法干涉招标人自主编制招标文件、组建评标委员会、确定中标人、发出中标通知书,不得非法干涉投标人自主投标和评标委员会独立评审。招标代理机构可以依法跨区域开展业务，任何地区和部门不得以登记备案等方式加以限制。各级监察机关要加强对行政监督部门及其工作人员的监督检查，严肃查处不依法履行职责、非法干涉招投标活动等问题。各级审计机关要依法加强对招投标行政监督部门、招投标当事人招投标活动的审计监督。

4. 创新管理模式。县级以上地方人民政府可以结合本地实际，积极探索建立分工明确、责任落实、执行有力、运转协调的招投标行政监督管理制度。具备条件的市级以上地方人民政府，可以结合当地实际，建立不隶属于任何行政监督部门、不以营利为目的、统一规范的招投标交易场所，为行政监督和市场交易提供服务。

## 二、招标投标参加者的权利和义务

一般而言，招标投标作为当事人之间达成协议的一种交易方式，必然包括两方主体，即招标人和投标人。某些情况下，还可能包括他们的代理人，即招标投标代理机构。这三者共同构成招标投标活动的参加人和招标投标法律关系的基本主体。

### （一）招标人

招标人享有的权利一般包括：①自行组织招标或者委托招标代理机构进行招标；②自由选定招标代理机构并核验其资质证明；③委托招标代理机构招标时，可以参与整个招标过程，其代表可以进入评标委员会；④要求投标人提供有关资质情况的资料；⑤根据评标委员会推荐的候选人确定中标人。

与此同时，招标人应该履行下列义务：①不得侵犯投标人的合法权益；②委托招标代理机构进行招标时，应当向其提供招标所需的有关资料并支付委托费；③接受招标投标管理机构的监督管理；④与中标人签订并履行合同。

### （二）投标人

投标人参加投标，必须首先具备圆满履行合同的能力和条件，包括与招标文件要求相适应的人力、物力和财力，以及招标文件要求的资质、工作经验与业绩等。投标人享有的权利一般包括：①平等地获得招标信息；②要求招标人或招标代理机构对招标文件中的有关问题进行答疑；③控告、检举招标过程中的违法行为。

与此同时，投标人应该履行下列义务：①保证所提供的投标文件的真实性；②按招标人或招标代理机构的要求对投标文件的有关问题进行答疑；③提供投标保证金或其他形式的担保；④中标后与招标人签订并履行合同，非经招标人同意不得转让或分包合同。

### （三）招标投标代理机构

招标投标代理机构，在我国是独立核算、自负盈亏的从事招标代理业务的社会中介组织。招标投标代理机构必须依法取得法定的招标投标代理资质等级证书，并依据其招标投标代理资质等级从事相应的招标代理业务。招标投标代理机构受招标人或投标人的委托开展招标投标代理活动，其行为对招标人或投标人产生效力。作为一种民事代理人，招标投标代理机构享有的权利包括：①组织和参与招标投标活动；②依据招标文件规定，审查投标人的资质；③按照规定标准收取招标代理费；④招标人或投标人授予的其他权利。

招标代理机构也应该履行相应的义务：①维护招标人和投标人的合法权益；②组织编制、解释招标文件或投标文件；③接受招标投标管理机构和招标投标协会的指导、监督。

### （四）政府监督部门

依照《招标投标法》及其他法律、法规规定，政府监督部门的权利包括：①审查必须招标的那些项目是否进行了招标；②审查招标是否按照《招标投标法》的规定，选择了有利于竞争的招标方式；③审查在已招标的项目中，是否严格执行了《招标投标法》规定的程序、规则，是否体现了公开、公平、公正和诚实信用原则；④审查招标投标主体身份是否符合规定，必要时可派人监督开标、评标、定标等活动。

## 三、投标联合体

所谓投标联合体，是指以一个投标人的身份共同投标的两个以上法人或者其他组织组成的联合体。对于投标联合体可作如下理解：

第一，联合体承包的联合各方为法人或者法人之外的其他组织。形式可以是两个以上法人组成的联合体、两个以上非法人组织组成的联合体或者是法人与其他组织组成的联合体。

第二，联合体是一个临时性的组织，不具有法人资格。组成联合体的目的是增强投标竞争能力，减少联合体各方因支付巨额履约保证而产生的资金负担，分散联合体各方的投标风险，弥补有关各方技术力量的相对不足，提高共同承担的项目完工的可靠性。共同注册并进行长期的经营活动的“合资公司”等法人形式的联合体，不属于《招标投标法》所称的联合体。

第三，联合体的组成是“可以组成”，也可以不组成。是否组成联合体由联合体各方自己决定。对此，《招标投标法》第 31 条第 4 款也有相应的规定。这说明联合体的组成属于各方自愿的、共同的、一致的法律行为。

第四，联合体对外“以一个投标人的身份共同投标”。也就是说，联合体虽然不是一个法人组织，但是对外投标应以所有组成联合体各方的共同的名义进行，不能以其中一个主体或者两个主体（多个主体的情况下）的名义进行，即联合体各方共同与招标人签订合同。这里需要说明的是,联合体内部之间权利、义务、责任的承担等问题则需要以联合体各方订立的合同为依据。

第五,联合体共同投标的联合体各方应具备一定的条件。根据《招标投标法》的规定,联合体各方均应具备承担招标项目的相应能力;国家有关规定或者招标文件对投标人资格条件有规定的,联合体各方均应当具备规定的相应资格条件。

第六,联合体共同投标一般适用于大型建设项目和结构复杂的建设项目。对此,《中华人民共和国建筑法》(以下简称《建筑法》)第 27 条有类似的规定。

《招标投标法》第 31 条规定,两个以上法人或者其他组织可以组成一个联合体,以一个投标人的身份共同投标。联合体各方均应当具备承担招标项目的相应能力;国家有关规定或者招标文件对投标人资格条件有规定的,联合体各方均应当具备规定的相应资格条件。由同一专业的单位组成的联合体,按照资质等级较低的单位确定资质等级。联合体各方应当签订共同投标协议,明确约定各方拟承担的工作和责任,并将共同投标协议连同投标文件一并提交招标人。联合体中标的,联合体各方应当共同与招标人签订合同,就中标项目向招标人承担连带责任。也就是说,不能以联合体中某一投标人的名义与招标人签订合同,联合体中的某一方违反合同,招标人有权要求其中的任何一方承担全部责任。组成联合体投标是联合体各方的自愿行为,招标人不得强制投标人组成联合体共同投标,不得限制投标人之间的竞争。

对于大型复杂的项目,一般靠一个投标人的能力是不可能独自完成的。例如,大型 BOT 项目,一般都是由多家实力雄厚的公司组成一个投标联合体,共同参与投标。把有关法人或其他组织组成的联合体当作一个整体,是指把该联合体作为一个独立的投标人看待,而不是指联合体中的某一个成员的名称。

联合体各方均应当具备本法或者国家规定的资格条件和承担招标项目的相应能力。这是对投标联合体资质条件的要求。联合体各方均应具有承担招标项目必备的条件,如相应的人力、物力、资金等等。国家或招标文件对招标人资格条件有特殊要求的,联合体各个成员都应当具备规定的相应资格条件。同一专业的单位组成的联合体,应当依据资质等级较低的单位确定联合体的资质等级。例如,在 3 个投标人组成的联合体中,有两个是甲级,一个是乙级资质等级,则只能定为乙级。之所以这样规定,是促使资质优等的投标人组成联合体,保证招标质量。

为了规范投标联合体各方的权利和义务,联合体各方应当签订书面的共同投标协议,明确各方拟承担的工作,并将共同投标协议连同投标文件提交招标人。如果中标的联合体内部发生纠纷,可以依据共同签订的协议加以解决。

# 第二节 主体资格审查制度

供应商或承包商的投标是否真实或其是否具有履行采购合同的能力，直接关系到采购项目能否顺利进行及采购目标是否能够得以顺利实现。因此，对投标人的资格进行审查是采购实践的要求。同时，由于在资格审查过程中，存在着采购机构利用资格审查，尤其是资格预审限制竞争和歧视某投标人的可能，所以政府采购法律必然需要对供应商资格审查程序进行必要的规制，附加一些重要的限制条件予以约束，以确保采购机构以充分的非歧视的条件来进行资格预审，确保至少有最低限度的透明度。

## 一、资格审查的类型

无论在采购实践中还是从世界上主要的政府采购法律规范的规定来看，政府采购中的资格审查程序可以根据进行资格审查的时间分为三种类型：资格预审程序、资格中审程序和资格后审程序。其中，以资格预审程序和资格中审程序最为常见。

### （一）资格预审

1. 资格预审及其功能。资格预审是政府采购机关通过审查潜在投标人的商业及非商业条件，正式确定许可哪些潜在投标人参与政府采购的一个过程。资格预审是政府采购过程中的一个重要步骤，特别是大型或复杂的招标采购项目，资格预审是必不可少的。资格预审程序实际上是对所有投标人的一次粗筛，目的是在采购过程的早期，剔除资格条件不适合履行合同的供应商或承包商。因此，资格预审的法律意义在于，采购机构以合法的程序和条件限制那些没有通过资格预审的供应商进一步参加采购竞争的权利。资格预审具有以下功能：

（1）资格预审可以减少招标人的费用，符合政府采购的经济效益原则。对于采购复杂或高价值货物或工程特别有用，甚至对于价值较低但却涉及高度专业化的货物或工程采购来说，比较和评审投标书、建议书和报价的工作要复杂得多，费用要高得多，而且也更加耗费时间。采用资格审查程序可缩减采购实体评审和比较投标书、建议书和报价的数目，从而减少招标人的管理费用、评标费用，以及其他方面的费用。

（2）资格预审能吸引力量雄厚的供应商或承包商前来投标。有能力的供应商和承包商有时不愿意参与竞争性强的采购合同，因为如果竞争面过大，编写投标书、建议书的费用可能太高，而且也可能有不合格或名声不好的供应商或承包商提交不现实的投标、建议书与他们进行竞争。通常情况下，实力雄厚的国际性供应商或承包商如果得不到将投标仅仅限制在少数合格的投标人中的保证，往往是不会参加的，通过资格预审可以增加他们前来投标的可能性。

(3)通过资格预审，招标人可以了解潜在投标人对采购项目的投标有多大兴趣。这一信息对采购人是非常有用的。如果投标人的投标兴趣大大低于招标人的预期，那么招标人可以检查并修改招标条款，以便吸引更多的投标人，扩大竞争范围。

(4)资格预审能使不合格的投标人节约准备投标的费用。在大型项目尤其是大型土木建设工程的招标投标中，投标人为准备投标要花费相当大的人力和财力，其费用是相当高的。如果招标人预先淘汰一部分对该采购项目显然不具备投标竞争力的投标人，那么，就可以使这些投标人省下一笔不必要的开支。

正是因为资格预审制能促进采购经济性目标的实现并在一定程度上促进竞争，所以资格预审在政府采购中得到了广泛的应用。正如《世界银行采购指南》中所认为的，通常对于大型或复杂的工程，或在准备详细的招标文件成本很高、不利于竞争的其他情况下，对投标人进行资格预审是必要的。要确保招标公告只发售给那些有足够能力和资源的厂商。在允许有国内优惠时，资格预审还有助于确定承包商是否有资格享受国内优惠。资格预审应该完全以投标人圆满履行具体合同的能力和资源为基础，考虑其以下情况：①经历和过去履行类似合同的情况；②人员、设备、施工或者制造设施方面的能力；③财务状况。《联合国贸易法委员会货物、工程和服务采购示范法》关于供应商与承包商资格的第6条与关于资格预审程序的第7条都对与资格预审有关的问题作出了规定。世界贸易组织《政府采购协议》第8条也规定了供应商资格审查程序。

2. 资格预审的步骤。就采购实务而言，资格预审一般包括以下三个步骤：

(1)发出资格预审公告或资格预审邀请书。发出资格预审公告通常有两种做法：一种做法是在招标公告中声明将要进行投标资格预审，并公告领取或购买投标资格预审文件的地点和时间；另一种做法是在报纸等媒体上另行刊登资格预审公告。资格预审公告的主要内容包括：所需采购货物或工程的简介、合同条件、项目资金来源、参加资格预审的资格、获取资格预审文件的时间和地点以及递交投标申请书的时间和地点。

(2)出售资格预审文件。资格预审文件应提供采购人及采购项目的全部信息，其内容比资格预审公告所提供的应更为详细。该文件一般包括以下内容(以工程项目为例)：业主和工程师的名称和地址；工程的性质和主要工程内容，包括主要工程数量、工程所在地点的基本条件；项目的时间、进度；技术规格及主要合同条件的简单介绍；投标保证金及履约保证金要求；项目融资情况；支付条件;价格调整条款;承包合同使用的语言;合同应遵循的法律;本国投标人的优惠条件;组成联合体投标的要求;指定转包人的作业范围;最好还包括合同估计造价。

资格预审文件中也可以规定申请资格预审的基本条件,可列出限制性条款。招标人也应在资格预审文件中规定资格预审申请表和资料递交的份数、时间和地点,预审文件所使用的语言,以及规定投标人是否必须有当地代理人,是否必须报送代理协议和提供代理人的基本情况。

(3)资格评审。资格预审申请书的开启不必公开进行,开启后由招标机构组织专家进行评审。如系特大项目,则应召开资格预审准备会议,包括组织现场访问,以便申请人取得有关项目情况的第一手资料。评审后,通知所有通过资格预审的申请人前来购买招标文件。

**(二)资格中审**

资格中审是采购机构在比较和评审投标人的投标书时对投标人是否具有履行合同能力所进行的审查。资格预审所要解决的是采购机构将邀请谁参与特定采购过程的问题,如果供应商或承包商在资格预审中被排除,则它就没有机会参与该次采购投标。与资格预审不同的是,资格中审是采购机构在采购过程中对投标人进行的审查。但就审查的实质内容来看,它们却是相同的,都是对供应商或承包商是否具有履行合同能力所进行的审查。当然,在资格审查时也包括考虑对供应商或承包商的非商业因素的审查。因此,如果采购机构没有对供应商或承包商进行资格预审,则可以在评标阶段对其进行资格中审。

**(三)资格后审**

资格后审是在确定中标商后,对中标商是否有能力履行合同义务进行的进一步审查。这种程序既可以在没有对投标人进行早期资格预审的情况下采用,也可以在已经进行了资格预审的情况下采用。在后一种情况下,重新进行资格审查的目的是使采购实体能够要求中选的供应商或承包商重新确认其资格。对于为期较长的采购过程来说,这一规则尤其有用,因为采购实体可能希望核实早先提交的资格材料是否仍然有效。

## 二、资格审查的内容要求

资格审查的目的是要确定承包商是否具有承担采购项目、履行相应的合同义务的能力,因此在资格预审或进行其他资格审查时,采购机构主要考虑承包商履行政府合同的财务和技术能力。同时,采购机构也会考虑一些非商业因素,比如,考虑供应商和承包商是否有犯罪或其他不轨行为,如做假账、违约或作弊等。就任何类型的资格审查而言,采购法律关于资格审查的这一内容要求都是一样的。如《联合国贸易法委员会货物、工程和服务采购示范法》第 6 条(1)(a)规定,本条(供应商或承包商资格)适用于采购实体在采购过程的任何阶段对供应商或承包商资格的审查。

**(一)资格审查的财务和技术标准**

对供应商或承包商进行资格审查的具体财务和技术标准取决于采购项目的具体性质。采购法律通常也赋予采购机构权利来评估供应商或承包商的财务技术能力。如《联合国贸易法委员会货物、工程和服务采购示范法》第 6 条(1)(b)要求,供应商或承包商应该满足采购实体在特定采购中认为适当的标准。供应商或承包商必须具有履行采购合同所需的专业和技术资格、专业和技术能力、财力资源、设备和其他物质设施、管理能力、可靠性、经验、声誉和人员。但采购法律同时也要求采购机构所采用的标准应该与所进行的采购有关。如《世界银行工程采购标准资格预审文件》规定,采购机构所采用的(资格预审)标准必须与圆满履行合同有关。所选择的标准不能限制竞争,也不能事先预定资格合格者的数量,所有符合标准的承包商都应该被邀请参与投标。就具体的财务标准和技术标准而言,可参考《公共采购指令》的以下规定。根据《公共采购指令》第 20 条的规定,投标人的财务和经济能力一般可由下述证明材料的一种或多种证明:①银行报表;②若供应商营业所在地国家公司法要求公布资产负债表,提供资产负债表或资产负债表摘要;③企业在前三个财政年度全部营业额和相关产品(服务或工程)营业额报表。

采购机关应在采购公告或投标邀请中具体规定其要求投标人提供的证明材料。如果因为正当理由投标人不能提供采购机关要求的证明材料,其可以提供采购机关认为适当的任何其他文件证明其经济和财务能力,但这些文件是否适当则应由采购机关认定。对于投标人的技术能力,《公共采购指令》在有关条款中详细列举了采购机关可以要求投标人提供的证明材料。这些要求在《公共供应指令》、《公共工程指令》和《公共服务指令》之间有所差别。

《公共供应指令》第 23 条规定,供应商技术能力的证据可以视所提供产品的性质、数量和目的,由下列一种或多种方法证明:①过去 3 年中主要产品交付清单,并附交付之数量、日期和交付接受者;如产品是向采购机关提供的,主管机构签发或会签的证明;如产品是向私人采购者提供的,采购人作出的产品交付证明,或者无此证明,仅由供应商作出产品交付声明;②对供应商的技术能力,其保证质量的措施及其研究能力进行说明;③说明所涉及的技术人员或技术团体,尤其是负责质量控制者,而无论他们是否直接隶属于该供应商;④需要供应的产品的样品、说明书和照片,如果采购机关要求证明产品的真实性,必须予以证明;⑤由官方质量控制机构或公认的有权代理机构起草的证明书,证明其产品已经参照某特定技术规格和标准;⑥如果提供的产品很复杂或很特别,或产品用于特别目的,则应由采购机关或由供应商营业地国的有权官方机构(须经其同意)代理采购机关进行核查,核查供应商的技术能力,而且必要时核查其研究设施和质量控制措施。

《公共工程指令》第 27 条规定,承包人的技术能力可由下述材料证明:①承包人的教育和专业证明,以及(或)企业管理人员的资格证明,特别是负责施工的人员资格证明。②过去 5 年中承担工程的清单,并附有最重要工程施工质量令人满意的证明。这些证明应说明工程的价值、日期和地点,并应详细说明它们是否按照行业的规则施工和已适当完工。必要时,有权机构应直接把这些证明提交给采购机关。③说明承包人施工所使用的工具、设备和技术装备。④说明最近 3 年企业的营业额和管理员工人数。⑤说明承包人为了施工而能随时使用的技术人员或技术团体,而不管他们是否属于该承包人企业。

基于服务产品之特殊性,《公共服务指令》第 22 条首先强调了评价服务提供者技术能力的一般原则,即应特别通过服务提供者的技能、效率、经验和可靠性来评估其提供服务的能力。同时,该条也对服务提供者技术能力的证明方法作出规定。服务提供者的技术能力也就是提供服务的性质、数量和目的,由下列一种或多种方法证明:①服务提供者的教育和专业资格和(或)企业管理人员的教育和专业资格,特别是负责提供服务的人员的有关资格。②过去 3 年中提供的主要服务清单,并附上所提供服务的营业额、日期和服务接受者;如服务是向采购机关提供的,主管机构签发或会签的证明;如服务是向私人采购者提供的,采购人作出的服务提供证明,或者无此证明,仅由服务提供者作出服务提供的声明。③说明所涉及的技术人员或技术团体,尤其是负责质量控制者,而无论他们是否直接隶属于该服务提供者。④服务提供者最近 3 年每年平均使用的劳动力和管理人员数量一览表。⑤服务提供者可用来提供服务的工具、成套设备或技术设备一览表。⑥说明服务提供者确保质量的措施和他的研究设施。⑦如果拟提供的服务很复杂,或基于特别目的,则应由采购机关或由服务提供者营业地国的有权官方机构(须经其同意)代理采购机关进行核查,核查服务提供者的技术能力,而且要随时核查他的研究设施和质量控制措施。⑧说明服务提供者可能打算向外分包的合同比例。

### (二)资格审查中的非商业标准

政府采购机构还可以在资格审查时采用一些与供应商或承包商履行合同的能力没有直接关系的一些非商业标准,包括社会经济标准,也包括与供应商或承包商的廉洁性和履约记录等。《联合国贸易法委员会货物、工程和服务采购示范法》第 6 条(1)(b)规定:为参加采购过程,供应商或承包商必须在资格上符合采购实体认为适合于特定采购过程的下列标准:……(三)并非处于无清偿能力、财产被接管、破产或结业状态,其事务目前并非由法院或司法人员管理,其业务活动未中止,也未因上述任何情况而成为法律诉讼的主体;(四)履行了缴纳本国税款和社会保障款项的义务;(五)在采购过程开始之前几年期间(由颁布国规定一段时限)未被判犯有、其董事或主要职员也未被判犯有与其职业行为有关的参与假报或虚报资格骗取采购合同有关的任何刑事犯罪,也未曾在这些方面由于行政部门勒令停业或取消资格程序而被取消资格。

## 三、资格审查的程序要求

资格审查程序的目的是评价供应商或承包商是否具有履行采购合同的能力,排除不合格的供应商或承包商。资格审查特别是资格预审程序的效果将决定采购实体是否能够参加政府采购投标。因此,资格预审将影响到供应商或承包商进一步参与政府采购及获得政府合同的权利,是政府采购过程中的一个关键环节。同时,由于政府采购项目的情况是千差万别的,采购法律不可能对采购机构在具体采购过程中的资格审查行为作出具体规定。实际上,供应商或承包商是否合格,在很大程度上是由采购机构决定的。因此,在客观上就存在着滥用资格审查程序,特别是资格预审程序,限制竞争和歧视某投标人的可能。采购法律对政府采购中的资格审查行为作最低限度程序上的要求,将能够确保采购机构以充分的非歧视的条件来进行资格预审,确保至少有最低限度的透明度。同时,如果采购法律赋予落选的供应商或承包商提出异议和要求复查的权利,那么采购法律规定最低限度的程序要求,也有利于预审不合格的供应商或承包商行使其要求复查的权利。

国际采购法律对资格审查(以资格预审为典型)的程序要求主要有以下几点。

### (一)资格预审不能被用来限制竞争

进行资格预审是为了确定供应商或承包商履行政府合同能力的最低标准,而不是为了减少投标人的数量,造成事实上的限制供应商参与采购过程的后果。世界银行贷款项目采购资格预审文件对此有明确要求:"资格预审程序不能被用以限制投标人的数量,并且所有通过资格审查的投标人都应被允许参与投标。"

### (二)资格预审的公告要求

资格预审公告可以在投标邀请公告中作出,也可以以预审公告的形式单独发布。若单独发布资格预审公告,其发布方式与投标邀请相同。资格预审公告的内容也要满足法律的最低要求。对于资格预审公告的要求,《联合国贸易法委员会货物、工程和服务采购示范法》第24条规定:①采购实体应通过在……

(由颁布国列明将刊登投标邀请书或资格预审邀请书的官方公报或其他官方出版物)上斟酌情况刊登投标邀请书或资格预审邀请书,征求投标或在适用情况下征求资格预审申请;②投标邀请书或资格预审邀请书还应以国际贸易惯常使用的一种语言在一份国际广泛发行的报纸或在一份国际广泛发行的有关行业出版物或技术或专业刊物上刊登。

对于资格预审公告的最低内容要求,《联合国贸易法委员会货物、工程和服务采购示范法》第25条规定,资格预审邀请书最低限度应包含下列资料:①采购实体的名称和地址;②所需供应货物的性质、数量和交货地点,或需进行的工程的性质和地点,或所需采购的服务的性质和提供地点;③希望或要求供应货物的时间或工程竣工的时间或提供服务的时间表;④将用以评审供应商或承包商的资格的标准和程序;⑤一项日后不得改变的关于供应商或承包商不分国籍均可参加采购过程的声明,或一项关于按照第8条第1款规定根据国籍限制参加的声明,视情况而定;⑥获取招标文件的办法和地点;⑦采购实体对招标文件收取的任何收费;⑧支付招标文件费用的货币和方式;⑨招标文件所用的文本;⑩提交投标书的地点和截止日期。以及:①获取资格预审文件的办法和地点;②采购实体对资格预审文件收取的任何费用;③支付资格预审文件费用的货币和条件;④资格预审文件所用的语言;⑤提交资格预审申请书的地点和截止日期。

**(三)资格预审文件及其最低内容要求与澄清**

资格预审中的一个重要文件是资格预审文件。采购单位应制作资格预审文件,指导潜在投标人编写和提交资格预审申请书。

资格预审文件最低限度应包含:①编写和提交资格预审申请书的说明;②通过采购过程产生的将予订立的采购合同的主要必要规定和条件的概要;③供应商或承包商为表明其具备资格而必须提交的任何书面证据或其他资料;④提交资格预审申请书的方式和地点及提交的截止日期,截止日期应写明具体日期和时间,并使供应商或承包商有充分时间编写和提交申请书,同时照顾到采购实体的合理需要;⑤采购实体根据本法和采购条例可能就资格预审申请书的编写和提交以及就资格预审程序规定的任何其他要求;⑥尽可能列入适合在资格预审文件列出的投标邀请书所要求的内容。

对于某一供应商或承包商提出的关于澄清资格预审文件的要求,只要是在提交资格预审申请书截止日期之前一段合理时间内为采购实体收到者,采购实体均应作出答复。采购实体的答复应在一段合理的时间内发出,以便使该供应商或承包商能及时提交其资格预审申请书。对任何要求作出的答复,凡有理由认为其他供应商或供应商也有获知兴趣者,均应同时发送给采购实体已向其提供资格预审文件的所有供应商或承包商,上述答复不得标明由何人提出要求。

### (四)资格预审的法定审查要求

资格预审的内容和重点应是确定申请人是否有能力承担招标项目,履行相应的合同义务。《联合国贸易法委员会货物、工程和服务采购示范法》第6条第3款规定,根据本条确定的任何要求,如有资格预审文件,应在此种文件中及在招标文件或征求建议书、报盘或报价的文件中列出,并应平等地适用于所有供应商或承包商。除本条规定者外,采购实体不得对供应商或承包商的资格规定其他标准、要求或程序。

### (五)资格预审标准和程序的确定与公布及评审程序

采购实体对供应商或承包商进行资格预审的标准和程序,要事先向供应商或承包商公布,并且只能按事先公布的标准或程序进行。如《联合国贸易法委员会货物、工程和服务采购示范法》第6条第4款规定,如有资格预审文件,采购实体应根据此种文件及招标文件或征求建议书、报价的文件中所列资格标准及程序对供应商或承包商的资格进行评审。该法第7条(5)项规定,采购实体对每个提交资格预审申请书的供应商或承包商的资格在作出决定时,只应采用资格预审文件中列明的标准。

### (六)资格预审中的非歧视待遇

采购人应该对所有参加采购程序的供应商或承包商一视同仁地适用同一标准和程序。世界贸易组织《政府采购协议》第8条要求,每一缔约方应确保其采购实体及其附属机构实施统一的资格预审程序,除非确有必要实施不同的程序,并努力缩小各实体间资格审查程序的差异。

### (七)采购人对资格未获通过的供应商的通知、解释义务及供应商的申请复审权

一般而言,采购机构对未通过资格预审程序的供应商或承包商承担了通知义务和详细说明其未获通过原因的义务。《联合国贸易法委员会货物、工程和服务采购示范法》第7条第6款规定,采购实体应迅速通知每个提交资格预审申请书的供应商或承包商,告知其是否预审合格,并根据请求,向任何公众提供已预审合格的供应商或承包商的名称。只有预审合格的供应商或承包商才有权继续参加采购过程。该法第7条(7)项规定,采购实体应根据请求将预审不合格的理由通知有关供应商或承包商,但采购实体无须为此提出证据或说明它认为那些理由存在的原因。《世界银行采购指南》和《政府采购协议》第18条(2)(b)也有此规定。对于未通过资格预审的供应商或承包商是否具有提出质疑和申请复审的权利,《联合国贸易法委员会货物、工程和服务采购示范法》没有明确的规定,但该法立法指南第7条认为,法律对资格预审规定最低限度的

程序要求,也有利于预审不合格的供应商或承包商行使其要求复查的权利。这意味着《联合国贸易法委员会货物、工程和服务采购示范法》并没有排除赋予供应商或承包商这项权利。

## 四、我国《招标投标法》关于资格审查的规定

### (一)资格审查的类型

1. 资格预审程序。我国《招标投标法》第 18 条规定,招标人可以根据招标项目本身的要求,在招标公告或者投标邀请书中,要求潜在投标人提供有关资质证明文件和业绩情况,并对潜在投标人进行资格审查;潜在投标人是我国《招标投标法》使用的一个概念。潜在投标人是相对于投标人而言的。投标人是响应招标、参加投标竞争的法人或者其他组织,即实际提交了投标书的人。而潜在投标人仅是对采购信息表示了兴趣,但尚未参与投标或被允许参与投标的人。《招标投标法》在本条中有关资格审查的要求是针对潜在投标人的,其目的在于确定允许哪些潜在投标人参与最终的投标。因此,虽然本条没有明确使用"资格预审"的术语,但可以认为,这就是《招标投标法》上有关资格预审的规定。根据本条的规定,招标人可以对潜在投标人进行资格预审。但是《招标投标法》关于资格预审的这一规定也是十分简略的。它没有对单独发布预审公告的问题提出要求,也没有使用资格预审文件的要求。由此可见,《招标投标法》并没有确立完整的资格预审程序,实践中极易导致对资格预审程序的滥用。

2. 资格中审程序。我国《招标投标法》确立了资格中审程序。《招标投标法》的 19 条规定,招标文件应该对投标人资格审查的标准等所有实质性要求和条件以及拟签订合同的主要条款作出规定。因此,可以认为,招标人需要在确定中标人之前对投标人进行资格审查。由此可见,资格审查标准是招标文件的一项法定内容。

### (二)资格审查的内容要求

资格审查的目的是确定供应商或承包商是否具有承担采购项目的能力。无论是在任何阶段进行资格审查,其法定审查内容应该是一致的。因此,《联合国贸易法委员会货物、工程和服务采购示范法》关于供应商或承包商资格的第 6 条和关于资格预审程序的第 7 条规定都适用于资格预审程序。我国《招标投标法》对资格审查的内容要求规定得十分简略。

1. 投标人的法律能力。我国《招标投标法》第 25 条规定,投标人是响应招标、参加投标竞争的法人或者其他组织。依法招标的科研项目允许个人参加投标的,投标的个人适用本法有关投标人的规定。这就意味着,我国《招标投标法》对能够订立招标采购合同的主体也作出了规定。

(1)能够参与政府采购投标的主体是法人和其他组织。根据《中华人民共和国民法通则》第36条的规定,法人是具有民事权利能力和民事行为能力,依法独立享有民事权利和承担民事义务的组织。法人的民事权利能力和民事行为能力,从法人成立时产生,到法人终止时消灭。法人分为企业法人、机关法人、事业单位法人和社会团体法人。但是,是否所有法人都可以参与招标采购的投标活动?法律没有进一步明确,需要根据这些法人类型本身的性质来确定。另一类合格的投标人是法人以外的其他组织,这包括依法设立、具有一定的财产和组织机构,但又不具备法人资格的所有组织。具体包括经依法登记领取营业执照的个人独资企业、合伙企业,依法登记领取营业执照的合伙型联营企业,依法登记领取我国营业执照的不具有法人资格的中外合作经营企业、外资企业,法人依法设立并领取营业执照的分支机构,等等。

(2)自然人参与投标的能力受到限制。只有在依法招标科研项目允许个人参加投标时,个人才是合格的投标人,并适用《招标投标法》有关投标人的规定。

(3)《招标投标法》还对一类特殊的投标主体做出规定,即《招标投标法》第30条规定的投标联合体。

2. 投标人(潜在投标人)承担项目的财务和技术能力。《招标投标法》第26条规定,投标人应当具备承担招标项目的能力;国家有关规定对投标人资格条件或者招标文件对投标人资格条件有规定的,投标人应当具备规定的资格条件。这可以被认为是《招标投标法》对投标人承担项目能力的主要要求。

(1)合格的投标人应当具备承担招标项目的能力。资格审查的目的是确定投标人或潜在投标人是否具有承担项目的能力。因此,《招标投标法》的这一要求无疑体现了资格审查的核心要求。但是《招标投标法》的这项要求是原则性的,投标人应当具备的这种能力具体包括哪些方面,法律只对建设施工项目提出要求,即如果招标项目属于建设施工,投标文件的内容应当包括拟派出的项目负责人与主要技术人员的简历、业绩和拟用于完成招标项目的机械设备等。对于其他项目,则没有提出明确的要求。因此,在《招标投标法》的适用上,采购机构在进行资格预审时,应该只考虑投标人承担项目及合同履行的有关要素。

(2)具有承担项目能力这一要求适用于任何阶段的资格审查。《招标投标法》在第18条仅要求潜在投标人提供有关资质证明文件和业绩情况,并对潜在投标人进行资格审查,但对于资格审查的内容并没有作出具体要求。但资格预审的目的是确定具有承担项目能力的潜在投标人,邀请其参与投标。因此,《招标投标法》有关投标人承担项目能力的审查要求也可以类推适用于资格预审阶段。同样,在资格预审阶段,也需要满足国家对投标人的资格要求。同时,作为一条资格预审的原则,招标人也不得以不合理的条件限制或者排斥潜在投标人,不得对潜在投标人实行歧视待遇。

(3)国家或招标人对投标人资格的要求是否可以不限于投标人承担项目的能力?从本条的规定看,法律只要求投标人应该具有承担项目的能力。《招标投标法》第26条进一步规定,国家有关规定对投标人资格条件或者招标文件对投标人资格条件有规定的,投标人应当具备规定的资格条件。因此,如果招标人在招标文件中规定了额外的资格审查条件,也属于法律允许的范围,并且投标人需满足这些资格条件。这实际上赋予了招标人在资格预审中的非常大的裁量自由,存在着很大的滥用裁量权的空间。实践中与资格审查有关的许多问题也都由此而出。例如,在有些项目招标中,为使某一厂商中标而提出不合理的技术要求,使其他潜在投标人因达不到这一技术要求而不能投标。因此,在法律的适用上,应对资格审查标准作限制性解释,即虽然法律赋予了招标人确定投标人资格条件的权利,但招标人在行使这一权利、确定投标人资格条件时,应仅限于对投标人(潜在投标人)承担项目的能力方面。另一种选择是,有权机关可以对"国家规定"的资格条件进行补充性规定,以对我国《招标投标法》进行完善。

3. 招标资格审查中对非商业因素的考虑。《招标投标法》并没有直接规定招标人是否可以在资格审查中考虑财务和技术能力以外的因素。国家应作出规定,以对招标人在招标文件中对投标人的资格作出要求加以适当限制。但是,正如对国际主要采购法律分析所揭示的,法律需要对资格审查中可以考虑的公共政策因素进行规范。《招标投标法》赋予招标人在招标文件中自行规定潜在投标人的资格条件是非常危险的。

4. 资格审查的程序要求。资格审查既关系到政府采购项目的顺利完成,也关系到供应商或承包商参与政府采购的实体和程序权利,因而无疑是政府采购中一个十分关键的环节。采购法律对资格审查中的程序要求,是对资格审查程序顺利进行的保证,是对政府和供应商双方利益的保障。

## 五、《招投标法实施条例》中关于资格审查的规定

《招投标法实施条例》对资格审查做出了更为具体的规定。包括:

### (一)资格预审公告

条例第15条规定:"招标人采用资格预审办法对潜在投标人进行资格审查的,应当发布资格预审公告、编制资格预审文件。"

### (二)资格预审文件

条例第16条、17条规定,"招标人应当按照资格预审公告、招标公告或者投标邀请书规定的时间、地点发售资格预审文件或者招标文件。资格预审文件或

者招标文件的发售期不得少于5日。招标人发售资格预审文件、招标文件收取的费用应当限于补偿印刷、邮寄的成本支出，不得以营利为目的”，“招标人应当合理确定提交资格预审申请文件的时间。依法必须进行招标的项目提交资格预审申请文件的时间，自资格预审文件停止发售之日起不得少于5日”。

**（三）资格预审审查主体及方法**

条例第18条规定：“资格预审应当按照资格预审文件载明的标准和方法进行。国有资金占控股或者主导地位的依法必须进行招标的项目，招标人应当组建资格审查委员会审查资格预审申请文件。资格审查委员会及其成员应当遵守招标投标法和本条例有关评标委员会及其成员的规定。”

**（四）对资格预审文件和招标文件的要求**

条例第23条规定：“招标人编制的资格预审文件、招标文件的内容违反法律、行政法规的强制性规定，违反公开、公平、公正和诚实信用原则，影响资格预审结果或者潜在投标人投标的，依法必须进行招标的项目的招标人应当在修改资格预审文件或者招标文件后重新招标。”

# 第四章

# 招标代理

## 第一节　招标代理机构的业务范围

### 一、招标代理的前提

招标代理机构进行代理活动，要具备以下两个前提。

**（一）代理机构要有合法的代理资格**

这一前提要求代理机构首先要有合法的主体资格。因为代理机构作为具有民事主体资格的社会组织，其产生和存在必须经过合法的程序。如果是法人，必须具备法人所必备的条件和成立须经过的程序。这种合法的主体资格一般是以工商行政管理部门的核准登记为标准的。这一前提还要求代理机构从事有关的代理活动，要经过相应的行政主管部门审查和认定。该行政主管部门可以对代理机构的条件、代理范围、代理等级等作出明确的规定。代理机构的代理行为必须符合行政主管部门认定的范围。

从事招标代理业务的，必须依法取得国务院建设行政主管部门或者省、自治区、直辖市人民政府建设行政主管部门认定的招标代理机构资格。

**（二）代理机构必须有被代理人的授权**

被代理人的授权，是代理机构进行代理行为的前提，也是代理行为的依据。如果没有被代理人的授权，或者被代理人的授权期限已经终止，则进行的代理行为无效，其法律后果应当由行为人承担。代理机构的代理行为必须在被代理人的授权范围内进行，如果代理机构超越被代理人的授权进行代理行为，则该行为的法律后果也由行为人承担。这种授权应当通过招标代理机构与招标人订立委托代理合同加以明确。委托代理合同应当包括招标人与招标代理机构的名称、代理事项、代理权限、代理期限、酬金、地点、方式、违约责任、争议解决方式等。

## 二、招标代理的业务范围

招标代理的业务范围，是指招标代理机构到有关行政监督管理部门进行资格认定时所规定的招标代理业务的范围。不同类别的招标代理机构有不同的业务范围。招标代理机构受招标人的委托，可以承担下列招标代理业务。

### （一）审查投标人资格

审查投标人资格，包括资格预审、资格复审和资格后审。在我国目前的招标投标中，招标代理机构对投标人资格的审查主要是资格预审。

### （二）拟订招标方案和编制招标文件

项目在招标前，有大量的工作需要完成。拟订招标方案和编制招标文件是招标代理机构应当完成的重要工作。招标代理机构除应当办理有关的审批手续外，确定招标方式和合同类型、划定标段等是拟订招标方案时应当完成的主要工作。

### （三）编制招标标底

招标代理机构可以接受委托，编制招标标底。长期以来，我国建设招标都是编制标底的。虽然《招标投标法》没有强制编制标底的规定，但对于建设项目而言，一般都应编制标底。

### （四）组织投标人踏勘现场和答疑

组织现场踏勘是招标人的一项重要工作，招标代理机构应当做好组织工作。组织投标人勘查现场的目的在于了解工程场地和周围环境情况，以获取投标人认为必要的信息。为便于投标人提出问题并得到解答，勘查现场一般应当安排在投标预备会前1～2天。

### （五）组织开标、评标和定标

招标投标活动经过了招标阶段、投标阶段，就进入开标阶段。对于委托招标代理的招标项目，开标一般由招标代理机构主持，邀请所有投标人参加。评标委员会委员和其他有关单位的代表也应当应邀出席开标。投标人或者他们的代表则不论是否被邀请，都有权参加开标。招标代理机构还可以接受招标人的委托组织评标和定标。

### （六）草拟工程合同

招标代理机构应当根据法律、行政法规的规定，按照招标文件、有关的合同范本和中标人的投标文件草拟工程合同。

### （七）招标人委托的其他招标代理或者相关服务业务

在招标代理过程中，如果招标人委托其他业务或者其他相关业务，招标代理机构应当按照要求完成代理任务。

## 第二节 招标代理机构的资质等级

### 一、实行代理机构资质等级的意义

《招标投标法》规定:“从事工程建设项目招标代理业务的招标代理机构,其资格由国务院或者省、自治区、直辖市人民政府的建设行政主管部门认定。具体办法由国务院建设行政主管部门会同国务院有关部门制定。”这对招标代理机构的资质管理作了原则规定。据此,建设部于2007年1月11日发布了《工程建设项目招标代理机构资格认定办法》,对招标代理机构的资格认定作出了具体的规定。

实行代理机构资质等级,具有以下重要的意义。

#### (一)完善建筑市场的需要

招标代理机构是随着建筑市场的产生而产生的,因为招标代理机构是建筑市场所需要的。在完善的建筑市场中,不同的委托人、不同的招标项目需要不同的招标代理机构,因此,需要对招标代理机构的能力、水平、经验等有一个评价标准,以利于委托人选择。代理机构资质等级,实际上是对招标代理机构的能力、水平、经验等的权威评价。另外,划分代理机构资质等级还能够实现招标代理服务的优质优价。对于同一项服务内容,根据服务的质量支付不同的价格,恰恰是建筑市场的重要要求。

#### (二)加强对招标代理机构监督的需要

随着建筑市场的完善,招标投标行政主管部门的政府职能要发生转变,以前大量由招标投标行政主管部门完成的具体招标投标业务应当由招标人或者招标代理机构完成。在这种情况下,必须加强对招标代理机构的监督。实行招标代理机构资质等级制度,可以通过对招标代理机构资质等级的认定、年检(资格复审)等工作,加强对招标代理机构的监督。

#### (三)规范招标代理机构的需要

在建筑市场中,对于招标代理机构的行为必须进行规范。招标代理机构应当具备的基本条件、不同等级的招标代理机构能够从事的不同的代理业务范围,都需要由招标代理机构的资质等级制度来明确。这样可以有效地防止招标代理业务出现恶性竞争,防止招标代理机构为经济利益而承接以自己的能力、水平无法完成的代理业务。

#### (四)提高招标代理机构服务水平的需要

实行招标代理机构的资质等级制度,是对招标代理机构的能力、水平、经验等的权威评价。它能够实现的一个基本目标是:高服务水平的招标代理机构容易得到招标人的代理委托,能够从事的招标代理业务范围较广、收费较高。显然,这样一种目标是市场经济下的主体所追求的。因此,实行招标代理机构的资质等级制度,能够激励招标代理机构提高服务水平。

## 二、代理机构资质等级及业务范围

根据建设部《工程建设项目招标代理机构资格认定办法》的规定,建设项目招标代理机构资格等级分为甲、乙、暂定级共三级。

### (一)招标代理机构应当具备的一般条件

这里所说的一般条件是指社会机构成为招标代理机构的基本条件,招标代理机构不论申请何种资格等级都必须具备。

招标代理机构申请资格认定应当具备下列条件:①是依法设立的中介组织,具有独立法人资格;②与行政机关和其他国家机关没有行政隶属关系或者其他利益关系;③有固定的营业场所和开展工程招标代理业务所需设施及办公条件;④有健全的组织机构和内部管理的规章制度;⑤具备编制招标文件和组织评标的相应专业力量;⑥具有可以作为评标委员会成员人选的技术、经济等方面的专家库;⑦法律、行政法规规定的其他条件。

### (二)甲级招标代理机构的资质等级及业务范围

申请甲级招标代理机构资格,除具备招标代理机构应当具备的一般条件外,还应当具备下列条件:①取得乙级工程招标代理资格满 3 年;②近 3 年内累计工程招标代理中标金额在 16 亿元人民币以上(以中标通知书为依据,下同);③具有中级以上职称的工程招标代理机构专职人员不少于 20 人,其中具有工程建设类注册执业资格人员不少于 10 人(其中注册造价工程师不少于 5 人),从事工程招标代理业务 3 年以上的人员不少于 10 人;④技术经济负责人为本机构专职人员,具有 10 年以上从事工程管理的经验,具有高级技术经济职称和工程建设类注册执业资格。

甲级招标代理机构承担招标代理业务没有投资额的限制,可以承担所有招标代理业务。但是,招标代理机构获得甲级资质后,仍需不断提高自己的业务水平。这首先是因为,招标代理机构的资质是实行动态管理的,建设行政主管部门对资质有复审制度,已获得甲级资质的代理机构并不是当然能够通过复审的。其次,在市场经济的激烈竞争中,不断提高业务能力是取胜的根本,政府的资质认定只是给招标代理机构承接代理业务提供了前提条件。

### (三)乙级招标代理机构的资质等级及业务范围

申请乙级招标代理机构资格,除具备招标代理机构应当具备的一般条件外,还应当具备下列条件:①取得暂定级工程招标代理资格满 1 年; ②近 3 年累计工程招标代理中标金额在8亿元人民币以上；③具有中级以上职称的工程招标代理机构专职人员不少于12人，其中具有工程建设类注册执业资格人员不少于6人（其中注册造价工程师不少于3人），从事工程招标代理业务3年以上的人员不少于6人；④技术经济负责人为本机构专职人员，具有8年以上从事工程管理的经历，具有高级技术经济职称和工程建设类注册执业资格。

乙级工程招标代理机构只能承担工程总投资1亿元人民币以下的工程招标代理业务。

#### （四）暂定级招标代理机构的申请条件及业务范围

申请暂定级招标代理机构资格，除应当具备招标代理机构的一般条件外，还应具备下列条件：①具有中级以上职称的工程招标代理机构专职人员不少于12人，其中具有工程建设类注册执业资格人员不少于6人（其中注册造价工程师不少于3人），从事工程招标代理业务3年以上的人员不少于6人；②技术经济负责人为本机构专职人员，具有8年以上从事工程管理的经历，具有高级技术经济职称和工程建设类注册执业资格。

暂定级工程招标代理机构，只能承担工程总投资6 000万元人民币以下的工程招标代理业务。

### 三、招标代理机构资质等级申请程序

#### （一）招标代理机构资格的认定机关

在中华人民共和国境内从事工程建设项目招标代理活动的机构，都应当遵守国家有关工程建设项目招标代理机构资质认定的管理规定。招标代理机构按照资格等级实行分级认定。国务院建设行政主管部门对全国招标代理机构资格认定实施统一管理。省、自治区、直辖市人民政府建设行政主管部门对本行政区域内的招标代理机构资格认定实施管理。

国务院建设行政主管部门负责甲级招标代理机构的资格认定。省、自治区、直辖市人民政府建设行政主管部门负责本行政区域内的甲级招标代理机构资格初审和乙级招标代理机构资格认定工作，并将经认定的乙级招标代理机构名单报国务院建设行政主管部门备案。

#### （二）申请

申请设立招标代理机构的，应当据实填写《招标代理机构资格申请表》。申请者应当具备成立招标代理机构应当具备的条件。任何单位和个人不得以弄虚作假或者其他手段骗取招标代理机构资格证书。

#### （三）认定

国务院建设行政主管部门和省、自治区、直辖市人民政府建设行政主管部

门依照规定的权限，对资格认定合格的招标代理机构颁发相应的《招标代理机构资格证书》。

新成立的招标代理机构申请资格认定，除满足招标代理机构条件中关于代理工程投资额和招标代理专业培训的有关要求外，可以认定其相应的暂定资格，颁发《招标代理机构资格暂定证书》。《招标代理机构资格证书》和《招标代理机构资格暂定证书》分为正本和副本。《招标代理机构资格证书》有效期为5年，《招标代理机构资格暂定证书》有效期为3年。

## 第三节 招标代理机构的权利和义务

### 一、招标代理机构的权利

#### （一）依照规定收取招标代理费

招标代理作为一项经营活动，招标代理机构有权收取相应的招标代理费。可以说这是招标代理机构最主要的一项权利。招标代理机构是通过与招标人订立委托合同取得授权的，委托合同中也应当明确代理费的数额和支付办法。编制招标文件、发布招标公告等招标活动，会有一些费用支出，招标人应当预付处理招标事宜的有关费用，如果由招标代理机构垫付，招标人应当偿还该费用及其利息。

#### （二）有权要求招标人对代理工作提供协助

招标代理机构为招标人完成招标工作不能离开招标人的配合，否则代理工作将无法开展。招标人应当提供与招标代理有关的文件、资料，对代理工作提供必要的协助，并对提供文件、资料的真实性、合法性负责。

#### （三）对潜在投标人进行资格审查

招标代理机构可以根据招标项目本身的要求，在招标公告或者投标邀请书中，要求潜在投标人提供有关的证明文件和业绩情况，并对潜在投标人进行资格审查；国家对投标人的资格条件有规定的，依照其规定。

#### （四）可以对已发出的招标文件进行必要的澄清或者修改

在招标文件要求提交的投标文件截止时间至少15日前，招标代理机构可以以书面形式对已发出的招标文件进行必要的澄清和修改。该澄清或者修改内容为招标文件的组成部分。在建设项目招标中，如果在勘验现场时或者答疑会上投标人提出问题，应当以书面形式答复，并且该答复也将作为招标文件的组成部分。所有的澄清、修改、答复都应当发至所有的投标人。

#### （五）拒收投标截止时间后送达的投标文件

在招标投标活动中，招标人、投标人、招标代理机构都应当严格遵守《招标投标法》和招标文件的有关规定。依照我国《招标投标法》的规定，开标应当在招标文件确定的提交投标文件截止时间的同一时间公开进行。招标代理机构有权拒收投标截止时间后送达的投标文件，这是招标投标能够公正进行的基本保证。

### （六）代替招标人主持开标

开标应当由招标人主持，但是招标人委托招标代理机构主持的，也可由招标代理机构主持。

## 二、招标代理机构的义务

### （一）维护招标人和投标人的合法权益

招标代理机构作为招标人的代理人，应当维护招标人的利益，指出和纠正投标人的违规行为，这是招标代理机构当然的义务。招标代理机构所做的所有工作都是为了达到这样一个目的：选择一个最符合招标文件要求的中标人。但是，维护招标人的合法利益并不意味着损害投标人的合法利益。招标代理机构不得以不合理的条件限制和排斥潜在的投标人，不得对潜在的投标人实行歧视性待遇。因此，招标代理机构应当维护招标人和投标人双方的合法利益。

### （二）完成招标代理工作

完成招标代理工作是招标代理机构最主要的义务。

1. 应当以自己的力量完成招标代理工作。招标人将招标代理工作交给招标代理机构，包含了对招标代理机构的水平、信誉、人员的信任，这种信任是不可转让的，因此，在一般情况下，招标代理机构应当以自己的力量完成招标代理工作。在特殊的情况下，招标代理机构可以转让代理业务，但是，必须经招标人的书面同意。

2. 组织编制、解释招标文件。组织编制、解释招标文件是招标代理机构的一项重要义务，招标文件的质量将对招标的结果产生直接的影响。招标文件不得要求或者标明特定的生产供应者以及含有倾向或者排除潜在投标人的其他内容。

3. 严格执行招标程序。招标代理机构应当确定投标人编制投标文件所需要的合理时间。对于依法必须进行招标的项目，自招标文件开始发出之日起至投标人提交投标文件截止之日止，最短不得少于20日。

4. 开标和评标时应当完成的工作。招标代理机构在招标文件要求提交投标文件的截止时间前收到的所有投标文件，开标时都应当当众拆封、宣读。在评标中也应当严格按照《招标投标法》和招标文件的规定进行。

### （三）保密义务

在招标投标过程中，招标代理机构应当严格履行《招标投标法》和委托代理合同规定的保密义务,这是确保招标能够公平进行的基本要求。

招标代理机构不得向他人透露已获取招标文件的潜在投标人的名称、数量以及可能影响公平竞争的有关招标投标的其他情况。招标人对招标设有标底的,标底必须保密。在评标过程中,招标代理机构也必须采取严格的保密措施,保证评标在严格保密的情况下进行。招标人在委托代理合同中对招标代理机构提出其他保密要求的,招标代理机构也应当严格保密。

**(四)应当接受有关部门的指导和监督**

招标代理机构在开展代理业务时,应当接受国家招标投标管理机构和有关行业组织的指导和监督。招标投标管理机构对招标投标的指导和监督是全过程的,包括招标投标过程是否遵循了公开、公平、公正的原则,招标投标程序是否符合有关规定,评标、定标是否科学、合理、公正等。

## 第四节　招标代理机构的行为禁止及其法律责任

### 一、招标代理机构不得从事的违法行为

根据《招标投标法》第50条的规定,招标代理机构不得从事的行为有:

第一,违反《招标投标法》的规定,泄露应当保密的与招标投标活动有关的情况和资料的。《招标投标法》第22条规定,招标人不得向他人透露已获取招标文件的潜在投标人的名称、数量以及可能影响公平竞争的有关招标投标的其他情况。投标人设有标底的,标底必须保密。第38条规定,招标人应当采取必要的措施,保证评标在严格保密的情况下进行。第44条第3款规定,评标委员会成员和参加评标的有关工作人员不得透露对招标文件的评审、中标候选人的推荐情况以及与评标有关的其他情况。招标代理机构在代理招标时,是以招标人的代理人的身份直接参与、组织招标投标活动,因此《招标投标法》对招标人和评标委员会成员的上述要求同样适用于招标代理机构。招标代理机构泄露应当保密的与招标投标活动有关的情况和资料的,会影响投标人之间的公平竞争,达到招标的目的。

第二,违反《招标投标法》规定,与招标人、投标人串通损害国家利益、社会公共利益或者他人合法权益。在招标代理活动中,招标代理机构与招标人之间的关系为代理人与被代理人的关系,招标代理机构处于代理人的地位。《民法通则》第66条第2款规定,代理人和第三人串通,损害被代理人的利益的,由代理人和第三人负连带责任。第67条规定,代理人知道被委托代理的事项违法仍然进行代理活动的,或者被代理人知道代理人的代理行为违法不表示反对的,由被代理人和代理人负连带责任。此外,在强制招标项目中,由于相当一部

分资金来源于政府财政投资，还会出现代理人与被代理人，即招标代理机构与招标人相互串通损害国家利益的情况。

## 二、招标代理机构从事违法行为应承担的法律责任

根据《招标投标法》第 50 条的规定，招标代理机构从事上述违法行为的，应负以下法律责任：

第一，罚款。对于有本条规定的违法行为的招标代理机构，有关行政监督部门应当对其处 5 万元以上 25 万元以下的罚款，对单位直接负责的主管人员和其他直接责任人员处单位罚款数额 5% 以上 10% 以下的罚款。

第二，并处没收违法所得。没收违法所得是由行政主体实施的将行政违法行为人的部分或者全部违法收入、物品或者其他非法占有的财物收归国家所有的处罚方式。没收可以视情节轻重而决定部分或者全部没收。没收的物品，除应当予以销毁及存档备查外，均应上交国库或交由法定专管机关处理。

第三，依法追究刑事责任。刑事责任是指由刑法规定的，对违反刑法规定构成犯罪的人适用的并由国家强制力保障实施的刑事制裁措施。承担刑事责任的前提是行为人的行为必须构成犯罪。招标代理机构违反《招标投标法》的规定，构成犯罪的，应当依法追究刑事责任。根据《中华人民共和国刑法》（以下简称《刑法》）规定，单位犯罪的，对单位处以罚金，对单位直接负责的主管人员和其他直接责任人员处相应的刑罚，即实行双罚制。

第四，暂停或取消招标代理资格。暂停或者取消招标代理资格属于行为罚，即限制或者剥夺违法行为人某种行为能力或者资格的处罚措施，有时也称为能力罚。根据《招标投标法》的规定，从事招标代理业务的招标代理机构应当具有相应的资质，没有相应资质的招标代理机构不能从事相关的招标代理业务。《招标投标法》第 14 条规定，从事工程建设项目招标业务的招标代理机构，其资格由国务院或者省、自治区、直辖市人民政府的建设行政主管部门会同国务院有关部门制定。从事其他招标代理业务的招标代理机构，其资格认定的主管部门由国务院规定。根据本条规定，招标代理机构泄露应当保密的内容的行为或者串通行为情节严重的，有关行政监督部门应当暂停直至取消其招标代理资格。这里所说的“情节严重”，指行为人的行为造成的危害后果严重、违法行为的性质恶劣等情况。暂停招标代理资格是指有关行政监督部门在一定期限内停止招标代理机构的招标代理资格，在此期间，被暂停招标代理资格的招标代理机构丧失了代理招标的资格，不能办理招标代理业务，待改正其违法行为后再行恢复招标代理资格。招标代理机构违法行为严重，暂停招标资格尚不足以达到制裁目的的，有关行政监督部门应当取消其招标代理资格。被取消招标

代理资格的招标代理机构不能从事招标代理业务。

第五,损害赔偿。损害赔偿是指当事人一方因侵权行为或不履行债务而对他方造成损害时应承担赔偿对方损失的民事责任,包括侵权的损害赔偿与违约的损害赔偿。前者属于侵权责任的范畴,后者属于违约责任的范畴。区分违约损害赔偿与侵权损害赔偿的意义在于:首先,赔偿范围不同,侵权损害赔偿可以包括对精神损害的赔偿,而违约损害赔偿一般只包括财产损害赔偿,不包括对精神损害的赔偿;其次,举证责任不同,根据《中华人民共和国合同法》(以下简称《合同法》)的规定,违约责任实行无过错责任,只要行为人的违约行为造成了对方当事人的损失,行为人就应负民事责任,守约方无须就违约方的过错进行举证。与之相反,由于侵权责任一般实行过错责任,受害人欲使侵权行为人承担责任,必须证明侵权人在实施侵权行为之际具有过错,否则行为人不承担法律责任。

招标代理机构的前述违法行为属于侵权行为还是违约行为,需要具体分析:招标代理机构泄露应当保密的与招标活动有关的情况或者材料的行为,以及与招标人串通损害国家或者第三人利益的行为当然属于侵权行为,因此而产生的赔偿责任属于侵权责任;招标代理机构与投标人串通的行为违反了招标代理机构与招标人之间达成的委托代理合同所约定的义务,另一方面,招标代理机构与投标人串通的行为产生了侵犯对方人身、财产权益的后果,因此而引起的赔偿责任既属于侵权责任也属于违约责任,产生了侵权责任与违约责任的竞合。《合同法》第 122 条规定,因当事人一方的违约行为,侵害对方人身、财产权益的受损害方有权选择依照本法要求其承担违约责任或者依照其他法律要求其承担侵权责任。

招标代理机构承担赔偿责任的前提是:行为人的行为给他人造成了损失。这里所说的“他人”,既包括招标人、投标人、第三人,还包括国家及社会公共利益。

承担前述法律责任的主体是招标代理机构、招标代理机构直接负责的主管人员和其他直接责任人员。

招标代理机构承担前述法律责任,必须在实施违法行为时在主观上具有过错,包括故意和过失。其中,故意是指在与招标人、投标人串通损害国家利益、社会公共利益或者他人合法权益的违法行为中,行为人在主观上应有进行违法行为的故意。这里所说的故意是指行为人对行为的目的和后果有足够的认识或理解,并不是指行为人知道自己的行为属于违法行为。

招标代理机构承担前述法律责任,不以其违法行为造成了实际的损害后果为必要条件。只要行为人实施了前述违法行为并证明其在主观上有过错,行为人就应当承担法律责任。

# 第五章

# 招标

## 第一节 招标种类和招标方式

### 一、招标种类

按照招标对象的不同，我们可以把招标分为货物招标、工程招标和服务招标三类。

#### （一）货物招标

货物招标是以货物作为采购对象的招标，是招标中最常见的一种。应当说，市场经济国家的招标是起源于货物招标的，即使是工程招标，也含有大量的货物招标。货物招标中的招标方式的选择主要是依据采购的金额。但是，我国《招标投标法》和《政府采购法》都没有对公开招标的金额限额作出具体的规定。

由于货物与工程相比，技术要求相对简单，并且很多是可以要求现货投标的，因此，可以在招标文件中对技术提出更明确的要求，而在评标时更多地比较报价。

#### （二）工程招标

工程招标是以工程作为采购对象的招标。工程招标的技术要求往往比较复杂，并且投标时工程还仅仅在图纸中，这给工程招标和其后的合同管理带来了很多困难。如果包括工程的勘察、设计和监理，则更体现特点，因为这些招标在招标开始时有些衡量指标甚至还未明确。按照《招标投标法》规定的精神，工程招标可以分为以下几种：

1. 建设工程项目总承包招标。建设工程项目总承包招标又叫建设项目全过程招标，在国外称之为“交钥匙”承包方式。它是指从项目建议书开始，包括可行性研究报告、勘察设计、设备材料询价与采购、工程施工、生产准备，直到竣工投产、交付使用全面实行招标；工程总承包企业根据建设单位提出的工程使用要求，对项目建设书、可行性研究、勘察设计、设备询价与选购、材料订货、工程施工、职工培训、试生产、竣工投产等实行全面报价投标。

2. 建设工程勘察招标。建设工程勘察招标是指招标人就拟建工程的勘察任务发布通告，以法定方式吸引勘察单位参加竞争，经招标人审查获得投标资格的勘察单位按照招标文件的要求，在规定的时间内向招标人填报标书，招标人从中选择条件优越者完成勘察任务。

3. 建设工程设计招标。建设工程设计招标是指招标人就拟建工程的设计任务发布通告，以吸引设计单位参加竞争，经招标人审查获得投标资格的设计单位按照招标文件的要求，在规定的时间内向招标人填报投标书，招标人从中择优确定中标单位来完成工程设计任务。设计招标主要是设计方案招标，工业项目可进行可行性研究方案招标。

4. 建设工程施工招标。建设工程施工招标是指招标人就拟建的工程发布公告或者邀请，以法定方式吸引建筑施工企业参加竞争，招标人从中选择条件优越者完成工程建设任务的法律行为。

5. 建设工程监理招标。建设工程监理招标，是指招标人为了委托监理任务的完成，以法定方式吸引监理单位参加竞争，招标人从中选择条件优越者的法律行为。

6. 建设工程材料设备招标。建设工程材料设备招标是指招标人就拟购买的材料设备发布公告或者邀请，以法定方式吸引建设工程材料设备供应商参加竞争，招标人从中选择条件优越者购买其材料设备的法律行为。

**（三）服务招标**

服务招标是以服务作为采购对象的招标。与货物招标一样，服务招标也存在与工程招标的交叉问题。服务招标的最大特点在于其衡量指标往往不够准确，这给评标工作带来了很大的困难，也给完成服务后的验收带来了很大的困难。因此，各国的立法和国际组织往往给服务招标规定特别的招标程序、评标原则和标准。例如，联合国《贸易法委员会货物、工程和服务采购示范法》在第一章总则、第二章采购方法及其采用条件、第三章招标程序之外，单独在第四章规定服务采购的主要方法。由于服务招标中有许多无法客观量化的指标，在评标时往往需要聘请专家进行主观打分。我国《招标投标法》中规定中标人的条件是：能够满足招标文件的实质性要求，并且经评审的投标价格最低；但是投标价格低于成本的除外。这一中标人条件的规定比较适合于服务招标。

## 二、招标方式

招标投标方式决定着招标投标的竞争程度，也是防止不正当交易的重要手段。目前世界各国和有关国际组织的采购法律、法规都规定了公开招标、邀请招标、议标等三种招标方式。

### (一)公开招标

公开招标,又叫竞争性招标,是指招标人以招标公告的方式邀请不特定的法人或者其他组织参加投标竞争,从中择优选择中标单位。按照竞争程度,公开招标可分为国际竞争性招标和国内竞争性招标。

1. 国际竞争性招标。国际竞争性招标是指在世界范围内进行招标,符合招标文件规定的国内外法人或其他组织,单独或联合其他法人或组织参加投标,并按照招标文件规定的币种进行结算的招标活动。我国利用国际金融组织(世界银行、亚洲开发银行、国际农发基金等)贷款、外国政府贷款(日本海外经济协力基金、输出入银行和黑字环流贷款及其他政府贷款)、国际商业贷款和外商直接投资(独资、合资、合作、补偿贸易等)运作项目所需的主要工程、采购和服务,达到一定起点的,都必须按照相关的规定进行国际竞争性招标。

另外,根据国家有关部门的相关规定,我国进口特定产品(目前还有近百种)也必须进行国际招标。《联合国采购示范法》、《WTO 政府采购协议》、《欧盟采购指令》以及《世界银行采购指南》、《亚行贷款采购准则》对国际竞争性招标的适用范围、操作规范以及招标文件和合同格式等,都作了比较明确、清晰的规定。例如,世界银行对其贷款项目货物及工程的采购规定了三个原则:注意节约资金并提高效率,即经济有效;要为世界银行的全部成员国提供平等的竞争机会,不歧视投标人;有利于促进借款国本国的建筑业和制造业的发展。

因此,国际竞争性招标是采用最多、占采购金额最大的一种方式。世界银行还根据不同地区和国家的情况,规定了凡采购金额在一定限额以上的货物和工程合同,都必须采用国际竞争性招标。对一般借款国来说,10 万 ~25 万美元以上的货物采购合同和大中型工程采购合同,应采用国际竞争性招标。我国的贷款项目金额一般都比较大,世界银行对中国的国际竞争性招标采购限额也相应宽松一些,要求工业项目采购在 100 万美元以上,应采用国际竞争性招标。

实践证明,尽管国际竞争性招标程序比较复杂,但它确实有很多优点。首先,由于投标竞争激烈,一般可以对买主有利的价格采购到需要的设备和工程。其次,可以引进先进的设备、技术和工程管理经验。再次,可以保证所有合格的投标人都有参加投标的机会。国际竞争性招标由于对货物、设备和工程有客观的衡量标准,可促进发展中国家的制造商和承包商提高产品和工程建造质量,提高国际竞争力。最后,保证采购工作根据预先指定并为大家所知道的程序和标准公开而客观地进行,减少了采购中作弊的可能。

当然,国际竞争性招标也存在一些缺陷。首先,流程长,费时多。它有一套周密而且比较复杂的程序,从发布招标公告、投标人作出反应、评标到授予合同,一般需要半年到1年以上的时间。其次,所需准备的文件较多。招标文件要明确规范各种技术规格、评标标准以及买卖双方的权利义务等内容,任何含糊不清或未予明确的都有可能导致执行合同意见不一致,甚至造成争执。另外还要将大量文件译成国际通用文字,增加很大工作量。再次,在中标的供应商和承包商中,发展中国家所占份额很少。

2. 国内竞争性招标。国内竞争性招标是指符合招标文件规定的国内法人或其他组织,单独或联合其他国内法人或组织参加投标,并用本国货币结算的招标活动。它只用本国语言编写标书,只在国内的媒体上刊登广告。通常用于合同金额较小(世界银行规定一般50万美元以下)、采购品种比较分散、分批交货时间较长、劳动密集型产品、商品成本较低而运费较高、当地价格明显低于国际市场等的采购。此外,若从国内采购货物或者工程建筑可以大大节省时间,而且这种便利将对项目的实施具有重要意义,也可仅在国内实行竞争性招标采购。

在国内竞争性招标的情况下,如果外国公司愿意参加,则应允许它们按照国内竞争性招标参加投标,给予国民待遇,不应人为设置障碍,妨碍其公平参加竞争。国内竞争性招标的程序大致与国际竞争性招标相同。由于国内竞争性招标限制了竞争范围,通常国外供应商不能得到有关投标的信息,这与招标的原则不符,所以有关国际组织对国内竞争性招标都加以限制。我国目前开展的建设工程、各类货物采购和服务项目公开招标,主要是国内竞争性招标。全国涉及招标投标的地方政府和部门法规共有160多件,除极少数对国际竞争性招标有所规定,绝大多数的招标程序、范围和方式,都限定在国内竞争性招标范围内。《招标投标法》强调以公开招标为主,但对国际竞争性招标和国内竞争性招标未作划分和规定。该法第6条规定:“依法必须进行招标的项目,其招标投标活动不受地区或者部门的限制。任何单位和个人不得违法限制或者排斥本地区、本系统以外的法人或者其他组织参加投标,不得以任何方式非法干涉招标投标活动。”第67条规定:“使用国际组织或者外国政府贷款、援助资金的项目进行招标,贷款方、资金提供方对招标投标的具体条件和程序有不同规定的,可以适用其规定,但违背中华人民共和国的社会公共利益的除外。”

**(二)邀请招标**

邀请招标也称有限竞争性招标或选择性招标,是指招标人以投标邀请书的方式邀请特定的法人或者其他组织投标。邀请招标的特点是:不使用公开的公告形式;接受邀请的单位才是合格投标人;投标人的数量有限,根据招标项目的规模大小,一般为3~10个。由于被邀请参加的招标竞争者有限,不仅可以节约招标费用,而且提高了每个投标者的中标机会。然而,邀请招标限制了充分的竞争,因此招标投标法规一般都规定,招标人应尽量采用公开招标。

邀请招标与公开招标相比,因为不用刊登招标公告,招标文件只送给有限的几家,投标有效期大大缩短,这对采购那些价格波动较大的商品是非常必要的,可以降低投标风险。例如,欧盟的公共采购规则规定,采购金额超过法定界限,必须采用招标方式的,项目法人有权自由选择公开招标或邀请招标。而邀请招标由于有上述优点,所以在欧盟成员国家中被广泛使用。

我国所有的招标法规都有邀请招标的规定。《招标投标法》总结了国内外招标经验,明确规定了招标分为公开招标和邀请招标两种方式,并且第 11 条规定:"国务院发展计划部门确定的国家重点项目和省、自治区、直辖市人民政府确定的地方重点项目不适宜公开招标的,经国务院发展计划部门或者省、自治区、直辖市人民政府批准,可以进行邀请招标。"该条规定表明:第一,国家重点项目和地方重点项目必须公开招标,才能在竞争性上更具优势,也才更能体现招投标制度的目的和宗旨。1996 年发布施行的《国家重点建设项目管理办法》规定,国家重点建设主体工程的设计、施工、监理、设备采购,由建设项目法人依法公开进行招标,择优选定中标单位。《招标投标法》进一步确认了这项制度,并在第 11 条中作出具体规定。第二,不适宜公开招标的重点项目,经批准可进行邀请招标。在某些特定情况下,如由于项目技术或有特殊要求,涉及专利权保护,自然环境资源或环境限制,新技术或技术规格事先难以确定,可供选择的具备资格的投标单位数量有限等原因,可实行邀请招标。邀请招标中投标人的数目有限,公开性、竞争性都远远不及公开招标,容易产生内幕交易和腐败,如果不进行监管,会给重点工程建设带来不可弥补的损失。考虑到国家重点项目和地方重点项目分别由国务院发展计划部门和省、自治区直辖市人民政府确定,由项目确定部门行使对邀请招标的监督权比较适宜。因此,法律规定不适宜公开招标的,经国务院发展计划部门或省、自治区、直辖市人民政府批准,可以进行邀请招标。

**(三)议标**

议标,也称谈判招标或限制性招标,即通过谈判来确定中标者。议标主要有以下几种方式:

1. 直接邀请议标方式。选择中标单位不是通过公开或邀请招标,而由招标人或其代理人直接邀请某一法人或组织进行单独协商,达成协议后签订采购合同。如果与一家协商不成,可以邀请另一家,直到协议达成为止。

2. 比价议标方式。"比价"兼有邀请招标和协商的特点,一般使用于规模不大、内容简单的工程、货物和服务采购。通常的做法是由招标人将采购的有关要求送交选定的几家法人或组织，限其在约定时间内提出报价，招标单位经过分析比较，选择报价合理的法人或组织，就工期、造价、质量、付款条件等细节进行协商，从而达成协议，签订合同。

3. 方案竞赛议标方式。它是选择工程规划设计任务的常用方式。通常组织公开竞赛，也可邀请经预先选择的规划设计机构参加竞赛。一般的做法是由招标人提出规划设计的基本要求和投资控制数额，并提供可行性研究报告或设计任务书、场地平面图、有关场地条件和环境情况的说明，以及规划、设计管理部门的有关规定等基础资料，参加竞争的单位据此提出自己的规划或设计初步方案，阐述方案的优点和长处，并提出该项规划或设计任务的主要人员配置、完成任务的时间和进度安排、总投资估算等，一并报送招标人。然后由招标人邀请有关专家组成评选委员会，选出优胜单位，招标人与优胜者签订合同。同时对未中选的单位给以一定补偿。

另外，在科技项目招标中，通常使用公开招标但不公开开标的议标方法。招标单位在接到各投标单位的标书后，先就技术、设计、加工、资信能力等方面进行调查，并在取得初步认可的基础上，选择理想的预中标单位并与之商谈，对标书进行调整，如能取得一致意见，则可定为中标单位，若不行则再找第二家投标单位。这样逐次协商，直至双方达成一致意见为止。这种议标方式使招标单位有更多的灵活性，可以选择到比较理想的供应商和承包商。

## 第二节 招标的准备工作

项目在招标前，有大量的工作需要完成。招标人应当办理有关的审批手续（如果需要），拟订工程招标方案和编制招标文件，编制标底，划定标段，等等。

### 一、拟订工程招标方案和编制招标文件

#### （一）确定招标方式

如前所述，对于公开招标和邀请招标两种方式，在一般情况下都应当采用公开招标，邀请招标只有在招标项目符合一定的条件时才可以采用。属国家和地方重点项目，需要采用邀请招标的，则应当办理相应的批准手续。一般在以下几种情况下才可以采用邀请招标方式：①因技术复杂、专业性强或者其他特殊要求等原因，只有少数几家潜在投标人可供选择的；②采购规模小，为合理减少采购费用和采购时间而不适宜公开招标的；③法律或者国务院规定的其他不适宜公开招标的情形。

#### （二）编制招标文件

招标代理机构应当根据招标项目的特点和需要编制招标文件。招标文件

是投标人准备投标文件和参加投标的依据,也是招标投标活动当事人的行为准则和评标的重要依据。因此,招标文件在招标活动中具有重要的意义。

按照我国《招标投标法》的规定,招标文件应当包括招标项目的技术要求、对投标人资格审查的标准、投标报价要求和评标标准等所有实质性要求和条件以及拟签订合同的主要条款。我们可以将招标文件分为以下几大部分内容:第一部分包括投标须知、合同条件及协议书格式等;第二部分则是技术规范;第三部分是对投标文件格式的要求,包括投标书格式、工程量清单、辅助资料表、投标保函的格式、履约担保的格式等;第四部分是图纸。

在招标文件中,投标须知具有重要的意义。投标须知一般都有前附表,将投标须知中最主要的内容以列表的方式表示出来。投标须知大致包括以下内容:①总则,包括工程说明、资金来源、资质与合格条件的要求、投标费用的声明(招标管理单位对投标人应承担的编制投标文件与递交投标文件所涉及的一切费用不负责任)。②招标文件,包括招标文件的组成、招标文件的澄清、招标文件的修改。③投标报价说明,包括投标价格采用的方式和投标价格、投标货币等。④投标文件的编制,包括投标文件的语言、投标文件的组成、投标有效期、投标保证金、对投标预备会及勘查现场的说明、投标文件的份数和签署等。⑤投标文件的递交,包括投标文件的密封与标志、投标截止期、投标文件的修改与撤回。⑥开标与评标。应当对开标的时间、地点及开标过程作出明确的规定。对于未经过资格预审的投标项目一般应当在评标前进行资格审查。对评标内容的保密、投标文件的澄清、投标文件的符合性鉴定、错误的修正、投标文件的评价与比较等内容也应在这一部分中作出规定。⑦授予合同,包括合同授予标准、中标通知书、合同协议书的签署、履约担保的提交等内容。

招标文件是招标活动公平、公正的重要体现,招标文件不得要求或者标明特定的生产供应者以及含有倾向或者排斥潜在投标人的其他内容。

国家对招标项目的技术、标准和投标人的资格条件有规定的,应当按照规定在招标文件中载明。国家在这方面的要求有时是强制性的,建设工程领域的这方面要求则往往是强制性的,不允许当事人通过协议降低这方面的要求。

## 二、编制工程招标标底

任何招标人在招标前都会估计预计需要的资金,这样可以确定筹集资金的数量,当然,这一数量是一个大致的数量。有时招标人仅仅是在简单地了解市场行情的基础作出的估计。但是,如果这种估计作得比较详细和准确,则这一估计的价格就是标底了,在我国台湾地区又被称为底价。《招投标法实施条例》第27条规定:“招标人可以自行决定是否编制标底。一个招标项目只能有一个标底。标底必须保密。接受委托编制标底的中介机构不得参加受托编制标底项目的投标,也不得为该项目的投标人编制投标文件或者提供咨询。招标人设有最高投标限价的,应当在招标文件中明确最高投标限价或者最高投标限价的计算方法。招标人不得规定最低投标限价。”长期以来,我国建设工程招标都是编制标底的,而其他领域的招标对标底的编制则不是十分重视。本部分内容主要介绍建设工程领域的标底问题。

### (一)标底的作用

标底是投资人核实建设规模的依据,是投资人对建设项目的期望投资量。标底必须受概算控制,如果突破概算,应分析原因。如果是标底编制错误,则应修正错误。如果是施工图设计扩大了建设规模,则应修改施工图,并重新编制标底。否则应当修正概算,并报原审批机关调整。

标底也是评标时的重要尺度。《招标投标法》规定,(评标)设有标底的,应当参考标底。但是,如何参考标底进行评标,是招标制度中非常重要的问题。长期以来,建设工程项目的标底实际上成了建设项目的计划价格,要求投标价格以标底为基准或者以标底为基础进行修正的价格为基准,上下幅度都不能超过一定的范围;这一范围一般都十分严格,幅度很小。

我国在标底方面的改革已经开始。例如,天津经济技术开发区在 2000 年已经制定了新的招标投标监督办法,取消了对低报价的限制,鼓励低报价中标。2001 年 7 月 5 日,国家发展计划委员会、国家经贸委、建设部、铁道部、交通部、信息产业部、水利部联合发布的《评标委员会和评标方法暂行规定》第 30 条规定:“具有通用技术、性能标准或者招标人对其技术、性能没有特殊要求的招标项目,适用经评审的最低投标价法。”第 31 条又规定:“根据经评审的最低投标价法,能够满足招标文件的实质性要求,并且经评审的最低投标价的投标,应当推荐为中标候选人。”因此,随着我国招标投标制度的改革,标底的作用将发生很大的变化。

### (二)编制标底的依据

编制标底的依据包括:①经有关方面审批的初步设计和概算投资文件;②已经批准的招标文件;③全部设计图纸;④施工现场的地质、水文、地上情况的资料;⑤施工方案或施工组织设计;⑥现行的工程预算定额、工期定额、工程项目计价类别及收费标准等。

### (三)标底的内容

标底的内容包括:①招标工程综合说明;②招标工程一览表;③标底价格;④招标工程总造价所含各项费用的说明。

### (四)标底的编制方法

目前,我国建设工程标底的编制,主要有以施工图预算、设计概算和以平方米造价包干为基础三种方法。

1. 以施工图预算为基础的标底。这种标底的编制方法是目前我国采用最多的。以施工图预算为基础编制标底的具体做法是：根据施工图纸及技术说明，按照预算定额规定的分部分项工程项目，逐项计算出工程量，再套用综合预算定额单价（或单位估价表）确定直接费，然后按规定的取费标准确定施工管理费、其他间接费、计划利润和税金，再加上材差调整以及一定的不可预见费，汇总后构成公司工程预算，即为标底的基础。若"三通一平"等内容也在招标范围之内，则在预算之外增加相应的费用，编成完整的标底。

2. 以设计概算为基础的标底。以设计概算为基础的标底适用于扩大初步设计或者技术设计阶段即进行招标的工程。在施工图阶段招标时，也可按施工图计算工程量，套用概算定额和单价计算直接费，这样做可以减少工作量，节省时间。以设计概算为基础的标底，主要优点是能争取时间提前开工，工程施工与施工图设计交叉作业；但由于初步设计深度不够，与施工图设计的内容往往有较大的出入，势必导致造价变化，对投资难以控制。

3. 以平方米造价包干为基础的标底。这种标底主要适用于采用标准图大量建造的住宅工程。这种工程的平方米造价包干标准由地方工程造价管理部门对具体工程或者工程体系的平方米造价进行测算分析，并征求一些建设单位和施工企业的意见后确定。在具体工程招标时，再根据装修、设备情况进行适当的调整，确定标底单价。

## 三、标段的划分

有些项目不能或者很难由一个投标人完成，这时需要将该项目分成几个部分进行招标，这些不同的部分就是不同的标段。当然，并不是所有的项目都必须划分标段。招标项目需要划分标段的，招标人应当合理划分标段（也可称为合同数量的划分）。在一般情况下，一个项目应当作为一个整体进行招标。但是，对于大型的项目，作为一个整体进行招标将大大降低招标的竞争性，因为符合招标条件的潜在投标人数量太少。这样就应当将招标项目划分成若干个标段分别进行招标。但是，也不能将标段划分得太小，太小的标段将失去对实力雄厚的潜在投标人的吸引力。如建设项目的施工招标，一般可以将一个项目分解为单位工程及特殊专业工程分别招标，但不允许将单位工程肢解为分部、分项工程进行招标。标段的划分是招标活动中较为复杂的一项工作，应当综合考虑各方面的因素。

在划分标段时主要应当考虑到以下因素。

### （一）招标项目的专业要求

如果招标项目的几部分内容专业要求接近，则该项目可以考虑作为一个整体进行招标。如果该项目的几部分内容专业要求相距甚远,则应当考虑划分为不同的标段分别招标。例如,一个项目中的土建和设备安装两部分内容就应当分别发包。

(二)招标项目的管理要求

有时一个项目的各部分内容相互之间干扰不大,方便招标人对其统一进行管理,这时就可以考虑对各部分内容分别进行招标。反之,如果各个独立的承包商之间的协调管理十分困难,则应当考虑将整个项目发包给一个承包商,由该承包商进行分包后统一进行协调管理。

(三)对工程投资的影响

标段划分对工程投资也有一定的影响。这种影响是由多方面的因素造成的,但直接影响是由管理费的变化引起的。一个项目作为一个整体招标,则承包商需要进行分包,分包的价格在一般情况下不如直接发包的价格低;但一个项目作为一个整体招标,有利于承包商的统一管理,人工、机械设备、临时设施等可以统一使用,又可能降低费用。因此,应当具体情况具体分析。

(四)工程各项工作的衔接

在划分标段时还应当考虑到项目在建设过程中时间和空间的衔接。应当避免产生平面或者立面交接工作责任不清。如果建设项目各项工作的衔接、交叉和配合少,责任清楚,则可考虑分别发包;反之,则应考虑将项目作为一个整体发包给一个承包商,因为,此时由一个承包商进行协调管理容易做好衔接工作。

## 第三节 招标公告与投标邀请书

### 一、招标公告与投标邀请书的概念

(一)招标公告的概念

招标公告是指采用公开招标方式的招标人(包括招标代理机构)向所有潜在投标人发出的一种广泛的通告。发布招标公告的目的是使所有潜在投标人都具有公平的投标竞争的机会。招标人采用公开招标方式的,应当发布招标公告。招标公告必须通过一定的媒介进行传播。依法必须进行招标的项目的招标公告,应当通过国家指定的报刊、信息网络或者其他媒介发布。采用公开招标的项目,投标人的数量是否有要求,《招标投标法》对此没有作出规定。但是,《评标委员会和评标方法暂行规定》规定:否决不合格投标或者界定为废标后,因有效投标不足三个使得投标明显缺乏竞争的,评标委员会可以否决全部投标。

### (二)投标邀请书的概念

投标邀请书是指采用邀请招标方式的招标人,向三个以上具备承担招标项目的能力、资信良好的特定法人或者其他组织发出的参加投标的邀请。在实践中已经出现了这样的情况:由某一个投标人找来“陪标”的几个投标人,故意把投标文件做得有许多毛病而导致废标,结果只有该投标人的投标文件为有效标。笔者认为,虽然不能从《招标投标法》的规定上得出这样的招标无效的结论,但《评标委员会和评标方法暂行规定》发布后,评标委员会可以否决全部投标。

## 二、招标公告和投标邀请书的事项

招标公告和投标邀请书的事项就是招标公告和投标邀请书的内容。按照《招标投标法》的规定,招标公告与投标邀请书应当载明同样的事项。具体包括以下事项:①招标人的名称和地址;②招标项目的性质;③招标项目的数量;④招标项目的实施地点;⑤招标项目的实施时间;⑥获取招标文件的办法。

## 三、招标公告的发布

对于公开招标而言,招标公告的发布是十分重要的,它是招标信息进入公众领域的第一步。因此,世界各国和国际组织都对公开招标的招标公告的发布有严格要求。

我国《招标投标法》规定:发布招标公告的媒介包括报刊(报纸、杂志等)、信息网络等,比较小的项目也可以通过广播、通告牌、布告栏等发布招标公告。但是,依法必须进行招标的项目的招标公告,应当通过国家指定的报刊、信息网络或者其他媒介发布招标公告。国家指定媒介的目的是保证招标公告传播范围足够广泛。为了规范招标公告发布行为,保证潜在投标人平等、便捷、准确地获取招标信息,国家发展计划委员会发布了《招标公告发布暂行办法》,自 2013 年 3 月 11 日起完成修订。《招投标法实施条例》第 15 条规定,依法必须进行招标的项目的资格预审公告和招标公告,应当在国务院发展改革部门依法指定的媒介发布。在不同媒介发布的同一招标项目的资格预审公告或者招标公告的内容应当一致。指定媒介发布依法必须进行招标的项目的境内资格预审公告、招标公告,不得收取费用。

### (一)招标公告发布的监督机构

原国家发展计划委员会根据国务院授权,按照相对集中、适度竞争、受众分布合理的原则指定发布依法必须招标项目招标公告的报纸、信息网络等媒介(以下简称“指定媒介”),并对招标公告发布活动进行监督。指定媒介的名单由原国家发展计划委员会公告。

**（二）招标公告发布方式的要求**

依法必须招标项目的招标公告必须在指定媒介发布。招标公告的发布应当充分公开，任何单位和个人不得非法限制招标公告的发布地点和发布范围。招标人或其委托的招标代理机构应至少在一家指定的媒介发布招标公告。指定报纸在发布招标公告的同时，应将招标公告如实抄送指定网络。指定报纸和网络应当在收到招标公告文本之日起 7 日内发布招标公告。指定媒介应当采取快捷的发行渠道，及时向订户或用户传递招标公告的信息。

指定媒介发布依法必须招标项目的招标公告，不得收取费用，但发布国际招标公告的除外。

**（三）招标公告的内容要求**

拟发布的招标公告文本应当由招标人或其委托的招标代理机构的主要负责人签名并加盖公章。招标人或其委托的招标代理机构发布招标公告，应当向指定媒介提供营业执照（或法人证书）、项目批准文件的复印件等证明文件。

招标人或其委托的招标代理机构在两个以上媒介发布的同一招标项目的招标公告的内容应当相同。指定媒介应与招标人或其委托的招标代理机构就招标公告的内容进行核实，经双方确认无误后在规定的时间内发布招标公告。

**（四）招标公告的修正**

拟发布的招标公告文本有下列情形之一的，有关媒介可以要求招标人或其委托的招标代理机构及时予以改正、补充或调整：①字迹潦草、模糊，无法辨认的；②载明的事项不符合《招标公告发布暂行办法》第 6 条规定的；③没有招标人或其委托的招标代理机构主要负责人签名并加盖公章的；④在两家以上媒介发布的同一招标公告的内容不一致的。指定媒介发布的招标公告的内容与招标人或其委托的招标代理机构提供的招标公告文本不一致，并造成不良影响的，应当及时纠正，重新发布。

## 第四节　资格预审

### 一、资格预审的概念

资格预审，是指在招标开始之前或者开始初期，由招标人对申请参加投标的潜在投标人进行资质条件、业绩、信誉、技术、资金等多方面的情况进行资格审查。只有在资格预审中被认定为合格的潜在投标人（或者投标人），才可以参加投标。如果国家对投标人的资格条件有规定，依照其规定。

因此，一般的国家和国际组织都对招标项目的资格预审有一定的要求。

《世界银行采购指南》规定:通常对于大型或者结构复杂的工程,或者在其他准备详细的投标文件成本很高不利于竞争的情况下,对投标商进行资格预审是必要的。联合国《贸易法委员会货物、工程和服务采购示范法立法指南》对资格预审作了如下说明:资格预审是为了在采购过程的早期阶段剔除资格条件不适合履行合同的供应商和承包商。这种程序可能对于购买复杂或者高价值货物或者工程特别有用,甚至对于价值较低但却涉及高度专业化货物或工程的采购事宜,也可能是很有帮助的。

## 二、资格预审的作用

### (一)排除不合格的投标人

对于许多招标项目来说,投标人的基本条件对招标项目能否完成具有极其重要的意义。如工程建设,必须具有相应条件的承包人才能按质按期完成。招标人可以在资格预审中设置基本的要求,将不具备基本要求的投标人排除在外。

### (二)降低招标人的采购成本,提高招标工作效率

如果招标人对所有有意参加投标的人都允许投标,则招标、评标的工作量势必会增大,招标的成本也会增大。经过资格预审程序,招标人对想参加投标的潜在投标人进行初审,对不可能中标和没有履约能力的投标人进行筛选,把有资格参加投标的投标人控制在一个合理的范围内,既有利于选择到合适的投标人,也节省了招标成本,可以提高正式开始的招标的工作效率。

### (三)吸引实力雄厚的投标人

实力雄厚的潜在投标人有时不愿意参加竞争过于激烈的招标项目,因为编写投标文件费用较高,而一些基本条件较差的投标人往往会进行恶性竞争。资格预审可以确保只有基本条件较好的投标人参加投标,这对实力雄厚的潜在投标人是具有吸引力的。

## 三、资格预审的程序

### (一)资格预审通告

资格预审通告,是指招标人向潜在投标人发出的参加资格预审的广泛邀请。就建设项目招标而言,可以考虑由投标人在一家全国或者国际发行的报刊和国务院为此目的随时指定的同类其他刊物上发布邀请资格预审的公告。资格预审公告至少应包括下述内容:招标人的名称和地址,招标项目名称,招标项目的数量和规模,交货期或者交工期,发售资格预审文件的时间、地点以及发放的办法,资格预审文件的售价,提交申请书的地点和截止时间以及评价申请书

的时间表，资格预审文件送交地点、送交的份数以及使用的文字等。

**（二）发出资格预审文件**

发出资格预审公告后，招标人向申请参加资格预审的申请人发放或者出售资格审查文件。资格预审的内容包括基本资格审查和专业资格审查两部分。基本资格审查是指对申请人的合法地位和信誉等进行的审查。专业资格审查是对已经具备基本资格的申请人履行拟定招标采购项目能力的审查。

**（三）对潜在投标人资格的审查和评定**

投标人在规定时间内，按照资格预审文件中规定的标准和方法，对提交资格预审申请书的潜在投标人进行资格审查。审查的重点是专业资格审查。专业资格审查的内容包括：①施工经历，包括以往承担类似项目的业绩；②为承担本项目所配备的人员状况，包括管理人员和主要人员的名单和简历；③为履行合同任务而配备的机械、设备以及施工方案等情况；④财务状况，包括申请人的资产负债表、现金流量表等。

## 第五节　招标文件

### 一、招标文件及其法律意义

招标文件是招标人向投标人提供的为进行投标工作所必需的文件。招标文件的功能在于阐明需要采购货物或工程的性质，通报招标程序将依据的规则和程序，告知订立合同的条件。招标文件既是投标人编制投标文件的依据，又是采购人与中标人签订合同的基础。因此，招标文件是招标采购中最重要的法律文件之一。它的重要性体现在以下几个方面：

第一，招标文件是招标采购过程中唯一向投标人提出采购要求，指导投标人编制投标书的法律文件。这里具有两层含义：①招标文件具有帮助投标人编制招标文件的指导功能，其主要目的在于使投标人能够在共同的程序和条件上进行投标。这不仅可以提高采购过程的效率，而且能够保证采购过程的客观和公平性。②招标文件是采购机构指导投标人编制投标文件的唯一合法文件，在此之外，采购机构不能为任何投标人提供指导，或给以投标人任何改善其投标的意见。

第二，招标文件具有程序上的拘束力。《招标投标法》第 19 条规定，招标文件中必须规定采购机构在特定采购中的采购程序，包括投标人的资格审查条件及程序、评价投标优劣的程序和标准等。虽然，从合同订立的角度看，发布招标文件仅是一项要约邀请行为，不具有合同订立上的法律约束力，但是基于我国《招标投标法》的规定，招标文件具有程序上的拘束力。其特点为：①招标文件中的程序规定,是招标人直接根据法律的要求或在法律赋予采购机构的裁量自由范围内作出的,是法定采购程序在具体采购过程中的运用。《招标投标法》的整个内容都基本上是有关采购程序的规定,对此,采购机构在编制招标文件时要体现《招标投标法》关于采购程序的规定。《招标投标法》的规定大都是授权性的或是对招标程序作出的最低限度的要求,这是由采购活动的复杂性决定的,这样规定也有利于采购机构顺利完成采购活动。但是,这同时也为招标人提供了很大的裁量自由空间。例如,法律授权招标人在招标文件中规定评标标准,招标人必须合理使用这一裁量自由。另外,对于《招标投标法》未作出具体规定的事项,招标人需依据招标采购之原则开展活动。②招标文件在程序上对双方都具有法律约束力。如果投标人未按照招标文件的要求及时提交投标文件或其提交的招标文件没有实质上响应招标文件的要求,则采购机构可以拒绝该投标文件。对采购机构而言,只能按照招标文件规定的时间、地点、方式、评标标准对投标人的投标进行比较和评审。如果采购机构对采购活动有特别的要求,则要在招标文件中事先规定,否则将影响采购程序的完整性,甚至导致采购活动失败,采购机构也需承担由此造成的法律责任,包括行政、刑事责任和对投标人的民事赔偿责任。

第三,招标文件在《合同法》上的约束力与一般采购活动不同,在正式招标采购中,合同条款都是由采购机构事先拟订好的。招标文件必须规定采购合同的主要条款。很难想象在招标采购中采购机构还要就合同的主要条款同投标人进行协商,实际上这也是被禁止的。我国《招标投标法》第46条又规定,招标人和中标人应该按照招标文件和中标人的投标文件订立书面合同。那么招标文件的法律效力如何?其本身是否具有《合同法》上的效力?如果招标文件与投标文件有出入,则合同的签订以何为准?对此,我们应该做如下分析:①招标文件中有关采购合同的主要条件和条款,构成了将发生效力的采购合同的基础和主要内容。②招标文件中载明的合同主要条款并不当然或直接地产生《合同法》上的约束力。依据我国合同订立过程的法理和法律规定分析,采购机构邀请投标人参与投标的行为是要约邀请行为,本身并没有《合同法》上的法律约束力。投标人的投标行为是一种要约行为,一旦采购机构对投标人的投标作出承诺,那么合同的约束力应以要约和承诺的内容为基础。③如果投标文件或中标通知书明示,招标文件中包含的合同条款构成采购合同的内容,那么这些条款根据这一明示具有《合同法》上的约束力。此时意味着双方对招标文件所包含的合同内容的效力具有了新的合意。④根据以上分析,如果投标文件的内容与招标文件的内容有出入,则当然发生效力的是被承诺了的投标文件的内容。根据《招标投标法》第27条的规定,投标人应当按照招标文件的要求编制投标文件。投标文件应当对招标文件提出的实质性要求和条件作出响应。如果没有响应招标文件中有关合同条件的要求,或提出新的合同条件,采购机构则可以在较早的阶段拒绝其投标。

第四,招标文件在实施公共政策上的效力。政府采购在许多情况下是政府推行公共政策的工具,政府实现这些政策的要求主要体现在招标文件中。其中能够体现这些政策要求的几个主要的方面为:①招标文件对投标人资格是否基于公共政策的考虑而进行限制;②在技术规格的确定上是否考虑公共政策因素,如严格的环境标准等;③在评标标准上是否在价格上对特定投标人有特别优惠的考虑,或者其他综合因素上的公共政策考虑等。

对于招标文件中这些要求的效力有两点值得注意:①对于招标文件中公共政策因素的考虑必须以明示的方式进行,这种明示可以是基于法律的直接规定(并需要反映在招标文件中),如我国《招标投标法》第 19 条规定,国家对招标项目的技术、标准有规定的,招标人应当按照其规定在招标文件中提出相应要求,也可以由采购机构在招标文件中规定。如果没有明确规定,原则上不能在采购过程中采用。如果在评标中考虑这些政策的因素,则需要在招标文件中事先作出规定,否则不产生法律效力。投标人在投标时需要接受这些条件,否则其投标将被拒绝。例如,如果政府提出了劳动就业方面的考虑,作为一个授予合同的条件,投标人需要雇用特定地区的劳动力,那么投标人必须遵守。②在政府采购中推行非商业政策对采购机构提出了较高的政策水平要求,也为其提供了很大的裁量自由空间,存在着不当使用的极大可能。因此,要加强对采购人员的职业培训,使其掌握如何更好地推行这些政策的能力,采购监督部门也要注意在这一方面加强监督管理。

## 二、招标文件的编制原则

基于招标文件在政府采购中的重要性,招标人应十分重视编制招标文件的工作,并本着公平、公正、诚实信用的原则,务必使招标文件严密、周到、细致、内容正确。编制招标文件是一项十分重要且非常烦琐的工作,应有有关专家参加,必要时还要聘请咨询专家参加。一般而言,招标文件的编制要特别注意以下几个方面:①所采购的货物、设备或工程的内容,必须详细地一一说明,以构成竞争性招标的基础;②制定技术规格和合同条款不应造成对有资格投标的任何供应商或承包商的歧视;③评标的标准应公开和合理,对偏离招标文件另行提出新的技术规格的标书的评审标准,更应切合实际,力求公平。我国《招标投标法》在有关条款中对招标文件的编制原则作出了规定。

我国《招标投标法》第 5 条规定,招标投标活动应当遵循公开、公平、公正和诚实信用的原则。第19条规定,招标人应当根据招标项目的特点和需要编制招标文件。第20条规定,招标文件不得要求或者标明特定的生产供应者以及含有倾向或者排斥潜在投标人的其他内容。这些规定构成了编制招标文件时应遵循的基本原则。

第一,编制招标文件是采购活动的一个方面,应该遵守《招标投标法》确立的采购活动的基本原则,尤其是非歧视性原则。这些原则当然贯串在整个招标采购过程的各个方面,但对于编制招标文件而言,突出的问题则是,采购机构不当利用裁量自由,在招标文件中提出不合理的要求,使某些并非最佳的投标人甚至是完全不具备承担招标项目能力的投标人中标。例如,制定倾向性的技术规格,或在评标时考虑不合理的因素。因此,《招标投标法》第20条规定,采购机构编制的招标文件不得要求或者标明特定的生产供应者,排斥或在不同的投标人之间进行歧视,如规定要求采购的产品必须是某一厂家的产品,或者必须是某一品牌的产品。不仅如此,根据该条规定,禁止招标文件含有倾向或者排斥潜在投标人的其他内容。

第二,编制招标文件的依据是采购项目的具体特点和需要。这包括两层含义:①采购情况是非常复杂的,招标文件的详细程度和复杂程度只能随着项目和合同的大小与性质来确定,法律不可能具体规定如何编制招标文件,只能要求采购机构依据项目的具体特点和需要编写;②招标文件要根据项目的需要来编写。其中,招标文件中确定的采购产品、服务或工程的技术规格要符合使用部门的需要,尤其是不能随意提高技术标准,超标准采购。

## 三、招标文件的法定内容要求

### (一)招标文件的法定内容

招标文件是政府采购法律的程序要求在具体采购过程中的体现,因此,对招标文件内容的规范也是政府采购法律的内容之一。同时,法律要求采购机构的招标文件中必须包括哪些内容,也有利于供应商或承包商提交符合采购实体要求的投标,并使采购机构能够在同一基础上以客观和公平方式进行比较。招标文件的详细程度和复杂程度随着招标项目和合同的大小、性质的不同而有所变化,但它通常应包含三类内容:第一类是关于编写和提交投标书的规定,包括招标公告、投标须知、投标书的形式和签字方法等;第二类是合同条款和条件,包括一般条款和特殊条款、技术规格和图纸、货物清单和工程量清单、交货时间和完工时间表以及必要的附件,比如各种保证金的格式等;第三类是评标标准和授予合同标准,但它们通常在投标须知中和技术规格中明确规定下来。

为规范政府采购行为,保证政府采购过程顺利进行,采购法需要对招标文件必须包含的最低限度内容作出要求，以使投标人能够提交符合采购实体需求并使采购实体能够以客观和公平方式进行比较的投标。

《政府采购协议》在第 12 条对招标文件的内容、招标文件的解释以及招标文件的语言作出了原则性规定。《联合国贸易法委员会货物、工程和服务采购示范法》第 27 条具体列出了招标文件所必须包括的资料，以确保为招标文件载入的资料能够提供必要的基础，使供应商或承包商能够提交符合采购实体需求并使采购实体能够以客观和公平方式进行比较的投标。《联合国贸易法委员会货物、工程和服务采购示范法立法指南》认为，采购实体可以将《联合国贸易法委员会货物、工程和服务采购示范法》对招标文件规定的内容作为检查招标文件规定的内容是否充分的一个检查清单。现以该法为例来说明招标文件应该包含的主要内容。

《联合国贸易法委员会货物、工程和服务采购示范法》第 27 条规定，招标文件最低限度应载有下列资料：

(a)关于编写投标书的说明。

(b)符合第 6 条规定的关于评审供应商和承包商资格的标准和程序以及根据第 34 条第(6)款关于进一步证明资格的标准和程序。

(c)关于供应商或承包商为证明其资格而必须提供的书面证据和其他资料的规定。

(d)符合第 16 条规定的拟采购的货物、工程或服务的性质和所需的技术和质量特点，包括但不限于根据情况所需的技术规格、平面图、图样和设计，货物的数量，任何需执行的附带服务，拟建工程或提供服务的地点，希望或规定的任何交货时间、竣工时间或提供服务时间。

(e)采购实体用以决定中选投标的标准，包括按照第 34 条第(4)款(b)、(c)或(d)项规定采用的优惠幅度或除价格以外的任何标准和此种标准的相对比重。

(f)采购实体已经知道的采购合同的条件和将由当事各方签署的任何合同形式。

(g)如果允许就货物、工程或服务的性能、合同条件和条款，或者招标文件中规定的其他要求提出备选投标，那么应该对此作出声明，并说明评审和比较备选投标的方式。

(h)在允许供应商或承包商只对拟采购的货物、工程或服务的部分进行投标的情况下，对可提交投标的一部分或各部分作出的说明。

(i)列明和表示投标价格的方式，包括一项关于该价格是否包括除货物、工程或服务本身的费用以外的其他成分，如任何适用的交通运输费用、保险费用、关税和其他说明。

(j)列明和表示投标价格的一种或几种货币。

(k)依照第29条规定用以编写投标书的语言。

(l)如供应商或承包商在提交投标截止日期之前不能修改或撤回其投标,否则将丧失其投标担保,则应予以说明。

(m)依照第30条规定提交投标书的方式、地点和截止日期。

(n)供应商或承包商根据第28条请求澄清招标文件时可采用的方法,及一项关于采购实体是否打算在此阶段召开一次供应商或承包商会议的说明。

(o)依照第31条规定的投标有效期。

(p)依照第33条规定的开启投标书的地点、日期和时间。

(q)开启和审查投标书的程序。

(r)根据第34条第(5)款对投标进行评审和比较时运用的货币,以及将投标换算成该种货币的汇率或一项关于将采用某指定金融机构公布的在某规定日期的现行汇率的说明。

(s)提及本法、采购条例和与采购程序直接有关的所有其他法律和条例,但是未提及任何这类法律和条例不应构成需根据第52条审查或使采购实体负有赔偿责任的理由。

(t)采购实体内有权在没有中介人干预情况下就采购过程同供应商或承包商直接来往通信的一名或多名官员或雇员的姓名、职称和地址。

(u)由供应商或承包商在采购合同范围外作出的任何承诺,如关于对销贸易或技术转让的承诺。

(v)关于有权依据本法第52条规定要求审查采购实体在采购过程中采取的非法行为、决定或程序的通知。

(w)如采购实体保留按第12条规定拒绝全部投标的权利,对此作出的声明。

(x)某一投标经接受后,为了使采购合同生效而需要的任何手续,包括在适用情况下按照第36条规定订立一份书面采购合同、由更高级当局或政府予以批准和估计在发出接受通知后尚需多长时间才会获得批准。

(y)采购实体依照本法和采购条例对投标书的编写和提交以及对采购过程的其他方面所制定的其他任何规定。

根据《联合国贸易法委员会货物、工程和服务采购示范法》的这一条规定,良好的招标文件应该包括的内容有以下几个方面:

1. 编写和提交投标书的要求。这体现在该条(a)项、(i)项至(q)项和(s)项;由于招标文件是指导投标人编写和提交投标的唯一合法文件,招标文件列入这些内容可以对投标人准备投标提供良好的指导。因此,法律要求采购机构在招标文件中载入这些内容,有利于尽量减少符合规格的供应商或承包商由于不明确如何编写投标书而处于不利地位或其投标遭受拒绝的可能性。

2. 资格审查和标书评审方式的规定。这主要体现在(b)项、(c)项、(e)项、(g)项、(h)项和(t)项的规定方面。采购法要求招标人在招标文件中事先规定资格审查和评标办法的目的是提高招标进程的透明度和公平性。

3. 采购项目的详细情况和合同条件。这包括项目的性质和质量特点、采购数量、合同履行地点、项目交付时间以及合同的条件等。这主要体现在(d)项和(f)项。这一类内容对招标人和投标人都十分重要。投标人可以根据这些信息更加详细地了解招标项目,从而能够对招标项目作出准确评估,提出最好的投标方案。另一方面,这些信息也是未来生效采购合同的一部分,对采购双方都有约束力。

4. 关于备选投标书的要求。这体现在(g)项和(h)项中。《联合国贸易法委员会货物、工程和服务采购示范法》确认,在采购可分为两个或更多的不同部分(如采购各种类型的实验室设备)时,采购实体应允许供应商或承包商就该项采购的全部或其中的一个或几个部分提交投标书。这一方法使采购实体得以根据投标书所显示的最具成本效益的建议,既可从一个单一的供应商或承包商那里采购,也可从某几个供应商或承包商那里进行采购,从而最大限度地节约资金。允许局部投标也可有利于小供应商或承包商参与,因为他们也许只有为采购中的某一部分提交投标的能力。

5. 关于采购的公共政策要求。(c)项、(e)项和(w)项都涉及政府采购的公共政策问题。通常情况下,这些政策由法律提出要求,无论采购实体是否在招标文件中规定,都对采购过程产生影响。但采购实体最好能够在招标文件中予以明确。更何况,在得到法律授权时,招标人可以裁量在特定采购中推行这些政策。

### (二)我国《招标投标法》对招标文件内容的法定要求

我国《招标投标法》第19条要求,招标文件应当包括招标项目的技术要求、对投标人资格审查的标准、投标报价要求和评标标准等所有实质性要求和条件以及拟签订合同的主要条款。这一规定虽然没有详细列举招标文件的内容,但包括了招标文件内容的主要方面:

第一,招标文件应该包括有关招标项目的所有实质性要求,如项目的技术要求。国家对招标项目的技术、标准有规定的,招标人还应当按照其规定在招标文件中提出相应要求,如对投标人资格审查的标准、投标报价要求和评标标准。当然,法律要求招标文件应当包含的内容还不限于这些。但是,项目的“实质性”要求除了该条列举的之外还包括什么,实践中有关投标保证金提交的问题、招标文件的高额收费等问题也是十分突出的。另外,法律对招标文件的要求是否包含指导投标人进行投标的一些内容?招标文件中的一项重要内容是指导投标人编写和提交投标书的规定,如投标的形式和签字方法等。载入这些规定的目的是尽量减少合格供应商或承包商由于不明确如何编写投标书而处于不利地位或者其投标被拒绝的可能性。

就招标文件应该包括的内容而言,特别需要指出的是,由于我国《招标投标法》对是否可以在招标采购中考虑公共政策因素的规定不是很明确,对招标文件的内容要求也没有涉及,因此可以理解为采购机构在招标文件中规定这些政策的可能是存在的。但需特别注意,在采购实践中如果考虑了这些因素,应该在招标文件中明示。

第二,我国《招标投标法》规定,招标项目需要划分标段、确定工期的,招标人应当合理划分标段、确定工期,并在招标文件中载明。这是考虑到了工程项目建设中需要分割项目采购合同分别进行招标采购的情况,有利于较小的承包商参与投标。但对于是否允许承包商提交备选投标,则是不明确的。例如,承包商可以就某段工程项目投标,也可以就整个项目投标,他是否可以就每种情况提出多个投标?因为,在采购项目可以分为两个或多个不同部分时,采购机构可以允许供应商或承包商就该采购项目的全部或其中一个或数个合同进行投标。这一方法可以使采购机构选择最佳的投标组合,它既可以从一个供应商那里采购所需项目,也可以从数个供应商那里分别采购,从而最大限度地节约采购资金。

## 四、招标文件的提供、澄清与修改

### (一)招标文件的提供

招标人向潜在投标人提供招标文件的目的是向供应商或承包商提供为编写投标书所需的资料,便于其通报招标程序所依据的规则及程序。招标人应确保所有感兴趣参与投标而且遵守采购人规定的程序的供应商或承包商都能够获得招标文件。《招投标法实施条例》第 16 条规定,招标人应当按照资格预审公告、招标公告或者投标邀请书规定的时间、地点发售资格预审文件或者招标文件。资格预审文件或者招标文件的发售期不得少于 5 日。在采购实践中,招标人是否向供应商提供招标文件会因招标人采用的招标方式不同而有所区别。在公开招标程序中,招标人应根据招标公告规定的程序和要求,向响应招标公告的所有供应商或承包商提供招标文件;当然,如果采用了资格预审程序,招标人应向已通过资格预审的每个供应商或承包商提供招标文件。至于邀请招标程序而言,招标人则仅向响应其投标邀请书的供应商或承包商提供招标文件。而如果采用了资格预审程序,则招标人要向已通过资格预审的每个供应商或承包商提供招标文件。

由于政府鼓励供应商参与政府采购,并且招标人(或其代理机构)可以收回制作招标文件的成本(在不规范的情况下甚至可以赢利),因而在招标采购实务中招标文件的提供一般并不成为问题,正所谓多多益善。招标文件提供中存在的问题在于:①在提供招标文件以及相关资料和有关解释中的歧视性做法;②招标文件的过度收费问题。这些问题已成为采购立法的规范对象。例如,对于第一个问题,《政府采购协议》第 12 条作出原则性规定,各采购实体应对参加招标程序的供应商提出关于提供有关资料的任一合理要求立即答复,但此种资料的提供不应使该供应商在该实体授予合同过程中处于优于其他竞争者的地位。又如对于第二个问题,《联合国贸易法委员会货物、工程和服务采购示范法》的立法宗旨是,招标文件的收费应使采购实体能够收回印刷和寄发这些文件的成本,同时又必须避免收费过高,从而阻碍有资格的供应商或承包商参与投标。《世界银行贷款项目采购指南》也规定:“如果对招标文件收费,该费用应该是合理的,只应反映印制和发送给潜在投标人的成本,并且不能因为费用过高而影响合格投标人参与投标。”

### (二)招标文件的澄清与修改

为了使采购实体能满足其采购需求,采购机构拥有修改招标文件的权利是必要的。《招投标法实施条例》第 21 条规定,招标人可以对已发出的资格预审文件或者招标文件进行必要的澄清或者修改。澄清或者修改的内容可能影响资格预审申请文件或者投标文件编制的,招标人应当在提交资格预审申请文件截止时间至少 3 日前,或者投标截止时间至少 15 日前,以书面形式通知所有获取资格预审文件或者招标文件的潜在投标人;不足 3 日或者 15 日的,招标人应当顺延提交资格预审申请文件或者投标文件的截止时间。对招标文件的澄清可以应某一投标人的请求进行;对大型项目尤其是大型土木建设工程,招标机构可以举行标前会议,统一澄清投标人提出的各种问题;采购机构也可以适当安排投标人参观项目现场。采购机构对招标文件澄清与修改问题的规范体现了以下几个要点:①采购机构可以应供应商或承包商的要求进行澄清或修改,也可以主动进行澄清或修改。但在提出修改的时间要求上有所区别,这似乎是为了鼓励供应商或承包商在需要澄清的地方及早提出请求。②强调采购机构对澄清请求作出答复的及时性。③要求采购机构对任何澄清招标文件的请求都予以答复。④采购机构在投标截止日期前的任何时间都可以提出澄清和修改招标文件,如果因此影响了投标人对是否投标的判断,则招标人应延长投标截止时间。现分别进行比较说明。

1. 采购机关修改招标文件的权利。从合同订立的过程上看,采购机构提供招标文件的行为属于要约邀请的一部分,采购机构拥有招标文件的澄清与修改权利也是合乎法理的。同时,为了使采购实体能够满足其采购需求,采购机构拥有修改招标文件的权利也是必要的。但是基于招标采购程序的规范性,对招标文件的澄清与修改应该促进招标程序的有效、公平和顺利进行。如《联合国贸易法委员会货物、工程和服务采购示范法》第 28 条规定,在投标截止日期前的任何时候,采购实体可出于任何理由,主动地或根据供应商或承包商的澄清要求,印发增编以修改招标文件。

2. 澄清与修改的及时性。采购机构关于招标文件澄清的规定旨在确保采购机构对投标人提出的澄清请求作出及时回应,以便能够使供应商或承包商在编写投标书时能够有时间予以考虑。这对供应商或承包商来说十分重要,因为如果对招标文件的澄清和修改足以影响某一供应商或承包商参与投标的决定,该供应商或承包商需要有时间考虑,在投标截止日期前行使其修改或撤回投标书的权利。另外,对招标文件修改必须在投标截止日期前做出,并在此日期前通知所有的投标人。如《联合国贸易法委员会货物、工程和服务采购示范法》第 28 条规定,供应商或承包商可要求采购实体澄清招标文件。采购实体应对在提交投标截止日期前一段合理时间内收到的由供应商或承包商提出的澄清招标文件的任何要求作出答复。采购实体应在合理时间内作出答复,使该供应商或承包商能够及时提交其投标,并应将此种澄清告知提供了招标文件的所有供应商或承包商,但不得标明该要求的提出者。《世界银行采购指南》也规定,任何额外信息、澄清、错误的矫正或招标文件的修改应在投标截止日期之前足够的时间内寄给每个购买招标文件的投标人,以便使他们能采取适当的行动。如有必要的话,应延长投标截止日期。

3. 修改与澄清过程中的公平性。修改与澄清过程中的公平性体现在采购机构应向所有获得了招标文件的供应商提供招标文件澄清和修改的额外信息,并应保证不对其他投标人造成歧视。如《政府采购协议》第 12 条第 3 款的规定,应供应商的请求,采购实体应对有关解释招标文件或有关资料提供的合理要求迅速给以答复,但条件是采购实体在这一过程中使该供应商处于优于其他竞争者的地位。《世界银行采购指南》也规定,应向所有的投标人提供相同的信息,应确保他们有同等的机会按时获得额外的信息。可以允许投标人合理地参观项目现场,可以安排召开标前会,对招标文件进行澄清,但标前会的纪要应送给所有的投标人,并送银行一份。《联合国贸易法委员会货物、工程和服务采购示范法》第 28 条规定,对于供应商的澄清要求,采购实体应在合理时间内作出答复,并应将此种澄清告知采购实体向其提供了招标文件的所有供应商或承包商,但不得标明该要求的提出者。对于增补招标文件的信息,采购机构应迅速分发给采购实体向其提供了招标文件的所有供应商和承包商,并应对这些供应商或承包商具有约束力。采购实体如召开供应商或承包商会议,则应编制会议议事录,记录在会议上提出的、澄清招标文件的要求和其对此类要求作出的答复,但不得标明此种要求的提出者。应迅速地将会议记录分发给采购实体向其提供了招标文件的所有供应商或承包商,以便那些供应商或承包商在编写其投标书时可考虑到该议事录的内容。

## 五、我国《招标投标法》有关规定及其完善

我国《招标投标法》第 23 条规定,招标人对已发出的招标文件可以进行必要的澄清或者修改。这意味着,采购机构保留了作出澄清与修改的权利。同时也规定,对招标文件的澄清与修改信息应以书面形式通知所有招标文件收受人。该澄清或者修改的内容为招标文件的组成部分。这一规定说明,我国《招标投标法》对招标文件澄清与修改问题的规定是符合国际惯例的。但有几个要点是不明确的:①对应请求作出澄清或是主动澄清没有明确规定;②没有强调作出澄清的及时性;③招标人对供应商或承包商提出的澄清招标文件的所有要求是否必须给予答复没有明确规定。法律规定进行必要的澄清似乎意味着招标人可以拒绝进行澄清——如果认为这种澄清是不必要的话。

另外,依该条规定,指标人对招标文件作出澄清与修改的,应当在招标文件要求提交投标文件截止时间至少 15 日前以书面形式通知所有获得招标文件的供应商或承包商。这一规定的目的是保证供应商或承包商有充分的时间考虑这些澄清与修改(至少 15 日),并决定是否参与投标,这无疑符合对招标文件澄清与修改规则的立法目的。但如果招标机构在投标截止日前 15 日内发现了需要进行澄清或修改的事项,则会无所适从。唯一一种可能就是采购机构需要首先对招标文件中规定的投标截止日作出修改,使采购机构至少有 15 日的时间发出澄清或修改书面文件,这样才符合招标文件澄清与修改程序的要求。但是这一规定显然缺乏灵活性。另外,对于招标文件的澄清形式,招标人可以采用召开投标前会议的形式(注意至少要在投标截止日前 15 日的要求),也可以采用现场踏勘的形式。《招标投标法》第 21 条规定,招标人根据招标项目的具体情况,可以组织潜在投标人踏勘项目现场。踏勘现场有助于投标人具体了解采购项目。

# 第六节 招标的公证

## 一、公证的概念

公证制度是国家为保证法律的正确实施，稳定社会经济、民事流转秩序，预防纠纷，制止违法行为，减少诉讼，保护公民、法人和非法人组织的合法权益而设立的一种预防性的司法证明制度。我国的司法制度从各个不同的角度来保护公民、法人的合法权益，维护社会主义民主与法制。其主要方法有两种：一种是诉讼，一种是非诉讼。公证制度的宗旨是通过公证机构的司法证明活动，预防纠纷，制止违法行为，减少诉讼，为社会提供法律服务、法律监督和法律保障。公证活动可以消除纠纷隐患，平衡当事人间的利害冲突，防患于未然，保障国家法律的正确实施，对于稳定社会经济秩序，促进社会安定团结，维护社会主义民主与法制，保护公民、法人的合法权益，推动社会主义市场经济的发展具有重要作用。《中华人民共和国公证法》规定："公证是公证机构根据自然人、法人或者其他组织的申请，依照法定程序对民事法律行为、有法律意义的事实和文书的真实性、合法性予以证明的活动。"

## 二、招标公证的必要性

招标公证（又称为"招标投标公证"）是指国家公证机关根据招标单位的申请，依照国家有关招标投标的法律、法规、规章和招标文件的要求，对招标投标双方的主体资格和有关文件和材料进行审查，对整个招标投标活动进行现场法律监督，证明其真实性、合法性的一种非诉讼活动。招标公证是国家对招标投标活动进行法律监督和调控的一种手段，对于规范招标投标行为，完善招标投标机制，预防纠纷，加强招标投标活动的管理与监督，保证招标投标活动依法顺利进行，杜绝招标投标活动中的违法行为，维护招标投标双方当事人的合法权益具有重要意义。

招标投标制度的推行是改革开放的产物，它对促进竞争和商品经济发展，提高经济效益，减少不正之风具有重要意义。改革开放以来，招标被广泛运用在建筑工程承包、企业经营承包（租赁）、土地开发、物资采购、科技产品的开发等方面。为了保证招标活动依法进行，国家在一系列招标法规中规定，招标应当在公证机关监督下进行。我们从中可以清楚地看出，招标投标制度的发展与公证制度的保障有着密切关系。也就是说，招标公证对我国招标投标制度的发展起到了积极的促进作用。据不完全统计，从 1988 年到 1997 年，各地公证机关共办理招标投标公证 20 多万件。公证之所以能够与招标投标活动结合在一起，首先取决于我国公证制度特有的职能和作用，其次也是由招标投标活动的特点和自身需要决定的。

**（一）招标公证是国家对招标投标活动进行管理与监督的需要**

党的十四大已明确提出了建立社会主义市场经济体制的改革目标。这种经济体制要求政府对企业由直接管理转向间接管理，而且主要通过制定法律、方针、政策对整个社会经济活动进行宏观调控。招标投标是一种重大、复杂的经济活动，特别是我国目前普遍进行了土建工程、申请进口机电设备、政府物资采购、利用世界银行贷款等项目的招标投标，这不仅关系招标投标双方的利益，而且直接涉及国家的利益。因此，国家必须综合利用行政的、经济的、法律的多种手段予以管理和监督，以维护国家的利益和招标投标双方当事人的合法权益。国家运用法律手段对招标投标活动进行管理主要有以下两种方法：一是制定有关招标投标的法律，规范招标投标活动；二是在招标投标当事人之间发生纠纷后，通过人民法院的审判活动解决纠纷。这两种方法，显然可以起到应有的作用，但都不能解决活动过程中的管理问题，而大量的问题就产生在这一过程中。因此，就需要寻求一种方法对招标投标活动的过程进行管理与监督。公证处是国家的司法证明机关，代表国家独立地行使证明权，可以在对当事人的活动进行证明的过程中予以监督。公证机关的这个职能恰好适应了国家要对招标投标活动进行管理和监督的需要。因此，国家规定招标投标活动应在公证机关的监督下进行。

**（二）招标公证是招标投标活动特点的必然要求**

招标投标活动具有以下特点：①必须严格按照事先确定的章程、规则和条件进行，否则无效；②是特定人与不特定多数人进行的经济活动，招标活动的成败直接关系到参与投标的不特定多数人的切身利益；③是以半公开的竞争方式确定中标人，在评标、议标、决标的过程中不允许投标人参与，而决标结果要立即生效；④整个活动无法恢复原状或在原条件下重复进行，出现问题难以进行补救。上述特点决定了为了保证招投标活动的顺利进行，预防纠纷，防止徇私舞弊，保护招标活动参与人的合法权益，需要由招标、投标双方以外的第三人从法律的角度对招标投标活动进行监督，平衡双方的利益关系。而公证机构作为提供法律服务和法律保障的机构，其职能和法律地位恰恰适合提供招标投标活动中所需要的法律保障。

**（三）招标公证是招标投标双方当事人寻求法律保护的需要**

招标投标是一种竞争性的经济活动，无论是招标方进行招标，还是投标方参加投标，目的都在于通过招投标活动最大限度地实现自己的经济利益。而且，一般来说，招标投标对任何一个企业都是一种重大的经济活动，招标投标一旦开始，双方往往都要投入较大的人力、物力。因此，如何保证招标投标活动按照公平、公正、平等、诚实信用、择优中标的原则依法进行，以维护自身的合法权益，是招标投标双方共同关心的问题。为了防止招标投标活动中各种违法现象和不正之风的出现，招标投标双方当事人都迫切需要寻求法律手段保护自己的合法权益。对招标投标进行公证，公证机关可以在公证过程中，运用自己依法独立行使证明权的职能，对真实、合法的招标投标活动给予确认；对不正当的行为予以制止，对违法的招标投标活动拒绝公证，从而保证招标投标活动依法顺利进行，维护双方当事人的合法权益。因此，对招标投标活动进行公证就成为招标投标双方当事人都乐于采用的一种简便、有效的自我保护的法律手段。例如，湖南省某水库大坝工程招标，招标单位在开始时并未申请公证机关公证。但在开标时，一些投标单位看到没有公证人员参加，担心自己的合法权益得不到充分保障，就一致向招标单位提出，开标活动必须请公证机关参加，否则不能开标。在这种情况下，招标单位只得暂停开标，立即向公证机关提出公证申请，在公证机关的参与下，该次招标顺利完成。

### （四）招标公证是使招标活动逐步科学化、合理化、规范化的需要

招标投标是一种有多单位参加，由许多环节组成，充满激烈竞争的复杂的经济活动。这些特点决定了招标投标活动必须实现科学化、合理化、规范化，才能健康发展，才能保证达到提高企业经济效益的目的。公证对招标投标活动的规范作用主要通过两种方法实现：一是所有公证机关都运用统一的公证程序办理各种招标投标活动，使各种不同的招标投标活动在程序上趋于一致；二是公证人运用自己的法律知识和办理招标投标公证的经验，审查并帮助招标单位修改、完善招标文件，使各种招标投标活动在基本原则、方法和要求上逐步趋于合理、一致。

## 三、招标公证的作用

为招标投标活动提供法律服务和法律保障，促进招标投标制度的发展，是招标公证的根本目的，也是招标公证的基本作用。公证在招标投标中的服务和保障作用主要体现在以下几个方面。

### （一）保证招标投标活动在真实、合法的基础上顺利进行

从法律的角度来看，招标投标是一种民事法律行为。根据我国《民法通则》关于民事法律行为成立要件的规定，招标投标的成立，必须符合如下条件：①招标投标双方当事人具有国家有关规定和招标文件要求的招标、投标资格；②招标投标活动的内容真实、合法；③招标投标活动的程序符合法律和招标文件的规定。招标投标与一般的民事法律行为（如签订经济合同）不同。首先，招标投

标是一种多方法律行为,而且投标方往往是不确定的多数人;招标投标是一种由多个不同的环节构成,又紧密相关的连续活动。因此,无论是招标或投标方哪一方的主体资格不合法(特别是招标单位主体资格不合法),还是招标投标活动的整体或某一个环节不真实或不合法,都可能导致整个招标投标活动的无效,造成招标投标双方当事人的利益损失。公证机关对招标投标活动进行公证,首先可以通过对招标投标全部文件和资料的审核、查证,保证招标投标双方当事人具有国家有关规定和招标文件要求的招标或投标资格,保证招标投标活动有关文件的真实、合法。其次,可以通过对招标投标活动的监督,保证每个环节及至整个招标投标活动的真实、合法。最后,可以通过出具公证书,对整个招标投标活动的真实性、合法性予以确认,赋予其法律效力。总之,通过公证机关的公证可以保证招标投标活动真正建立在真实、合法的基础上,避免无效之虞。

**(二)杜绝招标投标活动中的违法行为和不正之风,维护当事人的合法权益**

招标投标活动只有严格按照国家有关规定和平等、公平、诚实信用、择优中标的原则以及招标文件规定的程序、方法进行,才能使参加招标投标的每一方当事人的合法权益得到切实保证。但是,由于招标投标在我国兴起的时间还不长,国家有关招标投标的法律、法规尚不完善,特别是受地方保护主义、行业保护主义的影响,招标投标活动中的各种违法现象和不正之风还较为严重,如各种假招标、人情标、内定标、弄虚作假、徇私舞弊、行政干预等。这些现象的存在,不仅严重影响了招标投标的声誉,窒息了招标投标制度的发展,而且也给当事人,特别是守法的当事人造成重大的经济损失。公证机关在招标投标公证中,坚持真实、合法的原则,对合法的行为给予支持,对不合法的行为予以制止,有效地阻止了各种违法行为和不正之风的发生,维护了当事人的合法权益。例如,某公司1987年举行飞机副油箱晃振台实验设备招标,经评标委员会评标,某部自动化研究所的投标方案最佳,应当中标。但该公司的上级主管部门却一定要让其所属的一家研究所中标。对此,公证人员严正指出:招标投标是平等主体之间进行的民事法律行为,必须贯彻平等和择优中标的原则,事先内定中标单位或由行政主管部门违反规定指定中标单位是有悖招标投标的基本原则,损害招标投标双方当事人利益的违法行为。最后,在公证人员的监督下,某部自动化研究所中标,其合法权益得到了保障。

**(三)提高招标投标的可信度,使投标单位敢于放心、大胆地参加投标**

招标投标虽然是平等主体之间的一种民事法律行为,但在招标投标活动中,招标单位往往处于主动的有利地位(招标文件由招标单位制作,评标委员会由招标单位负责组建,招标投标活动由招标单位主持),投标方则处于被动的被审查的地位,加之招标方力图以对自己最有利的条件确定中标单位,从而形成双方利益上的冲突。因此,投标方往往对招标单位不信任,对招标投标活动不信任。这种怀疑心理,导致许多单位对参加投标望而却步,一方面想参加投标,在竞争中取胜,另一方面又怕招标单位弄虚作假而上当受骗。公证机关在招标公证中不是招标单位的代理人,而是具有独立主体资格的国家法律的执行者、捍卫者。在招标公证过程中,公证人员不偏不倚地站在公正的立场上,既维护招标方的合法权益,又维护投标方的合法权益,这就消除了投标单位的疑虑,使之乐于积极参加投标,也使招标投标活动能够更加为社会所信任。

### (四)有利于预防纠纷,减少诉讼

预防纠纷,减少诉讼,是我国公证制度的重要作用之一,这在招标投标公证中也得到了充分体现。招标投标活动是由招标、投标、开标、评标、定标多个环节组成的整体,其中任何一个环节发生问题都可能使招标投标双方当事人之间出现矛盾,产生纠纷,乃至形成诉讼。这种纠纷或诉讼的产生无论结果如何,都不可避免地对双方的经济活动带来不利影响,甚至造成人力、物力的损失,是双方都应努力避免的。公证机关介入招标投标活动,通过从法律角度的审查、监督,提供相关的法律服务,帮助规范、完善招标投标活动,引导正确进行招标投标行为,保证每一环节的活动都建立在真实、合法的基础上,从而最大限度地减少纠纷或诉讼的发生。

正因为招标投标活动本身需要公证予以服务和保障,而且大量的公证实践已充分证明了公证在招标投标活动中具有其他手段不可替代的作用,因而,近年来,国家有关部门和许多地方制定的有关招标投标的规定已明确规定招标投标活动必须由公证机关公证。例如,国家经委 1986 年制定的《申请进口机电设备国内招标暂行办法》第 4 条规定:"招标工作要按规定的程序进行,并受公证人的监督"。又如,《天津市建筑工程招标投标管理办法》第 20 条规定:"开标会议由招标单位主持,须邀请招标站、标底审定部门、投资经办银行、投标单位、建设单位的主管部门参加。还应邀请公证部门对开标会议全过程进行公证。"可见,招标公证已成为我国招标投标制度中的一个不可缺少的组成部门,随着招标投标制度和公证制度的发展,公证在招标投标中的作用将日益得到更充分的发挥。

## 四、招标公证的内容和方式

### (一)招标公证的内容

招标公证的内容是公证机构在招标投标活动中的任务和需要确认、证明的事项。根据规定,公证机构在招标投标活动中的任务是从法律角度引导、帮助招标人、投标人、评标人依法进行招标投标活动,规范招标投标行为,并依法证

明招标投标行为的真实性、合法性。公证机构的各项工作都是为实现这一任务而实施的。具体地说,包括以下几个方面:

1. 查明招标方是否具有规定的招标资格。其包括查明招标方是否具有法人资格,招标项目是否符合其法定的经营范围和经营方式,招标方是否符合国家有关规定要求的其他条件,申请公证的招标项目是否已获得有关部门批准并已具备其他规定的条件。如果属于委托招标,还要查明受托招标方是否具有规定的招标条件、合法的代理身份和代理权。

2. 审查招标程序安排、招标章程、招标文件、招标公告等是否符合法律,是否符合公正、公平、平等和诚实信用、择优中标的招标原则,并帮助招标人完善上述招标法律文件。

3. 审查评标委员会的组成和工作程序是否合理、合法,是否具有权威性、公正性、超脱性。

4. 审查招标方提供的证明材料是否真实、合法、完备、有效。

5. 查明投标方是否具有规定的投标资格,所提交的资格证明是否真实、合法、有效,代理人的身份和代理权是否真实、合法。

6. 对招标投标活动的全过程进行现场监督。包括以下内容:

(1)招标阶段。该阶段的工作内容包括:①公证人员应监督招标单位在此阶段所进行的发布招标公告(通知)或招标邀请函、发出资格预审文件、对投标方进行资格预审、出售招标文件、对投标方有关招标文件的询问进行解答等项活动是否符合国家有关规定和招标投标活动的一般原则,对招标单位违反规定的行为,公证人员应及时予以纠正;②需要对投标方进行资格预审的,公证人员应按照资格预审文件的要求对投标方进行资格预审,主要是审查投标方所提交的有关证明材料是否齐备、真实,是否符合招标文件规定的手续,以确定投标方是否具备国家有关规定和招标方所要求的投标资格。

(2)投标阶段。该阶段的工作内容包括:①在投标开始前,公证人员需对招标单位设置的投标箱进行检查,检查投标箱是否完好,是否符合规定的要求。如果投标箱不符合要求或有残损,公证人员应当要求招标单位予以更换。检查完毕后,公证人员需同招标单位一起对该投标箱加封。②在投标方投递标书时,公证人员应同招标单位委派的接标人密切配合,共同做好以下几项工作:一是查验招标单位委派的接标人的身份。二是逐一查验投递标书人的身份。主要是审查投递标书人是否持有合法、有效的授权委托书,审查投递标书人的身份证件。对不具有合法的投递标书人身份的人所送标书不予接受。三是对投递标书人所送标书的密封情况进行检查并作出记录。对标书未密封或密封袋上未封好的标书不予接受。四是记录投递标书人投送标书的时间。如果标书是通过邮寄方式投送的,则应记录收到标书的时间。五是将符合规定条件的标书投入投标箱。六是在投标时间截止时,公证人员应会同接标人一起将投标箱投标口密封并加贴封条。对在投标截止时间以后送达的标书不予接受。

(3)开标阶段。开标是招标投标活动的一个重要阶段,公证人员应监督招标单位按照规定的时间、地点举行开标会议。在开标会议中,公证人员应当做好以下几项工作:①查验投标方代表的资格证件和身份证明,确认其身份;②检查投标箱的密封情况,并宣布检查结果(包括投标前的标箱检查和密封情况);③监督投标箱的启封,检查标书份数和密封情况,并宣布检查结果;④检查标书的启封,验明投标书是否有效,并宣布查验结果;⑤监督唱标人所唱标书是否与标书正本一致,不一致的,应予以纠正。如在开标结束后不立即开始进行评标定标,公证人员应监督招标单位将投标书重新密封,投入标箱,并将标箱密封。

(4)评标定标阶段。该阶段的工作内容包括:①查验评标组织成员的资格,核实其身份。再次审查评标组织成员是否与投标方有利害关系。对与投标方有利害关系的评标组织成员,应让其回避。②监督公布评标定标标准以及评标定标活动的程序、原则、方法、纪律及注意事项。③检查标底密封情况,监督标底的开启,公布标底。对标书已重新密封并投入标箱的,检查标箱密封情况,监督标箱和标书的开启。④监督评标委员会按照招标文件规定的原则、标准、程序和方法进行评标、定标。⑤检查定标结果是否与评标定标记录一致。⑥监督评标委员会成员在评标定标记录上签字,并在定标决议上签字。

**(二)招标公证的方式**

招标公证的方式是指公证机构采用什么证明形式完成上述工作任务。鉴于招标公证的特殊性,为了维护招标当事人的合法权益,确保公证质量,防止工作差错,司法部对招标公证的方式作了特别规定,并专门制定了《招标投标公证程序细则》,根据规定,公证处办理招标公证,应当派两名以上公证人员(其中应至少有一名公证员)参加整个招标投标活动,进行现场监督和证明。公证员确认招标投标活动真实、合法的,应当当场宣读公证词,并在7日内制成公证书发给当事人,该公证证明从公证员宣读之日起生效。

根据招标投标活动规模和阶段安排的不同,公证实践中,通常采用两种公证证明方式:

1. 一次性公证。这是指在招投标活动结束宣读公证词,对其全过程给予公证。这种公证方式一般适用于规模较小、活动时间较短的招标投标活动。

2. 分阶段公证。这是指在招标投标的每一阶段结束时,均对该阶段的活动结果宣读一次公证词,待招标投标活动全部结束时,再对整个活动结果进行公证。如在开标活动结束时,宣读开标公证词;在评标活动结束时,宣读评标公证词。这种公证方式主要适用于规模较大、阶段性显著、活动持续时间较长的招标投标活动。

## 五、招标公证的程序

招标公证的程序是指公证机关办理招标公证的工作步骤及必须遵守的操作规程。根据我国公证机关办理各类公证事项的一般程序和内容以及招标投标活动的程序和特点，司法部对招标公证的程序作了特别规定，并专门制定了《招标投标公证程序细则》。根据规定，招标公证程序主要分为申请与受理、审查、现场监督和出具公证书四个阶段。

### （一）申请与受理

招标投标公证申请是指招标单位（招标方或受托招标方）向公证机关提出办理公证的请求。它是招标公证的第一道工序，也是公证机关办理招标投标公证的前提。这里需要说明的是，公证机关办理招标投标公证，无论是根据国家有关行政规章的规定，该项招标投标活动必须由公证机关公证，还是招标单位自愿要求公证机关公证，都必须首先由招标单位向公证机关提出申请。受理是指公证机关根据招标单位的申请，初步作出接受办理该项招标投标公证的决定。它是公证机关正式开始办理招标投标的标志。在申请与受理阶段，公证人员的主要任务是对招标单位的申请进行初步审查、判断，对符合条件的申请予以受理，对不符合条件的申请不予受理。

根据规定，招标投标公证申请应由招标方的法定代表人或其法定代表人委托的代理人向招标方所在地的公证处提出；受委托招标的，则需由受托招标方的法定代表人或其法定代表人委托的代理人向受托招标方所在地的公证处提出。

招标投标的公证申请，一般应在招标公告（通知）或招标邀请函发出之前提出，在特殊情况下，也应在投标开始前提出。这是因为，招标投标是从发出招标公告（通告）或招标邀请函开始，继而是投标、开标、评标、定标的一环扣一环的系列活动，每一个环节都是下一个环节得以开始的前提，一环有误，整个招标投标活动就可能落空。因此，公证机关办理招标投标公证，必须一开始就介入，对每一环节逐次审查、监督，否则就难以对整个招标投标活动的真实性、合法性予以证明。

申请办理招标投标公证，申请人应首先填写公证申请表，并在申请表上签字或盖章。招标投标公证申请表主要包括下列内容：①招标单位的名称、地址，法定代表人或代理人的姓名、性别、职务、出生日期、工作单位、住址、身份证号码等；②申请公证的事项；③向公证处提交材料的名称、份数；④提出申请的时间;⑤其他需要说明的问题。

申请人应同时向公证处提交下列材料:①法人资格证明和法定代表人身份证明,如系受委托招标的,还须提交委托人的授权委托书和具有承办招标活动资格的证明材料;②申请人的个人身份证件,如申请人不是法定代表人而是代理人,则还须提交法定代表人签署的授权委托书;③有关主管部门对该招标项目的批准文件;④拟就的招标公告(通知)或招标邀请函;⑤招标组织机构及组成人员名单;⑥招标文件(主要包括招标说明书、投标人须知、招标项目技术、投标书格式、投标保证文件、合同条件等);⑦如需对投标人进行预审,则须提交对投标人资格进行预审的文件;⑧评标组织机构及组成人员名单。

上述第1,2,3项所列材料必须在提出申请时提交,其余各项所列材料,如在提出公证申请时已准备完毕,应一并提交;如尚未准备完毕,可以在提出申请或公证处决定受理之后陆续提交,但最迟应在投标开始前提交完毕。此外,公证人员认为需要的其他材料,申请人亦应提交。

公证人员对招标单位的申请进行初步审核后,认为符合受理条件的,应决定受理。招标公证申请受理的条件为:①申请人是招标方或受托招标方;②该项招标投标公证属于本公证处管辖;③前面所述申请人应提交的材料中第1,2,3项所列材料基本齐全。决定受理后,公证处应将受理通知单发给申请人,申请人或其代表人应在受理通知单回执上签名。受理通知单上应写明申请人的姓名、申请公证事项、申请人提交的主要材料、受理日期及承办人。申请人在收到受理通知单后,需按规定标准向公证处交纳公证费。

对不符合受理条件的申请,公证处将不予受理。申请人在接到公证处不予受理的决定后,如对该决定不服,可以在接到不受理的决定之日起10日内向公证处的同级司法行政机关申请复议。受理复议的司法行政机关需在收到申请书的两个月中作出决定,如申请人对司法行政机关作出的维持原不受理决定的复议决定仍不服,可在接到复议决定后的15日内向人民法院提起行政诉讼,请求人民法院撤销公证处不受理的决定。

公证处对招标单位的公证申请决定受理后,公证人员应就该公证申请的有关问题向申请人进行询问,并制作谈话笔录,谈话笔录需着重记录下列内容:①谈话日期、地点、询问人、记录人、申请人的基本情况(包括姓名、性别、出生日期、住址、单位、证件名称及编号、联系电话等);②招标项目的基本情况;③招标工作准备情况和标底编制、审核情况;④对投标人的资格要求;⑤公证人员认为需要询问的其他情况。

谈话笔录制作完毕后应交申请人核对,并让申请人在笔录上签名或盖章。笔录中如有遗漏或有误之处,申请人可以进行补充或修改,但需在补充或修改处盖章或按手印。

**（二）审查**

招标投标公证的审查是指公证机关在对招标投标公证的申请决定受理后，对该公证申请的有关事项、材料进行的审核、查证工作。它是招标投标公证的一个重要阶段，也是公证机关对该项招标投标活动进行现场监督的前提。在审查阶段，公证机关的主要任务是通过对申请人提交的全部材料进行审核、查证，以及必要的调查，确认招标方或受托招标方是否具备招标的条件，招标项目和招标活动是否已获得批准，招标文件及有关材料是否真实、合法、完善，招标、评标组织机构的组成是否符合规定的条件，并决定该项招标投标是否应给予公证。审查的内容及方法如下：

1. 审查招标方是否具有规定的招标资格。首先，审查招标方是否具有法人资格、招标项目是否符合其法定的经营范围和经营方式。招标是一种民事法律行为，民事法律行为的当事人必须具有相应的民事权利能力和民事行为能力。因此，招标方具有法人资格，招标项目属于其法定的经营范围是举行招标的首要条件。其次，审查招标方是否符合国家有关规定要求的其他条件。招标是一种复杂的经营活动，要求招标方具有较高的组织能力和技术水平，并非任何单位都能办理。因此，根据国家的有关规定，组织招标活动的单位不仅需具有法人资格，而且还需具有其他相应的条件。

2. 如果该项招标活动是受委托的，则要审查受托招标方是否具有规定的招标条件。首先是审查受托招标方是否具有法人资格，其次是审查受托招标方是否具有受托举行招标活动的资格和规定的条件。招标投标活动的复杂性，使其非一般单位所能承担，因而国家有关部门都对各类招标项目的委托作了较为严格的限制。

3. 审查申请人是否具备申办该项招标投标公证的资格。如果申请人是招标方或受托招标方的法定代表人，主要是审查其法定代表人资格证明和其个人身份证件。如果申请人是招标方或受托招标方法定代表人的代理人，主要是审查其是否具有法定代表人签署的授权委托书，审查其个人身份证件。

4. 审查该招标项目是否已获得有关部门批准以及是否已具备其他规定的条件。根据我国现行管理体制，大多数招标项目都需要经有关主管部门批准，并需同时具备其他规定的条件。例如，根据《建设工程招标投标暂行规定》的规定，实行工程施工项目招标，要有经批准的工程项目计划、设计文件和所需的资金；对勘察设计项目实行招标，要有审批机关批准的设计任务书和所需资金。公证人员应根据不同的招标项目按有关规定分别进行审查。

5. 审查招标文件。招标文件是招标投标活动中最主要的文件，是投标方编制标书、参加投标和招标方评标、定标的主要依据，也是整个招标投标活动的主要规则。招标文件一旦发出，就在整个招标投标活动中对招标方、投标方都具有法律约束力。因此，招标文件编制的好坏，直接关系到整个招标投标活动的成败，关系到招标方、投标方的合法权益能否实现。而且，在实践中，除少数专业招标公司外，许多招标单位往往对招标文件的编制重视不够，或因缺乏经验、业务水平不高，使招标文件达不到应有的要求。因此，公证人员应把对招标文件的审查作为整个审查工作的重点，对全部招标文件进行全面、认真、细致的审查。

(1)审查招标文件的内容是否完备。招标文件一般应包括招标说明书、招标人须知、招标项目技术要求及附件、投标书格式、投标保证文件、合同条件及格式等六个部分。

(2)审查招标文件中所提出的招标条件是否公平、合理，是否符合项目主管部门批准文件的要求。这里，要特别注意防止损害国家利益的行为和行业或地方保护主义的现象。例如，有的机电设备国内招标的设备需方故意拔高技术要求或商务条件，以达到进口的目的；有的建筑工程招标的建设单位硬性提出一些不合理的条件，以使外地或外系统的投标方不能中标。

(3)审查招标文件中有关投标、开标、评标、定标的程序、原则、方法，招标投标对当事人的效力，无效标书和招标不成的认定及处理方法等问题的规定是否合法、完善，是否科学、合理、明确。

(4)审查招标文件的文字是否清楚、准确。在审查过程中，对不完备的招标文件，公证人员应要求招标方予以补充；对不当之处，应要求招标方予以修改。必要时，公证人员应协助招标方对招标文件进行修改、补充。

6. 审查标底的编制和审批情况。标底是整个招标活动的一项最主要的经济指标，是评标定标的主要依据。能否科学、合理地确定标底不仅影响到招标投标活动的成败，也关系到招标项目能否取得良好的经济效益。鉴于绝大多数招标活动都采取暗标方式，即标底在开标之前对外保密，因此，公证人员主要审查标底的编制是否符合规定的程序和原则，根据有关规定，标底需要报批的，还要审查标底是否经过有关主管审核、批准。对采取明标方式的，公证人员还应对标底编制的方法、数额的确定是否科学、合理进行审查。

7. 审查评标委员会。评标委员会是招标活动中的一个重要的组织机构，其职责是对招标方所投标书，根据招标文件的要求和标底进行评议，确定哪一个投标方中标。评标委员会的人员组成及其工作对招标投标活动能否实现公平、公正、平等、择优中标的原则具有关键性作用。因此，评标委员会应具有权威性、公正性、超脱性。公证人员对评标委员会的审查，首先是审查评标委员会的人员组成是否合理。评标委员会一般应由招标单位人员、有关主管部门和业务部门及有关技术、经济、法律等几方面的专家组成。这样才能保证评标委员会具有充分的代表性和权威性。其次是审查评标委员会委员和评标委员的所在单位与投标方有无利害关系,与投标方有利害关系的人和单位的成员不得担任评标委员,以保证评标委员会的超脱和公正。有无利害关系主要是指与投标方有无直接的经济关系、行政关系。如投标方是个人的,还应审查评标委员与该投标人有无其他的利害关系,如亲属关系等。需要说明的是,如该项招标系邀请招标,即投标方在投标前尚未确定,此项审查可在投标过程中或投标结束后进行。

8. 如果该项招标需对投标方进行资格预审,公证人员还应对招标方拟定的资格预审文件进行审查。主要是审查资格预审文件的内容是否完善,所提要求是否合理、可行。公证人员在对上述各项内容进行审查的过程中,应当认真审核、查证当事人提供的各项材料,对其中违反国家法律、政策及有关规定的内容,应要求当事人改正;对当事人提供的材料不完备的,应要求当事人予以补充;对不清楚、不准确或不合理的内容,应提请当事人予以修改;对当事人提供的材料有异议的,应要求当事人重新提供,或主动向有关部门进行核查。

对上述各项内容进行审查时应及时、迅速,注意时效。这里所说的时效,不是指公证机关公证的期限,而是指该项招标投标活动的时间安排。每一项招标投标活动都有其自身的时间安排,一旦确定,一般不得任意更改。因此,公证人员在收到招标单位的申请后,一是应要求当事人尽快提供有关材料,二是应及时对当事人所提交的材料进行审查。要保证按招标投标活动的时间安排完成相应的审查工作,以免延误时间造成招标投标活动被迫推迟,或因时间急迫来不及进行认真审查而草率从事,影响公证质量。

经上述审查,对具有下列情况之一的,公证处应对该项招标活动拒绝公证:①招标方不具备招标资格;②受托招标方不具备招标资格或未获招标方合法授权;③招标项目或招标活动未获有关主管部门批准;④招标文件及有关材料不真实或不合法。

公证处决定拒绝公证,应将拒绝的决定和理由书面通知该项公证的申请人,并告诉申请人对拒绝公证不服的复议程序。申请人对公证处拒绝公证的决定不服申请复议的程序,与对公证处拒绝受理不服申请复议的程序相同。

### (三)现场监督

经对申请人所提交的材料进行审查,对符合规定办证条件的,公证处应委派两名以上公证人员(其中应至少有一名为公证员)参加整个招标投标活动,进行现场监督。现场监督是指公证人员亲临现场,对招标投标活动的招标、投标、开标、评标、定标每个环节进行监督,并予以证明的活动。在现场监督阶段,公证人员的主要任务是:监督招标投标各个环节的活动按照国家有关规定和招标文件要求的时间、地点、程序、原则和方法进行;对其中违反规定的行为予以纠正;查验有关人员的身份,审查投标方的投标资格;对招标投标过程中的主要环节和重要事项给予现场证明。根据招标投标活动各个阶段的特点和内容,公证员的现场监督活动也要有所侧重。

1. 招标阶段。公证人员应重点监督招标单位的各项活动是否符合国家有关规定和招标投标活动的一般原则,并按照资格预审文件的要求对投标方进行资格预审,审查投标方所提交的有关证明材料是否齐备、真实,是否符合招标文件规定的手续。

2. 投标阶段。公证人员应检查投标箱,并需同招标单位一起对该投标箱加封。在投标方投递标书时,公证人员应查验招标单位委派的接标人的身份和投递标书人的身份,对投递标书人所送标书的密封情况进行检查并记录。如果标书是通过邮寄方式投送的,则应记录收到标书的时间。监督投标人将符合规定条件的标书投入投标箱。在投标时间截止时,公证人员应会同接标人一起将投标箱投标口密封并加贴封条。

3. 开标阶段。公证人员应监督招标单位按照规定的时间、地点举行开标会议。在开标会议中,公证人员应当查验投标方代表的资格证件和身份证明,再次检查投标箱的密封情况,监督投标箱的启封,检查标书份数和密封情况,并宣布检查结果。监督标书启封,验明投标书是否有效,并宣布查验结果。监督唱标人唱标,发现不一致的,应予以纠正。在开标结束时,对符合规定的程序、方法、原则的开标活动,公证人员应当场宣读开标公证词。如在开标结束后不立即开始进行评标定标,公证人员应监督招标单位将投标书重新密封,投入标箱,并将标箱密封。

根据我国有关招标投标的规定和招标投标活动的一般原则,投标方所投标书,如具有下列情况之一的,应属无效:①投标方不具备投标资格;②投标书没有报价;③投标书未密封;④投标书未加盖单位公章及法定代表人未签字;⑤投标书未按规定的格式、内容和要求填写;⑥投标书书写潦草,字迹模糊不清难以辨认;⑦在一个招标项目中,投标方投报两个或多个标书,或有两个或多个报价,又未书面声明哪一个有效;⑧其他不符合招标文件要求的情况。主要是未按招标文件的要求提交投标保函或担保文件。

4. 评标定标阶段。公证人员应查验评标组织成员的资格,核实其身份。对与投标方有利害关系的评标组织成员,应让其回避。监督标底的开启,公布标底。监督评标委员会按照招标文件规定的原则、标准、程序和方法进行评标定标。检查定标结果是否与评标定标记录一致,并监督评标委员会成员在评标定标记录和定标决议上签字。在评标定标活动结束时,对符合规定的程序、原则、方法的评标定标活动和定标结果,当场宣读评标定标公证词。现场监督是整个招标投标公证活动中一项最主要、最复杂的工作内容,其成败、优劣直接关系到公证工作在招标投标活动中作用的发挥,关系到招标投标活动能否按照公平竞争、择优中标的原则进行,也将影响到招标投标活动的成败。因此,公证人员在现场监督过程中,必须以高度负责的精神,严格执行国家有关的法律、政策和招标文件的规定,坚持公正的立场,认真做好每一项工作。同时,还应注意下列问题:

(1)公证人员参加招标投标活动是以国家公证人员的身份对招标投标活动进行监督,是监督者而不是招标投标活动的主持人,也不是招标投标活动的当事人。因此,公证人员必须切实把握住这个监督者的身份,既不能越俎代庖,也不能撒手不管,当旁观者,如公证人员必须出席评标定标会议,对评标定标活动进行监督,但公证人员不能担任评标委员会委员。

(2)公证人员必须始终参加招标投标活动的全过程,不能以各种理由不出席,而让当事人代劳。实践中,有的公证人员不亲自到投标现场进行监督,只是让招标方作出接标记录,然后对记录进行审查,理由是有的投标活动延续时间太长,公证人员难以全部参加。这种做法是不妥的。招标投标活动是由招标、投标、开标、评标、定标各个环节组成的整体,公证机关对招标投标进行公证,必须对每一个环节的活动进行审查、监督,对前一个活动的审查、监督是进行后一环节的审查、监督的前提和基础。只有经过审查、监督,确认前一个环节的活动真实、合法,才能进行下一个环节的工作,否则,就无法保证整个招标投标活动的真实、合法,也就失去了公证的意义。如果原定的投标活动延续时间太长,公证处在受理该项招标投标公证申请后,可以向招标单位建议适当缩短投标期限,以利招标投标公证的进行。

(3)公证人员对整个现场监督活动都应认真制作记录,并存档,特别是对现场监督过程中发现的问题、提出的建议、当事人的解答、采取的措施,以及对投标箱、标书、投标方的资格审查的结果、发表的现场公证词等更要作出完整、准确的记录。这不仅是公证文书立卷归档的需要,也是日后发生疑问、纠纷时,分析问题、解决问题的重要凭证,切不可草率从事。

(4)公证人员应认真行使监督职权,如发现招标投标活动中出现违反国家有关法律、政策或招标文件的行为,应立即予以指出,令其纠正。出现下列情况时,应终止现场监督的公证活动:①招标单位擅自变更原定的招标文件内容,违背招标投标程序、原则或其他有关规定,经指出拒不改正的。②招标投标过程中出现舞弊行为,如招标单位搞假招标,或私下向某一投标方泄漏标底,意欲使其中标的。对投标方舞弊,如私下串通、哄抬标价,或对招标单位行贿等,应取消舞弊的投标单位的投标或中标资格,但不终止公证活动。③招标投标活动中出现国家有关规定或招标文件规定的招标投标活动无效的情况的。例如,为了保证招标投标活动的竞争性,有的部门规定投标方不能少于3家,少于3家时,该次招标无效,重新组织招标。公证人员决定终止公证活动,应将终止公证的决定和理由当场宣布。终止公证,将导致该项招标活动无效,直接涉及招标、投标双方的权益。因此,公证人员对终止公证应格外慎重,严格掌握标准。否则,就可能造成难以弥补的损失和严重后果。

**(四)出具公证书**

出具公证书是整个招标投标公证的最后一项内容。虽然公证人员在现场监督活动中已发表了公证词,对整个招标投标活动的真实性、合法性和中标情况给予了证明,但根据我国公证机关工作方式的要求,招标投标公证也必须出具公证书,并以公证机关最后出具的公证书为准。招标投标公证书与公证人员在现场监督阶段发表的公证词在内容上有所不同,现场公证词只是证明某个阶段活动的真实性、合法性,而招标投标公证书则要对整个招标投标活动和定标结果的真实性、合法性作出公证。

司法部制定的公证书的主要内容是:

兹证明(招标单位全称)于年×月×日在(地点)对(招标项目名称)举行了公开招标,(投标单位全称)参加了投标,(中标单位全称)中标(或全部投标单位均未中标)。

经审查和现场监督,招标项目与招标活动已获×(主管)部门批准,招标方与投标方(投标单位全称)均具有合法的招标、投标资格[或增加:(投标单位全称)因(原因),不具有投标资格],招标文件合法,投标方(投标单位全称)所投标书均符合招标文件的规定,为有效标书[或增加:(投标单位全称)所投标书,因(原因)无效],整个过程的招标、投标、开标、评标、定标活动均符合《××××》(相应的法律、法规、规章)和招标文件的规定,招标结果合法、有效。

# 第六章

# 投　　标

## 第一节　投标前的准备

### 一、调查研究

调查研究主要是对投标和中标后履行合同有影响的各种客观因素、工程业主和监理工程师的资信以及工程项目的具体情况等进行深入细致的了解和分析。具体包括以下内容。

#### (一)政治和法律方面

投标人首先应当了解在招标投标活动中以及在合同履行过程中有可能涉及的法律、法规。也应当了解与项目有关的政治形势、国家政策等,如国家对该项目采取的是鼓励政策还是限制政策等。

#### (二)自然条件

自然条件包括:工程所在地的地理位置、地形和地貌;气象状况,包括气源、湿度、主导风向、年降水量等;洪水、台风及其他自然灾害状况等。

#### (三)市场情况

招标人调查市场情况是一项非常艰巨的工作,主要内容包括:建筑材料、施工机械设备、燃料、动力、水和生活用品的供应情况、价格水平,过去几年对批发物价和零售物价指数以及今后的变化趋势的预测;劳务市场情况,如工人技术水平、工资水平、有关劳动保护和福利待遇的规定等;金融市场情况,包括银行贷款的难易程度以及银行贷款利率等。

对材料设备的市场情况尤需详细了解,包括:原材料和设备的来源方式,购买的成本,来源国或厂家供货情况;材料、设备购买时的运输、税收、保险等方面的规定、手续、费用;施工设备的租赁、维修费用;使用投入本地原材料、设备的可能性以及成本比较。

### （四）工程项目方面的情况

工程项目方面的情况包括工程性质、规模、发包范围，工程的技术规模和对材料性能及工人技术水平的要求，总工期及分批竣工交付使用的主要要求，施工场地的地形、地质、地下水位、交通运输、给排水、供电、通信等情况，工程项目资金来源，对购买器材和雇用工人有无限制条件，工程价款的支付方式、外汇所占比例，监理工程师的资历、职业道德和工作作风等。

### （五）业主情况

业主情况包括业主的资信情况、履约态度、支付能力、在其他项目上有无拖欠工程款的情况、对实施的工程需求的迫切程度等。

### （六）投标人内部情况

投标人对自己的内部情况、资料也应当进行归纳整理。这类资料主要用于招标人要求的资格审查和本企业对项目的履行的可能性。

### （七）竞争对手资料

掌握竞争对手的情况，是投标策略中的一个重要环节，是投标人参加投标能否获胜的重要因素。招标人在制定投标策略时必须考虑到竞争对手的情况。

## 二、建立投标机构

投标人应当建立投标机构，负责投标的整体工作。投标机构的人员应当经过特别选拔。工作人员应当由市场营销、工程科研、生产和施工、采购、财务等各方面的人员组成。

## 三、对是否参加投标的决策

### （一）投标决策应当考虑到的问题

承包商在进行是否参加投标的决策时，应考虑到以下几个方面的问题：

1. 承包招标项目的可行性与可能性。如本企业是否有能力（包括技术力量、设备机械等）承包该项目，能否抽调出管理力量、技术力量参加项目承包，竞争对手是否有明显的优势等。

2. 招标项目的可靠性。如项目的审批程序是否已经完成，资金是否已经落实等。

3. 招标项目的承包条件。如果承包条件苛刻，自己无力完成施工，则应放弃投标。

对于是否参加投标的决策，承包商的考虑务求全面，有时很小的一个条件未得到满足都可能招致投标和承包失败。

### （二）运用综合评价法进行投标决策

投标人应当在分析掌握所有资料的前提下，对是否参加投标以及投什么样的标进行决策。在投标决策当中,较常采用的方法是综合评价法,即由有关单位在决定是否参加某工程项目投标时,将影响其投标决策的主客观因素用某些具体的指标表示出来,并定量地对此作出综合评价,以此作为投标决策的依据。下面以建设项目施工投标为例说明其具体步骤。

1. 确定影响投标的指标。一个施工企业在决定是否参加具体工程投标时所应考虑的因素是不同的。但一般都要考虑到能源、技术、资金、竞争对手、企业的发展等多方面的影响因素。

考虑的指标一般有:①国家对该项目的鼓励与限制;②管理条件,指能否抽出足够的、水平相应的管理人员参加该工程;③技术人员条件,指能否有足够的技术人员参加该工程;④工人条件,职工的技术水平、工种、人数能否满足该工程的要求;⑤机械设备条件:该工程所需要的施工机械设备能否满足要求;⑥类似工程的经验;⑦业主的资金情况;⑧市场情况;⑨项目的工期要求及交工条件;⑩对该项目有关情况的熟悉程度;⑪竞争对手的情况;⑫今后在该地区对企业带来的影响与机会。

2. 确定各指标的权重。上述各项指标对企业参加投标的影响程度是不同的,为了在评价中能反映出各指标的相对重要程度,应当对各指标赋予不同的权重。

3. 各指标的评分。用上述各指标对口项目进行衡量。可以将各标准划分为好、较好、一般、较差、差五个等级,各等级赋予定量数值(如可按 1.0,0.8,0.6,0.4,0.2)打分。

4. 计算综合评价总分。在上述各步骤完成以后,将各指标权重与等级分别相乘,求出该指标得分。各项指标得分之和即为此工程投标机会总分。

5. 决定是否投标。将总得分与过去其他投标情况进行比较或者与公司事先确定的准备接受的最低分数相比较,决定是否参加投标。如果有多个投标机会进行选择,则最高的总分值即为优先投标的项目。

### (三)运用决策树方法进行投标决策

当面临着几个投标项目的选择,而投标人自己的条件又决定了只能参加一个项目的投标时,可以采用决策树的方法进行投标决策。决策方法是在考虑每种项目的中标概率和收益率(这需要靠经验判断和量化分析)的基础上,计算每个项目投标的收益期望值,然后参加收益期望值最高的项目的投标。

## 四、投标策略

投标策略是投标人(承包商)对投标进行管理的内容,是指投标人为了中标而采用的措施。投标策略的确定应当全面地考虑到工程项目和市场供求情况,并在做好投标管理工作的基础上进行。

### (一)不平衡报价法

不平衡报价法也叫前重后轻法。不平衡报价法是指一个工程项目的投标报价,在总价基本确定后,如何调整内部各个项目的报价,以使其既不提高总价,不影响中标,又能在结算时得到更理想的经济效益。能够早日结账收款的项目可以报得较高,以利资金周转,后期工程项目可适当降低;经过工程量核算,预计今后工程量会增加的项目,单价适当提高,这样在最终结算时可取得较理想的收益。而将工程量完不成的项目单价降低,工程结算时损失不大。

设计图纸不明确,估计修改后工程量要增加的,可以提高单价;而工程内容说不清楚的,则可降低一些单价。

### (二)多方案报价法

对于一些招标文件,如果发现工程范围不很明确、条款不清楚或很不公正,或技术规范要求过于苛刻时,则要在充分估计投标风险的基础上,按多方案报价法处理。这就是说,按原招标文件报一个价,然后再提出:“如某条款(如某规范规定)作某些变动,报价可降低多少……”

### (三)增加建议方案

有时招标文件中规定,可以提一个建议方案,即可以修改原设计方案,提出投标者自己的方案。

### (四)突然降价法

报价是一件保密的工作,但是对手往往通过各种渠道、手段来刺探情况,因此在报价时可以采取迷惑对方的手法,即先按一般情况报价或表现出自己对该工程兴趣不大,到快投标截止时,再突然降价。采用这种方法时,一定在准备投标报价的过程中考虑好降价的幅度,在临近投标截止日期时,根据情报信息与分析判断,再作最后决策。

### (五)先亏后盈法

有的承包商为了打进某一地区,依靠国家、某财团或自身的雄厚资本实力,而采取一种不惜代价,只求中标的低价投标方案。应用这种手法的承包商必须有较好的资信条件,并且提出的施工方案也先进可行,同时要加强对公司情况的宣传,否则即使标价低,也不一定被选中。

## 五、准备相关的资料

### (一)准备资格预审材料

如果招标项目要求进行资格预审,投标人应当按照招标人的要求认真编制并递交资格预审材料。

### （二）准备投标担保

一般情况下，招标人还要求投标人交纳投标保证金或者出具投标保函。为减少占压流动资金，一般投标人都是采取出具投标保函的方式提供投标担保。投标担保的作用是投标人保证其投标被接受后，对投标文件规定的责任不得撤销或者反悔。开具投标保函的单位一般是银行或者担保公司，其担保责任是：①如果投标人在招标文件规定的投标有效期内撤回其投标；②如果投标人在投标有效期内收到招标人的中标通知后，不能或拒绝按投标须知的要求签署合同协议书，不能或拒绝按投标须知的规定提交履约保证金，招标人就有权要求投标保函的出具人支付投标保函规定的数额之内的金额。投标保证金的金额可以是投标报价的某个百分比，也可以是一个固定的数额。

## 第二节 编制和送达投标文件

### 一、投标文件的组成

不同的招标项目，其投标文件的组成也会有一定的区别。对于建设施工项目招标，招标文件的内容应当包括拟派出的项目负责人与主要技术人员的简历、业绩和拟用于完成招标项目的机械设备等。我们可以将这些文件分为投标证明文件、投标书、工程量清单与报价表、辅助资料表、资格审查表等。

#### （一）投标证明文件

投标证明文件包括营业执照、投标人章程和简介、管理人员名单、资产负债表、委托书、银行资信证明、注册证书及交税证明等。对这些证明文件，投标人应当按照规定的形式和内容提交。

#### （二）投标书

招标人对投标书的编写有格式的要求，投标人应当按照招标人的要求填写投标项目名称，投标人名称、地址，投标保函，投标总价，投标人签名、盖章等。投标书附录还应将合同专用条款中提出的一些要求予以明确。投标担保也应作为投标书的附件。

#### （三）工程量清单与报价表

工程量清单应当与投标须知、合同通用条款、合同专用条款、技术规范和图纸一起使用。对于采用综合单价的投标报价，工程量清单所列工程量是招标人估算的和临时的，作为投标报价的共同基础，但不作为付款的依据。付款以实际完成的工程量为依据。由承包单位计量、监理工程师核准的工程量作为实际完成工程量。工程量清单中的第一单项均需填写单价和合价，对没有填写单价或合价的项目的费用，应视为已包括在工程量清单的其他单价或合价之中。工程量清单中所填入的单价和合价,应包括人工费、材料费、机械费,以及其他直接费、间接费,有关文件规定的调价、利润、税金及现行取费中的有关费用、材料的差价,采用固定价格的工程所测算的风险金等全部费用。设备清单及报价表、材料清单及材料差价、现场因素、施工技术措施及赶工措施费用报价表等也应填写清楚。

(四)辅助资料表

辅助资料表包括项目经理的简历表、主要施工管理人员表、主要施工机械设备表、项目拟分包情况表、劳动力计划表、施工方案或施工组织设计、计划开工竣工日期和施工进度表、临时设施布置及临时用地表等。其中,施工方案和施工组织设计应当说明各分部分项工程的施工方法和布置,提交包括临时设施和施工道路的施工总布置图及其他必需的图表、文字说明书等资料,至少应包括:①各分部分项工程的完整的施工方案,保证质量的措施;②施工机械的进场计划;③工程材料的进场计划;④施工现场平面布置图及施工道路平面图;⑤冬、雨季施工措施;⑥地下管线及其他地上地下设施的加固措施;⑦保证安全生产、文明施工、减少扰民、降低环境污染和噪声的措施。

在项目拟分包情况表中,应当明确在中标后将中标项目拟分包的部分非主体、非关键性工作。

(五)资格审查表

如果招标项目未经过资格预审,投标人还应准备资格审查表。资格审查表的内容包括投标人企业概况、近3年来所承建工程情况一览表、目前正在承建工程情况一览表、目前剩余劳动力和施工机械设备情况、财务状况等。

## 二、投标文件的编制

### (一)编制投标文件的准备

为了编制投标文件,除了应当搜集有关资料外,还应当参加投标预备会和勘查现场。投标预备会是由招标人召集主持的为投标做准备的会议。会议的目的是澄清、解答投标人提出的问题和组织投标人考察现场了解情况。投标人提出的与投标有关的任何问题必须在投标预备会召开的一定时间前(如7天,具体时间在投标文件中说明),以书面形式送达招标人。

投标人可能被邀请对工程施工现场和周围环境进行勘察,以获取须投标人自己负责的有关编制投标文件和签署合同所需的所有资料。勘查现场一般是投标预备会的重要内容。勘查现场所发生的费用由投标人自己负担。招标人向投标人提供的有关施工现场的资料和数据,是招标人现有的、投标人能够利用的资料。招标人对投标人由此而作出的推论、理解和结论概不负责。

投标预备会(包括勘察现场)的会议记录包括所有问题和答复的副本,应当迅速提供给所有获得招标文件的投标人。

**(二)编制投标文件的一般要求**

投标人应当按照招标文件的要求编制投标文件。投标文件应当对招标文件提出的实质性要求和条件作出响应。投标文件必须符合招标文件的要求,这是投标文件的基本要求。投标人对招标文件规定的要求和规则应当执行。投标文件对招标文件要求的格式不得更改。投标人填写后,仍然需要进一步表达自己意思的,可以附上补充说明。投标人提交的文件种类、份数、正本与副本数量应当与规定相符合。

投标文件应当对招标文件提出的实质性要求和条件作出响应。一般认为,投标报价、投标方案、技术和质量要求等应当属于实质性要求和条件。

投标人要对计算数量如工程量、总价、单价等进行认真核对。文字表述要准确、无误,投标文件应当制作整洁、干净。

## 三、投标文件的送达

投标人应当将投标文件的正本和每份副本分别密封在内层包封中,再密封在一个外层包封中,并在内包封上正确标明“投标文件正本”或“投标文件副本”。

投标人应当在招标文件要求提交投标文件的截止时间前,将投标文件送达投标地点。招标人收到投标文件后,应当签收保存,不得开启。招标人在投标截止日期以后收到的投标文件,应原封退给投标人。

## 四、投标文件的补充、修改或者撤回

投标人在招标文件要求提交投标文件的截止时间前,可以补充、修改或者撤回已提交的投标文件,并以规定的书面形式通知招标人(应当与投标文件同样密封和递交)。补充、修改的内容也是投标文件的组成部分。这样的规定有助于各方对投标的参与,减少投标的风险;同时,也能够保护招标人的利益,因为如果在提交投标文件的截止时间后再修改或者撤回投标文件,招标人可以没收投标人的投标保证金。

在招标文件要求提交投标文件的截止时间后,投标人不得对投标文件进行补充、修改或者撤回。

# 第三节　投标作为一项要约的法律问题

## 一、投标的生效、撤回与撤销

投标是一项要约行为。根据我国《合同法》的规定,要约到达受要约人时生效。因此,投标人在将投标文件提交给招标人时,即产生《合同法》上要约的效力。我国《合同法》还规定,采用数据电文形式订立合同,收件人指定特定系统接收数据电文的,该数据电文进入该特定系统的时间,视为到达时间;未指定特定系统的,该数据电文进入收件人的任何系统的首次时间,视为到达时间。因此,在以数据电文形式投标时,投标生效的时间可依《合同法》的规定。

我国《合同法》又区分了要约的撤回与撤销的概念。要约的撤回解决的是要约尚未生效时要约消灭的问题。因此,要约可以撤回,只要撤回要约的通知在要约到达受要约人之前或者与要约同时到达受要约人。与此相反,要约的撤销是解决要约生效后要约人改变要约意思表示的行为。对此,《合同法》采用意思自治原则,规定要约一般可以撤销。但为了保护受要约人的利益,又对要约的撤销行为施加了一定限制:①撤销要约的通知应当在受要约人发出承诺通知之前到达受要约人。②有下列情形之一的,要约不得撤销:一是要约人确定了承诺期限或者以其他形式明示要约不可撤销;二是受要约人有理由认为要约是不可撤销的,并已经为履行合同做了准备工作。

基于我国《合同法》的上述规定,结合我国《招标投标法》第 29 条规定,对投标作为一项要约的撤回与撤销问题作如下分析。

我国《招标投标法》第 29 条规定,投标人在招标文件要求提交投标文件的截止时间前,可以补充、修改或者撤回已提交的投标文件,并书面通知招标人。补充、修改的内容为投标文件的组成部分。首先,这里存在的一个问题是,基于该条所使用的“撤回”的概念,是否意味着在投标截止时间之前投标书作为一项要约尚未生效? 这显然与我国《合同法》关于要约生效的原理不一致。因此,可以认为,第 29 条所谓的投标文件“撤回”问题,实际上是《合同法》上的“撤销”概念。或者说,第 29 条所涉及的实际上是在投标截止时间前投标文件是否可以撤销的问题。

其次,在招标采购中,招标人一般要求投标人在投标文件中规定投标有效期,也即合同订立中的承诺期限。如《联合国贸易法委员会货物、工程和服务采购示范法》第 31 条规定,投标应在招标文件中列明的时限内有效。这就是说,投标作为一项要约是一个附带了承诺期限的、不可撤销的要约。这就使《招标投标法》第 29 条的规定与《合同法》的相关规定存在着矛盾。因此,在投标截止时间之前,投标人是否可以补充、修改或者撤回(应为撤销)已提交的投标文件就成为一个不无争议的问题。

《联合国贸易法委员会货物、工程和服务采购示范法》也注意到了这个问题。因此,它一方面在第31条(3)规定,供应商或承包商可在提交投标书截止日期之前,修改或撤回其投标而不丧失其投标担保。但又考虑到有些国家的现行法律和做法有相反的规定,于是又允许采购实体在招标文件中规定,即如果承包商在提交投标书截止日期之前,修改或撤回其投标,则将丧失其投标保证金。但《联合国贸易法委员会货物、工程和服务采购示范法》的基本立场是倾向于前者的。因为它允许供应商或承包商可采取在必要时修改其投标或按照其意愿撤回投标的办法来对招标文件的澄清和修改或对其他情况作出反应。这一规定既有助于各方的参与,也保护了采购实体的利益,因为如果在提交投标截止时间之后再修改或撤回投标书,它可以没收投标保证金。

解决我国《招标投标法》上的这一问题,自然可以从法理上将《招标投标法》视为合同订立之特别法,依特别法优于一般法的法理予以解决。但在实务上,也可以找到解决的办法。即在招标文件中明确要求所谓的投标有效期是自投标截止时间开始,而非始于投标生效之时。这样,在投标生效与投标截止时间之间,投标即为可撤销之要约。如果投标人撤销投标,则其投标保证金并不丧失。而在投标截止时间至确定招标人之时为不可撤销要约。如果投标人撤销其投标,则其丧失投标保证金。国家计委制定的《评标委员会和评标方法暂行规定》第40条即是如此规定。

## 二、投标书的送达、签收与保存

我国《招标投标法》第28条规定,投标人应当在招标文件要求提交投标文件的截止时间前,将投标文件送达投标地点。招标人收到投标文件后,应当签收保存,不得开启。本条规定了投标书的送达、签收和保存制度。

### (一)投标文件的送达

首先,需要讨论的是投标文件的送达方式。《招标投标法》并没有明确送达的方式,实务中可采用多种形式。例如,可由专人送达;可通过邮局送达;也可以数据电文形式送达,如电报、电传、传真、EDI和E-mail。但投标人需要注意招标文件中有关送达方式的具体要求。其次,关于送达的时间与地点。招标文件应该在招标文件要求的提交投标文件截止时间前送达。如果招标人在招标文件发出后,由于其他原因而改变了原定的投标截止时间,那么,送达投标文件的截止时间即为变更后的时间。投标文件应当按照招标文件中规定的地点送达。

### （二）投标文件的签收与保存

招标人收到投标文件后，应向供应商或承包商提供一份收据，表明收到投标书的日期和时间。签收的投标文件应该予以妥善保存，在公开开标之前不得开启。同时，招标人在提交投标书截止日期之后收到的投标书应不予开启，并应返还给提交投标书的供应商或承包商。

## 三、投标人数不足的法律救济

《招标投标法》第 28 条规定，投标人少于 3 个的，招标人应当依照本法重新招标。因此，投标截止时间结束后，如果投标人少于 3 人，则招标人需要重新组织招标。但这一规定存在若干问题。首先，如果一个很有实力的第三个投标人因为偶然的原因而在投标截止时间届满时才提交投标书，那么招标人是否可以考虑？其次，招标失败的原因是有多种的。例如：可能是因为技术规格制定得过于严格，限制了一些招标人的竞争；或者由于采购信息发布不充分，没有引起市场的足够响应；也可能是由于市场上的供应能力本来就不充分，如只有两家供应商。对于前两种情况，招标人在重新招标时通过修改技术规格和更有效的信息发布可以顺利完成采购活动。但是对于第三种情况，重新招标仍然不可能是有效的。因此，有效的方法应该是改变采购方法。但《招标投标法》没有提供更多的采购方法，《招标投标法》的这一规定本身也构成了转入其他采购方法的法律障碍。

# 第四节　投标截止时间与投标有效期

## 一、投标截止时间的概念

投标截止时间是招标人在招标公告（招标邀请书）或招标文件中规定的、投标人必须提交投标书的截止时间。这一时间也是招标人为投标人准备投标所规定的截止时间。投标人准备投标的时间取决于各种因素，诸如需要采购的货物、工程或服务的复杂性，所预计的分包转包的程度，以及提交投标书所需的时间。由于采购情势千差万别，这一时间的长短也会因情况不同而有所不同。因此，必须由采购实体根据有关采购的具体情况确定提交投标书的截止时间。

投标截止时间是促进市场参与和竞争的一个重要因素。《政府采购法》对投标截止时间作出规定的意义在于，为确保供应商和承包商有充足的时间来编写投标书，《政府采购法》需要对采购实体提交投标书规定最低限度的一段时间。

在招标采购中，投标截止时间是保证采购程序进行的一个十分关键的环节。其重要表现在：

第一，投标截止时间是计算投标人准备投标时间的基准。为使潜在的投标人对招标项目是否投标进行考虑和有所准备，招标人在发出招标通知和刊登招标公告时，在时间上应考虑刊登通告所需时间和投标人投标所需时间，同时还应考虑项目的具体特点和合同的规模及其复杂程度，以保证投标人不因时间所限而被排除。虽然对每一个特定的采购项目而言，为投标人确定的准备投标的时间是由采购人确定的。但是采购法也往往对为投标人准备投标的时间作出最低限制的规定，以保证采购人不会利用缩短这一时间的手段来达到限制竞争和排斥某些潜在投标人的目的。例如，《世界银行采购指南》规定：一般来说，国际竞争性招标的投标书准备不少于自招标通告刊登之日起或招标文件发布之日起 6 周时间。如果是大型工程或技术复杂的设备，一般来说，投标书的准备和提交时间应不得少于 12 周。《欧盟采购指令》也规定了签约机构必须允许投标人呈递标书的最低时间限制。就公开程序而言，接收投标的时间限制是自发出投标邀请后至少 52 天，如果事先发布了 PIN 公告，则此期限还可减少到 36 天（受世界贸易组织《政府采购协议》的影响，供应合同的投标期限不能减少）。紧急情况可以缩短到 15 天。世界贸易组织《政府采购协议》规定，GAIT 适用的机构从发布投标邀请到接收投标的期间是 40 天。如果是重复合同，只要招标通知提及第一个合同的原始公告，该日期可缩短到 25 天；在紧急情况下，该日期还可缩短到 10 天。

因此，如何计算投标人准备投标的时间，是以投标截止时间为基准的。我国《招标投标法》也对此作出了明确规定。我国《招标投标法》第 24 条规定，招标人应当确定投标人编制投标文件所需要的合理时间；但是，依法必须进行招标的项目，自招标文件开始发出之日起至投标人提交投标文件截止之日止，最短不得少于 20 日。这意味着，如果属于非强制招标项目，则招标人可以根据采购项目的特点自由确定投标人准备投标的时间，这一时间当然可以少于 20 日。但对于强制招标项目，这一日期最少不能低于 20 日。值得一提的是，20 日这一最低时间限制是从招标文件开始发出之日起计算的，而不是从招标公告或招标邀请书发出之日起计算的。

第二，投标截止时间是计算招标人对招标文件的澄清或修改权行使时间的基准。我国《招标投标法》第 23 条规定，招标人对已发出的招标文件进行必要的澄清或者修改的，应当在招标文件要求提交投标文件截止时间至少 15 日前，以书面形式通知所有招标文件收受人。因此，对招标人修改或澄清招标文件权利的限制是以投标截止时间为基准计算的。

第三，投标截止时间是确定投标人的投标是否是有效投标的时间。依据我国《招标投标法》第 28 条规定，投标人应当在招标文件要求提交投标文件的截止时间前，将投标文件送达投标地点。在招标文件要求提交投标文件的截止时间后送达的投标文件，招标人应当拒收。这意味着，如果投标人在投标截止时间过后才提交投标书，则其投标是无效的，招标人将不予考虑。

我国《招标投标法》的这一立场是符合政府采购法的国际惯例的。如《联合国贸易法委员会货物、工程和服务采购示范法》在第 30 条第 6 款规定，采购实体在投标截止日期后收到的投标书不予开启并予以退还提出投标的供应商或承包商，以提高采购的经济性和效率并保证采购程序的公正性。但在有些情况下可以考虑。如世界贸易组织《政府采购协议》在第 13 条规定，如完全是因采购机构处理不当而造成延误，致使采购机构逾期收到投标书，则供应商不应受罚。并且规定，如采购实体的程序有此规定，也可以在其他例外情况下考虑这些投标。

第四，投标截止时间还是决定投标人是否可以补充、修改和撤回其投标书的时间界限。我国《招标投标法》第 29 条规定，投标人在招标文件要求提交投标文件的截止时间前，可以补充、修改或者撤回已提交的投标文件，并书面通知招标人。对于在投标截止时间后投标人是否可以对投标文件进行补充、修改和撤回，我国《招标投标法》没有规定。但根据本条意义之引申，似乎可以认为，在投标截止时间后投标人就不能对投标文件进行补充、修改和撤回。投标人在投标截止时间之前是否具有这种补充、修改和撤回投标书的权利在实践中是十分重要的，它决定了投标人是否丧失其投标保证金。如果投标人具有这种权利，则它补充、修改和撤回投标书并不丧失其投标保证金。我国《招标投标法》的这一规定是符合招标采购法的国际惯例的，但这一规定并非与我国现行法律完全契合。

## 二、投标有效期

投标有效期是投标人按照招标文件的要求提出的表明其投标不可撤销的一个期间。它与投标担保制度的结合使用，使招标制度得以顺利运行。对于招标人和投标人双方来说，过长和过短的投标有效期都是不妥的。过长的投标有效期会增加投标人工作的不确定性，增加其投标费用和风险，并最终使其可能将这种成本转移到其投标价格中。但是过短的投标有效期也会造成招标人的不确定性。因为，一旦投标工作被迟延，投标有效期可能很快就要届满。投标人就可能不再受其投标要约的约束。

我国《招标投标法》没有规定投标有效期制度，但在招标采购实务中这项制度则是不可或缺的。因此《评标委员会和评标暂行办法》第 40 条对此予以补充。该条规定，招标文件应当载明投标有效期。投标有效期从提交投标文件截止日起计算。另外，既然在我国《招标投标法》上存在着推迟投标截止时间的可能，那么在实践中顺延投标有效期的问题也就不可避免。因此，在这一问题上

作一明确规定是十分必要的。对此,可以参考《联合国贸易法委员会货物、工程和服务采购示范法》第31条的规定:

第一,投标书应在招标文件中列明的时限内有效。这一方面表明,投标有效期是由招标人在招标文件中规定的,投标人对投标有效期作出不适当的规定,可能构成没有在实质上响应招标文件而被拒绝。另一方面表明,投标书只在投标有效期内有效。如果有效期届满,则投标人不受约束。

第二,在投标有效期届满前,采购实体可要求供应商或承包商将有效期展延一段时间。供应商或承包商可拒绝此种要求而不丧失其投标担保,而其投标的有效性在未予展延的有效期届满时即告终止。这表明,采购实体对供应商和承包商提出的延长投标有效期的要求并不是强制的。但是,如果投标人拒绝延长其投标有效期,那么其投标作为一项要约在投标有效期届满时便也会因为没有得到承诺而自动无效。

第三,同意延长其投标有效期的供应商或承包商应延长或促成延长其提供的投标担保的有效期,或为已延长的投标有效期提供新的投标担保。供应商或承包商的投标担保如没有延长,或者没有提供新的投标担保,即视为拒绝延长其投标有效期的要求。这说明了投标有效期制度与投标保证制度的关联性。事实上,确立投标有效期的根本目的在于,如果投标人在这一期间内撤销其投标书,则它将丧失其投标保证金。

## 第五节 投标人的担保

招标投标的目的是签订合同。实际上,招标与投标是合同成立过程中的两个阶段。在市场经济条件下,合同与担保制度是密不可分的。因此,招标投标中也不可避免地存在着担保问题。担保制度是建设工程合同顺利履行的有力保证。投标担保是为了保护采购方免于因投标人的行为而带来的损失,要求投标人在提交投标书时提交一种资金担保或其他担保形式。例如,如果供应商或承包商在采购人评标过程中撤销投标,或已经被确定为中标人的供应商或承包商因其自身的过失而未与采购人签订合同,采购人就可能因此遭受损失,包括重新开始新的采购程序和采购迟延造成的损失等。投标人需要提供的担保主要是投标担保、履约担保和预付款担保。

### 一、投标担保

正因为招标是一种要约邀请,对行为人不具有合同意义上的约束力,因此招标人无须向潜在的投标人提供招标担保。并且,当招标项目出现问题(如在评标过程中,发现项目设计有重大问题),需要重新招标甚至是终止招标,即使责任完全在招标人一方,招标人仍可以拒绝所有投标,且无须对投标人承担赔偿责任。

而投标作为一种要约则不同,一旦招标人(受要约人)承诺,要约人即受该意思表示约束。《合同法》对要约的撤回和撤销作了区分。要约撤回,是指要约在发生法律效力之前,欲使其不发生法律效力而取消要约的意思表示。要约人可以撤回要约,但撤回要约的通知应当在要约到达受要约人之前或同时到达受要约人。要约撤销,是要约在发生法律效力之后,要约人欲使其丧失法律效力而取消该项要约的意思表示。要约可以撤销,撤销要约的通知应当在受要约人发出承诺通知之前到达受要约人。但有下列情形之一的,要约不得撤销:第一,要约人确定承诺期限或者以其他形式明示要约不可撤销;第二,受要约人有理由认为要约不可撤销,并已经为履行合同做了准备工作。可以认为,要约的撤销是一种特殊的情况,且必须在受要约人发出承诺通知之前到达受要约人,因为承诺发出,合同即告成立。由于要约的撤回,必须是撤回通知在要约通知到达受要约人之前或者与要约同时到达受要约人,因此,当投标文件到达招标人后即不可撤回。如果要约人确定了承诺期限或者以其他形式明示要约不可撤销,则要约不得撤销。招标人在招标文件中明确了投标有效期,投标人接受该有效期,该有效期即承诺期限。投标有效期是投标截止日期后规定的一段时间,在这一段时间内招标人应当完成开标、评标、定标等工作。因为投标人对招标人确定的投标有效期是认可的,明示在此期间投标不会撤销。因此,招标人可以要求投标人提供投标担保,以担保自己在投标有效期内不撤销投标文件,一旦中标即与招标人订立承包合同。

投标担保应当在投标时提供,担保方式可以是由投标人提供一定数额的保证金,也可以提供第三人的信用担保(保证),一般是由银行或者担保公司向招标人出具投标保函。

## 二、履约担保

履约担保,是为了保证合同的顺利履行而提供的担保。《招标投标法》第46条规定:“招标文件要求中标人提交履约保证金的,中标人应当提供。”在建设项目的招标中,履约担保的方式可以是提交一定数额的履约保证金;也可以提供第三人的信用担保(保证),一般是由银行或者担保公司向招标人出具履约保函。

在履约担保中,首要的问题是提供担保的主体,是只有中标人有提供履约担保的义务,还是招标人与中标人都有提供履约担保的义务。从国际工程的招标实践看,都是规定只有中标人有提供履约担保的义务;但我国工程领域有许多人认为只要求中标人提供担保不够公平，招标人也应当有提供担保的义务。从这样的意义上去追求公平是不可能的，也是不必要的。不可能的原因在于，我们必须承认，招标投标制度产生和存在的基础就在于存在买方市场，法律意义上的公平并不排斥在合同订立和履行的过程中存在优势的一方和劣势的一方。一个建设项目有多个承包单位愿意承包，这样招标才有可能操作；如果建筑市场的现状是有许多项目在等一个潜在投标人去干的话，进行招标是不可能的。不必要的原因在于，一般情况下，建设项目的招标人都有预付款在中标人（承包方）手中（如我国是禁止承包方垫资承包的），预付款本身是可以起到担保作用的。如果招标人违约，中标人可以直接从预付款中扣除违约金的款额。

履约担保的第二个问题是担保的期限。招标人应当在投标人须知中规定提交履约担保的时间要求，一般要求中标人在接到中标通知书一定的天数（如14天）内提供。在整个合同的履行期限内，履约担保都应当有效，以施工合同为例，不但在施工期内有效，也应当在保修期（缺陷通知期）内有效。由于工程项目保修期（缺陷通知期）的截止时间会随着竣工时间的变化而变化，因此，履约担保也只能承诺担保期限在保修期（缺陷通知期）届满一定的时间后终止，而不是规定一个具体的时间。如果是以出具保函的方式担保的，则保函往往是无条件的，担保人不对招标人的支付要求进行争辩。

### 三、预付款担保

由于工程建设中承包方是不垫资承包的，因此，招标人必须向承包方支付预付款，一般包括动员预付款和材料预付款。动员预付款是招标人为承包方进行工程前期准备而预先支付的一笔款项，材料预付款则是招标人为承包方采购材料而预先支付的一笔款项。预付款应当通过工程的结算返还给招标人。预付款担保，是承包方提交的、为保证返还预付款的担保。预付款担保都是采用由银行或者其他信誉较高的单位出具保函的方式提供，当然，出具保函的单位必须经过招标人的认可。预付款保函的有效期一般也只能进行定性的规定，一般只能规定从预付款支付之日起至业主向承包方全部收回预付款之日止。担保金额应当与预付款金额相同，但担保金额会随着工程的进行而减少。因为预付款是在工程的进展过程中，在每次结算工程款（中间支付）时返还，担保金额也应当随着减少。

预付款担保也是一种保证，一般也是无条件的。这种保证属于《中华人民共和国担保法》（以下简称《担保法》）中规定的连带责任保证，即保证人（出具保函的银行或者其他单位）不要求招标人必须先向承包方提出返还要求，只要承包方有违约行为，招标人即可要求保证人支付规定金额的款项。

# 第七章

# 开标与评标

## 第一节 开标制度

开标就是招标人根据招标文件规定的时间和地点将各投标人的投标文件正式开启的行为。良好的开标制度与规则是招标采购活动成功的重要保证。我国《招标投标法》汲取了世界上主要采购法律规范的良好做法,确立了即时开标制度和公开开标制度。这是我国《招标投标法》的一个比较突出的特点。

### 一、即时开标制度

即时开标制度,即开标应当在招标文件确定的提交投标文件截止时间的同一时间进行。在《招标投标法》生效之前,我国几乎所有的招标投标规范所确立的开标制度,都允许在投标截止时间之后若干日开标。这一做法的便利之处在于,招标人能够比较从容地准备开标活动。但它的弊端也是显而易见的:它为暗箱操作和舞弊行为留下了较大空间。一些作弊者利用这一机会暗中开启投标,然后对某些投标书进行违法修改。因此,在《招标投标法》立法过程中,要求完善我国招标开标制度就成为一项共识。《招标投标法》第 34 条规定, 开标应当在招标文件确定的提交投标文件截止时间的同一时间公开进行。这意味着,我国《招标投标法》摒弃了以往招标投标规则所确立的开标时间与投标截止时间相分立的做法,要求招标人在投标截止时间立即开标。这一要求无疑是符合世界主要采购法律规范的规定的。例如,《世界银行采购指南》规定,开标时间应该和招标通告中规定的截止时间相一致或随后马上宣布开标。《联合国贸易法委员会货物、工程和服务采购示范法》第 33 条第 1 款规定,开标应在招标文件中规定作为投标截止日期的时间或在任何截止日期延长通知中规定的截止日期、在招标文件规定的地点、按该文件规定的程序开标。《联合国贸易法委员会货物、工程和服务采购示范法》立法指南认为,设这一规定的目的也是防止在招标过程中，利用投标截止日期之后与开标之前的时间间隔，泄露投标书内容等舞弊行为。

## 二、公开开标制度

开标应该按照事先规定的时间和地点以公开的方式进行，这就是政府公开开标制度。根据我国《招标投标法》和国际采购规则的规定，这一制度有以下几个特点。

### （一）开标应该以公开的方式进行

开标应该以公开的方式进行，允许所有投标人参与开标仪式。允许所有投标人参与开标仪式是一项国际采购法惯例。如《联合国贸易法委员会货物、工程和服务采购示范法》第 33 条规定，采购实体应允许所有已提交投标的供应商或承包商或其代表出席开标。我国《招标投标法》也规定了这项制度。作为一项基本原则，我国《招标投标法》第 34 条要求开标应当公开进行，并对开标仪式作出具体规定。首先，招标人应该邀请所有投标人或其代表出席开标仪式，以监督开标仪式是否按照法定的形式进行。另外，为了保证开标的公开和公正性，招标人还可以邀请其他人员参与开标仪式，如监察部门代表，或者新闻媒体代表等。招标人也可以委托公证部门的公证人员对整个开标仪式进行公证。当然，招标人也应该注意到，法律关于参加开标仪式的规定，只是为了保证所有投标人参与开标仪式的权利。对于是否邀请招标人以外的人员参加开标仪式，法律并没有作出强行规定。在采购实务中，招标人应该考虑到邀请其他人员参加开标仪式所增加的额外费用。

这一制度的另一要求是，应保证未出席开标仪式的投标人获得开标信息的权利。如《联合国贸易法委员会货物、工程和服务采购示范法》规定，招标人应根据请求，告知已提交投标书但未出席或未派代表出席开标的供应商或承包商，并立即按照开标记录规定记录在招标过程记录中。

### （二）开标应当按照事先规定的时间和地点进行

根据我国《招标投标法》的规定，开标应当按照事先规定的时间和地点进行。《招投标法实施条例》第 44 条规定，招标人应当按照招标文件规定的时间、地点开标。投标人少于 3 个的，不得开标；招标人应当重新招标。投标人对开标有异议的，应当在开标现场提出，招标人应当当场作出答复，并制作记录。这意味着：首先，开标时间与地点必须事先在招标文件中规定；其次，开标应该按照事先规定在招标文件中的时间和地点进行。如果招标人基于合理原因需要在其后改变开标的时间与地点，那么应该按照《招标投标法》关于招标文件修改的规定对开标的时间和地点进行修改。

### (三)开标需要遵循法定的程序

开标需要遵循以下法定的程序:①开标应该由招标人主持(《招标投标法》第35条)。当然,在委托招标代理机构代理招标时,招标人也可以委托招标代理机构来主持招标仪式。②招标主持人需要安排检查投标书的密封状况。开标时,由投标人或者其推选的代表检查投标文件的密封情况,也可以由招标人委托的公证机构检查投标文件的密封情况并予以公证。③招标文件必须当众开封。在对投标书进行检查并确认无误后,招标人需要安排工作人员当众开启在提交投标文件的截止时间前收到的所有投标文件。④招标人需要高声唱标。招标人需要宣读所有被开启的投标书的主要内容,主要是指投标人名称和投标价格。

### (四)所有投标书都应被开启

根据公开开标制度,招标人承担了所有有效投标都被开启和宣读的义务。如《联合国贸易法委员会货物、工程和服务采购示范法》规定,其投标书已被开启的供应商或承包商的名称、地址和投标价格应在开标时向出席开标者宣布。我国《招标投标法》也规定,招标人在招标文件要求提交投标文件的截止时间前收到的所有投标文件,开标时都应当众予以拆封、宣读;而在投标截止时间之后收到的投标则按照无效投标处理,不予开封并予以退回。招标人这一义务的法律意义是,没有开封或开标时没有宣读的投标均不应在之后的评标阶段予以考虑。

### (五)开标过程应当记录

开标过程应当记录,并存档备查。一个相关的问题是,如果投标人没有出席开标仪式,它是否有权获得有关开标仪式的记录。《招标投标法》对此未予规定,但根据国际采购规则惯例,招标人应请求可以提供开标记录。例如《世界银行采购指南》要求将开标记录呈报世界银行,并应请求告知提交投标书但未出席或未派代表出席开标仪式的供应商或承包商。《联合国贸易法委员会货物、工程和服务采购示范法》也有类似的规定。《政府采购协议》第13条还进一步规定,采购机构应保存开标资料并报政府当局支配。

## 第二节 评标委员会独立评标制度

我国《招标投标法》明确确立了评标委员会独立评标制度。之后,原国家计委等部门又发布了《评标委员会和评标方法暂行规定》,以及《招投标法实施条例》都对评标委员会制度作出更加具体的规定,使我国的这一评标制度更趋完备。

## 一、评标委员会制度

### （一）评标委员会的性质

《招标投标法》第37条规定，评标由招标人依法组建的评标委员会负责。《招投标法实施条例》第45条规定，国家实行统一的评标专家专业分类标准和管理办法。具体标准和办法由国务院发展改革部门会同国务院有关部门制定。省级人民政府和国务院有关部门应当组建综合评标专家库。《评标委员会和评标方法暂行规定》第7条又规定，评标委员会依法组建，负责评标活动，向招标人推荐中标候选人或者根据招标人的授权直接确定中标人。因此，评标委员会是我国《招标投标法》规定的依法组建并负责评标工作的专门机构。评标委员会依法享有评标权利，承担评标义务。

### （二）评标委员会的组成

根据《招标投标法》的规定，评标委员会由招标人负责组建。招标人一般应于开标前确定评标委员会成员名单，建立评标委员会。值得注意的是，《招标投标法》有关评标委员会组成的规定，仅是针对依法招标的投标项目而言。对于自愿招标项目评标委员会的组成，法律则无规定。自愿招标采购人可以自由裁量，组成评标委员会。

1. 依法招标项目评标委员会的组成。《招标投标法》第37条规定，依法必须进行招标的项目，其评标委员会由招标人的代表和有关技术、经济等方面的专家组成，成员人数为5人以上单数，其中，技术、经济等方面的专家不得少于成员总数的2/3。根据《招投标法实施条例》第47条规定，《招标投标法》第37条第3款所称特殊招标项目，是指技术复杂、专业性强或者国家有特殊要求，采取随机抽取方式确定的专家难以保证胜任评标工作的项目。因此，评标委员会的组成由两部分人组成：招标人代表和外部专家。外部专家包括技术、经济及法律等方面的专家。为保证评标委员会的独立性，外部专家应占评标委员会的主导地位，其总数应不少于评标委员会总人数的2/3。

2. 评标专家的资质。根据《招标投标法》第37条及《评标委员会和评标方法暂行规定》第11条的规定，评标专家应符合下列条件：①从事相关专业领域工作满8年并具有高级职称或者同等专业水平；②熟悉有关招标投标的法律法规，并具有与招标项目相关的实践经验；③能够认真、公正、诚实、廉洁地履行职责。

《招标投标法》和《评标委员会和评标方法暂行规定》还对评标委员会成员的消极资格作出规定，包括三种类型。第一，与投标人具有利害关系的人。其包括投标人或者投标人主要负责人的近亲属，以及与投标人有经济利益关系，可能影响对投标公正评审的。第二,项目主管部门或者行政监督部门的人员。这主要是为了维护招标人的自主权,防止主管部门或行政监督部门的人员非法干预评标工作。第三,曾因在招标、评标以及其他与招标投标有关活动中从事违法行为而受过行政处罚或刑事处罚的。评标委员会成员有前款规定情形之一的,应当主动提出回避。招标人有义务保证与投标人有利害关系的人不得进入相关项目的评标委员会,已经进入的应当更换。

3. 评标专家的选择。根据《招标投标法》和《评标委员会和评标方法暂行规定》,评标委员会的专家成员应当从依法组建的专家库内的相关专家名单中确定。评标专家的确定,可以采取随机抽取或者直接确定的方式。一般项目,可以采取随机抽取的方式;技术复杂、专业性强或者国家有特殊要求的招标项目,采取随机抽取方式确定的专家难以保证胜任的,可以由招标人直接确定。

评标委员会设负责人的,评标委员会负责人由评标委员会成员推举产生或者由招标人确定。评标委员会负责人与评标委员会的其他成员有同等的表决权。评标委员会成员的名单在中标结果确定前应当保密。

**(三)评标委员会的权利与义务**

1. 评标委员会的权利。评标委员会是我国《招标投标法》规定的依法组建并负责评标工作的专门机构。评标委员会依法享有评审和比较投标书的权利。评标委员会应当按照招标文件确定的评标标准和方法,对投标文件进行评审和比较;设有标底的,应当参考标底。评标委员会完成评标后,应当向招标人提出书面评标报告,并推荐合格的中标候选人。招标人根据评标委员会提出的书面评标报告和推荐的中标候选人确定中标人。招标人也可以授权评标委员会直接确定中标人。因此,评标委员会的评标权具体又包括评标报告之提出权,中标候选人之推荐权,以及在获授权时中标人的确定权。

另外,评标委员会的评标权还包括要求对投标文件进行必要的澄清或说明的权利。《招标投标法》第 39 条规定,评标委员会可以要求投标人对投标文件中含义不明确的内容作必要的澄清或者说明,但是澄清或者说明不得超出投标文件的范围或者改变投标文件的实质性内容。如果投标人不予澄清或者说明,则可能承担不利的后果。

最后,评标委员会拥有拒绝所有投标的权利。《招标投标法》第 42 条规定,评标委员会经评审,认为所有投标都不符合招标文件要求的,可以否决所有投标。值得注意的是,拒绝所有投标的权利仅为评标委员会享有。

2. 评标委员会的义务。评标委员会的主要义务是按照招标文件确定的评标标准和方法,对投标文件进行评审和比较。这意味着,评标委员会对投标人提交的投标书进行比较和评审的唯一依据只能是招标文件中规定的评标标准和评标方法。评标委员会既不能在评标过程中改变事先规定的评标标准和评标方法,也不能依据招标文件规定之外的评标标准和评标方法。另外,在完成评标后,评标委员会应当向招标人提出书面评标报告,推荐合格的中标候选人。

### (四)评标委员会成员的权利与义务

1. 评标委员会成员的权利。评标委员会成员的主要权利是依法参与评标过程,并独立提出评审意见的权利。对评标结论持有异议的评标委员会成员还有以书面方式阐述其不同意见和理由的权利(《评标委员会和评标方法暂行规定》第43条)。根据评标实务,评标委员会成员也应具有获得报酬的权利,但《招标投标法》和《评标委员会和评标方法暂行规定》都没有作出相应规定。

2. 评标委员会成员的义务与责任。其具体包括:

(1)利益冲突回避的义务。根据《评标委员会和评标方法暂行规定》的规定,如果评标委员会成员与投标人具有利害关系,或是项目主管部门或者行政监督部门的人员,或曾因在招标、评标以及在其他与招标投标有关活动中从事违法行为而受过行政处罚或刑事处罚,则评标委员会成员有义务主动提出回避。根据《招投标法实施条例》第48条规定,评标过程中,评标委员会成员有回避事由、擅离职守或者因健康等原因不能继续评标的,应当及时更换。被更换的评标委员会成员作出的评审结论无效,由更换后的评标委员会成员重新进行评审。

(2)客观、公正履行职务,遵守职业道德的义务。评标委员会成员应当客观、公正地履行职责,遵守职业道德,对所提出的评审意见承担个人责任。但《招标投标法》没有规定投标委员会成员违反此项义务所应承担的责任。为此,《评标委员会和评标方法暂行规定》第53条作了进一步补充。评标委员会成员有下列行为之一的,由有关行政监督部门责令改正;情节严重的,禁止其在一定期限内参加依法必须进行招标的项目的评标;情节特别严重的,取消其担任评标委员会成员的资格:①应当回避而不回避;②擅离职守;③不按照招标文件规定的评标标准和方法评标;④私下接触投标人;⑤向招标人征询确定中标人的意向或者接受任何单位或者个人明示或者暗示提出的倾向或者排斥特定投标人的要求;⑥对依法应当否决的投标不提出否决意见;⑦暗示或者诱导投标人作出澄清、说明或者接受投标人主动提出的澄清、说明;⑧其他不客观、不公正履行职务的行为。

(3)廉洁义务。评标委员会成员不得私下接触投标人,收受投标人财物或者其他好处。《招标投标法》第34条以及《招标投标实施条例》第49条都明确规定,评标委员会成员不得私下接触投标人,不得收受投标人的财物或者其他好处。《评标委员会和评标方法暂行规定》第13条还将评标委员会成员不得私下接触的人员由投标人扩大至与招标结果有利害关系的人；并且还扩大了评标委员会成员不得收受财物或者其他好处的对象，包括投标人、中介人和其他利害关系人。如果评标委员会成员收受投标人的财物或者其他好处，给予警告，没收收受的财物，可以并处 3 千元以上 5 万元以下的罚款；对有所列违法行为的评标委员会成员取消担任评标委员会成员的资格，并拒绝其再参加任何依法必须进行招标项目评标资格；对构成犯罪的违法人员，还应依法追究其刑事责任。

(4)保密义务。评标委员会成员负有不得透露其为评标委员会成员的义务(《招标投标法》第37条)，不得透露与评审有关的情况。具体而言，评标委员会成员(和参与评标的有关工作人员)不得透露对投标文件的评审和比较情况、中标候选人的推荐情况以及与评标有关的其他情况(《招标投标法》第 34 条)，如果违反此项义务，有权机关应给予警告，没收收受的财物，可以并处 3 千元以上 5 万元以下的罚款；对有所列违法行为的评标委员会成员取消担任评标委员会成员的资格，并拒绝其再参加任何依法必须进行招标项目评标的资格；对构成犯罪的违法人员，应依法追究刑事责任。

(5)在评标报告上签字的义务。《评标委员会和评标方法暂行规定》第 43 条规定，评标报告由评标委员会全体成员签字。对评标结论持有异议的评标委员会成员可以书面方式阐述其不同意见和理由。评标委员会成员拒绝在评标报告上签字且不陈述其不同意见和理由的，视为同意评标结论。评标委员会应当对此作出书面说明并记录在案。

## 二、评标委员会的独立性

保证评标活动遵循公平、公正、科学、择优的原则进行，是评标制度设计的目的。其中，评标委员会评标制度是我国招标采购评标工作的一个特色。它可以保证评标工作的专业化，抵制来自各方面的不正当行为的侵蚀。在对评标委员会制度进行设计时，立法者考虑到了评标工作可能受到的各方面的不正当影响，因此，评标的独立性是评标工作的关键。

1. 作为一项基本要求，《招标投标法》第 38 条规定，任何单位或个人不得非法干预、影响评标过程和结果。为保证评标工作免受干扰，招标人也应当采取必要的措施，保证评标在严格保密的情况下进行。

2. 评标委员会评标工作具有独立性。在评标委员会的组成上，《招标投标法》要求外部专家的数量占评标委员会的主导地位，外部专家的选任也一般采随机抽取的方式。这可以在一定程度上抵制招标人在选择供应商方面的倾向性。同时，为限制主管部门及监管部门对评标活动的不当影响，《评标委员会和评标方法暂行规定》还规定，主管部门和监管部门的人员不得成为评标委员会成员。在评标委员会的权利方面，评标委员会享有中标候选人推荐权（甚至确定中标人的权利），投标人必须在评标委员会推荐的候选人之中按照排列顺序确定中标人，投标人也不能在投标委员会拒绝所有投标后自行确定中标人。这也可以限制招标人在确定中标人方面的倾向性。

评标独立性还表现为评标标准和方法具有先定性。评标标准和评标方法需要事先在招标文件中规定，对投标书的比较和评审必须依照招标文件中的评标标准和方法进行。在评标过程中，不能采用招标文件规定以外的评标标准和方法。另外，评标独立性还表现为确定中标人标准之先定性。招标人必须根据采购项目的特点，在招标文件中选择采用最低价格标准或者综合评标标准。对投标书的评审和中标人的确定，必须依据事先确定好的标准进行。

## 第三节 评标准备和投标文件的审查

### 一、评标准备

招标人在设立评标委员会后，应着手准备评标工作。根据《评标委员会和评标方法暂行规定》的规定，招标人或者其委托的招标代理机构应当向评标委员会提供评标所需的重要信息和数据。而评标委员会成员也应当开始编制供评标使用的相应表格，并认真研究招标文件，至少应了解和熟悉以下内容：①招标的目标；②招标项目的范围和性质；③招标文件中规定的主要技术要求、标准和商务条款；④招标文件规定的评标标准、评标方法和在评标过程中考虑的相关因素。

### 二、投标文件的审查

在正式评标前，招标机构要对所有的投标书进行初步审查，以确定投标书是否是符合招标文件要求的投标。初步审查既是评标的准备阶段，又是对投标书的初步评审。因此，对招标文件的审查有时又称为初审。对投标书的审查主要包括以下内容。

#### （一）投标文件对招标文件的响应性

在详细评标之前，评标委员会要审查每份投标书是否实质上响应了招标文件的要求。实质上响应的投标应该是与招标文件要求的全部条款、条件和规格相符，没有重大偏离的投标。对关键条文的偏离、保留或反对，如关于投标保证金、适用法律、税及关税偏离（国际招标中）等将被认为是实质上的偏离。评标委员会决定投标书的响应性只根据投标书本身的内容，而不得寻求外部证据。

如果投标书实质上没有响应招标文件的要求，评标委员会将予以拒绝，投标人不得通过修正或撤销不合要求的偏离或保留从而使其投标成为实质上响应的投标。《招标投标法》第 27 条规定，投标文件应当对招标文件提出的实质性要求和条件作出响应。《评标委员会和评标方法暂行规定》第 23 条规定，评标委员会应当审查每一投标文件是否对招标文件提出的所有实质性要求和条件作出响应。未能在实质上响应的投标，应当予以否决。为确定投标文件是否在实质上响应了招标文件，在评标实务中应对投标文件偏离招标文件的程度作出区别。《评标委员会和评标方法暂行规定》第 24 条规定，评标委员会应当根据招标文件，审查并逐项列出投标文件的全部投标偏差，并将其区分为重大偏差和细微偏差。如果投标文件对招标文件构成重大偏差，则属于没有实质上响应招标文件，应作为无效投标和废标处理。

根据《评标委员会和评标方法暂行规定》第 25 条的规定，下列情况属于重大偏差：①没有按照招标文件要求提供投标担保或者所提供的投标担保有瑕疵；②投标文件没有投标人授权代表签字和加盖公章；③投标文件载明的招标项目完成期限超过招标文件规定的期限；④明显不符合技术规格、技术标准的要求；⑤投标文件载明的货物包装方式、检验标准和方法等不符合招标文件的要求；⑥投标文件附有招标人不能接受的条件；⑦不符合招标文件中规定的其他实质性要求。

根据《招投标法实施条例》第 51 条规定，有下列情形之一的，评标委员会应当否决其投标：①投标文件未经投标单位盖章和单位负责人签字；②投标联合体没有提交共同投标协议；③投标人不符合国家或者招标文件规定的资格条件；④同一投标人提交两个以上不同的投标文件或者投标报价，但招标文件要求提交备选投标的除外；⑤投标报价低于成本或者高于招标文件设定的最高投标限价；⑥投标文件没有对招标文件的实质性要求和条件作出响应；⑦投标人有串通投标、弄虚作假、行贿等违法行为。

**（二）投标人是否合格**

审查投标人是否有资格参与招标采购，具体内容包括：①投标人是否被明令禁止参与招标采购。如是否因为在以往招标采购过程中的重大不良行为被禁止参与招标采购活动或其他严重违法行为。②投标人资格条件是否符合国家有关规定和招标文件的要求。如在实施工程中，施工承包商是否具有相应的等级资格，投标人需要在投标文件中提供资质证明。③在本次采购中是否存在不良行为。《评标委员会和评标方法暂行规定》第 20 条规定，在评标过程中，评标委员会发现投标人以他人的名义投标、串通投标、以行贿手段谋取中标或者以其他弄虚作假方式投标的，应当否决该投标人的投标。

### (三)对投标书的澄清与修正

评标委员会需要审查投标文件是否完整,是否有算术错误或含义不明确的地方,并可以就这些问题要求投标人进行澄清和修正。《招标投标法》第39条规定,评标委员会可以要求投标人对投标文件中含义不明确的内容作必要的澄清或者说明,但是澄清或者说明不得超出投标文件的范围或者改变投标文件的实质性内容。《招投标法实施条例》第52条规定,投标文件中有含义不明确的内容、明显文字或者计算错误,评标委员会认为需要投标人作出必要澄清、说明的,应当书面通知该投标人。投标人的澄清、说明应当采用书面形式,并不得超出投标文件的范围或者改变投标文件的实质性内容。评标委员会不得暗示或者诱导投标人作出澄清、说明,不得接受投标人主动提出的澄清、说明。《评标委员会和评标方法暂行规定》第19条进一步规定,评标委员会可以书面方式要求投标人对投标文件中含义不明确、对同类问题表述不一致或者有明显文字和计算错误的内容作必要的澄清、说明或者纠正。澄清、说明或者补正应以书面方式进行并不得超出投标文件的范围或者改变投标文件的实质性内容。

另外,《评标委员会和评标方法暂行规定》还规定了对投标价格的初步审查问题。第21条规定,在评标过程中,评标委员会发现投标人的报价明显低于其他投标报价或者在设有标底时明显低于标底,使得其投标报价可能低于其个别成本的,应当要求该投标人作出书面说明并提供相关证明材料。投标人不能合理说明或者不能提供相关证明材料的,由评标委员会认定该投标人以低于成本报价竞标,应当否决其投标。应该说,在对投标书进行审查阶段一般不涉及对投标价格问题的评审。

## 第四节 评标与授予合同标准

### 一、评标中的商务与技术评审

评标是一项关键而又十分细致的工作,它直接关系到招标人能否得到最有利的投标。对于大型复杂的采购项目,在通常情况下,评标工作需要分为商务评审和技术评审两个方面进行,其主要内容如下。

#### (一)商务评审

商务评审的目的在于从成本、财务和经济分析等方面评定投标报价的合理性和可靠性,并评估授标给各投标人后的不同经济效果。参加商务评审的人员通常要有成本、财务方面的专家,有时还要有估价以及经济管理方面的专家。

商务评审的主要内容如下:①将投标报价与标底价进行对比分析,评价该报价是否可靠合理;②投标报价构成是否合理;③分析投标文件中所附资金流量表的合理性及其所列数字的依据;④审查所有保函是否被接受;⑤进一步评审投标人的财务实力和资信程度;⑥投标人对支付条件有何要求或给业主或采购人以何种优惠条件;⑦分析投标人提出的财务和付款方面建议的合理性。

### (二)技术评审

技术评审的目的在于确认备选的中标人完成本招标项目的技术能力以及其所提供方案的可靠性。与资格评审不同的是,这种评审的重点在于评审投标人将怎样实施本招标项目。

技术评审的主要内容有:①标书是否包括招标文件所要求提交的各项技术文件,它们同招标文件中的技术说明和图纸是否一致;②实施进度计划是否符合业主或采购人的时间要求,这一计划是否科学和严谨;③投标人准备用哪些措施来保证实施进度;④如何控制和保证质量,这些措施是否可行;⑤如果投标人在正式投标时已列出拟与之合作或分包的公司名称,则这些合作伙伴或分包公司是否具有足够的能力和经验保证项目的实施和顺利完成;⑥投标人对招标项目在技术上有何种保留或建议,这些保留是否影响技术性能和质量,其建议的可行性和技术的经济价值如何。

总之,评标内容与招标文件中规定的条款和内容相一致。除对投标报价进行比较外,还应考虑其他有关因素,经综合考虑后,确定选取最低价格的投标。因此,通常并非以投标报价最低作为选取标准,而是将各种因素转换成货币值进行综合比较,并选取成本最经济的投标。

## 二、《招标投标法》所确立的合同授予标准

我国《招标投标法》第 41 条规定,中标人的投标应当符合下列条件之一:①能够最大限度地满足招标文件中规定的各项综合评价标准;②能够满足招标文件的实质性要求,并且经评审的投标价格最低,但是投标价格低于成本的除外。

因此,《招标投标法》规定了两种类型的授予合同标准:一种是以投标价格为基础的评标标准,如上述②之规定;一种是以包括价格在内的多种因素为基础的评标标准,如上述①之规定。招标人需要根据采购项目的特点,在招标文件中选择其中一种。《评标委员会和评标方法暂行规定》也对选择问题作出指导性规定。《评标委员会和评标方法暂行规定》第 30 条规定,经评审的最低投标价法一般运用于具有通用技术、性能标准或者招标人对其技术、性能没有特殊要求的招标项目。该规定第 34 条规定,不宜采用经评审的最低投标价法的招标项目,一般应当采取综合评估法进行评审。

我国《招标投标法》规范了以往招标投标规范的做法,确立了符合国际采购

法律惯例的评标和授予合同标准。《联合国贸易法委员会货物、工程和服务采购示范法》第 34 条规定，中选的投标应为：①投标价格最低的投标，但须计算适用的任何优惠幅度；②如采购实体已在招标文件中作出规定，按招标文件列明的标准确定为估值最低的投标，而这些标准应在可行范围内尽可能是客观的和可定量的，而即指明其在评审中的相对比重，或在可行的情况下以货币额表示。世界贸易组织《政府采购协议》第 13 条规定，合同应该授予投标价最低的投标，或者最具竞争力或最有利的投标。欧盟采购指令也规定，合同应该授予投标报价最低的投标，或者经济上最有利的投标。

**（一）最低投标价格标准**

根据最低投标价格标准，投标报价是评标时唯一考虑的因素，即投标报价最低者中标。在采用这一标准时，需要注意三个问题。

1.《招标投标法》同时要求中标人的投标也应能够满足招标文件的实质性要求。这是确定中标人的前提。这一规定实际上是对投标文件对招标文件响应性的再次确认，因为如果投标文件不能在实质上满足招标文件的要求，则该投标就是无效投标，根本就没有被确定为中标者的可能。

2. 所谓"经评审"的投标价格。这是一个非常容易引起误解的用法。例如，在《中华人民共和国招标投标法释义》中，对"经评审的投标价格最低"作如下解释："是指对投标文件中的各项评价因素尽可能折算为货币量，加上投标报价进行综合评审、比较之后，确定评审价格最低的投标（通常称为"最低评标价"），以该投标为中标。应里需要指出的是，中标的是经过评审的最低投标价，而不是指报价最低的投标。"显然，所谓"经评审"的投标价格包括对价格以外的评标因素的折算。换言之，根据这一看法，在采用这一标准时，价格并不是确定中标人的唯一因素。但是，编者认为，在原国家发展计划委员会政策法规司和国务院法制办财政金融法制司所编的《中华人民共和国招标投标法释义》中，所谓最低投标价格中标，就是投标报价最低的中标，但前提条件是该投标符合招标文件的实质性要求。显然，所谓"经评审"的投标价格，仍然是以价格为确定中标人的唯一评价因素。

这是两种截然相反的法律释义。那么在采用"经评审"的投标价格最低标准时是否以价格为唯一标准授予合同？答案是肯定的。这涉及立法者在合同授予标准上的制度设计问题。如果采购项目的技术比较规范，或者采购者对采购项目的技术要求不高，那么采用比价的方法来确定中标人是非常直截了当的方法，采购人员也没有太多的裁量自由来滥用评标程序。如果简单化地讲，采购人员只是对所有投标报价进行算术运算而已。如果采购项目比较复杂，或者其他采购因素（如投标人的技术能力和专门知识和技能、交货时间、售后服务质量等)对采购人的重要性更大,那么最低投标价标准就不是一种合适的授予合同标准。此时,中标人就可以采用综合评价方法在评标中考虑价格以外的评价因素。因此,针对采购现实的需要,《招标投标法》在合同授予标准的制度设计上,采用的是非此即彼的方法。而所谓"经评审"的投标价格,是仅指以投标价格为基础的评标标准。《招标投标法》规定在采用这一标准时应排除投标价格低于成本的投标。这也可以从另一角度说明这是一种仅以价格为基础授予合同的标准。因此,"经评审"应被解释为对投标的商务部分进行评审,即从成本、财务和经济分析等方面对投标报价进行评定,以确定其合理性和可靠性,尤其是评估投标人履行合同的经济能力。

《评标委员会和评标方法暂行规定》的规定,也说明了这一点。《评标委员会和评标方法暂行规定》第32条规定,采用经评审的最低投标价法的,评标委员会应当根据招标文件中规定评标价格调整方法,对所有投标人的投标报价以及投标文件的商务部分作必要的价格调整。采用经评审的最低投标价法的,中标人的投标应当符合招标文件规定的技术要求和标准,但评标委员会无须对投标文件的技术部分进行价格折算。该规定第33条进一步规定,根据评审的最低投标价法完成详细评审后,评标委员会应当拟定一份标价比较表,连同书面评标报告提交招标人。标价比较表应当载明投标人的投标报价、对商务偏差的价格调整和说明以及经评审的最终投标价。

3. 关于投标价异常低的投标。《招标投标法》在采用最低投标价标准时排除了投标价格低于成本的投标。《评标委员会和评标方法暂行规定》第21条进一步规定,在评标过程中,评标委员会发现投标人的报价明显低于其他投标报价或者在设有标底时明显低于标底,使得其投标报价可能低于其个别成本的,应当要求该投标人作出书面说明并提供相关证明材料。投标人不能合理说明或者不能提供相关证明材料的,由评标委员会认定该投标人以低于成本报价竞标,应当否决其投标。这里有几个问题需要讨论:①对于投标价格异常低的投标,《招标投标法》并没有当然地将其排除。这是符合政府采购法的国际惯例的。世界贸易组织《政府采购协议》规定,对投标价格异常低的投标,采购机构并不当然地予以拒绝,而是要求投标人对遵守参加投标的各项条件和履行合同的能力作出保证。《欧盟采购指令》也有类似规定。②与国际惯例不同,《招标投标法》对投标价格异常低的投标的关注点在于投标的成本价。因而,如果投标人的投标价格异常低,那么投标人负有书面说明和提供相关证明材料的义务。由此理解,这些证明材料也是为了说明它的投标报价的成本。而政府采购法国际惯例则关注投标人在中标后履行合同的能力,因为异常低的投标报价可能意味着在合同履行阶段的偷工减料行为。比较而言,国际惯例的做法还是比较合理的。因为,获得具有竞争力的投标本来也符合招标人的招标目的。投标人完全可能通过技术创新等手段大幅度降低其生产成本,并同政府分享这份利益。并且,既然对于投标报价很低的投标人的履约能力心存疑虑,那么要求其提出适当的履约保证就可以达到保证合同顺利完成的目的,无须审查投标人的成本材料,因为这在实务上也很难操作。

**(二)综合评标标准**

我国《招标投标法》规定的确定中标人的另一标准是,投标文件能够最大限度地满足招标文件中规定的各项综合评价标准,即确定中标人的综合评标标准。与最低投标价格标准不同,在综合评标标准中,采购人不仅可以考虑投标的价格因素,而且也可以考虑投标价格以外的评价因素。因此,它是一种行之有效的合同授予标准,为各国采购法律所采纳。《欧盟采购指令》规定,签约机构在决标时可以选择最低报价的投标或经济上最有利的投标。但在实践中最常用的标准是经济上最有利的投标。《世界银行采购指南》、世界贸易组织《政府采购协议》和《联合国贸易法委员会货物、工程和服务采购示范法》也都有相同的规定。

但是,在采用这一标准时,由于将价格以外的因素作为评标标准,有可能影响到采购的竞争性和经济效益,降低人们对采购公正性的信心,而国际采购规则的这些要求可以保证对投标进行客观评审并按相同的标准作出比较,从而减少随意独断的机会。

国际采购规则对采用综合评标标准的法律规制主要表现在两个方面:采购人可以采用哪些价格以外的评标标准;如何保证在采用这些标准时的公平与公正性。

1. 采购机构可以采用的评标标准。从本质上讲,采用何种评标标准需要依据采购项目的特点来确定。因此,法律似乎不太可能对评标标准作出太具体的要求,授权招标人在招标文件中作出规定也是适宜的。但有一个不可忽视的因素是,招标人有可能在招标文件中规定一些与采购活动无关的,或是歧视性的标准,如对特定的技术规格的不适当的要求、本地含量的要求等。加之作为政府采购政策的一个重要方面,政府需要考虑采购中的公共政策因素,因此,对政府采购中可以考虑的评标因素的规范也就是不可避免的。

由此可见,《联合国贸易法委员会货物、工程和服务采购示范法》允许在评标中考虑公共政策因素。并且,立法国家可以考虑扩大采购法律所允许考虑的价格以外的因素,但也同时指出,这些额外标准可能不利于形成良好的采购惯例,因此在考虑扩大这些非价格标准时应慎重从事。

我国《招标投标法》没有规定招标文件中应该考虑哪些价格以外的因素。

因此，招标人具有很大的裁量自由来确定这些标准，在实务中滥用这些因素与标准的风险也是很大的。

2. 综合评标标准的客观性和公平性。采购法对评标标准管制的第二个方面在于如何保证在采用这些标准时的公平与公正性。《联合国贸易法委员会货物、工程和服务采购示范法》第 34 条(5)(b)(二)规定，在按照估值最低的投标标准授予合同时，采购实体需要在招标文件中对评标标准作出规定，而这些标准也应在可行范围内尽可能是客观的和可定量的，而且应指明其在评审中的相对比重或在可行的情况下以货币额表示。

我国《招标投标法》对此没有作出明确规定。采购实践中很常见的做法是，招标人只笼统地在招标文件中列出价格以外的评标标准，但对于如何将每种评标因素折算成货币或赋予每种评标标准多大的权重，则不予规定，而仅在评标时制定出具体的评价计算因素及其量化计算标准。这种做法一方面可能是因为招标人缺乏招标经验，希望在招标中保持主动，但也可能是因为招标人希望通过这种方法达到倾向某一投标人的目的。对每种评标标准赋予不同的折算额和权重，将直接影响最终的评标结果。由此看来这是一个十分严重的实践问题。因此，对此作出进一步解释和规范是十分必要的。其中，主要是要求招标人事先在招标文件中规定具体客观的量化标准。我国《招标投标法》已经在第 19 条将开标标准作为招标文件应该包括的法定内容加以规定。第 40 条又要求评标委员应当按照招标文件确定的评标标准和方法，对投标文件进行评审和比较。因此，对《招标投标法》此项规定的合理解释应该是，招标人在采用综合评标标准授予合同时有义务在招标文件中对评标标准予以客观化或量化，并赋予不同的权重，或在可能情况下以货币额表示。

《评标委员会和评标方法暂行规定》的规定体现了对《招标投标法》的这种解释。《评标委员会和评标方法暂行规定》第 35 条明确要求招标人对于需量化的因素及其权重应当在招标文件中明确规定。对于具体的评标方法，该条又规定衡量投标文件是否最大限度地满足招标文件中规定的各项评价标准，可以采取折算为货币的方法、打分的方法或者其他方法。《评标委员会和评标方法暂行规定》第 36 条进一步规定，评标委员会对各个评审因素进行量化时，应当将量化指标建立在同一基础或者同一标准上，使各投标文件具有可比性。对技术部分和商务部分进行量化后，评标委员会应当对这两部分的量化结果进行加权，计算出每一投标的综合评估价或者综合评估分。该规定第 37 条又进一步规定，根据综合评估法完成评标后，评标委员会应当拟定一份综合评估比较表，连同书面评标报告提交招标人。综合评估比较表应当载明投标人的投标报价、所做的任何修正、对商务偏差的调整、对技术偏差的调整、对各评审因素的评估及对每一投标的最终评审结果。《评标委员会和评标方法暂行规定》对《招标投标法》的这些补充规定,无疑是十分正确和必要的。

### 三、对备选投标的评审

在采购可以分为两个或更多的部分时,采购实体似应允许供应商或承包商就该项采购的全部或其中的一个或几个部分提交投标书。这一方法使采购实体得以分割投标书所提出的最具有成本效益的建议,既可以从一个单一的供应商或承包商那里采购,也可以从几个供应商或承包商那里采购,从而最大限度地节约资金。因此,《联合国贸易法委员会货物、工程和服务采购示范法》允许在招标文件中对备选投标作出规定。该法第 27 条(g)项规定,如果允许就货物、工程或服务的性能、合同条件和条款,或者招标文件中规定的其他要求提出备选投标,那么采购实体应该在招标文件中对此作出声明,并说明评审和比较备选投标的方式。

我国《招标投标法》并未对备选投标作出规定。因而可以理解为,是否在招标中允许投标人提交备选投标书,由招标人在招标文件中作出规定。另外,《评标委员会和评标方法暂行规定》对备选投标的评审问题也作出了一些补充规定。《评标委员会和评标方法暂行规定》第 38 条规定,根据招标文件的规定,允许投标人投备选标的,评标委员会可以对中标人所投的备选标进行评审,以决定是否采纳备选标。不符合中标条件的投标人的备选标不予考虑。《评标委员会和评标方法暂行规定》第 39 条还规定,对于划分有多个单项合同的招标项目,招标文件允许投标人为获得整个项目合同而提出优惠的,评标委员会可以对投标人提出的优惠进行审查,以决定是否将招标项目作为一个整体合同授予中标人。将招标项目作为一个整体合同授予的,整体合同中标人的投标应当最有利于招标人。

与《联合国贸易法委员会货物、工程和服务采购示范法》的规定相比,我国《招标投标法》及《评标委员会和评标方法暂行规定》的规定不是很完善。尤其是,如果招标文件允许投标人提出备选标,那么它也应同时说明评审和比较备选标的标准,以使所有投标人都能在同一个基础上得到评审和比较。

## 第五节 确定中标人

我国《招标投标法》第 40 条规定,评标委员会完成评标后,应当向招标人提出书面评标报告,并推荐合格的中标候选人。招标人根据评标委员会提出的书面评标报告和推荐的中标候选人确定中标人。招标人也可以授权评标委员会直接确定中标人。国务院对特定招标项目的评标有特别规定的，从其规定。这说明，我国《招标投标法》确立的定标制度具有以下几个特点：

第一，评标委员会一般只有中标人推荐权，但在得到招标人授权时也可以直接确定中标人。如果依据经评审的最低投标价法授予合同，那么能够满足招标文件的实质性要求，并且经评审的最低投标价的投标，应当推荐为中标候选人。如果根据综合评估法授予合同，那么最大限度地满足招标文件中规定的各项综合评价标准的投标，应当推荐为中标候选人。评标委员会推荐的中标候选人应当限定在1～3人，并标明排列顺序。评标委员会需要提出书面报告。根据《招标投标法》第40条规定，评标委员会完成评标后，应当向招标人提出书面评标报告。

《评标委员会和评标方法暂行规定》进一步对评标报告的内容及形式要求作出规范。《评标委员会和评标方法暂行规定》第42条规定，评标委员会完成评标后，应当向招标人提出书面评标报告，并抄送有关行政监督部门。评标报告应当如实记载以下内容：①基本情况和数据表；②评标委员会成员名单；③开标记录；④符合要求的投标一览表；⑤废标情况说明；⑥评标标准、评标方法或者评标因素一览表；⑦经评审的价格或者评分比较一览表；⑧经评审的投标人排序；⑨推荐的中标候选人名单与签订合同前要处理的事宜；⑩澄清、说明、补正事项纪要。

《评标委员会和评标方法暂行规定》第43条规定，评标报告由评标委员会全体成员签字。对评标结论持有异议的评标委员会成员可以书面方式阐述其不同意见和理由。评标委员会成员拒绝在评标报告上签字且不陈述其不同意见和理由的，视为同意评标结论。评标委员会应当对此作出书面说明并记录在案。

第二，招标人需要从推荐的中标候选人中确定中标人。我国《招标投标法》规定，招标人根据评标委员会提出的书面评标报告和推荐的中标候选人确定中标人。因此，招标人不能从评标委员会推荐的中标候选人名单之外自行确定中标人。但招标人是否可以在所推荐的三人中不按推荐顺序径自确定第三名为中标人？法律并没有强行规定，因而实践中滥用的情况屡有发生。针对这种情况，《评标委员会和评标方法暂行规定》就对使用国有资金投资或者国家融资的采购项目作出补充规定。该办法第48条规定，对于使用国有资金投资或者国家融资的项目，招标人应当确定排名第一的中标候选人为中标人。排名第一的中标候选人放弃中标或因不可抗力提出不能履行合同，或者招标文件规定应当提交履约保证金而在规定的期限内未能提交的，招标人可以确定排名第二的中标候选人为中标人。排名第二的中标候选人因前款规定的同样原因不能签订合同的,招标人可以确定排名第三的中标候选人为中标人。

第三,国务院可以对中标人的确定作出特别规定。我国《招标投标法》规定,国务院对特定招标项目的评标有特别规定的,从其规定。这也自然包括了评标中确定中标人的行为。因此,《评标委员会和评标方法暂行规定》也进而规定,国务院对中标人的确定另有规定的,从其规定。但国务院在何种情况下需要对评标,乃至确定中标人的活动作出特别规定,则是不清楚的。法律的这一规定似乎只是为了保持国务院实施政策的灵活性。因此,如果国务院拟在招标采购中实现一些公共政策目标,则在此法律授权下可以以行政法规或其他规范性文件的形式予以实施。

# 第八章

# 中标通知与招标采购合同

## 第一节 中标通知

### 一、中标通知书的性质及其法律效力

根据我国《合同法》的规定，当事人订立合同，采取要约、承诺方式。招标投标作为要约和承诺的一种特殊表现形式，既体现了要约和承诺的一般法律特征，同时又具有相当的特殊性。建设工程招标投标的程序，始于发布招标公告和发送投标邀请书，终于发出中标通知书，主要包括招标、投标、开标、评标、定标几个阶段。而从订立合同方式的角度，我们可将招标投标程序划分为要约邀请、要约、承诺三大相应的阶段。根据我国《招标投标法》对招标投标程序的具体规定，分析招标投标程序中要约邀请、要约、承诺的特殊性，是确定中标通知书的法律性质和法律效力的基本前提和依据。

发布招标公告和发送投标邀请书作为建设工程招标投标程序的开端，其法律性质属要约邀请而非要约。公开招标的招标人发布招标公告以及邀请招标的招标人向特定的对象发送投标邀请书，其目的在于邀请投标人向招标人发出订立建设工程合同的要约，因此我国《合同法》明确将招标公告定性为要约邀请，这也是各国对招标定性的一般原则。发布招标公告或发送投标邀请书符合我国《合同法》对要约邀请界定的法律内涵，同时又具有其显著的特点，具体表现为：

其一，对一般合同而言，要约邀请不是合同订立过程中的必要阶段，但对必须进行招标的建设工程项目而言，发布招标公告或发送投标邀请书则是必须要经历的阶段。我国《招标投标法》明确规定，招标人采取公开招标方式的，应当发布招标公告，招标人采取邀请招标方式的，应当发出投标邀请书，并对招标公告和投标邀请书的内容作出明确的要求。

其二，一般合同订立中的要约邀请，因不能导致合同的直接成立，对要约邀

请人没有法律拘束力，因此《合同法》不对要约邀请作出明确的法律要求和限制。但是，在建设工程合同订立过程中，对招标人在要约邀请阶段的行为规定了一系列要求和限制。例如：招标人不得以不合理的条件限制或者排斥潜在投标人，不得对潜在投标人实行歧视待遇；招标人对已发出的招标文件进行必要的澄清或者修改的，应当在法定的时间内以法定的形式通知所有招标文件收受人，等等。

其三，因为要约邀请的目的不是直接订立合同，所以一般合同订立过程中的要约邀请，其内容是不明确、不具体的。但是，根据我国《招标投标法》的规定，招标人在要约邀请阶段，不仅要发布招标公告或发送投标邀请书，而且要编制招标文件，由投标人领取。我国《招标投标法》还明确规定，招标文件应当包括招标项目的技术要求、对投标人资格审查的标准、投标报价要求和评标标准等所有实质性要求和条件以及拟签订合同的主要条款。从招标文件的内容看，甚至可以认为已具备了《合同法》对要约内容的要求了。

投标人获悉招标公告或收到投标邀请书后，向招标人领取招标文件，组织投标班子，编制投标文件，进行投标，其目的是希望与招标人订立建设工程合同，其法律性质应为要约行为。与一般合同订立中的要约相比，建设工程合同订立中的要约同样具有显著的特点。我国《招标投标法》除了对投标人的资格、投标人的行为提出许多严格要求和限制外，特别强调了投标人应当按照招标文件的要求编制投标文件，投标文件应当对招标文件提出的实质性要求和条件作出响应。由于作为要约邀请的招标文件对招标项目的所有实质性要求和条件以及拟签订合同的主要条款有了具体的体现，而投标文件又要对此作出响应，否则就不可能中标，因此从这一内容上看，作为要约的投标似乎又有了一些承诺的色彩。

招标人收到投标文件后，经过法定的开标、评标、定评程序，向中标投标人发出中标通知书的行为，其法律性质为《合同法》上的承诺。作为承诺的中标通知书一旦发生，即具有法律效力。根据我国《招标投标法》的规定，中标通知书的法律效力主要表现在两个方面：

一是中标通知书发出后，招标人改变中标结果的，或者中标人放弃中标项目的，应当承担法律责任。

二是招标人和中标人应当自中标通知书发出之日起 30 日内，按照招标文件和中标人的投标文件订立书面合同。从法律的原理及建设工程招标投标的实践看，应当认为中标通知书的发出具有导致合同成立的法律效力。

## 二、毁标行为的性质及其法律责任

判断毁标行为的法律性质取决于两个因素：一是中标通知书的性质。如果中标通知书仅仅是一般承诺，而不能导致建设工程合同的成立，那么毁标行为往往是一种缔约过失行为；相反，如果认为发出中标通知书即导致建设工程合同的成立，那么毁标者要承担的是违约责任。二是中标通知书的合法性，即合同是否有效成立。

按照我国《招标投标法》的规定，以下情形的中标通知书，尽管已经发生合同成立的效力，但是不具备合法性，所以中标无效：招标代理机构违反法律规定，泄露应当保密的与招标投标活动有关的情况和资料的，或者与招标人、投标人串通损害国家利益、社会公共利益或者他人合法权益，并影响中标结果的；依法必须进行招标的项目的招标人向他人透露已获取招标文件的潜在投标人的名称、数量或者可能影响公平竞争的有关招标投标其他情况，或者泄露标底，并且影响中标结果的；投标人相互串通投标或者与招标人串通投标的，投标人以向招标人或者评标委员会成员行贿的手段谋取中标的；投标人以他人名义投标或者以其他方法弄虚作假，骗取中标的；依法必须进行招标的项目，招标人违法与投标人就投标价格、投标方案等实质性内容进行谈判，并且影响中标结果的；招标人在评标委员会依法推荐的中标候选人以外确定中标人的，依法必须进行招标的项目在所有投标被评标委员会否决后自行确定中标人的。对这些情形下的毁标行为，自然因合同不能有效成立，而不发生违约责任问题。

中标通知书就能够导致建设工程合同成立的法律效力，只要招标投标活动严格依法进行，那么中标通知书就意味着建设工程合同有效成立，即合同法意义上的合同生效。中标通知书发出生效后，任何一方的毁标行为，必须承担违约责任而非缔约过失责任。因此，在一方毁标违约的情况下，守约方要求违约方承担继续履行、采取补救措施的违约责任，是没有现实可能的。

从我国《合同法》的规定看，一方毁标的情形，属于法律上或者事实上不能履行，也属于债务的标的不适于强制履行，因而守约方不应要求对方承担继续履行或采取补救措施的违约责任，一般只能以赔偿损失的形式要求毁标违约方承担法律责任。对于损失赔偿额的确定，我国《合同法》的原则规定是应当相当于因违约所造成的损失，包括合同履行后可以得到的利益，但不能超过违反合同一方订立合同时预见的或者应当预见到的因违反合同可能造成的损失。但是，招标人与中标人具体情况不一，具体损失额的确定也是不同的。从招标人角度看，如果发生中标通知书生效后中标人毁标的情形，招标人可以根据我国《招标投标法》的规定，对中标人的履约保证金不予退还，其损失超过履约保证金数额的还可以要求赔偿，中标人没有提交履约保证金的，可以要求中标人承担全部损失。但是，对于招标人的毁标行为应承担什么具体的法律责任，我国《招标投标法》没有作出对应的规定。笔者认为，既然中标通知书发出意味着合同有效成立，那么在招标人毁标的情况下，中标人有权要求招标人承担赔偿损失的违约责任。中标人的索赔数额应该包括：一是要求招标人双倍返还履约保证金；二是要求招标人赔偿合同履行后的可得利益即合法利润。

## 第二节 招标采购合同的成立、生效与履行

### 一、招标采购合同的成立与生效

我国《招标投标法》第46条规定，招标人和中标人应当自中标通知书发出之日起30日内，按照招标文件和中标人的投标文件订立书面合同。《合同法》第32条规定，当事人采用合同书形式订立合同的，自双方当事人签字或者盖章时合同成立。因此，招标采购合同成立于招标人和中标人签订书面合同之时。又根据《合同法》第44条的规定，依法成立的合同，自成立时生效。因此，一般而言，招标采购合同自招标人和中标人签订合同之时成立并同时生效。但是如果法律、行政法规规定采购合同应当办理批准、登记等手续才生效的，采购合同在成立时并非当然生效，而是需要等到有权机关批准后才生效。

我国《招标投标法》没有对招标合同是否需要批准作出具体规定，而仅对依法必须进行招标的项目规定了向有关行政监督部门提交招标投标情况书面报告的义务。这种书面报告义务本身并非说明中标结果和合同生效需要得到监督部门的批准，但也不排除监督机构发现中标结果违法而要求招标人予以纠正或重新招标的情况。另外，如果其他法律或行政法规规定招标采购合同的生效需要经过批准，则特定的采购合同也应经过批准才生效。招标人也可以在招标文件中规定，该采购合同是否需要经过有权机关的特别批准。

根据招标投标的法律性质，投标是合同订立中的要约行为，确定中标人是承诺行为。一旦采购实体确定了中标人，就等于双方就订立合同的意思达成一致。虽然招标人和中标人为使合同成立和生效尚需满足法律的形式要求，但这仅是一种形式要求，合同的实质内容则已经固定化。因此，法律不能允许对合同再进行谈判，改变合同实质性条款或签订其他实质上改变合同内容的协议，就表明已有新的要约和承诺提出，应重新适用《招标投标法》的采购程序，否则就可能对其他投标人造成不公，违反了《招标投标法》的原则。另外，在实践中可能采购实体会认为，通过谈判可以进一步压迫中标人降低合同价格，但另外一种情况会马上出现，即由于投标人预期到采购实体会降低价格，所以他们也会在以后的投标中提高投标价格。这说明，从长远看，在实务上采购实体并没有得到低价的利益。因此在确定中标人和授予合同前，不允许同中标人进行谈判，已成为良好采购法的一项基本原则。《世界银行采购指南》明确规定，不应

该要求投标人承担招标文件以外的条件或修改原提交的投标书作为授予合同的条件。《联合国贸易法委员会货物、工程和服务采购示范法》同样规定,禁止在开标后和授予合同前同投标人进行谈判,其目的也是防止向投标人施加额外的条件。世界贸易组织《政府采购协议》和《欧盟采购指令》也有此规定。我国《招标投标法》针对我国招标投标实际中出现的问题,借鉴了采购法的良好国际惯例,在第 46 条明确规定,招标人和中标人不得再行订立背离合同实质性内容的其他协议。

## 二、招标采购合同的履行

就一部招标采购法律而言,其主要内容是规范招标采购合同的订立过程。而合同履行问题,则依合同法和当事人所订立的合同的约定。但是,基于招标采购合同的特点,《招标投标法》针对合同履行中的突出问题,对承包商的合同履行行为一般要求及合同转包和分包的问题进行了规定。

### (一)中标人全面履行合同的义务与责任

《招标投标法》第 48 条规定,中标人应当按照合同约定履行义务,完成中标项目。根据我国《合同法》第 60 条的规定,合同当事人对其合同义务的履行应该是全面的。因此,中标人必须全面履行合同义务,不得部分履行、迟延履行或具有任何其他不当履行行为。其中,《招标投标法》特别对合同转包作出禁止性规定,对合同分包也作出限制性规定。如果承包商不履行与招标人订立的合同,那么其将对招标人承担违约责任。其履约保证金不仅不能予以退还,而且对招标人造成的损失超过履约保证金数额的,违约的承包商还应当对超过部分予以赔偿;没有提交履约保证金的,应当对招标人的损失承担赔偿责任。

当然,如果承包商具有合法的抗辩理由,如因不可抗力不能履行合同的,则可以获得免责。

### (二)关于禁止转包的规定

《招标投标法》第 48 条规定,中标人不得向他人转让中标项目,也不得将中标项目肢解后分别向他人转让。这意味着,《招标投标法》禁止中标人将合同转包给他人,无论这种转包是以整体形式,或是以分割形式。《招标投标法》的这一规定,承接着《合同法》关于合同转让的一般规定,但也对招标采购合同转让行为提出了更加严格的要求。

根据我国《合同法》第 79 条的规定,合同债权可以转让。合同债权人可以将合同的权利全部或者部分转让给第三人,但有下列情形之一的除外:①根据合同性质不得转让;②按照当事人约定不得转让;③依照法律规定不得转让。合同债务也可以转移(《合同法》第 84 条),但债务人将合同的义务全部或者部分转移给第三人的，应当经债权人同意。合同当事人也可以将合同概括转移（《合同法》第88条）。当事人一方经对方同意，可以将自己在合同中的权利和义务一并转让给第三人。可见，作为合同意思自治的结果，合同当事人可以对合同进行变更。但在当事人转移其债务或概括转移其权利义务时，需要经过债权人的同意。

但是，基于工程招标采购的特点，有关法律对工程招标合同的变更问题，尤其是合同转让问题作出了比《合同法》更加严格的规定。《合同法》第272条规定，承包人不得将其承包的全部建设工程转包给第三人或者将其承包的全部建设工程肢解以后以分包的名义分别转包给第三人。《建筑法》第28条规定，禁止承包单位将其承包的全部建筑工程转包给他人。《招标投标法》也承接我国有关法律的规定，严格禁止对招标项目进行任何形式的转让。

**（三）限制分包及分包的条件**

《招标投标法》第48条规定了限制分包的制度，中标人按照合同约定或者经招标人同意，可以将中标项目的部分非主体、非关键性工作分包给他人完成。接受分包的人应当具备相应的资格条件，并不得再次分包。中标人应当就分包项目向招标人负责，接受分包的人就分包项目承担连带责任。

据此规定，我国《招标投标法》所确立的招标采购合同的分包制度，具有以下特点。

1. 中标人在两种情况下可以分包。其具体包括：

（1）中标人可以在投标文件中说明分包情况，并根据合同约定进行分包。《招标投标法》第30条规定，投标人根据招标文件载明的项目实际情况，拟在中标后将中标项目的部分非主体、非关键性工作进行分包的，应当在投标文件中载明。该法第48条规定，中标人按照合同约定，可以将中标项目的部分非主体、非关键性工作分包给他人完成。

（2）如果不是前种情况，中标人可以在授予合同后根据招标人同意而分包。《招标投标法》第48条规定，经招标人同意，可以将中标项目的部分非主体、非关键性工作分包给他人完成。从立法者的本意来看，这主要是为了弥补投标人没有在投标文件中说明分包情况，但基于采购项目的性质，在合同授予后又需要进行分包时的情况。但这一规定实际上放松了法律对分包问题的管制要求。如果招标人与中标人在招标过程中达成了默契，那么投标人很可能利用这一机会，在合同授予后将合同分包。

2. 中标人不得将主体、关键性工作分包。根据《招标投标法》第48条规定，中标人无论在何种情况下进行分包，都只能仅将中标项目的部分非主体、非关键性工作分包给他人完成。项目的整体合同关键性工作必须由中标人亲自完成。

3. 分包人的资格要求及再次分包的禁止。《招标投标法》第 48 条规定,接受分包的人应当具备相应的资格条件,并不得再次分包。但分包人的资格应由招标人审查或是由主承包人审查,法律没有规定。但是既然分包是主承包商的行为,那么主承包商首先应该有义务保证分包人的资格符合合同履行的需要,并保证分包人不再对采购项目进行再次分包。

4. 中标人与分包人的连带责任。《招标投标法》第 48 条规定,中标人应当就分包项目向招标人负责,接受分包的人就分包项目承担连带责任。这说明,法律对于招标人、中标人和分包人之间的关系作出了特别规定,尤其强化了分包人对招标人的责任。一般而言,在存在总承包合同与分包合同的情况下,招标人只与总承包商存在着合同关系,并不与分包人存在直接的合同关系。因此,一般来说,分包人就分包合同的履行仅向总承包商负责,并不直接向招标人承担责任。但基于工程采购合同的特点,法律不仅要求总承包商就整个项目的完成对招标人负责,而且还突破了分包合同的相对性,要求分包人就分包项目的履行直接向招标人承担责任。而且,总承包商和分包人所承担的责任是一种连带责任。这意味着,如果分包工程出现问题,招标人既可以要求中标人承担责任,也可以要求分包人承担责任。

# 第九章

# 法律责任

## 第一节 招标投标过程中的缔约过失责任

### 一、缔约过失责任概述

#### （一）缔约过失责任的概念

所谓缔约过失责任，是指在合同订立的过程中，一方当事人因违背诚实信用原则的行为给对方当事人造成损失而应承担的民事责任。有学者认为，缔约过失责任是指一方当事人在合同成立前的缔约过程中由于自己过错致使合同不成立或无效给对方当事人造成损失所需承担的责任。我国过去的三部合同法对缔约过失责任均没有规定，为了解决这个问题，保护合同当事人的合法权益，《合同法》第42条对此作了规定。但是虽然在《合同法》颁布以前，我国法律和司法解释并未明确规定缔约过失责任，不过，在《民法通则》的有关规定中已隐含了缔约过失责任的内容，《民法通则》第61条第1款规定，民事行为被确认为无效或者被撤销后，有过错的一方应当赔偿对方因此所受的损失，双方都有过错的，应当各自承担相应的责任。

合同依法成立并生效后，一方当事人不履行或不适当履行合同义务的，违约行为人应当承担违约责任。但在合同尚未成立或生效的情况下，在合同订立的过程中，也会发生因一方当事人违背诚实信用原则的行为而给对方造成损失的情况，在此情况下应如何适用法律，确定行为人的民事责任，在《合同法》颁布以前缺乏明确、具体的法律规定。显然，《合同法》确立缔约过失责任制度的目的旨在解决这一问题。缔约过失责任有如下法律特征：

1. 缔约过失行为发生在合同订立的谈判、磋商过程中。在这个阶段，合同虽然未成立，但双方当事人以订立合同为目的已经有了缔约上的联系，即已经实施了具有一定法律意义的行为，而且，另一方据此而产生了相信合同能够订立的合理信赖。这里应当注意：行为人的行为必须是已足以使相对人相信合同能够成立或生效，并据此而产生了合理信赖，才构成缔约过失责任；如果行为人的行为不足以使相对人相信合同能够成立或生效，则即使相对人因此而遭受了损失，也不能要求行为人承担赔偿责任。

2. 缔约过失行为违背了基于诚实、信用原则而必须信守的义务。这些义务主要为诚实、信用、告知、通知、协助等附随义务。

3. 缔约过失损害的对象是相对人的信赖利益。所谓信赖利益，是指相对人基于合理的信赖而产生的利益，包括订立合同过程中所发生的费用和基于合理信赖而失去与第三方订立合同的机会所造成的损失。

### （二）缔约过失责任适用的情形

《合同法》第 42 条规定，当事人在订立合同过程中有下列情形之一，给对方造成损失的，应当承担损害赔偿责任：①假借订立合同，恶意进行磋商的；②故意隐瞒与订立合同有关的重要事实或者提供虚假情况的；③有其他违背诚实、信用原则的行为的。违反诚实、信用原则的行为在不同情况下有不同的表现形式，依本款规定，只要行为人的行为违背诚实、信用原则并给相对人造成损害，即应承担责任。它常有如下几种表现：

1. 要约人违反不可撤销要约义务的。根据《合同法》第 19 条的规定，有下列情形之一的，要约不得撤销：①要约人确定了承诺期限或者以其他形式明示要约不可撤销；②受要约人有理由认为要约是不可撤销的，并已经为履行合同做了准备工作。如果要约人由于过失而无法履行要约义务，应当承担缔约过失责任。例如，甲向乙发出要约：购小麦 1 000（吨），价格 3 000 元/吨，10 日内承诺有效。乙收到要约后为慎重起见，立即派人去各地落实货源，甲却在第 7 日提出撤销要约。这种情况下，乙虽未为承诺，但他派人前往各地落实货源的费用应该由甲负担。甲在这里承担的是缔约过失责任。因为甲已在要约中写明 10 日内承诺有效，也就是说甲在这 10 日内负有不撤销要约的义务。因为乙未为承诺，合同不成立，自然不能追究甲的违约责任，但乙因信赖其要约所受的损失可以依据《合同法》第 19 条的规定要求甲承担缔约过失的赔偿责任。

2. 要物合同中，要约人或承诺人反悔，不交付标的物或不受领标的物，致使合同不成立，给对方当事人造成损失。

3. 在需经批准、登记的要式合同中，因要约人或承诺人的过错，致使合同未批准、登记，给对方当事人造成损失。

4. 采用欺诈手段订立合同后，合同被撤销或宣布无效，由此给对方当事人造成损失。

5. 重大误解。在重大误解的情形下，行为人是在意思表示不真实的情况下与行为人签订合同的。重大误解的一方当事人可以请求人民法院或仲裁机构变更或撤销该合同,但该重大误解乃是其自身的过错所造成的,如果合同被变更或被撤销后给相对人造成损失,应承担缔约过失责任。

6. 违反合同附随义务,给对方当事人造成损失。如上所述,缔约之当事人应依诚实、信用原则承担诚实信用、告知、协助等附随义务,如违反附随义务,也产生承担缔约过失责任的后果。

### (三)缔约过失责任范围

关于缔约过失责任范围即赔偿损失的范围,《合同法》没有作明确的规定。在理论上一般认为,下列情况均属缔约过失责任的赔偿范围:

1. 因缔约过失行为造成的相对人固有财产的损失。有人称之为直接损失,包括邮电、通信、交通、差旅等合理费用。

2. 相对人基于对合同能够成立或生效的合理信赖而失去与第三方订立合同的机会所造成的损失。

## 二、招标投标与缔约过失责任

工程建设施工招标投标程序是签订工程建设施工承包合同的法定程序,是一种特殊的缔约方式。在招标投标过程中,也可能发生招标人应承担缔约过失责任的情形。

### (一)招标人应承担缔约过失责任的情形

1. 招标代理机构与招标人恶意串通导致中标无效。《招标投标法》第 50 条规定,招标代理机构违反本法规定,泄露应当保密的与招标投标活动有关的情况和资料的,或者与投标人、招标人串通损害国家利益、社会公共利益或者他人合法权益的,处 5 万元以上 25 万元以下的罚款,对单位直接负责的主管人员和其他直接责任人员处单位罚款数额 5% 以上 10% 以下的罚款;有违法所得的,并处没收违法所得;情节严重的,暂停直至取消招标代理资格。前款所列行为影响中标结果的,中标无效。这就是说,招标代理机构泄露应当保密的与招标投标活动有关的情况和资料的,或者与招标人、投标人串通损害国家利益、社会公共利益或者他人合法权益的,依据《招标投标法》第 50 条的规定,此行为影响中标结果的,中标无效。其中,招标代理机构与招标人恶意串通的,属于招标代理机构与招标人共同侵权,招标人与招标代理机构应对投标人承担缔约过失责任。

2. 招标人泄露招标情况或标底导致中标无效。《招标投标法》第 52 条规定,依法必须进行招标的项目的招标人向他人透露已获取招标文件的潜在投标人的名称、数量或者可能影响公平竞争的有关招标投标的其他情况的,或者泄露标底的,给予警告,可以并处 1 万元以上 10 万元以下的罚款;对单位直接负责的主管人员和其他直接责任人员依法给予处分;构成犯罪的,依法追究刑事责任。前款所列行为影响中标结果的,中标无效。这就是说,招标项目的招标人向他人透露已获取招标文件的潜在投标人的名称、数量或者可能影响公平竞争的有关情况,或者泄露标底的,依据《招标投标法》第 52 条规定,此行为影响中标结果的,中标无效。需要说明的是,法律只规定标底要保密,并未规定标底必须密封,不密封本身并不是导致中标无效的必要条件,即在招标人泄露招标情况或标底导致中标无效的情况下,招标人承担缔约过失责任。

3. 招标人在确定中标前与投标人进行实质性谈判导致中标无效。《招标投标法》第 55 条规定,依法必须进行招标的项目,招标人违反本法规定,与投标人就投标价格、投标方案等实质性内容进行谈判的,给予警告,对单位直接负责的主管人员和其他直接责任人员依法给予处分。前款所列行为影响中标结果的,中标无效。这就是说,招投标项目的招标人违法在确定中标人之前与投标人就投标价格、投标方案等实质性内容进行谈判的,依据《招标投标法》第 55 条规定,此行为影响中标结果的,中标无效。招标人应对投标人承担缔约过失责任。

4. 招标人违法确定中标人。《招标投标法》第 57 条规定,招标人在评标委员会依法推荐的中标候选人以外确定中标人的,依法必须进行招标的项目在所有投标被评标委员会否决后自行确定中标人的,中标无效,责令改正,可以处中标项目金额 0.5% 以上 1% 以下的罚款;对单位直接负责的主管人员和其他直接责任人员依法给予处分。这就是说,招标人在评标委员会依法推荐的中标候选人以外确定中标人或者依法必须进行招标的项目在所有投标均被评标委员会否决后自行确定中标人的,依据《招标投标法》第 57 条规定,此情况下的中标无效。招标人应承担缔约过失责任。

5. 招标项目未具备招标物质条件或应当批准而未经批准擅自招标的。《招标投标法》第 9 条规定,招标项目按照国家有关规定需要履行项目审批手续的,应当先履行审批手续,取得批准。招标人应当有进行招标项目的相应资金或者资金来源已经落实,并应当在招标文件中如实载明。这就是说,招标项目按照国家有关规定需要履行项目审批手续的,应当先履行审批手续,取得批准;凡应当批准而未经批准擅自招标的,招标人应承担缔约过失责任。同时,招标项目应当具备招标的实质性条件。这些条件一般指:工程概算已经批准,建设项目已被正式列入国家、部门或地方的年度固定资产投资计划,应当有进行招标项目的相应资金或者资金来源已经落实等。未具备上述主要条件而擅自组织招标,给投标人造成损失的,应承担缔约过失责任。

6. 弄虚作假,隐瞒招标项目真实情况。实践中,有的招标单位为提高本企业的知名度,搞虚假的工程建设施工招标,在新闻媒体上发布虚假招标广告,这违背了诚实信用原则,给投标人造成损失的,应承担缔约过失责任。

7. 因招标人的原因,招标中止或招标失败。招标程序开始后,非发生不可抗力的情况(如政府取消工程建设计划等),不得中止。如果因招标人的原因导致招标中止或招标无法继续进行,表明招标人存在缔约上的过失,应承担缔约过失责任。

**(二)投标人应承担缔约过失责任的情形**

1. 招标代理机构与投标人恶意串通导致中标无效。《招标投标法》第 50 条规定,招标代理机构违反本法规定,泄露应当保密的与招标投标活动有关的情况和资料的,或者与招标人、投标人串通损害国家利益、社会公共利益或者他人合法权益的,处 5 万元以上 25 万元以下的罚款,对单位直接负责的主管人员和其他直接责任人员处单位罚款数额 5% 以上 10% 以下的罚款;有违法所得的,并处没收违法所得;情节严重的,暂停直至取消招标代理资格。前款所列行为影响中标结果的,中标无效。这就是说,招标代理机构泄露应当保密的与招标投标活动有关的情况和资料的,或者与招标人、投标人串通,损害国家利益、社会公共利益或者他人合法权益的,依据《招标投标法》第 50 条的规定,此行为影响中标结果的,中标无效。其中,招标代理机构与投标人恶意串通的,属于招标代理机构与投标人共同侵权,投标人与招标代理机构应对招标人承担缔约过失责任。

2. 投标人弄虚作假骗取中标。《招标投标法》第 54 条规定,投标人以他人名义投标或者以其他方式弄虚作假,骗取中标的,中标无效,给招标人造成损失的,依法承担赔偿责任;构成犯罪的,依法追究刑事责任。依法必须进行招标的项目的投标人有前款所列行为尚未构成犯罪的,处中标项目金额 0.5% 以上 1% 以下的罚款,对单位直接负责的主管人员和其他直接责任人员处单位罚款数额 5% 以上 10% 以下的罚款;有违法所得的,并处没收违法所得;情节严重的,取消其 1 ~3 年内参加依法必须进行招标的项目的投标资格并予以公告,直至由工商行政管理机关吊销营业执照。这就是说,投标人以他人名义投标或者以其他方式弄虚作假,骗取中标的,依据《招标投标法》第 54 条的规定,此情况下中标无效。投标人应承担缔约过失责任。

## 三、招投标之缔约过失索赔范围

招投标之缔约过失索赔范围如下:

第一,由于招标人的过错造成招标无效,招标人应当赔偿投标人参加投标所实际发生的费用,包括人工费、资料费、差旅费等。如因此还使投标人丧失其他项目的机会而造成可得利益损失,也应予赔偿。

第二,由于投标人的过错造成招标无效的,该投标人应当赔偿招标人重新组织招标所发生的费用。

## 第二节　招标投标过程中的不正当竞争行为

### 一、不正当竞争行为的概念

《中华人民共和国反不正当竞争法》(以下简称《反不正当竞争法》)第 2 条规定,经营者在市场交易中,应当遵循自愿、平等、公平、诚实信用的原则,遵守公认的商业道德。本法所称的不正当竞争,是指经营者违反本法规定,损害其他经营者的合法权益,扰乱社会经济秩序的行为。这一定义性规范是从行为主体、行为的违法属性以及危害后果的角度界定不正当竞争的,即首先是"经营者"的行为;其次是一种"违反本法规定"的行为;再次是"损害其他经营者的合法权益,扰乱社会经济秩序"的行为。实际上,该法的不足之处是,该定义没有界定出不正当竞争中的"竞争"的内涵。所谓竞争,实质上是指两个或两个以上的经营者在市场上以比较有利的价格、数量、质量或者其他条件争取交易机会的行为。在弄清了竞争的含义以后,才会弄清楚不正当竞争行为的实质含义。所谓不正当竞争行为,就是经营者采取不正当的手段获取交易机会的行为,而不正当手段则是违反《不正当竞争法》规定的、损害其他经营者的合法权益,扰乱正常的经济秩序的手段。

正当竞争和不正当竞争的区别在于,二者的动机和目的不同:正当竞争力图通过合法的手段实现市场交易目的;不正当竞争则企图通过规避法律或违反商业道德的方式实现其目的。二者的竞争手段也不同:正当竞争主要通过降低成本、提高质量、完善服务等手段进行竞争;不正当竞争则通过欺诈、串通、诋毁对手等不正当手段进行竞争。二者的法律后果也是不同的:正当竞争为法律所保护;不正当竞争为法律所禁止。

### 二、不正当竞争的构成要件

不正当竞争的行为形态十分复杂。司法实践一般认为,不正当竞争行为应满足下列条件。

#### (一)不正当竞争行为的主体是特定的

不正当竞争行为的主体首先应当认为是经营者。《反不正当竞争法》第 2 条规定,本法所称的经营者,是指从事商品经营或者营利性服务(以下所称商品包括服务)的法人、其他经济组织和个人。应该从行为角度而不应该从主体资格角度对经营者进行界定，不仅那些以自己的名义并以从事营利性活动为职业的行为人属于《反不正当竞争法》中的经营者，而且那些不具有经营资格但参与经营活动的经营主体实施不正当竞争行为时也认为属于《反不正当竞争法》所指的经营者，并且企业的职工、代表或者代理他人实施经营行为的人、无营业执照而从事经营活动的个人、利用业余时间从事营利性推销活动的个人以及行政机关等都可以归入此类经营者。而且，除不正当竞争行为的主体应当认为是经营者外，不正当竞争行为还只发生在参与同一或同类市场交易竞争的经营者之间。

### （二）不正当竞争行为侵害了其他经营者的合法权益和正常的社会经济秩序

不正当竞争行为有以下几方面的危害性：破坏公平竞争的市场秩序；阻碍技术进步和社会生产力的发展；损害其他经营者的正常经营和合法权益，使守法经营者蒙受物质上和精神上的双重损害；有些不正当竞争行为还可能损害广大消费者的合法权益；给我国对外开放事业带来消极影响，严重危害国家利益。

因为侵害了其他经营者的合法权益，所以不正当竞争行为和其他竞争行为一样，以实现市场交易为目的，并且与同行有利害关系，即竞争利害关系。竞争利害关系是市场竞争的必然后果，竞争者竞争成功必然使其竞争对手的交易目的不能实现。另外，不正当竞争行为和其他竞争行为一样，具有竞争的目的，有利害关系的同行业企业之间所实施的行为不一定就是竞争行为，更不一定就是不正当竞争行为。不正当竞争行为的特征是：以实现市场交易为目的；具有竞争的目的；侵害了其他经营者的合法权益。

### （三）不正当竞争行为违反了竞争的法律规定和公认的商业道德

在不正当竞争的情况下，不正当竞争行为人并非试图以自身的实力、服务质量、信誉等按照诚实信用原则的要求进行公平、公开、公正的竞争，而是挖空心思采取损人利己的各种手段，企图使自己在竞争中处于优势地位进而实现市场交易目的。行为人之行为的违法性和对商业道德的背叛，正是不正当竞争的本质。

### （四）损害结果有可能已经发生，也有可能尚未发生

损害结果是否发生对是否构成不正当竞争行为没有影响，该竞争行为只要违反关于竞争的法律规定或违法公认的商业道德，即构成不正当竞争行为。

## 三、建设工程招投标中常见的不正当竞争行为

当前，国内建筑市场的竞争十分激烈，有的施工企业为了揽到施工任务，不择手段地进行不正当竞争。以下为建筑市场常见的不正当竞争行为。

（一）行贿或账外给付回扣

在建筑市场竞争中，有的投标人为了达到中标的目的，向招标人及其主要负责人、经办人员提供报酬或其他好处。投标人可以在投标文件中明示给予业主收费折扣的数额或比例，但不得私下给予招标人或其负责人、经办人员任何费用。

（二）弄虚作假、隐瞒自身真实情况

不少施工企业为了“增强”本企业的实力，达到能参加投标或如愿中标的目的，往往伪造有关荣誉证书，虚假填写投标申请书，伪造工程技术、管理人员的相应档案，虚报企业资质等级，等等。

（三）招标投标中的串通行为

《招标投标法》第32条规定，投标人不得相互串通投标报价，不得排挤其他投标人的公平竞争，损害招标人或者其他投标人的合法权益。投标人不得与招标人串通，损害国家利益、社会公共利益或者他人的合法权益。禁止投标人以向招标人或者评标委员会成员行贿的手段谋取中标。

1. 串通投标。对一般招标项目来说，投标报价会直接影响招标效果，因此每个投标人应当根据招标文件的要求并考虑自身具备的优势和条件，合理确定投标价。《招标投标法》禁止投标人使用各种不正当手段排挤他人的公开竞争。投标人不能采取不正当的手段特别是相互串通报价，以排挤其他投标人的公平竞争。所谓投标人之间串通，就是投标人秘密接触，并就投标价格达成协议，或者哄抬投标报价或者故意压低投标报价，以达到排挤其他投标人的目的，从而损害招标人或其他投标人的合法权益。这种现象通常发生在某些投标人垄断了的某个行业或者地区，他们之间通过串通投标报价来瓜分市场，获得高额利润。如果投标人数目比较多，投标人之间的串通就比较困难。投标人之间串通一般指以下几种情况：①投标人之间相互约定，一致抬高或者压低投标报价；②投标人之间相互约定，在招标项目中轮流以高价位或者低价位中标；③投标人之间先进行内部竞价，内定中标人，然后再参加投标；④投标人之间串通的其他情况。

2. 投标人与招标人串通。投标人与招标人串通，会损害国家利益、社会公共利益或者他人的合法权益。由于在我国的经济结构中公有制占有重要的地位，强制招标的范围主要是国有资金投资的项目，招标人往往就是项目业主，缺乏自我约束机制，招标人和投标人容易串通起来，搞假招标，从中获得好处，以损害国家利益和其他投标人利益。串通方式多种多样，通常有：①招标人在公开开标前，私下开启投标人的投标文件，并泄露给内定的投标人；②招标人在审查评选标书时，对不同投标人实施差别对待；③招标人与投标人相互勾结，投标人在公开投标中压低标价，中标后再给招标人以额外补偿；④招标人向特定的投标人泄露标底；⑤投标人与招标人串通的其他情况。

招标人与投标人接触，并向投标人透露招标文件以外的必须保密的信息，如标底，或者招标人向某些投标人透露其他投标人的信息，或者在招标文件中暗指某个投标人或者技术规范，明显有利于某一投标人，达成某种协议或使得某些投标人在投标中处于有利地位，损害国家利益。

投标人之间，或者招标人与投标人之间相互串通投标的，中标无效。与前面几条规定中标无效不同，本条规定的中标无效不必以串通行为影响中标结果为前提，只要行为人实施了串通行为，不管该行为是否影响了中标结果，中标一律无效。已经签订合同的，应当根据《合同法》的规定处理无效合同的财产问题，互相返还、有过错的应当赔偿对方损失。当事人双方应当各自承担相应的法律责任。

#### （四）诋毁竞争对手

诋毁竞争对手是指投标人故意捏造和散布有损其竞争对手的商业信誉的虚假信息，诋毁其法人或其主要经营管理者的人格，使其无法参加投标或使其在竞标中处于劣势的行为。诋毁竞争对手的形式是多种多样的，如通过口头、匿名信、公开信等形式，散布竞争对手在生产、经营、质量、服务等方面虚假的不良信息等。

#### （五）借助行政权力干预

建筑市场中存在严重的地方保护主义和部门保护主义。地方领导往往要求招标项目业主照顾本地企业，或者只在本地进行招标。所以《招标投标法》第6条规定，依法必须进行招标的项目，其招标投标活动不受地区或者部门的限制。任何单位和个人不得违法限制或者排斥本地区、本系统以外的法人或者其他组织参加投标，不得以任何方式非法干涉招标投标活动。《招标投标法》或者相关的法律、法规规定必须进行招标的项目，必须在全国范围内进行招标，地方领导不得限制或者排斥本地区、本系统以外的法人或者其他组织参加投标，不得以任何方式非法干涉招标投标活动。这是招投标公平原则的要求。有些行业和地方领导，为了保护本地的市场，保护本地或行业的企业，搞市场封锁、地方保护主义，这些做法使得市场处于条块分割的状态，不利于社会主义市场经济的发展，也违背了《招标投标法》的原则，所以《招标投标法》的这条规定打破了地区封锁和行业垄断，为建立全国统一的大市场奠定了基础。

### 四、不正当竞争行为的民事法律责任

#### （一）概念

所谓招标投标中的不正当竞争行为的民事法律责任，是指投标人违反竞争

的法律规定实施了不正当竞争行为，而侵犯投标竞争对手的合法权益所应承担的民事法律后果。《反不正当竞争法》第20条和《民法通则》第134条是不正当竞争者应承担民事法律责任的主要依据。《反不正当竞争法》第20条规定，经营者违反本法规定，给被侵害的经营者造成损害的，应当承担损害赔偿责任，被侵害的经营者的损失难以计算的，赔偿额为侵权人在侵权期间因侵权所获得的利润，并应当承担被侵害的经营者因调查该经营者侵害其合法权益的不正当竞争行为所支付的合理费用。被侵害的经营者的合法权益受到不正当竞争行为损害的，可以向人民法院提起诉讼。

《民法通则》第134条规定："承担民事责任的方式主要有：(一)停止侵害；(二)排除妨碍；(三)消除危险；(四)返还财产；(五)恢复原状；(六)修理、重做、更换；(七)赔偿损失；(八)支付违约金；(九)消除影响、恢复名誉；(十)赔礼道歉。以上承担民事责任的方式，可以单独适用，也可以合并适用。人民法院审理民事案件，除适用上述规定外，还可予以训诫、责令具结悔过，收缴进行非法活动的财物和非法所得，并可以依照法律规定处以罚款、拘留。"

**(二)不正当竞争行为的民事法律责任的性质**

正确认识不正当竞争行为的民事法律责任的性质，对正确适用法律具有重要的意义。民事责任分为违约的民事责任和侵权的民事责任等类型，违约的民事责任适用合同法进行调整，侵权的民事责任则适用侵权行为法进行调整。

不正当竞争行为所侵犯的是竞争对手的财产权、人格权等，而不是合同权利；从责任产生的原因来看，不正当竞争行为承担民事责任的原因是行为人违反了法律关于竞争的禁止性规定，而违约责任产生的原因是行为人违反了合同的约定，等等。故究其法律特征，不正当竞争行为民事法律责任的性质乃属于侵权的民事责任，应适用侵权行为法。

**(三)承担不正当竞争民事责任的条件和方式**

1. 承担不正当竞争民事责任的条件。其具体内容包括：

(1)行为人实施了不正当竞争行为。

(2)受害人有合法权益遭受损害的事实。存在受损事实是行为人承担民事责任的基础。

(3)行为人主观上有过错，其过错形态表现为故意。司法实践中，一般不要求受害人就行为人的过错进行举证。

(4)受损事实与不正当竞争行为有法律上的因果关系。

2. 承担不正当竞争民事责任的方式。其具体内容包括：

(1)停止侵害。如停止诋毁对手的行为等。

(2)消除影响、恢复名誉。消除影响、恢复名誉的范围应当与不正当竞争行为的侵害范围或不良后果的扩散范围相当,并应以公开的形式进行。

(3)赔礼道歉。道歉方式可以是书面形式,也可以是口头形式。

(4)赔偿损失。首先,损失的范围是很广泛的,一般包括受害人因不正当竞争行为所造成的国有财产的损失,如投标所发生的费用等。其次,应赔付受害人因调查行为人侵害其合法权益的不正当竞争行为所发生的合理费用。最后,应赔偿依法可得利益的损失。例如,有证据证明受害人未能中标的唯一原因是受到行为人的诋毁,则行为人应当赔偿的可得利益损失,即为受害人通过承包招标项目后可获得的利润。

# 第三节　招标投标法律责任

## 一、法律责任概述

所谓法律责任,是指行为人因违反法律规定的或合同约定的义务而应当承担的强制性的不利后果。法律责任一般包括如下构成要件:主体、过错、违法行为、损害事实和因果关系。

主体即责任主体,是指违法行为主体或者承担法律责任的主体。《招标投标法》规定的法律责任主体有招标人、投标人、招标代理机构、有关行政监督部门、评标委员会成员、有关单位对招标投标活动直接负责的主管人员和其他直接责任人员,以及任何干涉招标投标活动正常进行的单位或个人。

过错,指承担责任的主观故意或者过失,在《招标投标法》规定的法律责任中,有的以行为人具有过错为必要条件,有的并不以行为人具有过错为必要条件。

违法行为,指行为人实施的损害国家利益、社会公共利益或者他人合法利益的行为;在招标投标活动中,违法行为的表现形式多种多样。《招标投标法》专设法律责任一章,对招标投标活动中的违法行为及相应的法律责任作了统一规定。

损害事实,即受到的损失或伤害的事实,包括人身的、财产的、精神的损失和伤害。《招标投标法》规定的法律责任,大多不以行为人的违法行为造成了实际的损害后果为必要条件。

因果关系是指违法行为与损害事实之间的引起与被引起的关系。在不以损害后果为构成要件的法律责任形式中,在确定责任的构成时,也不存在对因果关系的认定。

法律责任可分为民事责任、行政责任和刑事责任。民事责任是民事违法行为人依法所必须承担的法律后果,亦即由民法规定对民事违法行为人依法采取的一种以恢复被损害的权利为目的并与一定的民事制裁措施相联系的国家强制形式;行政责任是指行政法律关系的主体违反行政管理法规而依法应承担的行政法律后果;刑事责任是指由刑法规定的、对触犯刑法构成犯罪的人适用的并由国家强制力保障实施的刑事制裁措施。

## 二、认定中标无效以及作为无效投标文件的情况

招标投标活动是一种特殊的、复杂的民事法律行为,受民事性法律规范调整,对违法行为要认定其无效,须由人民法院确认。招标投标活动又是一种必须受行政主管部门监督的行政行为,必须受行政法律规范调整,行政主管部门可以依法对法律有规定的违法或不规范行为"责令改正",其结果意味着业已进行的招标投标活动中的不规范行为应重新进行。基于公开招标或邀请招标的特定条件,招标人对不符合招标条件的某些情况,也有权重新进行招标,这也是《招标投标法》明确规定的。

中标是经招标投标程序确定竞争获胜者,是招标人对招标结果的承诺,也是签订正式合同的前提和依据。招投标双方就招投标过程中的行为发生争议要求确认中标无效,必须具有法定的事由。《招标投标法》对六种导致中标无效的法定情况作了明确规定,这是人民法院裁定中标无效的法律依据,也是招标投标当事人是否要提出确认中标无效要求的评判标准。

认定中标无效的六种法定情况分别是:

第一,招标代理机构泄密或恶意串通。招标代理机构泄露应当保密的与招标投标活动有关的情况和资料的,或者与招标人、投标人串通损害国家利益、社会公共利益或者他人合法权益的,《招标投标法》第 50 条规定,此行为影响中标结果的,中标无效。

第二,招标人泄露招标情况或标底。必须是招标项目的招标人向他人透露已获取招标文件的潜在投标人的名称、数量或者可能影响公平竞争的有关情况,或者泄露标底的,《招标投标法》第 52 条规定,此行为影响中标结果的,中标无效。需要说明的是,法律只规定标底要保密,并未规定标底必须密封,不密封本身并不是导致中标无效的必要条件。

第三,招标人在确定中标前与投标人进行实质性谈判。必须是招投标项目的招标人违法在确定中标人之前与投标人就投标价格、投标方案等实质性内容进行谈判的,《招标投标法》第 55 条规定,此行为影响中标结果的,中标无效。

第四,招标人违法确定中标人。招标人在评标委员会依法推荐的中标候选人以外确定中标人或者依法必须进行招标的项目在所有投标均被评标委员会否决后自行确定中标人的,《招标投标法》第 57 条规定,此情况下的中标无效。

第五，投标人串标或行贿。投标人相互串通投标，或者与招标人串通投标，或者投标人以向招标人或评标委员会成员行贿的手段谋取中标的，《招标投标法》第 53 条规定，此情况下中标无效。

第六，投标人弄虚作假骗取中标。投标人以他人名义投标或者以其他方式弄虚作假，骗取中标的，《招标投标法》第 54 条规定，此情况下中标无效。

上述六种情况中，招标代理机构占一种，招标人占三种，投标人占两种。法律规定，除《招标投标法》第 50，52，55 条规定的三种情况需要有行为影响中标结果的限制外，其余三种情况，只要实施了法律规定的行为便导致中标无效。至于无效招标投标行为的法律后果，根据《招标投标法》第 64 条的规定，依法必须进行招标的项目违反法律规定，中标无效的，应当依照本法规定的中标条件从其他投标人中重新确定中标人或者依照本法重新进行招标。

基于《招标投标法》的明确规定，要确认招标投标行为的无效，必须具有法律规定的行为要件和事由。在本节开头所列案情中，仅仅存在标底没有密封的情况，而并无泄露标底导致影响中标结果的情况，依照我国《招标投标法》的规定不能确认招标投标无效并推倒重来。所以，本节开头所列第一种观点不符合《招标投标法》的规定，标底不密封仅属招标人的疏忽，只要不造成泄露标底并导致影响中标结果的，不能推翻已有的中标结果，也不应重新招标。

建设部 2001 年 6 月 1 日颁布的《房屋建筑和市政基础设施工程施工招标投标管理办法》第 35 条规定，在开标时，投标文件出现下列情形之一的，应当作为无效投标文件，不得进入评标：①投标文件未按照招标文件的要求予以密封的；②投标文件中的投标函未加盖投标人的企业及企业法定代表人印章的，或者企业法定代表人委托代理人没有合法、有效的委托书（原件）及委托代理人印章的；③投标文件的关键内容字迹模糊、无法辨认的；④投标人未按照招标文件的要求提供投标保函或者投标保证金的；⑤组成联合体投标的，投标文件未附联合体各方共同投标协议的。所以，招标投标是否无效，除了《招标投标法》中规定的认定中标无效的六种法定情况外，还有《房屋建筑和市政基础设施工程施工招标投标管理办法》第 35 条规定的在开标时、投标文件出现的上述五种情形、应当作为无效投标文件处理的五种情况。

## 三、可以责令改正的法定事由

对于招标投标过程中出现的某些违法或不规范行为应由行政监督部门进行查处或进行行政处罚的，《招标投标法》在总则部分明确，招标投标活动及其当事人应当接受依法实施的监督，依法查处招标投标活动中的违法行为。行政处罚的方法有一种是责令改正，所谓责令改正是指由《中华人民共和国行政处罚法》第55条规定的,由有关行政部门对直接负责的主管人员和其他直接责任人员施行的一种行政处分。针对招标投标活动的招标人而言,责令改正的处罚决定,可以对部分实施的招标投标过程中的有关违法行为责令改正,也可以将已实施的或已有中标结果的招标投标推倒重来。《招标投标法》对行政监督部门可以责令改正的四种情况也作了明确规定。这四种法定情况分别是:

(一)违法不招标或规避招标

招标人违反法律规定,对必须招标的项目不招标的,将必须进行招标的项目化整为零或者以其他任何方式规避招标的,《招标投标法》第49条规定,可以责令限期改正。

(二)违法限制投标

招标人以不合理的条件限制或排斥潜在投标人的,对潜在投标人实行歧视待遇的,强制要求投标人组成联合体共同投标的,或者限制投标人之间竞争的,《招标投标法》第51条规定,可以责令改正。

(三)中标后改变投标实质性内容

招标人与中标人不按照招标文件和中标人的投标文件订立合同的,或者招标人、中标人订立背离招投标文件实质性内容的合同的,《招标投标法》第59条规定,可以责令改正。

(四)违法干涉招标投标活动

任何单位违反法律规定,限制或者排斥本地区,本系统以外的法人或者其他组织参加投标的,为招标人指定招标代理机构,强制招标人委托招标代理机构办理招标事宜的,或者以其他方式干涉招标投标活动的,《招标投标法》第62条规定,可以责令改正。上述四种可以由行政监督部门作出责令限期改正或责令改正的法定情况中,并没有标底不密封的有关规定,因此,根据《招标投标法》的规定,仅因招标人的标底不密封,不能按该法规定由行政监督部门作出责令改正的处罚决定,也就不能要求重新进行招投标。因此,不属于行政监督部门可以进行责令改正的处罚范围,不能由行政监督部门进行处罚,更不能由行政监督部门确认招标无效而重新招投标,因为确认民事行为无效的权力只在于人民法院。

## 四、依法应当重新招标的特别规定

依照《招标投标法》的招标投标公开、公正、公平的特殊要求,虽然不存在行为无效或应由行政监督部门责令改正的事由,但按《招标投标法》的有关规定,应当由招标人重新招标,这在《招标投标法》中有两项特别的规定,这是法定的例外。这两项特别规定分别是:

### (一)投标人少于法定人数

《招标投标法》第 28 条规定,投标人应当在招标文件要求提交投标文件的截止时间前,将投标文件送达投标地点。招标人收到投标文件后,应当签收保存,不得开启。投标人少于 3 人的,招标人应当依照本法重新招标。这是《招标投标法》规定的招标人应依法重新招标的第一种情况。

### (二)所有投标均被否决

《招标投标法》第 42 条规定,评标委员会经评审,认为所有投标都不符合招标文件要求的,可以否决所有投标。依法必须进行招标的项目的所有投标被否决的,招标人应当依照本法重新招标。这是《招标投标法》规定的招标人应依法重新招标的第二种情况。

# 第三编

# 各类招标投标操作实务

# 第十章

# 货物招标投标

## 第一节 概 述

### 一、货物招标投标的概念

根据《联合国贸易法委员会货物、工程和服务采购示范法》中对货物界定的概念，货物系指各种各样的物品，包括原料、产品、设备和固态、液态或气态物体和电力，以及货物供应的附带服务，条件是那些附带服务的价值不超过货物本身的价值。

### 二、货物招标的方式

国际货物采购采用的招标方式一般主要有以下几种：①竞争性招标，包括公开招标和邀请招标；②非竞争性招标，这类招标方式称为谈判招标和委托议标；③两阶段招标。国际竞争性招标是指在公开招标和两阶段招标中如果涉及两个及两个以上的国家，利用世界银行或国际开发协会及日本协力基金等国际金融机构贷款的项目采购都必须采用这种方式，并要遵守效率、经济、公平的原则。在欧洲经济共同体 9336 委员会指令中规定：公开招标即一切有关的供应商借助这些程序都可以进行投标；有限招标即只有招标机构邀请的那些供应商才可以借助这些程序进行投标；招标即招标机构借助谈判与它们选定的供应商进行磋商，并且与一位或更多的供应商协商合同条件。

根据《招标投标法》的规定，招标方式只有两种，即公开招标与邀请招标。公开招标是指招标人以招标公告的方式邀请不特定人或者其他组织投标；邀请招标是指招标人以投标邀请书的方式邀请不特定的法人或者其他组织投标。

### 三、货物招标的分标

进行货物招标的分标，是为了吸引更多的投标者参加投标，以发挥各个供货商的专长,降低价格,保证供货时间和质量,从而保证工程项目的进度和质量。货物采购分标和工程采购不同,一般是将与工程有关的货物采购分为若干个标,也就是说,货物招标是按工程性质和货物性质划分为若干个独立的招标文件,而每一个标下又分为若干包,每个包中又分为若干项。货物采购分标时考虑的因素主要有:

第一,招标项目的规模。根据工程项目中各设备之间关系、预计金额大小等因素来分标。每一个标如果分得太大,则要求有技术力量强大的供货商来单独投标或由其他组织投标,一般中小供货商无力承担,因而投标者数量会减少,从而可能会引起投标报价增加。反之,如果标分得比较小,可以吸引众多的中小供货商,但如分得太小则很难引起外国供货商的兴趣,同时招标评标工作量也因此而加大。因而分标时要大小恰当,以吸引更多的供货商,有利于降低价格,便于买方挑选。

第二,货物性质和质量要求。如果分标时考虑到大部或全部货物由同一厂商制造供货,或按相同行业划分(例如,大型起重机械可划分为一个标),则可减少招标工作量,吸引更多的竞争者。有时考虑到某些技术要求国内完全可以达到,则可单列一个标向国内招标,而将国内制造有困难的设备单列一个标向国外招标。

第三,工程进度与供货时间。如果一个工程所需供货时间较长,而在项目实施过程中对各类设备、材料的需用时间不同,则应从资金运输、仓储等条件综合考虑进行分标,以降低成本。

第四,供货地点。如果一个工程地点分散,则所需货物的供货地点也势必分散,因而应根据外部供货商、当地供货商的供货能力、运输、仓储等条件来进行分标,以利于保证供应和降低成本。

第五,市场供应情况。有时一个大型工程需用大量建筑材料和较多的设备,如果一次采购势必引起价格上涨,则应合理计划、分批采购。

第六,贷款来源。如果买方是由一个以上单位贷款,各贷款单位对采购的限制条件有不同要求,则应合理分标,以吸引更多的供货商参加投标。

## 第二节　货物招标投标的具体内容

### 一、招标公告

凡采用公开招标方式的,招标人应在招标前发布招标公告,以保证有承包能力的单位都能广泛地获得平等的投标竞争机会。招标公告包括招标通知和招标广告。招标通知的主要内容包括:①项目名称;②项目地点;③项目内容概述;④项目范围;⑤费用支付方式;⑥索取招标文件的日期、地址及截止时间;⑦招标条件。招标公告的内容和招标通知相同时,可发出招标通知。但无论采取何种形式,这种公告都必须及时发布出去。按国际惯例,从开始招标到提出报价单,其间隔不应少于45天,对大型项目来说则不应少于90天,以便投标人有充足的时间在报价前进行现场调查和进行必要的报价计算。因此,招标通知和招标广告一般应在开始招标前两周发出,也就是在报价截止前60天到105天以前发出。

## 二、货物招标书的编制和发售

### (一)货物招标文件的重要性和编制原则

招标文件的编制是招标准备工作中最为重要的一环,其重要性体现在两个方面:

一方面,招标文件是提供给承包商(或供货商)的投标依据。在招标文件中应明白无误地向承包商(或供货商)介绍工程项目有关内容的实施要求,包括工程基本情况、工期或供货期要求、工程或货物质量要求、支付规定等方面的各种信息,以便承包商据之投标。

另一方面,招标文件是签订合同的基础。95%左右的招标文件的内容将成为合同的内容,尽管在招标过程中业主一方可能会对招标文件的内容和要求提出补充和修改的意见,在投标和谈判过程中供货商一方也会对招标文件提出一些修改建议,但是无论如何,招标文件是业主一方对工程或货物采购的基本要求,是不会做大的变动的,而合同则是在整个项目实施和完成过程中最重要的文件。由此可见,编好招标文件对业主一方是非常重要的。

招标文件的编制必须做到系统、完整、准确、明了,使投标者一目了然。编制招标文件的依据和原则是:

1. 应遵守国家的法律和法规,如合同法、经济法、招标投标法等多项有关的法律、法规。如果招标文件的规定不符合国家的法律、法规,则有可能导致招标作废,有时业主一方还要赔偿损失。

2. 如果是国际组织贷款,必须遵守该组织的各项规定和要求,特别要注意各种规定的审核批准程序,应该遵照国际惯例。

3. 应注意公正地处理业主和承包商(或供货商)的利益,即要使承包商(或供货商)获得合理的利润。如果不恰当地将过多的风险转移给承包商一方,势必迫使承包商加大风险费,提高投标报价,最终还是业主一方增加支出。

4. 招标文件应该正确地、详尽地反映项目的客观情况,以使投标者的投标能建立在可靠的费率基础上,这样也能减少履约过程中的争议。

5. 招标文件包括许多内容,从投标者须知合同条件到规范、图纸、工程量表,这些内容应该力求统一,尽量减少和避免各份文件之间的矛盾,招标文件的矛盾会为承包商创造许多索赔的机会。招标文件用语应力求严谨明确,以便在产生争端时易于根据合同文件来判断解决。

**(二)国内货物采购招标文件的编制与发售**

1. 招标书的主要内容。招标书的主要内容一般应包括下列几项内容:①邀请信;②投标人须知;③投标书及附件;④协议书;⑤投标保证金或保证书;⑥合同条件(一般的及特殊的);⑦规定及规范(标准);⑧图纸及设计资料附件;⑨货物参数及数量表;⑩执行程序。现分别予以说明:

(1)邀请信。邀请信很简单,一般1~2页纸,仅说明招标单位的名称、招标工程项目中货物(机电设备、成套设备的)名称及地点、标书发布的时间。此邀请信由招标单位的总经理签署,被邀请单位在收到此信后则应以电信回复,说明是否愿意投标。

(2)投标人须知。这一文件应该详细说明对投标人在准备和提出货物价单方面的要求,如提出的日期、时间、地点等,着重指出的说明文件和说明资料。投标人须知通常包含下述各点:①工程项目中所需的机电设备、成套设备均属成套设备范围大纲;②报价计算基础(总价合同、单价合同、费用补偿合同等);③在投标期间负责与投标人进行联系的人员姓名、地址、电话号码、电子邮件号码等;④报价单送达日期、时间、地点以及报送份数;⑤有关投标文件的要求和如何准备投标的说明;⑥证明文件的格式及内容要求以及应随报价单同时提出的资料。为了使上述文件内容精确,不致因猜测而引起误解,最好能列出文件格式样本,以便用统一的标准进行评标。这里必须强调指出,投标人须知中的内容通常不构成最终合同的内容,因此,任何合同意图表述都应当纳入合同条款。

(3)投标书及附件。投标书是由投标人充分授权的代表所签署的一项设计文件,通常是对双方均有约束力的合同的一个组成部分,其主要内容一般应包括:①投标人确认参观了现场,审阅了图纸技术参数规范、工程设备清单以及合同条款,愿意投标。②投标人确认投标书附件为投标书的组成部分。③投标人确认一旦投标接受,则按要求提交一定金额的履约保证书。④投标人在合同期内交货(生产出按质按量的机电设备和成套设备)。投标人确认同意招标书规定的有效期,在此期间内该投标对其有约束力。⑤投标人对投标单位提出的某些责任和义务的理解和确认。

投标书附件一般内容有:履约保证金(通常为投标额的10%~15%),保险额,交货期,违约罚金总额,验收合格之后的付款期限,保留金和百分比,保留金期限以及外汇寄出国外的百分比等。

(4)合同协议书。合同协议书简称协议书,是由双方共同签署的,确认双方在合同实施期间所应承担的权利、责任和义务的共同协定。协议书条文中应包括:①与合同的关系;②协议书的组成部分;③承包人、供应商所应承担的义务;④发包单位(招标人)对承包人、供应商完成合同要求所承担的义务,等等。

(5)投标保证金或保函。为了对招标单位进行必要的保护,招标文件中应当规定投标人必须提供投标保证金(或保证书)的条款。投标保证金一般不必支付现金,而采用保函的形式。投标保证金(保函)是由招标国的一家银行(或保险公司)在当地的分支机构,代表投标人向招标单位出具的一种保单。

投标保证书的金额通常为投标总额的2% ~5%。要求保证金的额度不宜太高,否则将会使许多合格的投标人望而止步。设置这一文件的目的是防止投标人在投标的有效期间随意撤回投标或拒签协议等情况的发生,一旦发生这种情况,招标单位便可没收投标保证金以弥补因此而蒙受的损失。

投标保证金(保函)的内容通常应当包括:①保证单位确认自己承担支付保证金的义务。②阐述上述支付义务和承担条件及义务的消失条件。③确认承担义务的条件存在时应支付的额度。按照国际惯例,一旦投标人在投标有效期内撤回投标或拒签合同,投标保证金所保证的金额,应该能弥补保证金所保证的投标人的标价和招标单位与另一家投标人正式订合同的标价的差额(当后者高于前者时)。当上述标价差额大于保证书规定的金额时,保证单位不负责其超额部分。④确认当支付义务的条件存在时,收到招标单位第一次书面要求(应申明要求索赔的原因)后,即无条件支付上述金额。⑤阐明保证书的有效期,相同于投标有效期。一旦定标完成,应尽快向未中标的投标人退回投标保证金。

(6)合同条件。合同条件是双方经济关系的法律基础,也是供应商据以计算价格的基础。因此,对投标人来讲,必须彻底弄懂合同条件。对招标单位来讲,其提出的合同条件不能过于苛刻,否则承包人、供应商往往会在其价格书中提出相反的意见。由于合同条件苛刻以致造成质量降低、交货期完不成,影响整个工程的建设,其损失更大。然而合同条件也不宜过于宽松,以免影响经济效益。招标文件中提出的合同条件与定标后签订的合同内容应当相互一致。最理想的情况是招标文件的合同条件将是今后拟签订合同的草案。这样便可以在同一基础上对所有投标人进行评价。合同条件应当吸取以往签订合同中的经验教训。招标单位应最大限度地采用国际通用的标准的合同条件,因为这样可以保证合同条款在应用和理解中的一致性。当然,采用标准条件也要因地制宜,依据实际情况而定,决不可全部照搬。

(7)规定与规范。规定与规范是招标文件非常重要的一个组成部分。每台设备和工程成套设备都必须严格遵守招标文件所提出的每一规定和规范。这是获得合格产品或合格性生产设备或整个工程项目成套设备的保证。承包人、供应商必须按照招标文件的规定与规范进行投标。

招标文件中的规定和规范,由总体规定和技术规范两部分组成:①总体规定。制定总体规定必须慎重,规定内容必须精确详尽,以避免交货后发生争议,给招标单位(业主)造成损失。在拟订总体规定时应请懂行的专家来帮助,同时不能忽视售后服务及配品、配件长期供应的要求内容,以期获得一个完整的文件,以保护招标单位和业主的利益不受损失。②技术规范。技术规范应包括对货物(机电设备、成套设备材料等)的详细参数要求,并对应达到的技术标准和最低要求作出详细说明。技术规范应符合国内及国际通用并认可的各类标准,如 ANS(国家标准)、VBE(联邦德国电气工程师协会标准)、NF(法国国家标准)、JIS(日本工业标准)等,或招标国家有关部门颁发的标准等等。如果采用招标国国家标准,在一般情况下应在招标文件中作如下规定:技术标准要详述实际使用的要求,如型号、尺寸、质量、性能以及配套附件等。技术规范不允许承包人做任何修改或代用。

(8)图纸及设计资料附件。由于具体情况不尽相同,其设计的详细程度和图纸数量也大不一样,如果在招标前已完成施工设计,则在招标文件中可以包括一套完整的图纸及附件。

(9)货物量、工程量表。这是计算投标价格的基础,也是因设计而异。

2. 招标书的发售。招标书的出售和发送,应尽量做到公平对待每一个投标人。在招标公告中规定标书发送和出售日期、地点,由招标单位将标书发给带有委托书或证明书的投标人的代表。这样,每个投标人从接到标书直至投标截止日止的这一段标准时间都是相同的。

## 三、投标人的资格预审

投标人的资格预审,类似资信调查,就是对投标人的财务状况、技术能力、有无国际认证的质量标准和国内权威部门认可的资格进行审查。在国际竞争性招标项目中都需对投标人进行资格预审,由世界银行贷款的大型项目更是如此,而且必要时资格预审资料还须由世界银行予以鉴定。

资格预审的内容包括:第一,投标人概况。包括:①名称、地址、电话、电报、电信、电子邮件号;②注册地址国家;③投标人等级(有资格认证的)、资本、工厂设施;④近 3 年的资金周转额、往来银行;⑤组织机构表;⑥前两个会计年度的年报,包括资金平衡表、损差表、财务状况变动表及业主权益表;⑦已承担的任务。第二,经验及以往的成就,包括:①一般经验;②特定经验。第三,人员能力。第四,装备状况、技术水平(相当于国际什么年代的技术水平)、装备性能、质量、设计、管理水平、制造经验、以往成就、技术人员水平、加工装备等。

对投标人进行资格预审,一般有两种方法:一是发资格预审调查表;二是进行现场访问。例如,在对50亿小化肥合成塔(小化肥关键设备)进行同型号批量招标时,在全国有能力的生产厂家中选择了320个厂进行走访调查,效果很好。但是在实际中通常多使用前一种方法,只有当根据资格预审调查表中所列资料不能明确判断投标人是否有能力完成供应生产承包任务并达到理想的质量水平时,才到投标人所在地或已生产安装并形成能力的工程项目中访问调查设备、成套设备的使用情况。

当发包一项大型、专业化、新技术要求较高的成套设备、生产线或关键专业设备时,应该慎重处理投标人资格预审工作。资格预审工作可采取根据调查表提供的情况来加以评价的方式进行,这是一种国际通用的方法,称之为定项评分法。

## 四、投标人的选择

选择投标人的原则是:①技术能力和以往成就;②信誉,体现在质量、交货期、工作责任心、经营作风等方面;③合作情况。投标人的数量选择并不是越多越好,表面看投标人多竞争激烈,好压价,其实投标人过多也会带来工作量增多的弊端;当然投标人太少也不好,太少则缺乏竞争力。因此,选择适当数量的投标人,可以减少招投标双方的工作量和不必要的财力、人力、物力的浪费。一般经验是按项目大小或货物量的大小、难易程度区分:小型项目,3~5个单位投标人;中型项目,5~7个单位投标人;大型项目,7~10个单位投标人;特大型项目,8~12个单位投标人。世界银行建议,国际竞争性招标中一般在3个国家、4个投标单位之间竞争就可以了。

## 五、制定标底

刊登招标广告后即可着手准备制定标底。标底系招标单位的绝密资料,应严格保密,不得向任何单位及任何无关人员泄露,否则要追究泄密者的责任。制定标底,实质上就是编算出机电成套设备的价格。标底制定过高或过低均不适宜,过高会造成工程浪费,过低则不能找到合适的中标人。

## 六、开标

### (一)开标的方式和程序

开标是指在招标文件中规定的日期、时间、地点,将全部投标人寄来的报价书中所列标价予以公开宣布，记录在案，使全体投标人了解各家标价及最低标价。

1. 开标方式。常见的有以下三种：①公开开标，将开标的日期、地点、时间在报纸上公布，通知全部投标人，并在投标人参加的情况下当众公开进行；②有限开标，在投标人自愿参加的情况下开标；③秘密开标，由招标单位秘密邀请有关人员参加。

2. 开标程序。如前所述，开标日期、时间、地点都应在招标广告或招标邀请书中明确予以规定。投标箱应放在专门的房间中，并在开标时启封，如出席人数不符合法定人数，则标箱不能启封。开标时先有公证人检查标箱是否完整，在得到公证人认可并在其监督下启封，分类登记并校对数字。投标人代表检查本单位投标件的密封状况并签字确认无误，拆封，验证营业执照及法人证书。然后由主持人拆 A 封（指前述所讲的双封国际招标，国内没有 A 封、B 封之说），认定投标文件没有与招标规定不符以后拆 B 封，唱标（投标人名称、报价）并记录在案。开标后，任何投标人都不得更改其投标内容，尤其是标价和其他重要部分，但可以登记疑点和作一般性的说明。

对于未按规定日期和时间寄送到的报价书，一般应作为废标退回投标人，但当这种迟延并非为投标人过失，且接受也不会使其得到什么优惠时，招标人（单位）也可以同意迟到的报价书为有效。

### （二）审查报价书

审查报价书也称初审，条件是不漏不缺、合乎标准。由于多种原因，投标人有时会产生一些须要澄清的问题。招标人应在投标须知中写明在投标期间与投标人联系的人员姓名、地址、电信、电话、电子邮件号等，以便随时答复质疑。初审要点如下：①是否有计算上的错误；②是否在总体上、实质上符合招标文件的要求；③是否已提供要求的各项保证；④文件是否按规定签了名；⑤文件是否完整无误地提出了招标单位无法接受或违背招标文件的保留条件。

经审查，投标文件在内容、实质上与招标文件不符时，可作为废标处理。但备选方案曾取得招标单位同意的，则仍应视为有效。

## 七、评标

评标是从技术、商务、法律、管理等方面对每份报价提出的费用予以分析评价。招标单位在这个评定费用的基础上，将全部标价加以比较，最佳标应当是评定费用最低的标，而不是报价最低的投标，也就是说是技术上较合适，同时费用又最低的报价书。这两个要求往往又是对立的，如何在对立中求统一是评标工作的关键。

## 八、定标、签订合同

招标谈判一经结束，招标单位应尽快决定中标以及预中标的先后排列次序。招标单位择一总价最低的投标人为中标人。但如果该标的总价太低，低到不合理、使人不放心的程度，也可把标授给报价较高的人，而不必作任何解释。

在最后确定中标人以后，招标单位应立即向中标人发出中标通知书，投标人中标以后随即变成承包人，并应向业主立即提交履约保证书和保证金（合同金额的10% ~15%）。中标人在接到正式的中标通知书后，应在规定期限内和业主签订合同，中标人如不按中标通知书中规定的时间、地点与业主签约，则属违约，业主有权没收其投标保证金作为罚款。然后，业主按预中标人顺序递次定第二中标人，签约中要注意合同文件优先秩序，一般条款中要明确，以避免以后出现纠纷。合同协议书及合同条款必须由合同双方授权的合法代表签字并加盖章（公章）后生效。

# 第十一章

# 建筑工程施工招标投标

## 第一节　概　述

20 世纪 80 年代初，我国首先在工程建设领域推行招标投标制度，作为建筑业改革的突破口。经过 20 多年的发展，全国建设工程招标投标工作取得了很大的进步。可以说，工程施工已成为我国目前招标投标制度推行最广的一个领域。

建设工程施工招标能推行得较为普遍的原因之一，是工程施工是工程项目形成实体的阶段，是各种资源最集中、投入量最大，最终实现预定项目目标的重要阶段，因此，也是最应通过招标投标体现节约经济效益、保证工程质量的环节。通过招标选择一个高水平的承包人完成工程的施工，是能否对工程投资、进度和质量进行有效控制，获得预期投资效益的关键。原因之二，是各级政府有关部门在其中起到了积极的作用，这主要体现在通过制定法律、法规，依法推进招标投标事业的开展。1983 年 6 月 7 日，原城乡建设部印发了《建筑安装工程招标投标试行办法》，规定凡经国家和省、市、自治区批准的建筑安装工程，均可按本办法的规定，通过招标，择优选定施工单位。持有营业执照的国营建筑企业和集体所有制施工单位，均可通过投标承揽业务。这是建设工程施工招标投标的第一个部门规章。1992 年 12 月 30 日，建设部发布了《工程建设施工招标投标管理办法》，规定凡政府和公有制企事业单位投资的新建、改建、扩建和技术改造工程项目的施工，除某些不适宜招标投标的特殊工程外，均应按照本办法，实行招标投标。据不完全统计，全国目前已有近 30 个省、市、自治区人大颁布了本地区的工程建设施工招标投标办法，规定了工程施工招标投标的程序，包括报建、招标代理、招标申报、招标文件及标底管理审查、开标、评标、定标等内容。

1999 年 8 月 30 日，第九届全国人民代表大会常务委员会第十一次会议审议通过了《中华人民共和国招标投标法》(简称《招标投标法》)。这是我国招标投标领域的基本法,是招标投标活动必须遵循的依据。该法第3条规定,在中华人民共和国境内进行下列工程建设项目包括项目的勘察、设计、施工、监理以及与工程建设有关的重要设备、材料等的采购,必须进行招标:①大型基础设施、公用事业等关系社会公共利益、公众安全的项目;②全部或者部分使用国有资金投资或者国家融资的项目;③使用国际组织或者外国政府贷款、援助资金的项目。此外,该法第2条还规定,在中华人民共和国境内进行的招标投标活动,适用本法。

由此可见,随着《招标投标法》的颁布,我国工程建设施工领域的招标投标活动必将得到极大的推广,同时,随着《招标投标法》的实施,其所规定的有关招标投标的一系列规则程序也将得到施行,因此,工程施工招标投标活动也将进一步规范化和法制化。

工程施工推行招标投标制度具有重大的现实意义:通过实行招标投标制度,多数工程的建设工期可缩短10% ~15%,造价可节省5%左右,工程质量明显提高,而且可极大地提高企业的经营管理水平和技术水平。同时,可从源头上预防建筑领域腐败现象的滋生蔓延,最大限度地创造公平竞争的市场环境。

第一,促使建筑产品商品化和建筑市场的建立。一方面,实行工程招标投标制,打破了旧有的观念,从建筑产品任务分配过渡到市场交易,实现了建筑产品商品化。另一方面,招标投标是市场交易的一种形式,对建筑产品来说也是一种主要交易形式,适应了建筑产品的交易需要,规范了交易行为,促进了建筑市场的建立和完善。

第二,促使工程建设按程序办事,克服混乱现象。工程建设程序是指建设工程从决策、勘察、设计、材料设备采购、施工到竣工验收整个工作过程中各阶段及其先后次序。完成一项建设项目,需要进行多方面的工作,而这些工作必须按照一定的程序,依次进行,才能达到预期效果。长期以来,一些建设工程存在以下问题:不进行调查和分析就拍板定案;没有设计任务书就搞设计;在实施过程中,资金不足就上马;施工中任意修改设计;工程竣工后,不经验收就使用;等等。这些混乱现象,造成工期拖长、质量低劣、造价提高。实行招标投标制,就会从根本上促使建设项目按程序办事,克服混乱现象。

第三,促使工程建设按经济规律办事,提高经济效益。实行招标投标制,把企业推向市场,企业成为相对独立的经济实体,是自负盈亏的社会主义商品生产者和经营者。它必须靠自己的真正本领在市场上竞争,自我经营、自我发展。实行招标投标制,促使企业由生产型向生产经营型转换。这是建筑业改革管理体制的内在要求。招标投标给企业带来的外部压力,促使企业革新创新,注重技术进步,从而提高了管理水平和适应市场经济生存的能力。

## 第二节 建筑工程施工招标

### 一、建筑工程施工招标的条件、方式及除外规定

建筑工程施工招标是招标人(建设单位)对工程建设项目施工者采用市场采购的方式来进行选择的方法和过程,也可以说是招标人对实施工程的承包人的审查、评比和选用的过程。因此,依照《招标投标法》,通过严格规范的招标投标工作,选择一个高水平的承包人完成工程的建造和保修,是能不能对工程的投资、进度和质量进行有效控制,获得合格的产品,达到预期投资效益的关键。

#### (一)建筑工程施工招标的条件

依法必须招标的工程建设项目,应当具备下列条件才能进行施工招标:①招标人已经依法成立;②初步设计及概算应当履行审批手续的,已经批准;③招标范围、招标方式和招标组织形式等应当履行核准手续的,已经核准;④有相应资金或资金来源已经落实;⑤有招标所需的设计图纸及技术资料。

依法必须进行施工招标的工程建设项目,按工程建设项目审批管理规定,凡报送项目审批部门审批的,招标人必须在报送的可行性研究报告中将招标范围、招标方式、招标组织形式等有关招标内容报项目审批部门核准。

#### (二)建筑工程施工招标的方式

国务院发展计划部门确定的国家重点建设项目,省、自治区、直辖市人民政府确定的地方重点建设项目,以及全部使用国有资金投资或者国有资金投资占控股或者主导地位的工程建设项目,应当公开招标;有下列情形之一的,经批准可以进行邀请招标:①项目技术复杂或有特殊要求,只有少量几家潜在投标人可供选择的;②受自然地域环境限制的;③涉及国家安全、国家秘密或者抢险救灾,适宜招标但不宜公开招标的;④拟公开招标的费用与项目的价值相比,不值得的;⑤法律、法规规定不宜公开招标的。

国家重点建设项目的邀请招标,应当经国务院发展计划部门批准;地方重点建设项目的邀请招标,应当经各省、自治区、直辖市人民政府批准。全部使用国有资金投资或者国有资金投资占控股或者主导地位的并需要审批的工程建设项目的邀请招标,应当经项目审批部门批准,但项目审批部门只审批立项的,由有关行政监督部门批准。

#### (三)不需要进行施工招标的除外规定

需要审批的工程建设项目,有下列情形之一的,由有关审批部门批准,可以不进行施工招标:①涉及国家安全、国家秘密或者抢险救灾而不适宜招标的;

②属于利用扶贫资金实行以工代赈需要使用农民工的；③施工主要技术采用特定的专利或者专有技术的；④施工企业自建自用的工程且该施工企业资质等级符合工程要求的；⑤在建工程追加的附属小型工程或者主体加层工程，原中标人仍具备承包能力的；⑥法律、行政法规规定的其他情形。

不需要审批但依法必须招标的工程建设项目，有以上规定情形之一的，可以不进行施工招标。

## 二、资格预审文件的内容

资格预审文件的内容应包括以下几个方面。

### （一）资格预审通告

资格预审通告的内容包括：

1. 工程项目名称、建设地点、工程规模、资金来源。

2. 对申请资格预审施工单位的要求。主要写明投标人应具备以往类似工程的经验和在施工机械设备、人员和资金、技术等方面有能力执行上述工程的能够令招标人满意的证明，以便通过资格预审。

3. 招标人和招标代理机构（如果有的话）名称、工程承包的方式、工程招标的范围、工程计划开工和竣工的时间。

4. 要求投标人就工程的施工、竣工、保修所需的劳务、材料、设备和服务的供应提交资格预审申请书。

5. 获取进一步信息和资格预审文件的办公室名称和地址、负责人姓名、购买资格预审文件的时间和价格。

6. 资格预审申请文件递交的截止日期、地址和负责人姓名。

7. 向所有参加资格预审的投标人发出资格预审通知书的时间。

### （二）资格预审须知

资格预审须知应包括以下内容：

1. 总则。在总则中分别列出工程招标人的名称、资金来源、工程名称和位置、工程概述（包括“初步工程量清单”中的主要项目和估计数量、申请人有资格执行的最小合同规模，以及资格预审时间表等，可用附件形式列出）。

2. 要求投标人提供的资料和证明。在资格审查通知中应说明对投标人提供资料内容的要求，一般包括：①申请人的身份及组织机构，包括该公司或合伙人或联合体各方的章程或法律地位、注册地点、主要营业地点、资质等级等原始文件的复印件；②申请人（包括联合体的各方）在近三年（或按资格预审文件规定的年限）内完成的与本工程相似的工程的情况和正在履行合同的工程情况；③管理和执行本合同所配备的主要人员资历和经验；④执行本合同拟采用的主要施工机械设备情况；⑤提供本工程拟分包的项目及拟承担分包项目的分包人情况；⑥提供近两年（或按资格预审文件规定的年限）经审计的财务报表、今后两年的财务预测以及申请人出具的允许招标人在其开户银行进行查询的授权书；⑦申请人近两年（或按资格预审文件规定的年限）介入的诉讼情况。

3. 资格预审通过的强制性标准。强制性标准以附件的形式列入。它是通过资格预审时对列入工程项目一览表中各主要项目提出的强制性要求，包括强制性经验标准（指主要工程一览表中主要项目的业绩要求）、强制性财务、人员、设备、分包、诉讼及履约标准等。达不到标准的，资格预审不能通过。

4. 对联合体提交资格预审申请的要求。对于一个合同项目能凭一家的能力通过资格预审的，应当鼓励以单独的身份参加资格预审。但在许多情况下，对于一个合同项目，往往一家不能单独通过资格预审，需要两家或两家以上组成的联合体才能通过，因此在资格预审须知中应对联合体通过资格预审作出具体规定，一般规定如下：

对于达不到联合体要求的，或企业单位既以单独身份又以所参加的联合体的身份向同一合同投标时，资格预审申请都应遭到拒绝。

对每个联合体的成员应满足的要求是：联合体的每个成员必须分别提交申请资格的全套文件；通过资格预审后，投标文件以及中标时签订的合同，对联合体各方都产生约束力；联合体协议应随同投标文件一起提交，该协议要规定出联合体各方对项目承担共同的和各自的义务，并声明联合体各方提出的参加并承担本项目的责任和份额以及承担其相应工程的足够能力和经验；联合体必须指定某一成员作为主办人负责与招标人联系；在资格预审结束后新组成的联合体或已通过资格预审的联合体内部发生了变化，应征得招标人的书面同意，新的组成或变化不允许从实质上降低竞争力，包含未通过资格预审的单位和降低到资格预审所能接受的最低条件以下；提出联合体成员合格条件的能力要求，例如，可以要求联合体中每个成员都应具有不低于各项资格要求的25%的能力，对联合体的主办人应具有不低于各项资格要求的40%的能力，所承担工程的价格应不少于合同总价格的40%；申请并接受资格预审的联合体不能在提出申请后解体或与其他申请人联合而自然地通过资格预审。

5. 对通过资格预审的投标人所建议的分包人的要求。由于对资格预审申请者所建议的分包人也要进行资格预审，所以如果通过资预审后申请人对他所建议的分包人有变更，必须征得招标人的同意，否则，他们的资格预审将被视为无效。

6. 对通过资格预审的国内投标人的优惠。世界银行贷款项目对于通过资格预审并在投标时提供令招标人满意且符合标准的文件证明的国内投标人，在评标时其投标报价可以享受优惠。一般享受优惠的标准条件为:投标人在工程所在国注册;工程所在国的投标人持有绝大多数股份;分包给国外工程价格不超过合同总价格的50%。具备上述三个条件者,其报价在评标排名次时可享受7.5%的优惠。

7. 其他规定。其他规定包括:提供递交资格预审文件的份数,送交单位的地址、邮编、电话、传真,截止日期;招标人要求申请人提供的资料要准确、详尽,并有对资料进行核对和澄清的权利,对于弄虚作假、不真实的介绍可拒绝其申请;对于资格预审者数量不限,并且资格预审者有资格参加一个或多个合同的投标;资格预审的结果将以书面形式通知每一位申请人,申请人在收到通知后的规定时间内回复招标人,确认收到通知。随后招标人将投标邀请函送给每一位通过资格预审的审查人。

资格预审须知的有关附件应包括如下内容:

(1)工程概述。工程概述的内容一般包括:项目的环境,如地点、地形与地质条件、气象与水文、交通和能源及服务设施等;工程概况,主要说明所含的主要工程项目的情况,如结构工程、土方工程、合同标段的划分、工作计划等。

(2)主要工程一览表。用表格的形式将工程项目中各项工程的名称、数量、尺寸和规格用表格列出,如果一个项目分几个合同招标的话,应按招标的合同分别列出,使人一目了然。

(3)强制性标准一览表。对于各工程项目通过资格预审的强制性要求用表格形式全部列出,并要求申请人填写满足或超过强制性标准的详细情况。因此,一般分为三栏:第一栏为提出强制性要求的项目名称;第二栏是强制性业绩要求;第三栏是申请人满足或超过业绩要求的项目评述。

(4)资格预审时间表。表中列出发布资格预审通告的时间、出售资格预审文件的时间、递交资格预审申请书的最后日期和通知资格预审合格的投标人名单的日期等。

**(三)资格预审申请书的表格**

为了让资格预审申请人按统一的格式递交申请书,在资格预审文件中按通过表格预审的条件编制成统一的表格,让申请人填报,以便申请人公平竞争和对其进行公平的评审。申请书的表格通常包括如下内容:

1. 申请人表。该表内容主要包括申请人的名称、地址、电话、电传、传真、成立日期等。如系联合体,应首先列明牵头的申请人,然后是所有合伙人的名称、地址等,并附上每个公司的章程、合伙关系的文件等。

2. 申请合同表。如果一个工程项目分为几个标段招标,应在表中分别列出各标段的编号和名称,以便让申请人选择申请资格预审的标段。

3. 组织机构表。该表内容包括公司简况、领导层名单、股东名单、直属公司名单、驻当地办事处或联络机构名单等。

4. 组织机构框图。主要叙述并用框图表示申请者的组织机构、与母公司或子公司的关系、总负责人和主要人员等。如果是联合体，应说明合作伙伴关系及在合同中的责任划分。

5. 财务状况表。该表包括的基本数据为：注册资金、实有资金、总资产、流动资产、总负债、流动负债、未完成工程的年投资额、未完成工程的总投资额、年均完成投资额（近三年或按资格预审文件规定的最近年限）、最大施工能力等。还应有近三年年度营业额和为本项目合同工程提供的运营资金、现在正进行的工程估价、今后两年的财务预算、银行信贷证明。随附由审计部门审计或由省、市公证部门公证的财务报表，包括损益表、资产负债表及其他财务资料。

6. 公司人员表。公司人员表内容包括管理人员、技术人员、工人及其他人员的数量，以及拟为本合同提供的各类专业技术人员数及其从事本专业工作的年限。对公司主要人员，应写明一般情况和主要工作经历。

7. 施工机械设备表。该表内容包括拟用于本合同自有设备、拟新购置设备和租用设备的名称、数量、型号、商标、出厂日期、现值等。

8. 分包商表。该表内容包括拟分包工程项目的名称，占总工程价的百分比，分包人的名称、经验、财务状况、主要人员、主要设备等。

9. 业已完成的同类工程项目表。该表内容包括项目名称，地点，结构类型，合同价格，竣工日期，工期，招标人或监理工程师的地址、电话、电传等。

10. 在建项目表。该表内容包括正在施工和准备施工的项目名称、地点、工程概况、完成日期、合同总价等。

11. 介入诉讼事件表。该表详细说明申请人或联合体内合伙人介入诉讼或仲裁的案件。

应该注意对于每一张表格都应有授权人的签字和日期，要求提供证明的附件应附在表后。

## 三、工程施工招标文件

### （一）概述

招标人根据施工招标项目的特点和需要编制招标文件。招标文件一般包括下列内容：①投标邀请书；②投标人须知；③合同主要条款；④投标文件格式；⑤采用工程量清单招标的，应当提供工程量清单；⑥技术条款；⑦设计图纸；⑧评标标准和方法；⑨投标辅助材料。

招标人应当在招标文件中规定实质性要求和条件，并用醒目的方式标明。招标人可以要求投标人在提交符合招标文件规定要求的投标文件外，提交备选投标方案，但应当在招标文件中作出说明，并提出相应的评审和比较办法。

招标文件规定的各项技术标准应符合国家强制性标准。招标文件中规定的各项技术标准均不得要求或标明某一特定的专利、商标、名称、设计、原产地或生产供应者，不得含有倾向或者排斥潜在投标人的其他内容。如果必须引用某一生产供应者的技术标准才能准确或清楚地说明拟招标项目的技术标准，则应当在参照后面加上“或相当于”的字样。施工招标项目需要划分标段、确定工期的，招标人应当合理划分标段、确定工期，并在招标文件中载明。对工程技术上紧密相连、不可分割的单位工程不得分割标段。

招标人不得以不合理的标段或工期限制或者排斥潜在投标人或者投标人。招标文件应当明确规定评标时除价格以外的所有评标因素，以及如何将这些因素量化或者据以进行评估。在评标过程中，不得改变招标文件中规定的评标标准、方法和中标条件。

招标文件应当规定一个适当的投标有效期，以保证招标人有足够的时间完成评标和与中标人签订合同。投标有效期从投标人提交投标文件截止之日起计算。在原投标有效期结束前，出现特殊情况的，招标人可以书面形式要求所有投标人延长投标有效期。投标人同意延长的，不得要求或被允许修改其投标文件的实质性内容，但应当相应延长其投标保证金的有效期；投标人拒绝延长的，其投标失效，但投标人有权收回其投标保证金。因延长投标有效期造成投标人损失的，招标人应当给予补偿，但因不可抗力需要延长投标有效期的除外。

施工招标项目工期超过 12 个月的，招标文件中可以规定工程造价指数体系、价格调整因素和调整方法。招标人应当确定投标人编制投标文件所需要的合理时间。但是，依法必须进行招标的项目，自招标文件开始发出之日起至投标人提交投标文件截止之日止，最短不得少于 20 日。

招标人根据招标项目的具体情况，可以组织潜在投标人踏勘项目现场，向其介绍工程场地和相关环境的有关情况。潜在投标人依据招标人介绍的情况作出的判断和决策，由投标人自行负责。招标人不得单独或者分别组织任何一个投标人进行现场踏勘。对于潜在投标人在阅读招标文件和现场踏勘中提出的疑问，招标人可以书面形式或召开投标预备会的方式解答，但需同时将解答以书面方式通知所有购买招标文件的潜在投标人。该解答的内容为招标文件的组成部分。招标人可根据项目特点决定是否编制标底，标底编制过程和标底必须保密。招标项目编制标底的，应根据批准的初步设计、投资概算，依据有关计价办法，参照有关工程定额，结合市场供求状况，综合考虑投资、工期和质量等方面的因素,合理确定标底。标底由招标人自行编制或委托中介机构编制。一个工程只能编制一个标底。任何单位和个人不得强制招标人编制或报审标底,或干预其确定标底。招标项目可以不设标底,进行无标底招标。

(二)招标文件的编制

招标文件的编制是招标准备工作中最为重要的一环。一方面,招标文件是提供给投标人的投标依据,投标人根据招标文件介绍的工程情况、合同条款、工程质量和工期的要求等投标报价。另一方面,招标文件是签订工程合同的基础,几乎所有的招标文件的内容都将成为合同文件的组成部分。尽管在招标过程中招标人也有可能对招标文件进行补充和修改,但基本内容不会改变。因此,招标文件的编制必须做到完整、系统、准确、明了,使投标人能够充分了解自己应尽的职责和享有的权益。

1. 招标文件的编制原则。其具体包括:

(1)应遵守国家的法律、法规,如《招标投标法》《建筑法》《合同法》等多项有关的法律、法规。

(2)如果是国际组织贷款,应符合该组织的各项规定和要求。

(3)要注意公正地处理招标人和承包人的利益,要使承包人能获得合理的利润,如果不恰当地将过多的风险转移给承包人一方,势必迫使承包人加大风险金投入,提高投标报价,最终还使招标人一方增加支出。

(4)招标文件应该正确地、详细地反映项目的客观情况,以使投标人的投标能建立在可靠的基础上,这样也可减少履约过程中产生的争议。

(5)招标文件包括的众多内容应力求统一,尽量减少和避免相互矛盾,招标文件的矛盾会为承包人创造索赔机会。招标文件用语应力求严谨、明确,以便在产生争端时易于根据合同条件判断解决。

2. 工程的分标。当一个工程项目投资额很高,技术复杂,工程量也巨大时,往往一个施工单位难以完成,为了加快工程进度,发挥各承包人的优势,降低工程造价,对一个建设项目进行合理分标是非常必要的。

根据分标应保证工程的整体性和专业性的原则,在分标时要考虑以下一些主要因素:

(1)工程特点。对于工程场地集中,工程量不大,技术上不复杂的工程可不分标。这样由一家单位承包更便于管理。但如果场地面大,工程量大,有特殊技术要求,应考虑分标。如高速公路,不仅施工战线长,而且工程量很大,应根据沿线地形、河流、城镇和居民情况,桥梁、隧洞和地基情况,对土建工程进行分段招标,而对道路的监控系统,则不宜分标。

(2)对工程造价的影响。对于大型、复杂的工程项目(如大型水电站),施工周期长，投资额巨大，要求承包人有很强的施工能力和施工经验，并能解决施工中的技术难题。如果不分标，会使有资格参加投标的单位数目大大减少，导致投标报价提高，得不到比较合理的报价。而分标就会避免这种情况，能发挥投标人的特长，使更多的投标人参加投标。

(3)注意对资金筹措的安排。根据资金筹措情况和工程建设的次序进行分标，可以按资金情况在不同时间分段招标。

(4)注意对工地现场的管理和工程各部分的衔接。分标应考虑对施工现场的管理，尽量避免各承包人之间的相互干扰，特别要对承包人的施工场地情况，包括各承包人的现场分配、生活营地、附属厂房、材料堆放场地、交通运输、弃渣场地，进行细致而周密的安排。工程进度的衔接也很重要，特别是在关键线路上的项目一定要选择施工水平高、能力强、信誉好的承包人，以防止因工期、质量的问题影响其他承包人的工作。

总之，分标是正式编制招标文件前一项很重要的工作，必须对上述各因素进行综合考察和分析比较，确定最好的分标方案，然后按分标的特点编写招标文件。

3. 招标文件范本的利用。为规范招标文件的内容和格式，节约招标文件编写的时间，提高招标文件的质量，国家有关部门如财务部、水利部、交通运输部、工业和信息化部分别编制了相应领域的招标文件范本。这些范本在推进我国招标投标工作中起到了重要作用，在使用范本编制具体工程项目的招标文件时，通用文件和标准条款不需作任何改动，只需根据招标工程的具体情况，对投标人须知前附表、专用条款、协议条款以及技术规范、工程量清单、投标书附录等部分中的具体内容重新进行编写，加上招标图纸即构成一套完整的招标文件。

## 四、招标工程标底的编制与审查

### (一)标底的概念及其作用

1. 标底的概念。标底是工程造价的表现形式之一，由招标人自行编制或委托经建设行政主管部门批准具有编制标底价格能力的中介机构代理编制。标底是招标工程的预期价格，是招标人对招标工程所需费用的自我测算和控制，也是判断投标报价合理性的依据。编制标底是工程招标的一项重要准备工作。

2. 标底的作用。标底的作用具体包括：

(1)标底可以使招标人预先明确自己在拟建工程上应承担的财务义务。

(2)标底给了上级主管部门提供核实建设规模的依据。

(3)标底是衡量投标报价的准绳、评标的重要尺度。

只有制定了正确的标底,才能正确判断投标人所投报价的合理性、可靠性。因此,招标人必须以严肃认真的态度和科学的方法来编制标底。

**(二)编制标底的依据和一般原则**

1. 标底价格的编制依据。标底价格编制的依据主要有:①招标文件的商务条款;②工程施工图纸、工程量计算规则;③施工现场地质、水文、地上情况的有关资料;④施工方案或施工组织设计;⑤现行工程预算定额、工期定额、工程项目计价类别及取费标准、国家或地方有关价格调整文件规定等。

2. 标底价格的编制原则。标底价格的编制原则包括:①根据国家公布的统一工程项目划分、统一计量单位、统一计算规则以及工程图纸、招标文件,并参照国家制定的基础定额和国家、行业、地方规定的投标标准规范,以及生产要素市场的价格和确定的工程量编制标底价格;②标底的计价内容、计价依据应与招标文件的规定完全一致;③标底价格作为招标单位的期望计划价,应力求与市场的实际变化吻合,有利于竞争和保证工程质量;④标底价格应由成本、利润、税金等组成,一般应控制在批准的总概算及投资包干的限额内;⑤一个工程只能编制一个标底。

**(三)标底价格的计价方法和需要考虑的因素**

根据我国现行的工程造价计算方法,又考虑到遵循国际惯例,在工程清单的配价上采用以下两种方法:①工料单价。工程量清单的单价按照现行预算定额的工、料、机器消耗标准及预算价格确定。其他直接费、间接费、利润、有文件规定的调价、风险金、税金等费用计入其他相应标底价格计算表中。②综合单价。工程量清单的单价综合了直接费、间接费、工程取费、有关文件规定的价、材料差价、利润、税金、风险金等一切费用。

必须指出的是,招标工程的标底价格不能等同于工程概算或施工图预算。编一个合理、可靠的标底还必须在此基础上考虑以下因素:

1. 标底必须适应目标工期的要求,对提前工期因素有所反映。实际上招标工程的目标工期往往不能等同于国家颁布的工期定额,而需要缩短工期。承包人此时要考虑相应的施工措施,增加人员和设备数量,加班加点,出比正常工期更多的人力、物力、财力,这样就会提高工程成本。因此,编制招标工程的标底时,必须考虑这一因素,把目标工期对照工期定额,按提前天数支出必要的赶工费和奖励,并列入标底。

2. 标底必须适应招标人的质量要求,对高于国家验收规范的质量因素有所反映。标底中应反映工程质量,应以国家相关的施工验收规范的要求作为合格工程产品的验收标准,即按国家规范来检查验收。但招标人往往还要提出要达到高于国家验收规范的质量要求,为此承包人要付出比合格水平更多的费用。例如，在某些地区，建筑产品从合格到优良，其人工和材料的消耗要使成本相应增加3% ~6%左右，因此，标底的计算应体现优质优价。

3. 标底必须适应建筑材料采购渠道和市场价格的变化，考虑材料差价因素。目前，由于材料的价格不统一，在编制标底时应将所有的有变化的价格列出清单，随同招标文件、图纸发给投标人，供报价时参考。委托投标人办理的材料，须参照市场价格，并将差价列入标底。

## 第三节 建筑工程施工投标

### 一、编制投标文件

投标人应当按照招标文件的要求编制投标文件。投标文件应当对招标文件提出的实质性要求和条件作出响应。投标文件一般包括下列内容：投标函；投标报价；施工组织设计；商务和技术偏差表。

根据招标文件载明的项目实际情况，投标人拟在中标后将中标项目的部分非主体、非关键性工作进行分包的，应当在投标文件中载明。招标人可以在招标文件中要求投标人提交投标保证金。投标保证金除现金外，还可以是银行出具的银行保函、保兑支票、银行汇票或现金支票。投标保证金一般不得超过投标总价的2%，但最高不得超过80万元人民币。投标保证金有效期应当超出投标有效期30天。投标人应当按照招标文件要求的方式和金额，将投标保证金随投标文件提交给招标人。投标人不按招标文件要求提交投标保证金的，该投标文件将被拒绝，作废标处理。

投标人应当在招标文件要求提交投标文件的截止时间前，将投标文件密封送达投标地点。招标人收到投标文件后，应当向投标人出具标明签收人和签收时间的凭证，在开标前任何单位和个人不得开启投标文件。在招标文件要求提交投标文件的截止时间后送达的投标文件，为无效的投标文件，招标人应当拒收。

提交投标文件的投标人少于3个的，招标人应当依法重新招标。重新招标后投标人仍少于3个的，属于必须审批的工程建设项目，报经原审批部门批准后可以不再进行招标；其他工程建设项目，招标人可自行决定不再进行招标。投标人在招标文件要求提交投标文件的截止时间前，可以补充、修改、替代或者撤回已提交的投标文件，并书面通知招标人。补充、修改的内容为投标文件的组成部分。

在提交投标文件截止时间后到招标文件规定的投标有效期终止之前，投标人不得补充、修改、替代或者撤回其投标文件。投标人补充、修改、替代投标文件的，招标人不予接受；投标人撤回投标文件的，其投标保证金将被没收。在开标前，招标人应妥善保管好已接收的投标文件、修改或撤回通知、备选投标方案等投标资料。

## 二、工程项目所在地的调查

### （一）自然条件调查

自然条件调查内容具体包括：①气象资料，包括年平均气温、年最高气温和年最低气温，风向图、最大风速和风压值，日照，年平均降雨（雪）量和最大降雨（雪）量，年平均湿度、最高和最低湿度。其中，尤其要分析全年不能和不宜施工的天数（如气温超过或低于某一温度持续的天数、雨量和风力大于某一数值的天数、台风频发季节及天数等）。②水文资料，包括地下水位、潮沙、风浪等。③地震、洪水及其他自然灾害情况等。④地质情况，包括地质构造及特征，承载能力，地基是否有大孔土、膨胀土，冬季冻土层厚度等。

### （二）施工条件调查

施工条件调查内容具体包括：①工程现场的用地范围、地形、地貌、地物、标高、地上或地下障碍物、现场的三通一平情况（是否可能按时达到开工要求）。②工程现场周围的道路、进出场条件（材料运输、大型施工机具）、有无特殊交通限制（如单向行驶、夜间行驶、转弯方向限制，货物载重量、高度、长度限制等规定）等。③工程现场施工临时设施、大型施工机具、材料堆放场地安排的可能性、是否需要二次搬运。④工程现场邻近建筑物与招标工程的间距、结构形式、基础埋深、新旧程度、高度。⑤市政给水及污水、雨水排放管线位置、标高、管径、压力，废水、污水处理方式，市政消防供水管道管径、压力、位置等。⑥当地供电方式、方位、距离、电压等。⑦当地煤气供应能力，管线位置、标高等。⑧工程现场通信线路的连接和铺设。⑨当地政府有关部门对施工现场管理的一般要求、特殊要求及规定，是否允许节假日和夜间施工等。

### （三）其他条件调查

其他条件调查内容具体包括：①建筑构件和半成品的加工、制作和供应条件，商品混凝土的供应能力和价格；是否可以在工程现场安排工人住宿；对现场住宿条件有无特殊规定和要求。②是否可以在工程现场或附近搭建食堂，是否可以自己供应施工人员伙食；若不可能，通过什么方式解决施工人员餐饮问题，其费用如何。③工程现场附近治安情况如何，是否需要采用特殊措施加强施工现场保卫工作。④工程现场附近的生产厂家、商店、各种公司和居民的一般情况，本工程施工可能对他们所造成的不利影响的程度。⑤工程现场附近各种社会服务设施和条件，如当地的卫生、医疗、保健、通信、公共交通、文化、娱乐设施情况及其技术水平、服务水平、费用，有无特殊的地方病、传染病等。

## 三、市场状况调查

这里所说的市场状况调查是指与本工程项目相关的承包市场和生产要素市场等方面的调查。

### (一)对招标方情况的调查

对招标方情况的调查具体包括：①本工程的资金来源、额度、落实情况。②本工程各项审批手续是否齐全。③招标人员是第一次搞建设项目，还是有较丰富的工程建设经验；在已建工程和在建工程招标、评标过程中的习惯做法，对承包人的态度和信誉，是否及时支付工程款、合理对待承包人的索赔要求。④监理工程师的资历，承担过监理任务的主要工程，工作方式和习惯，对承包人的基本态度，当出现争端时能否站在公正的立场上，提出合理解决方案等。

### (二)对竞争对手的调查

在对竞争对手的调查中，首先要了解有多少家公司获得本工程的投标资格，有多少家公司购买了标书，有多少家公司参加了标前会议和现场勘察，从而分析可能参与投标的公司。了解可能参与投标竞争的公司的有关情况，包括技术特长、管理水平、经营状况等。

### (三)生产要素市场调查

承包人为实施工程购买所需工程材料，增置施工机械、零配件、工具和油料等，而它们的市场价格和支付条件是变化的，因此会对工程成本产生影响。投标时，要使报价合理并具有竞争力，就应对所购工程物资的品质、价格等进行认真的调查，即做好询价工作。不仅要了解当时的价格，还要了解过去的变化情况，预测未来施工期间可能发生的变化，以便在报价时加以考虑。此外，工程物资询价还涉及物资的种类、品质、支付方法、运输方式、供货计划等问题，这些也必须了解清楚。

如果工程施工需要雇用当地劳务，则应了解可能雇到的工人的工种、数量、素质、基本工资和各种补助费及有关社会福利、社会保险等方面的规定。

## 四、参加标前会议和勘查现场

### (一)标前会议

标前会议也称投标预备会，是招标人给所有投标人提供的一次答疑的机会，有利于投标人加深对招标文件的理解。凡是想参加投标并希望获得成功的投标人，都应认真准备和积极参加标前会议。在标前会议之前应事先深入研究招标文件，并将在研究过程中发现的各类问题整理成书面文件，寄给招标人要

求给予书面答复,或在标前会议上要求招标人予以解释和澄清。参加标前会议时应注意以下几点:

1. 对工程内容范围不清的问题,应提请解释、说明,但不要提出任何修改设计方案的要求。

2. 如招标文件中的图纸、技术规范存在相互矛盾之处,可请求说明以何者为准,但不要轻易提出修改技术要求。

3. 对含糊不清、容易产生理解上歧义的合同条款,可以请求给予澄清、解释,但不要提出任何改变合同条件的要求。

4. 应注意提问的技巧,注意不使竞争对手从自己的提问中获悉本公司的投标设想和施工方案。

5. 招标人或咨询工程师在标前会议上对所有问题的答复均应发出书面文件,并作为招标文件的组成部分,投标人不能仅凭口头答复来编制自己的投标文件。

**(二)现场勘查**

现场勘查一般是标前会议的一部分,招标人会组织所有投标人进行现场参观和说明。投标人应准备好现场勘查提纲并积极参加这一活动。派往参加现场勘察的人员应事先认真研究招标文件的内容,特别是图纸和技术文件,同时应派经验丰富的工程技术人员参加。在现场勘察中,除进行与施工条件和生活条件相关的一般性调查外,应根据工程专业特点有重点地结合专业要求进行勘察。现场勘察费用可列入投标报价中,不中标则投标人得不到任何补偿。

## 五、编制施工规划

在进行计算标价之前,首先应制定施工规划,即初步的施工组织计划。招标文件中要求投标人在报价的同时附上其施工规划。施工规划的内容一般包括工程进度计划和施工方案等,招标人将根据这些资料评价投标人是否采取了充分合理的措施,保证按期完成工程施工任务。另外,施工规划对投标人自己也是十分重要的,因为进度安排是否合理、施工方案选择是否恰当,与工程成本和报价有密切关系。制定施工规划的依据是设计图纸,经过复核的工程量清单,现场施工条件,开工、竣工的日期要求,机械设备来源,劳动力来源等。编制一个好的施工规划可以大大降低标价,提高竞争力。编制的原则是在保证工期和工程质量的前提下,尽可能使工程成本最低,投标价格最合理。

**(一)工程进度计划**

在投标阶段编制的工程进度计划不是工程施工计划,可以粗略一些,一般用横道图表示即可,除招标文件专门规定必须用网络图之外,可以不采用网络计划，但应考虑和满足以下要求：

1. 总工期符合招标文件的要求，如果合同要求分期、分批竣工交付使用，应标明分期、分批交付使用的时间和数量。

2. 表示各项主要工程的开始和结束时间。例如，房屋建筑中的土方工程、基础工程、混凝土结构工程、屋面工程、装修工程、水电安装工程等的开始和结束时间。

3. 体现主要工序相互衔接的合理安排。

4. 有利于基本上均衡地安排劳动力，尽可能避免现场劳动力数量急剧起落，这样可以提高工效和节省临时设施。

5. 有利于充分有效地利用施工机械设备，减少机械设备占用周期。

6. 便于编制资金流动计划，有利于降低流动资金占用量，节省资金利息。

**（二）施工方案**

制订施工方案要从工期要求、技术可行性、保证质量、降低成本等方面综合考虑，其内容应包括下列几个方面：

1. 根据分类汇总的工程数量和工程进度计划中该类工程的施工周期，以及招标文件的技术要求，选择和确定各项工程的主要施工方法和适用经济的施工方案。

2. 根据上述各类工程的施工方法，选择相应的机具设备，并计算所需数量和使用周期；研究确定是采购新设备、调进现有设备，还是在当地租赁设备。

3. 研究决定哪些工程由自己组织施工，哪些分包，提出分包的条件设想，以便询价。

4. 用概略指标估算直接生产劳务数量，考虑其来源及进场时间安排。可根据需求，结合以往经验，估算所需间接劳务和管理人员的数量，并可估算生活临时设施的数量和标准等。

5. 用概略指标估算主要的和大宗的建筑材料的需用量，考虑其来源和分批进场的时间安排，从而可估算现场用于存储、加工的临时设施。如果有些建筑材料，如砂、石等拟就地自行开采，则应估计采砂、石场的设备、人员，并计算自采砂、石的单位成本价格。如有些构件拟在现场自制，应确定相应的设备、人员和场地面积，并计算自制构件的成本价格。

6. 根据现场设备、高峰人数和一切生产和生活方面的需要，估算现场用水、用电量，确定临时供电和供、排水设施。

7. 考虑外部和内部材料供应的运输方式，估计需要的运输、交通车辆及其来源。

8. 考虑其他临时工程的需要和建设方案，如进场道路、停车场地等。

9. 提出某些特殊条件下保证正常施工的措施，如降低地下水位以保证基础或地下工程施工的措施，冬季、雨季施工措施，等等。

10. 其他必需的临时设施的安排，如临时围墙或围篱、警卫设施、夜间照明、现场临时通信联络设施等。

如果招标文件规定承包人应当提供建设单位现场代表和驻现场监理工程师的办公室、车辆、测试仪器、办公家具、设备和服务设施，可以根据招标文件的具体要求，将其作为一个相对独立的子项工程报价。如果招标文件对此并无特殊规定，则可将其包括在承包人的临时工程费用中，一并在工程量清单的项目中摊销。应注意上述施工方案中的各种数字都是按汇总工程量和概略定额指标估算的，在计算标价的过程中，需要按后续计算得出的详细数字予以修正和补充。

## 六、标价的评估与决策

### （一）标价构成分析

投标报价的费用构成主要有直接费、间接费、计划利润、税金以及不可预见费等。直接费是指在工程施工中直接用于工程实体上的人工、材料、设备和施工机械使用费等费用的总和；间接费是指组织和管理工程施工所需的各项费用，主要由施工管理费和其他间接费组成；利润和税金是指按照国家有关部门的规定，工程施工企业在承担施工任务时应计取的利润，以及按规定应计入工程造价内的营业税、城市建设维护税等税金；不可预见费是指工程项目的风险费。

### （二）标价的宏观审核

标价的宏观审核是依据长期的工程实践中积累的大量的经验数据，用类比的方法，从宏观上判断初步计算标价的合理性。可采用下列宏观指标和评审方法。

1. 首先应当分项统计计算书中的汇总数据，并计算其比例指标。以一般房屋建筑工程为例，具体内容包括：①统计建筑总面积与各单项建筑物面积；②统计材料费总价及各主要材料数量和分类总价，计算单位面积的总材料费用指标及各主要材料消耗指标和费用指标，计算材料费占标价的比重；③统计总劳务费及主要生产工人、辅助工人和管理人员的数量，算出单位建筑面积的用工数和劳务费，算出按规定工期完成工程时生产工人和人员的平均人月产值和人年产值，计算劳务费占总标价的比重；④统计临时工程费用、机械设备使用费及模板脚手架和工具等费用，计算它们占总标价的比重；⑤统计各类管理费用，计算它们占总标价的比重，特别是计划利润、贷款利息的总数和所占比例。

2. 通过对上述各类指标及其比例关系的分析,从宏观上分析标价结构的合理性。例如,分析总直接费和总管理费的比例关系,劳务费和材料费的比例关系,临时设施和机具设备费与总的直接费用的比例关系,利润、流动资金及其利息与总标价的比例关系等。承包过类似工程的有经验的承包人不难从这些比例关系中判断标价的构成是否基本合理。如果发现有不合理的部分,应当初步探讨其原因。首先研究本工程与其他类似工程是否存在某些不可比因素,如果考虑了不可比因素的影响后,仍存在不合理的情况,就应当深入探讨其原因,并考虑调整某些基价、定额或分摊系数。

3. 探讨上述平均人月产值和人年产值的合理性和实现的可能性。如果从本公司的实践经验角度判断这些指标过高或过低,就应当考虑所采用定额的合理性。

4. 参照同类工程的经验,扣除不可比因素后,分析单位工程价格及用工、用料量的合理性。

5. 从上述宏观分析得出初步印象后,对明显不合理的标价构成部分进行微观方面的分析检查;重点是在提高工效、改变施工方案、降低材料设备价格和节约管理费用等方面提出可行措施,并修正初步计算标价。

**(三)标价的动态分析**

标价的动态分析是假定某些因素发生变化,测算标价的变化幅度,特别是这些变化对计划利润的影响。

1. 工期延误的影响。由于承包人自身的原因,如材料设备交货拖延、管理不善造成工程延误,质量问题造成返工等,承包人可能会增大管理费、劳务费、机械使用费以及占用的资金及利息,这些费用的增加不可能通过索赔得到补偿,而且还会导致误期罚款。一般情况下,可以测算工期延长某一段时间,上述各种费用增大的数额及其占总标价的比率。这种增大的开支部分只能用风险费和计划利润来弥补。因此,可以通过多次测算,得知工期拖延多久利润就将全部丧失。

2. 物价和工资上涨的影响。通过调整计算标价中材料设备和工资上涨系数,测算其对工程计划利润的影响。同时切实调查工程物资和工资的升降趋势和幅度,以便作出恰当判断。通过这一分析,可以得知投标计划利润对物价和工资上涨因素的承受能力。

3. 其他可变因素的影响。影响标价的可变因素很多,而有些是投标人无法控制的,如贷款利率的变化、政策法规的变化等。通过分析这些可变因素的变化,可以了解投标项目计划利润的受影响程度。

**(四)标价的盈亏分析**

经过宏观审核与进一步分析检查初步计算标价后,可能要对某些分项的单价作必要的调整,然后形成基础标价,再经盈亏分析,提出可能的低标价和高标价,供投标报价决策时选择。盈亏分析包括盈余分析和亏损分析两个方面。盈余分析是从标价组成的各个方面挖掘潜力、节约开支,计算出基础标价可能降低的数额,即所谓"挖潜盈余",进而算出低标价。

1. 盈余分析。盈余分析主要从下列几个方面进行:

(1)定额和效率,即工料、机械台班消耗定额以及人工、机械效率分析。

(2)价格分析,即对劳务、材料设备、施工机械台班(时)价格三个方面进行分析。

(3)费用分析,即对管理费、临时设施费等方面逐项分析。

(4)其他方面,如流动资金与贷款利息、保险费、维修费等方面逐项复核,找出有潜可挖之处。

考虑到挖潜不可能百分之百实现,尚需乘以一定的修正系数,据此求出可能的低标价,即

低标价 = 基础标价 -(挖潜盈余 × 修正系数)

2. 亏损分析。亏损分析是分析在算标时由于对未来施工过程中可能出现的不利因素考虑不周和估计不足,可能产生的费用增加和损失。主要从以下几个方面分析:

(1)人工、材料、机械设备价格。

(2)自然条件。

(3)管理不善造成质量、工作效率等问题。

(4)建设单位、监理工程师方面的问题。

(5)管理费失控。

以上分析估计出的亏损额,同样乘以修正系数,并据此求出可能的高标价,即

高标价 = 基础标价 +(估计亏损 × 修正系数)

**(五)报价决策**

报价决策是投标人召集算标人员和本公司有关领导或高级咨询人员共同研究,就上述初步计算标价结果、标价宏观审核、动态分析及盈亏分析进行讨论,作出有关投标报价的最后决定。

为了在竞争中取胜,决策者应当对报价计算的准确度、期望利润是否合适、报价风险及本公司的承受能力、当地的报价水平以及对竞争对手优势进行分析评估和综合考虑,这样才能决定最后的报价金额。

# 第四节　建筑工程施工评标与中标

开标之后即进入评标和定标阶段，这一过程通常要经过投标文件的符合性鉴定、技术评估、商务评估、投标文件澄清、综合评价与比较、编制评标报告等几个步骤。

## 一、投标文件的符合性鉴定

所谓符合性鉴定，是检查投标文件是否实质上响应招标文件的要求，实质上的含义是投标文件应与招标文件的所有条款、条件规定相符，无显著差异或保留。符合性鉴定一般包含下列内容。

### （一）投标文件的有效性

1. 投标人以及以联合体形式投标的所有成员是否已通过资格预审，获得投标资格。

2. 投标文件是否提交了承包人的法人资格证书及对投标负责人的授权委托书；如果是联合体，是否提交了合格的联合体协议书以及对投标负责人的授权要求。

3. 投标保证金的格式、内容、金额、有效期、开具单位是否符合招标文件。

4. 投标文件是否按要求进行了有效的签署等。

### （二）投标文件的完整性

投标文件是否包括招标文件规定应递交的全部文件，如标价的工程量清单、报价汇总表、施工进度策划、施工方案、施工人员和施工机械设备的配备等，以及应该提供的必要的支持文件和资料。

### （三）与招标文件的一致性

1. 凡是招标文件中要求投标人填写的空白栏目是否全部填写并作出明确的回答，如投标书及其附录是否完全按要求填写。

2. 对于招标文件的条款、数据或说明是否有修改、保留和附加条件。

通常符合性鉴定是评标的第一步。如果投标文件没有实质上响应招标文件的要求，将被列为不合格投标予以拒绝，并不允许投标人通过修正其不符合要求的差异或撤销该保留，使之成为响应性投标。

## 二、技术评估

技术评估的目的是确认和比较投标人完成工程的技术能力，以及他们的施工方案的可靠性。技术评估的主要内容如下：

### （一）施工方案的可行性

施工方案的可行性评估是对各类分部分项工程的施工方法、施工人员、施工机械设备的配备、施工现场的安排、施工顺序及其相互衔接等方面的评审。在对该项目的关键工序的施工方法进行可行性论证时，应审查其技术的最难点或先进性和可靠性。

### （二）施工进度计划的可靠性

审查施工进度计划是否满足对竣工时间的要求，是否科学和合理，切实可行，同时还要审查保证施工进度计划的措施，如施工机具、劳务的安排是否合理和可能等。

### （三）施工质量保证

审查投标文件中提出的质量控制和管理措施，包括质量管理人员的配备、质量检验仪器的配置和质量管理制度。

### （四）工程材料和机器设备的技术性能符合设计技术要求

审查投标文件中关于主要材料和设备的样本、型号、规格和制造厂家名称、地址等，判断其技术性能是否达到设计标准。

### （五）分包商的技术能力和施工经验

如果投标人拟在中标后将中标项目的部分工作分包给他人完成，应当在投标文件中载明。应审查确定拟分包的工作必须是非主体、非关键性工作，审查分包人应当具备的资格条件和完成相应工作的能力和经验。

### （六）对于投标文件中按照招标文件规定提交的建议方案作出技术评审

如果招标文件中规定可以提交建议方案，则应对投标文件中的建议方案的技术可靠性与优缺点进行评估，并与原招标方案进行对比分析。

## 三、商务评估

商务评估的目的是从工程成本、财务和经验分析等方面评审投标报价的准确性、合理性、经济效益和风险等，比较授标给不同的投标人产生的不同后果。商务评估在整个评标工作中通常占有重要地位。商务评估的主要内容如下：

第一，审查全部投标报价数据计算的正确性。通过对投标报价数据全面审核，看其是否有计算上或累计上的算术错误，如果有，则按“投标人须知”中的规定改正和处理。

第二，分析报价构成的合理性。通过分析工程报价中直接费、间接费、利润和其他费用的比例关系、主体工程各专业工程价格的比例关系等，判断报价是否合理，注意审查工程量清单中的单价有无脱离实际的“不平衡报价”，计日工劳务和机械台班(时)报价是否合理等。

第三,对建议方案的商务评估(如果有的话)。

## 四、投标文件澄清

在必要时,为了有助于投标文件的审查、评价和比较,评标委员会可以约见投标人对其投标文件予以澄清,以口头或书面提出问题,要求投标人回答,随后在规定的时间内,投标人以书面形式正式答复。澄清和确认的问题必须由授权代表正式签字,并声明将其作为投标文件的组成部分,但澄清问题的文件不允许变更投标价格或对原投标文件进行实质性修改。

澄清时,可以要求投标人补充报送某些标价计算的细节资料,对其具有某些特点的施工方案作出进一步的解释,补充说明其施工能力和经验,或对其提出的建议方案作出详细的说明等。

## 五、综合评价与比较

综合评价与比较是在以上工作的基础上,根据事先拟定好的评标原则、评价指标和评标办法,对筛选出来的若干个具有实质性响应的投标文件综合评价与比较,最后选定中标人。中标人的投标应当符合下列条件之一:①能最大限度地满足招标文件中规定的各项综合评价标准;②能满足招标文件各项要求,并且经评审的投标价格最低,但是投标价格低于成本的除外。

一般设置的评价指标包括:①投标报价;②施工方案(或施工组织设计)与工期;③质量标准与质量管理措施;④投标人的业绩、财务状况、信誉等。

## 六、编写评标报告

评标委员会完成评标后,应当向招标人提出书面评标报告,推荐合格的中标候选人。招标人根据评标委员会提出的评标报告和推荐的中标候选人确定中标人。招标人也可以授权评标委员会直接确定中标人。评标报告应报有关行政监督部门审查。

## 七、中标

中标人确定后,招标人应于 15 日内向有关行监督部门提交评标报告,经核准同意后,招标人向中标人发出中标通知书,并同时将中标结果通知所有未中标的投标人。

中标通知书对招标人和中标人均具有法律效力。中标通知书发出后,如果招标人想改变中标结果,拒绝和中标人签订合同,应当赔偿中标人的损失,如双倍返还投标保证金;如果中标人拒绝在规定的时间内提交履约保证金和签订合同,招标人可报请有关行政监督部门批准后,取消其中标资格,并按规定没收其投标保证金,并考虑与备选的排序第二的投标人签订合同。

招标人和中标人应当自中标通知书发出之日起30天内,在中标通知书规定的时间、地点,按照招标文件和中标人的投标文件签订书面合同。所订立的合同不得对上述文件作实质性修改。

# 第十二章

# 国际金融组织贷款的招标投标

## 第一节 概 述

国际金融组织的采购是贷款审查的重要内容之一,是早在贷款项目评估期间就在国际金融组织与借款者之间展开讨论并达成一致意见的重要问题之一,其结果还要写入贷款协议。采购过程是一个十分复杂的过程,同时也是一个十分漫长的过程和重要的过程。

采购的质量会直接影响所采购内容的质量,也就是说,会直接影响所采购货物的质量、所承包工程的质量、所聘用服务的质量。采购的质量也会直接影响所采购货物的价格、所承包工程的价格和所聘用服务的价格。采购的质量还会直接影响所采购货物的按期交货、所承包工程的按期完成和所聘用服务的按期完成。所以,采购的质量会直接影响贷款项目的执行,还会直接影响贷款项目的质量。不管是国际金融组织还是借款者,都应该提高采购质量,以保证贷款项目顺利执行。认真做好采购工作是债权与债务双方的责任和义务。贷款协议对债权与债务双方的责任和义务作了明确的规定,这是约束双方最重要的契约,也是对双方有法律效力的文件。

为了做好采购工作,国际金融组织都制定了一系列的采购政策、规定、程序以及全面而完整的采购招标文件。为了进一步深入而系统地阐述采购的政策、规定和程序,国际金融组织还编辑出版了一系列的手册和指南。制定采购政策、规定和程序的依据是国际金融组织的章程所规定的原则。国际金融组织在制定自己的采购政策、规定和程序的过程中,除相互借鉴采购经验外,还借鉴了其他发展金融机构的经验,而且也借鉴了国际上通行的采购的常规做法。这些采购招标文件既阐明了采购原则和规定,又阐明了采购的具体做法。这是指导国际金融组织和其借款者双方共同做好采购工作的文件。除此以外,国际金融组织还制定了一系列指导其工作人员做好采购工作的内部文件。对我国而言,既是国际金融组织的借款者,又是国际金融组织贷款项下采购招标的合法投标者。为了做好我国从世界银行和亚洲开发银行贷款项下的采购工作和对世界银行、亚洲开发银行、非洲开发银行、加勒比开发银行贷款项下采购招标的招标工作,无论是我国的招标单位,还是我国的投标单位,都应该全面而系统地学习和研究国际金融组织的采购政策、规定和程序。只有熟悉和掌握了国际金融组织的采购政策、规定和程序,才不仅能做好我国世界银行和亚洲开发银行贷款项下的采购工作,也能做好对世界银行、亚洲开发银行、非洲开发银行、加勒比开发银行贷款项下采购招标的招标工作,以争取更高的中标率和获得更多的合同。国际金融组织总的招标原则是维护货物招标秩序、促进公开和公平的竞争和规范招标业务的普及、保护招标活动参与者的合法权益、增进招标过程的公正性和道德准则、增强公众对招标过程的信心、提高货物采购活动的水平和质量以及投资效率和效益。国际金融组织都制定了各自一系列的关于货物采购的政策、规定和程序。鉴于国际金融组织关于货物采购政策、规定和程序有许多共性,加之篇幅有限,这里不一一进行介绍,而只进行综合阐述。

## 一、采购的方法与种类

为了适应不同的环境和条件,需要采用不同的采购方式。国际金融组织用得最多和最广泛的采购方式是招标采购。招标采购又可分为国际竞争招标、有限国际招标、国内竞争招标、双信封和两阶段招标等。除招标采购外,其他形式的采购还有国际采购、国内采购、通过联合国采购、直接订合同等。

### (一)国际竞争招标

国际金融组织的国际竞争招标实际上并不是无限的国际招标而是有限的国际招标。这个限度就是限于国际金融组织自己的成员范围之内。尽管有限制,但招标的范围还是很广泛的,给招标者提供的选择机会也是很多的,与此同时,也为众多的投标者提供了充分的、公正的、平等的竞争机会。为了实现这一目标,国际金融组织都要求其借款者遵照它们各自的采购规则编制招标文件和合同文件,并遵照它们各自的程序刊登招标邀请和招标、开标及评标。除此以外,招标文件草本、评标报告和授予合同建议要事先报有关国际金融组织审查和批准。

### (二)有限国际招标

有限国际招标实质上是国际竞争招标,只不过不公开登广告而是直接邀请,是一种适宜于下列情况下的采购方法:①采购量小;②所需要的具体货物或服务仅有有限的几个提供者;③有其他例外的原因可以证明不完全按照国际竞争招标程序是对的。

在有限国际招标下,借款者应根据一个足以确保竞争价格的潜在供货者名单进行招标。国内或地区优惠不适用于在有限国际招标下的评标。在除广告和优惠之外的所有方面都可应用国际竞争招标的做法。根据有限招标程序,招标局限于特别的一组投标者,通常是参加了不久前进行的公开竞争性招标的投标者。当急需要追加一批同样的货物可清楚地证明通过重复公开竞争性招标得不到好处时,才可以采用这个程序。招标可以限于在早先的公开招标中投了符合要求的标的投标者,或者当有大量的符合要求的招标者时,招标可限于5个标价最低而又符合要求的投标者。

**(三)国内竞争招标**

在国内登广告又按国内程序进行的竞争招标是最有效而又最经济的采购方式。所采购的货物就其性质或规模而言不会吸引外国的竞争者。国内竞争招标在预期外国投标者没有兴趣的情况下才是较适用的采购方法,原因如下:①合同金额小;②工程在地理上和时间上都分散;③工程是劳动密集型的;④所需货物国内有或者所需工程国内能做,而且价格低于国际市场价格。

**(四)选择性招标**

根据选择性招标程序,只有所选择的潜在投标者数目一般不多于三个,才能应邀投标。这一程序仅可用于低于要求公开竞争性招标限额的采购或在下列任一条件下:①仅有极少数投标者具有投标资格;②在涉及极少数专业化公司所制造的高度专门化设备的地方;③在因紧急情况或经反复进行公开竞争性招标仍缺乏响应而免去公开竞争性招标时。

**(五)国际和国内询价采购**

询价采购是以比较询价为基础的采购方法。为了确保得到竞争的价格,应向数个国际或国内供货者,一般至少向三家供货者进行询价。询价采购不需要正式的招标文件,是一种适合于小量采购现货或标准规格商品的方法。询价单应注明货物的概况和数量以及所希望的交货时间和地点。可以用电传或传真进行询价。对询价的评价应遵循公共或私人采购者的常规做法。所接受的报价条件应写入订单。

国际询价采购至少应向两个国家的三家供货商进行询价。可以使用国内询价采购的条件是所需要的货物通常可以以竞争的价格在借款者国家一个以上的货源买到。

**(六)直接订立合同**

没有竞争而直接订立合同(单一货源)在下列情况下是一种适宜的方法:为追加性质类似的订货或工程,对现有的依照有关国际金融组织可以接受的程序而授予的货物或工程合同可以进行延长。

**(七)从联合国机构采购**

有时会出现从联合国专门机构采购的情况。联合国专门机构作为供货者依照它们自己的程序进行小量的现货采购,主要是在教育、保健以及农村供水和卫生领域进行的采购,是最经济而有效的采购方式。

## 二、国际金融组织对采购的管理与监督

从上述文件足可以看出,国际金融组织所制定的采购招标文件是全面的、系统的、完整的、详细的,为做好其贷款项下的采购招标奠定了一个扎实的基础。制定出切实可行的采购招标政策、规定和程序无疑是一件十分重要的工作。不折不扣地在贷款项目执行中,特别在采购招标中贯彻和执行所制定的采购招标政策、规定和程序就更加重要了。从形式上看,贯彻和执行所制定的采购招标政策、规定和程序的责任主要落在借款者身上,实质上与其说落在借款者身上,不如说落在国际金融组织身上更为确切些。因为,国际金融组织不仅自己要贯彻和执行自己所制定的采购招标政策、规定和程序,而且还要使不断变化而又众多的借款单位认真地执行。为此,国际金融组织不仅要求自己的工作人员学习和贯彻采购招标文件,而且还制定一套内部文件来规范和监督他们在采购招标中的行为。

### (一)在贷款审查中要考虑的采购问题

国际金融组织通常要求自己的工作人员在贷款项目审查中就要认真考虑采购问题。国际金融组织的贷款资金主要用于物资采购和工程承包。及时而又经济高效地采购物资和承包工程是成功完成项目的关键。这里以亚洲开发银行(以下简称"亚行")为例说明国际金融组织如何在项目审查阶段就要求其工作人员注意采购方面的问题。国际金融组织如亚行为项目审查制定了专门的作业手册,其中有专门阐述采购方面的问题的章节,既有阐明采购物资和承包工程问题的章节,也有阐明使用服务问题的章节。

有的国际金融组织甚至在其章程中就规定了采购的基本原则,即国际金融组织的贷款资金只能用于借款成员国采购在国际金融组织成员国生产的物资和全部服务(除非董事会另有规定)。

各国际金融组织贷款资金只能用于采购由有关国际金融组织成员提供的物资和将工程包给有关国际金融组织成员(除非董事会另有规定)。这就是为什么国际金融组织在其采购准则中对所采购的货物的原产地、土建承包者和服务提供者的国籍都有一条明确的规定,即有关国际金融组织借款成员所采购货物的原产地、土建工程承包者和服务提供者的国籍必须是来自有关国际金融组织成员国。世界银行(以下简称"世行")是国际金融组织中最大的国际金融组织,拥有 180 多个成员,也就是说,几乎世界上所有的国家都是它的成员。所以,列出非世行成员国比列出其成员国更方便一些。根据国际金融组织借款成

员所采购的货物、土建工程承包者和服务提供者只能来自国际金融组织成员国的原则,尚未加入世行的安道尔、古巴、朝鲜人民民主共和国、列支敦士登、摩纳哥、圣马力诺、图瓦卢就没有资格参加世行贷款项下的投标。

世行是联合国组织下的国际金融机构,具有很强的政治性,必须要执行联合国的有关决议。例如,联合国安理会根据联合国宪章第七章的规定禁止来自伊拉克和利比亚的货物,世行也禁止伊拉克和利比亚参加世行贷款项下的投标。各洲级国际金融组织的成员主要来自本洲,但不局限于本洲。亚行对非本地区的成员的限制是非本地区的成员应该是发达国家。其他洲级国际金融组织对非本地区的成员虽没有明确的限制,但一般要求洲级国际金融组织的非本地区成员都需要一定的经济实力。这就决定了洲级国际金融组织的成员有一定的国际性,但不是普遍的国际性。

各洲级国际金融组织的章程都规定只有各自的本地区成员才能获得各自的贷款和其他援助。为什么要加入非本地区国际金融组织呢?这既有政治上的考虑,也有经济上的考虑。经济上的考虑就是有资格参加非本地区国际金融组织的投标。亚行还规定,只有亚行的发展中成员才能从亚行获得贷款。亚行每年为其发展中成员提供约60亿美元的贷款。有许多亚行借款国是我们的近邻,而且与我国有着良好的国家关系,这为我国争取亚行贷款项下合同是很有利的。

在项目评估中确定标包和其他安排时、在审查和批准资格预审时以及在国际金融组织批准授予合同时要充分考虑,任何贷款资金只能用于提供贷款的目的并应充分考虑经济性和效率。国际金融组织诸如世行、亚行等贷款项下采购准则进一步阐明了这些原则和其应用范围。国际金融组织采购准则说明国际金融组织的采购方式主要应体现下列三个方面:就国际金融组织的采购而言,只限于其成员国的投标者才能参加招标;为了帮助在采购上取得经济性和效率,国际金融组织要求其借款者尽可能通过国际竞争获得货物和服务以及承包土建工程,不过国际金融组织同意其借款者在特殊情况下可以采取不同程序;作为国际发展金融机构,国际金融组织在货物采购、工程承包和服务聘用上向其所有成员提供公平的竞争机会。

**(二)提前采购活动**

在项目评估期间,国际金融组织(如亚行)可以考虑包括在贷款批准前发投标邀请或资格预审邀请在内的提前采购活动。如果在评估基本完成之后确定提早采购会有利于项目的有效和快速执行,可以提出提前采购活动的建议。这样的建议应由有关的项目局局长和国家规划局局长联名提出,通过主管项目的副行长和主管作业的副行长呈交行长批准。对提前采购活动的批准决不能使国际金融组织对所建议项目的融资承担任何义务。应由有关的项目局为董事会准备一份情况报告。报告应全面阐述提前采购的理由并标明预期发招标邀请或资格预审邀请的时间。

在允许进行提前采购活动的情况下应由有关的项目处通知借款者：

第一，拟定投标邀请书或资格预审邀请书草本和招标资格预审文件，但在发出前必须经过有关国际金融组织审查批准。

第二，必须执行按照招标准则国际竞争招标的规定公布和通告招标邀请或资格预审邀请的要求。即使提前采购得到批准，国际金融组织也不为在贷款生效之日前发生的任何开支提供资金，除非已得到行长对追溯融资的特别批准。

国际金融组织融资的货物采购和工程承包以及服务的聘用最终责任是落在借款者肩上。但国际金融组织有义务确保使其贷款资金用得经济和有效。按照有关的贷款协议的规定准备资格预审/招标文件、发资格预审邀请或投标邀请、评价资格预审申请书和投标书以及授予合同是借款者的责任。国际金融组织的责任是确保使所有这样的采购活动都遵照国际金融组织的政策、规定和程序，即国际金融组织采购准则和有关贷款协议的规定进行。国际金融组织对采购的指导和监督是贯彻于国际金融组织采购的全过程的。

国际金融组织工作人员应在评估时确定对国际金融组织融资货物、工程和服务的合同打捆和其他采购安排。这些安排从工程观点来看应该是合乎逻辑的并适合国际金融组织融资的。合同包通常应具有的规模是既能够吸引国际竞争，又不排除本国制造厂家/承包商参加的可能性。在国际金融组织与借款者之间应就标包的暂定清单连同各项费用的估算和所建议的采购方法达成一致意见。这一清单通常也附在评估报告中，进而写入贷款协议，以采购附件的形式反映不同类型合同的采购方法。

按国际金融组织采购准则和有关贷款协议规定的要求，借款者的资格预审文件草案、所建的资格预审标准、借款者对资格预审材料和所收到的投标书的评价报告连同借款者对此推荐意见都需要经过有关国际金融组织审查和批准。审查由有关项目部门进行，而当合同金额超过一定数额时还必须征求法律总顾问部门和中心作业服务部门的意见。在一些情况下还要求将某些文件提交国际金融组织下设的采购委员会审查。

一经授予合同，借款者应向国际金融组织提交足量份数的签字合同副本。一收到这些副本，有关项目部门必须核对和确保使合同符合招标文件的规定和国际金融组织批准授予合同的条件。随后，连同一份正确填写的采购合同综合表转交会计部门。采购合同综合表应作为项目部门核准的证明。采购合同综合表应提供给中心作业服务部门。上述监督程序适用于国际金融组织所有形式,但对发展金融机构和没有政府担保的私营部门贷款项下的采购除外。

## 三、促进借款成员国的经济发展

帮助发展中成员发展经济是国际金融组织的义务。国际金融组织为其借款成员提供贷款和其他帮助是为了帮助借款成员发展经济。与此同时,如果国际金融组织能在贷款项下的货物采购、工程承包和聘用服务上为其发展中成员特别是借款发展中成员提供适当的机会,使其借款发展中成员的投标者得到锻炼和提高,更是促进其借款发展中成员经济发展的直接而有效的方式。国际金融组织在这方面采取的主要措施有国内采购和国内优惠制等。

### (一)国内采购

根据采购准则,国际金融组织鼓励从接受国际金融组织贷款的发展中成员国内进行物资采购和工程承包。在国际竞争招标或国内竞争招标下都能产生国内采购的结果。在国内竞争招标中招标是按照国际金融组织能接受的国内采购程序进行的,而且通常主要涉及国内招标者。在一个发展中成员国内,小的正规竞争性采购和小价值项目的现货采购也可以产生国内采购的结果。

### (二)通过国内竞争招标进行国内采购

国际金融组织允许通过国内竞争招标进行国内采购,应满足国际金融组织下列条件:①国内的生产或建筑设施能够以合理的价格提供货物和承包工程,而且可以迅速交货和交工;②外国承包商或供应商不会对投标有兴趣;③所要遵循的程序(如国内竞争、资格预审等)是适宜的。

## 四、采购融资安排原则

### (一)在国际竞争招标和国际采购情况下

除非在贷款协议中另有规定,国际金融组织仅为依照采购准则所采购物资、承包工程和所聘服务的直接和间接外汇部分提供资金。不过,为了不在国外和国内投标者之间造成歧视,在依照采购准则、遵循国际竞争招标程序(包括国际采购)进行采购的情况下,不管合同是授予外国还是国内招标者,国际金融组织将在下列基础上对合同的同样金额或百分比提供资金:

第一,在国内制造的货物的情况下,是成品在征收任何销售行业税或类似税之前的出厂价格,但是包括对制造成品货物所用的原材料和部件所付的全部关税和税。

第二,在进口的情况下,是货物在征收进口关税和税之前的价格。

第三,在土建工程合同的情况下,是合同价的一个特定百分比,其代表在假定一个外国承包商执行合同的基础上计算出来的估计的直接和间接外汇部分。

如果合同授予国内承包商,合同符合国际金融组织融资条件的百分比仍保持相同。这一百分比通常在评估时确定并在贷款协议的有关附件里加以规定。

**(二)在国内竞争招标情况下**

国际金融组织在国内竞争招标下的融资仅限于合同价的(直接加间接)外汇部分,也就是说,价格的这一部分代表正在采购的货物和承包的工程的进口部分,除非对剩余费用的部分或全部提供资金的本国货币融资已被批准作为贷款的一部分并反映在贷款文件中。

## 第二节 国际金融组织货物采购的招标投标

国际竞争招标和国内竞争招标是国际金融组织货物采购的主要形式,下面着重介绍国际竞争招标和国内竞争招标的情况。国际金融组织招标的过程从发出投标邀请或资格预审邀请到签订合同为止,但要严格说起来,招标的过程从贷款项目考察和评估就开始了。不过,可以把从贷款项目评估开始到发布招标邀请或资格预审邀请这一段时间划出来,作为招标的准备阶段。招标的过程大体可以分为五大阶段:

第一,招标的准备阶段从贷款项目评估到贷款项目被国际金融组织董事会批准。

第二,招标文件的准备阶段从国际金融组织董事会批准贷款项目到发出投标邀请或资格预审邀请。

第三,投标的阶段从发出招标邀请或资格预审邀请到开标。

第四,评标的阶段从开标到评标结束。

第五,授予合同阶段从评标结束到签订合同。

### 一、国际金融组织招标投标的准备阶段及信息发布

**(一)国际金融组织招标投标的准备阶段**

首先在贷款项目的评估中确定采购框架。以亚行为例,国际金融组织工作人员早在评估时就确定对国际金融组织融资货物和服务的合同打捆问题和其他采购安排。这些安排从工程观点来看应该是合乎逻辑并适合国际金融组织融资原则和条件的。合同包通常应具有的规模是既能够吸引国际竞争又不排除本国制造厂家或承包商参加的可能性。采购框架应写入评估报告。在国际金融组织(如亚行)与借款者之间应就标包的暂定清单达成一致意见。与此同时,还应就各项费用估算和所建议的采购方法达成一致意见。这一清单通常连同各项费用估算和所建议的采购方法也附在评估报告中。不仅如此,在国际金

融组织(如亚行)与借款者的贷款谈判中需要进一步商谈采购框架和采购安排以及其他有关采购的问题。经过谈判进一步在上述方面达成一致意见之后,再将采购框架和采购安排最终以附件的形式列入贷款协议。采购附件反映不同类型合同的采购方法。这样,采购的框架便作为贷款协议的一部分加以肯定。

#### (二)采购信息的发布

国际金融组织以不同的形式发布其贷款和采购信息。通常,国际金融组织都在联合国办的刊物如《发展商业》发布其贷款和采购信息。此外,国际金融组织还大都像亚行一样在自己的刊物发布其贷款和采购信息。这里主要以亚行为例说明国际金融组织是如何发布其贷款和采购信息的。亚行发布贷款和采购信息一般采取三种形式:一是在它自己发行的一种刊物——《亚行商业机会》上发表所建议的项目、采购通告和授予合同情况;二是在董事会批准项目后发布新闻稿;三是在联合国办的刊物——《发展商业》上发表采购信息。下面介绍一下《亚行商业机会》和亚行的新闻发布稿。

《亚行商业机会》是月刊,可以随便订阅。一年的费用(包括邮资)30 多美元。在《亚行商业机会》上对所建议的项目分项进行介绍,诸如新项目、正在考虑的项目、正在考虑的技术援助项目、贷款的分布情况、撤销的项目。对所建议的具体项目的介绍包括项目国家或执行机构、所建议的亚行贷款金额、项目暂时名称和简况、是否需要咨询服务以及项目进展情况。对所建议的技术援助项目进行的介绍与对所建议的贷款项目进行的介绍大体上是一样的。

采购通告包含的内容有借款国名称、贷款编号、项目名称、项目简况、招标机构以及标包划分等情况。标包划分情况是介绍的重点。《亚行商业机会》授予合同情况部分介绍的主要内容是贷款编号、项目名称、执行机构、供货商名称和地址、合同性质、合同说明、合同金额、合同日期以及行业等。

亚行新闻发布稿是一种不定期的贷款项目信息发布。一般来说,在亚行董事会每批准一笔贷款之后,亚行新闻部门便发布一期亚行新闻稿。新闻稿标有序号和发布时间以及标题。新闻稿较详细地说明贷款的国家、贷款的金额、贷款的种类(硬贷款或软贷款)、贷款的期限、贷款的利息以及收益等等。随新闻稿附以项目信息表。项目信息表进一步提供项目的全面情况诸如项目名称、项目所在国家和项目地点、项目简况、总费用、贷款金额、贷款期限、其他融资来源、贷款批准日期、借款国家、执行机构、受益者、采购、咨询专家及估计完工日期。项目简况、受益者和采购是要详细叙述的内容,尤其是采购。

### 二、投标邀请和资格预审邀请

为了增加投标的竞争性,必须广泛地宣传招标,使更多的潜在投标者参加投标。招标通告应采用招标邀请书的形式,发布招标的要求和条件等情况,简要介绍招标的特点并邀请可能参加招标的潜在的招标者来获取更多的信息并参加投标。国际金融组织要求其贷款项下的招标通告能刊登在联合国的《发展商业报》上。招标信息的发布要遵循广泛性、非歧视性、公平性的原则。国际公开招标的具体招标广告应至少刊登在借款国国内普遍发行的一种报纸上(世行要求如果有官方公报的话,也应刊登在官方公报上;亚行则要求如果可能的话,至少要刊登在一种英文报刊上),并将广告的副本转发给有关国际金融组织成员国驻借款国的代表,也可以发给看到总采购通告后表示感兴趣的厂商。对于大的或专门的招标合同,世行和亚行均要求借款人把资格预审和招标邀请通告刊登在国际上发行广泛的著名的技术杂志、报纸和贸易出版物上。世行还要求及时向其提交一份《总采购公告》,提交时间不得迟于公众能得到该项目具体招标文件的日期之前 60 天。我国目前利用国外贷款的具体招标广告均在英文《中国日报》上刊登,有的同时还在人民日报、经济日报等中文报纸上登出。这样的招标通告应在可以向潜在的投标者出售招标文件前一周内至少刊登两次。另外,招标邀请书副本应寄给商会、承包商协会以及其他行业机构,以便传到尽量多的潜在的投标者手中。

对于邮寄的招标邀请书而言,要附上"招标基本信息和数据表"。这会使潜在的投标者能得到关键的信息并能作出参加投标的决定。招标通告或招标邀请起码应包含下列内容:①招标者的名称和地址;②招标方法;③交货的特点、数量以及时间和地点;④具有投标资格的投标者;⑤如何和在何处能获得招标文件;⑥招标文件费用;⑦交标书的地点和截止日期。

招标者可以要求对投标者进行资格预审。除了极为复杂的设备或交钥匙合同外,在货物采购中很少采用资格预审。资格预审的目的主要是在下列方面对潜在的投标者进行审查:①独立签合同的权利;②圆满执行合同的能力,包括专业知识、技术资格和经验、财务能力、现有设备和其他设施情况、管理能力、公司的信誉和信用情况;③是否处于破产清算、破产或其他形式的关闭、停业、合并或变动状态;④是否有参加投标的资格,如由于在招标方面有舞弊行为而当前被禁止投标;⑤过去的业绩。

申请资格预审的潜在投标者应在所规定的时间内提交正确填写的申请表,附上所要求的全部证明文件。要求投标者提供的文件和信息应该是准确判定资格预审合格条件所必需的起码的文件和信息,而应避免要求过多的文件和手续。招标者应根据规定和在资格预审邀请书里所预先确定的一套评价标准决定一个投标者的资格预审申请是否符合要求。应邀请所有通过资格预审的潜在投标者参加投标。不得对通过资格预审的投标者数目加以限制。应迅速通知未通过资格预审的申请者。

## 三、递交标书和开标

任何满足所规定的资质要求的潜在投标者可以参加在其行业领域的供货招标或者可以与另一投标者联合投标。在采用需要通过资格预审的招标时,只有通过资格预审者才允许参加投标。

在联合招标中,必须明确确定牵头的合伙人,而且要求合伙者接受对标的共同责任和各自的责任。每个合伙者在联合投标中的作用和义务必须以书面形式写在投标文件里。

投标者必须遵照投标者须知并利用在招标文件中所提供的格式以书面形式向招标者或招标代理机构提交其投标书。投标文件至少要包含下列内容:①填写好的投标函;②填写好的招标价目和其他所要求的定价信息;③商务误差表(如果有的话);④技术误差表(如果有的话);⑤招标保证金;⑥证明投标者资质和业绩(必须提交经公证人公证的客户证明材料)的文件;⑦制造者的授权书(如果投标者不是货物制造者,而且在交钥匙任务的情况下,必须要提供主要设备制造者的授权书);⑧银行信誉证明;⑨招标文件所要求的要与标书一起提交的其他所有文件。

将不接受用电报、电传、传真以及电子邮件方式呈交的标或对标的修改。招标文件必须与作为主件的原件和在招标文件中所规定数目的副本一起提交。每一套都将明确标出原本或副本。凡是原本与副本有差别的地方,则以原本为准。

投标文件必须加盖公章并由投标者授权代表签字。除了未经修改的印刷材料外,投标文件的全部页都必须编号并由投标者简单签字。投标文件不得涂改、修正或在行之间有增添。在有必要修改的地方,投标者必须对着这样的修改以签姓名中的一个字的简略形式进行签字。

根据招标文件的要求,投标文件必须加封和加标记,而且必须在招标文件规定的时间和地点提交。邮寄或面交均可,但在每种情况下收到的时间是决定性的时间。投邮的时间不能作为交标书的时间。招标者或招标代理机构必须办理适当的接收手续并将向每一投标者出具一收据,以证明收到了其标书。在投标截止日期过后收到的标书不能被接受并将原封不动地退回。

投标者可以在招标截止日期之前以正式提交更改标或撤标的书面通知方式更改标或撤标。如果在价格方面进行更正,则应在信封外面清楚地写一标注“价格更正,请在开标会上宣布”。在撤标的情况下,招标者或招标代理机构应迅速将投标者投标保证金退回。不允许投标者在招标截止日期过后对标书作任何更改。从投标截止到有效期结束,投标者将不能撤回他们的标书。这样做的投标者的投标保证金将被没收。

招标文件应明确规定所要求的招标有效期。有效期应代表对评标和与中标的投标者签合同所需时间的合理估计。这通常应在 60 ~ 120 天的范围内。过长的有效期会诱使投标者虚报价格,应予以避免。在特殊情况下,招标者可以在投标有效期内,要求投标者同意延长有效期。延长有效期的请求和答复必须采用书面形式。拒绝延长有效期的投标者将不受惩罚,而应将其投标保证金迅速退回。同意延长有效期的投标者可能不会要求,也不允许他们对其标书作任何更改,而且他们还必须相应延长其投标保证金有效期。

招标文件必须规定,如果任何投标者存在不能够满足规格任何部分的要求或任何商务要求的情况,则他应在招标文件中所提供的适当的“偏差一览表”里明确指出这种不符合要求的情况。应公开开标,而且开标将在投标截止后马上在交标书的同一地方进行。将由招标者或招标代理机构举行开标会。评标委员会委员、招标者和其他有关部门的代表将应邀出席。不管邀请与否,投标者或他们的代表有权出席开标会。应保留出席会议的记录,其记载开标会所有出席者的姓名、职务、所代表的机构以及签名。

投标者应检查标书(包括补充和更正文件)的密封情况。在核实一切正常后,标书应当众打开。应对标书进行检查,以核对投标者的投标资格和姓名、标价以及所宣读的其他主要特点。必须以书面和录音带两种形式记录唱标情况。将给有关国际金融组织呈报一份书面记录,作为通报和备案。录音带加封并作为招标文件的原件保存备查考。在开标期间,投标者或他们的代表可做笔记和录音或录像。

如果投标文件有一些不清楚之处,可以允许投标者提供基本的澄清。可是这样的澄清将不能超出标的范围,也不能改变标的实质。

招标文件的原件将加封并作为主参考件保存。复制件将用于评标。在利用两阶段招标程序对于一些复杂设备进行的招标中,开标应分两步进行。第一步是开技术标。经过澄清和协商之后,投标者将提交他们的投标价格。第二步便是当众开有标价的标。

## 四、评标和选标

由招标者或招标代理机构建立的评标委员会在开标之后将依照在招标文件中所规定的时间框架进行评标。

评标委员会应由招标者组建,其应由招标者和招标代理机构的代表以及为此目的而聘请的技术、经济和法律专家所组成。

评标委员会成员人数应该保持奇数,而且不得少于5人,其中2/3应是所聘请的独立专家。评标委员会由招标者的授权代表任主席。

评标应评价招标文件的内容并应严格遵照招标文件的规定进行。评标从全面审查开始。评标委员会将审查所有的投标,以确定投标者是否符合资质要求和其投标是否基本符合招标文件的要求。来自资质不符合要求的投标者的标和明显不符合要求的标可以立即否决。

对于看来基本符合招标文件要求,但在一些方面尚不清楚的标,对含糊的地方应作记录和标记,应在此基础上拟定要与投标者澄清的问题清单。

评标委员会可以要求投标者就投标文件中含糊不清的地方进行澄清。必须以书面形式进行澄清,该澄清不应有任何本质改变,其书面澄清将成为招标和投标的补充材料。

下一步是以系统的方式对标书进行评价。如果标的数量大,评标委员会可以采用两步评价法:第一步是初评,第二步是细评。在初评中,可将提交了价格相当高的标而与所规定商业条件有很大差距或提供质量比其余投标者差得多的设备的投标者的标放在一边。剩余的几个标将构成包含不多于三个投标者的"短名单"。而后可以对被列入短名单的投标者的投标文件进行仔细评价。在拟定短名单中,必须要牢记的是评标的最终目的是决定"基本符合要求而标价被评为最低的标",以授予合同,而被评为最低标价的标不一定是投标价最低的标。因此,必须要注意不使有希望作为被评为最低价的标从短名单中漏掉。如果标的数量少,评标委员会可以直接进行仔细评标,没有必要再列短名单。

在随后的仔细评标中,标的商务和技术两方面都要进行仔细评价,而且根据在招标文件中所规定的预先确定的数值进行价格调整,使所有的标都处于平等地位,以作价格比较。

在进行价格调整中,投标者融资、提高支付的方法和条件、货物运到工地、储存、购买保险、提供技术服务、开展人员培训等费用都必须以统一的方式进行计算并加到标价上。如果标没有全部满足技术要求,则应该用其他投标者所提交的最高价格对投标者价格漏项进行调整。

必须根据招标文件所规定的数值对燃料和其他消耗品的消耗、运行效率和产出或生产能力的差别进行价格调整,这样的数值是按照设备的整个经济寿命预先计算出来的。

在完成评价时,评标委员会应准备评价报告。报告的内容应包括:①基本信息和数据表;②评标委员会的成员;③开标会的记录,包括与会者的登记;④所收到的标书和其标价一览表;⑤基本符合要求的标价一览表;⑥详细说明商务偏差和价格调整一览表;⑦详细说明技术偏差和价格调整一览表;⑧最终价格比较一览表;⑨经评价的投标者的排队;⑩所推荐的被评为最低标价的投标者签订合同前要处理的事宜。

在中标的投标者被选定之后,招标者将向中标的投标者发一中标通知并要求其在签订合同前 30 天之内提交所要求的履约保证金。中标通知一经发出,便有使投标者受其标约束的法律效力。

所要求的履约保证金额通常应为合同价的 10% 并由一家在购买者国家营业的有信誉的银行出具或确认以及应在整个合同期间有效。在评标的时候,一旦出现下列条件,评标委员会有权决定招标是有缺陷的:①发现所收到的全部标书都是不符合招标要求的;②明显缺乏竞争;③有明显的串通投标的证据。

如果决定重新招标,在这样做之前,应仔细分析这次招标失败的原因。问题往往会出在有缺陷的规格上或过于苛求的商务或其他条件上。在这种情况下,必须在重新招标之前对招标文件进行修改,以避免同样情况的再次出现。

### 五、合同的签订和执行

中标的投标者和招标者将根据招标文件的内容在发出"中标通知"后 30 天内签订合同。合同一旦签字就生效,并且只能依据合同条款通过正式的修改方式进行修改。在遇不可抗拒力或发生预料不到的事件等特殊情况下,合同签字的日期可以延期。如果中标的投标者不能根据招标文件的要求签订合同文件或者不能为执行合同提供所要求的履约保证金,则招标者可以不与中标的投标者签订合同,投标保证金应予以没收。为考虑授权合同,招标者将从标书依然有效的投标者中选择排在下一个的投标者。在合同签字之后,招标者将把投标保证金退还中标的投标者并同时向未中标的投标者发未中标通知和退回他们的投标保证金。

## 第三节　国际金融组织贷款项目工程承包的招标投标

国际金融组织的采购准则既涵盖货物采购,也涵盖土建工程承包。在国际金融组织贷款项目中,土建工程占据着相当重要的地位,而且也具有很大的独特性,所以国际金融组织还为土建工程承包制定了专门的招标文件。与建设项目有关的工程承包货物采购和服务聘用都将按照国际金融组织的有关规定通过竞争招标进行。主要工程的设计服务和招标代理机构的服务,如果需要,将按照聘用服务的规定进行选择。招标将遵循公正、透明、公平、正确、择优和信用的原则。

## 一、招标和资格预审方法

国际金融组织土建工程的承包可以采取多种形式,其中主要的形式是招标,而招标又有多种方式:①国际公开竞争性招标;②国内公开竞争性招标;③有限招标;④选择性招标。

不过,当建设方法受到专利保护、现场条件或环境的限制时,需要免除招标的情况如下:①采购仅原制造者才有的专利品时;②在设备的标准化对兼容性或经济性至关重要时;③在涉及高度专业化技术或设备,而且只有已知的一两家潜在的投标者才有时。

招标和资格预审方法如下:

第一,对于公开竞争性招标,应发表招标通告,邀请有关国际金融组织所有符合有关国际金融组织投标资格要求的潜在的投标者参加招标。为达到最大的竞争,应尽量在国际金融组织土建工程的承包中采用公开竞争性招标法。

第二,有限招标是指参加投标仅局限于特定的一组投标者的程序,通常是局限于参加了不久前举行的公开竞争性招标的投标者。当相同的物资急需追加数量或同一工程急需扩展,但又显而易见,以重复公开竞争性招标不再会得到好处时,可以采用这种程序。招标可以局限于在早先的公开招标中投了符合要求的标的投标者或者当有众多符合要求的投标者时,可以局限于五个标价最低的招标者。

第三,根据选择性招标程序,仅邀请所选择的数目不应少于三个的潜在投标者参加投标。这一招标方法仅可用于其估计金额小于要求公开竞争性招标的限额的招标或者在下列任一条件下:①仅有极少数的投标者具有招标的资格;②所涉及的是由极少数专业公司所制造的高度专业化的设备。

所建议的招标方法应在招标前呈请有关国际金融组织审查和批准。

对于大中型建设项目、交钥匙和技术复杂的项目,招标者将在选择投标者中使用资格预审程序。

招标者将在有关国际金融组织有关借款国一家全国或国际发行的杂志或报纸上发表邀请资格预审的通告。这样的通告在可以购买资格预审文件前一周内至少登两次。邀请资格预审的通告应起码列出招标者的名称和地址,要实施的工程的地方和规模,建设的进度,获得资格预审文件的方法、地点和时间以及文件的售价、提交申请书的地点和截止日期以及评价申请书的时间表。

一个潜在的投标者应向招标者提交证明其符合下面所规定要求的有关文件:①具有资格预审文件所要求的资质证明,而且是一个独立的有权签合同的法人;②在近一年里已承担过一项在规模和复杂程度上与所提出的建设项目相类似的工程并有良好工作结果和执行合同业绩良好的记录;③具有承担该工程的充分的适当资质和经验的人员及所必需的成套装备和施工机械;④具有良好的财务状况,而不是处在破产或其他形式的关闭、停业、合并或机构变化之中;⑤目前没有因在招标或有关的过程中营私舞弊受到处罚或在最近三年有任何刑事犯罪;⑥在最近三年有良好的安全工作记录;⑦可以在资格预审文件中规定的这类其他附加的资质要求。招标者将考虑全部交来的填好的资格预审申请书并根据在资格预审文件中所规定的一套预先确定的评价标准确定是否潜在的投标者已满足所规定的要求。所有通过资格预审的申请者都将给予参加投标的机会。对通过资格预审的投标者数目不得限制。

## 二、投标邀请和招标文件

招标通告应列出招标者的名称和地址、提供项目和施工地点的简要介绍、说明建设开始时间和建设期限以及其他有关信息(其中包括应遵守的招标程序),使潜在的投标者决定这是否适合他们参加投标。招标通告还应说明在何时和何地可以获得招标文件以及招标文件的费用。招标者必须在招标通告所示的时间和地点提供招标文件,而招标文件一经出售不能退还。

招标者必须根据招标项目的要求编制招标文件。招标文件的规定必须符合有关国际金融组织的常规、规则和规定的要求,不许偏向或歧视任何潜在投标者。建设项目招标文件通常应以所示顺序包含下列内容:①投标邀请书;②投标和投标保证金证书格式;③招标者须知;④合同的通用条件;⑤合同的专用条件;⑥技术规格;⑦工程量清单/价格表;⑧技术数据细目表;⑨偏差明细表;⑩图纸;⑪协议的格式;⑫履约保证金证书的格式。

下面详细介绍招标文件的一些重要规定。

许可的招标期限应在很大程度上取决于项目的复杂性,而且应该符合实际情况并使潜在投标者有足够的时间准备他们的投标书。对于大中型建设项目而言,通常不应少于90天。

应明确规定所要求的投标保证金证书的形式和金额。金额应定为标价的2%或一个指定的金额,其相当于所估计的合同价的2%。所规定的投标有效期应充分,足以完成评标和与中标的投标者签订合同。但不应过长,因为过长的投标有效期会产生不确定性,而且会使投标者虚报其招标价,以防备未预见到的因素的影响。对建设项目完成的时间应在考虑项目的复杂性、项目现场的限制和其他有关因素的基础上作出符合实际的估计。完工每拖期一天的损害赔偿金应定在合同价的0.1%以下,但最大赔偿金额为合同价的10%。

所规定的付款条件应符合行业的常规做法。在建设项目预期的期限超过12个月的情况下应规定根据官方公布的指数进行价格浮动调整。价格浮动调整仅应包含主要的成本要素并可限于±2%的呆滞带和±10%最高限额。所采用的价格调整公式将示于招标文件中。技术规格应该是非限制性的并在可能的情况下以国际上通用的标准为基础。凡规定了特定的标准者，应该说明任何其他能提供同样或更好质量的国际或国内标准也是可以接受的。凡使用商标名称作为详细描述事物的简捷途径者，其后必须写“或相当的”一词。

招标文件应规定，对于投标者不能满足规格的任何部分或所要求的任何条件的地方，投标者应在招标文件中所提供的适当的“偏差明细表”中明确标出这种不符合要求的情况。应在招标文件中明确规定所有将在评标中考虑的要素，其中包括给每个要素分配的货币数值。应明确说明授予合同的方式，也就是说合同将是作为一个整体授还是分成部分或块授。还应该有一条规定，以保留招标者仅分部分授予合同或根本不授任何合同的权利。招标文件应明确要求分包应在投标文件中加以明确阐述。招标文件应告知投标者，其参加投标要自负费用和风险。招标者应根据所批准的初步设计、所希望的质量和所预期的建设期限以及市场的主导价格估计出项目招标底价，作为对参与招标和随后对所收到的标的评价人的指导。招标底价必须保密。

## 三、投标和开标

招标者可以在招标期间要求对招标文件的内容进行澄清。澄清应迅速以书面形式提供，不得晚于交标截止日期前15天，而且必须同时给所有购买了招标文件的潜在投标者各抄寄一份。

投标者必须以书面形式提出延长招标期的要求，但招标者对延长招标期的要求没有必要有求必应。招标期的延长由招标者自行掌握，而给予延长只是为了确保竞争。

招标文件的任何重大变化或增加内容必须作为招标文件的附件发出。所发的任何附件必须发送给所有招标文件购买者。应要求他们签收成为招标文件一部分的附件。如果认为必要，可延长招标期，使投标者能够考虑所发附件的影响。

招标者可以在交标截止日期前至少15天组织招标会，以回答与会的潜在投标者所提出的问题。应保留会议纪要并分发给所有潜在的投标者，不管他们是否参加会议。通常可结合招标会议就便在会后组织项目现场参观。如果有必要，在招标会现场参观结束时将发一附件，以包含所给的任何会使招标文件发生任何重大变化或增补的澄清。出席会议和参加现场参观都不是强制性的，而是由投标者自愿参加、自负费用和自担风险。

投标者必须按照招标文件的要求编写投标文件。投标文件应包含下列内容:①投标说明(以招标文件所提供的格式为准);②投标保证金证书(以招标文件所提供的格式为准);③工程量清单(根据招标文件所提供的格式填入正确的内容)和招标文件所要求的其他价格信息;④商务偏差表(以招标文件所提供的格式为准);⑤技术偏差表(以招标文件所提供的格式为准);⑥证明投标者资质(以招标文件所要求的格式为准)和业绩(经过公证的客户证明)的证明文件;⑦银行的资信证明(以招标文件所要求的格式为准);⑧所有其他要求与投标书一起交的文件。

投标文件必须以原件作为主件和按招标文件所规定的副本份数提交。每套将明确标出原件或副本。在原件与副本之间出现差异时,以原件为准。投标文件必须由投标者按要求签字和盖章。投标文件不得涂改、修正或在行间增补内容。在有必要作修改的地方投标者必须针对这样的修改进行简签。

投标文件必须按招标文件的要求加以密封并做好标记,而且按招标文件所规定的时间和地点提交,邮寄或面交均可。在每一种情况下收件时间都是决定性的时间。招标者或招标代理机构应给投标者开一收条,以证明收到投标书。不接受以电报、电传、传真以及电子邮件方式提交的投标书。将不接受在投标截止日期之后收到的投标书并应将其原封不动地退回。投标者在招标截止日期之前可以以正式提交要求修改或撤销招标书的书面通知的方式修改或撤销其投标书。如果是价格方面的修改,则应在信封外面明确标上"价格修改,请在开标会上予以宣读"。在招标截止日期之后不得进行修改。

投标者从关闭招标到投标有效期结束不得撤标,否则将没收其投标保证金。在联合招标中应确定牵头的合伙者并明确界定每一方所承担的责任,应要求各方接受为完成合同所承担的共同责任和各自的责任。在投标关闭之后立即在提交投标书的同一地方对所收到的标进行当众开封。评标委员会成员、招标者、招标代理机构以及其他有关单位的代表将应邀出席公开开标会。不管邀请与否,投标者或其代表有权出席开标会。应保留出席会议情况的记录,载明所有出席开标会人的姓名、职务、所代表的机构以及签名。投标者将检查其投标书(包括补充和修改文件)的密封情况。在验证一切正常之后,将其当众打开。投标者的姓名、标价以及其他主要特点将予以宣读。

唱标情况必须以书面和录音带两种方式加以记录,将提交有关国际金融组织一份书面记录。录音带将封存作为投标文件的原件备查。投标者或其代表在开标当中可以作记录和录音或录像。招标文件的原件将封存作为主件备查。副本将用来进行评价。

## 四、评标和选标

评标将由招标者建立的评标委员会承担。评标委员会由招标者、主要投资者、招标代理机构的代表以及为此目的而雇用的技术、经济和法律以及其他专业的专家所组成。评标委员会的总人数将为奇数并且不得少于5人,而其中所雇用的专家人数应不少于总人数的2/3。任何与任何招标者有联系或与招标结果有任何利益关系的人将不得作为评标委员会成员。

评标委员会将根据招标文件的要求和在招标文件中所事先确定的一套评价标准对投标文件进行审查和比较。遵循的评价程序应符合有关国际金融组织的有关采购准则的规定。评标的目的是确定基本符合招标文件要求而又被评定为最低价的标,以便被推荐为中标的标。但最低投标价的标不一定因其价最低而成为中标的标。

为了取得最大的效率,应系统地进行评标。首先,应审查投标书是否符合招标文件的主要要求,将不符合要求的标放在一边。不过,除标价高得出奇而没有希望中标的标外,应对其余的标进行仔细评价。在评标过程中,在有必要澄清招标者的投标书时,可以与他们进行接触。但无论如何不应让他们改变其招标书的主要内容或价格。为了使所有的标可以在同等的基础上进行比较,必须根据在招标文件中所示的事先确定的评价标准对可以接受的商务和技术差异进行价格调整。

在评标完成时,评标委员会将准备一份全面的评价报告,其将特别说明基本符合要求而被评定为最低价的标。招标者将从评标委员会所推荐的候选者中确定中标的投标者。应选择提交了基本符合要求而又被评为最低价标的投标者为中标者,而且将合同授予他。不应以授予合同为条件,试图谈判降低标价或追加工作,这样做会有损于招标者的信誉和招标过程的公正性。

评标和授予合同应在招标有效期内完成。然而,即使尽了最大努力仍完不成时,那就应请投标者延长其投标有效期。应向所有提交了投标书的投标者提出延长的请求,不管他们是否会中标。拒绝延长其招标有效期的投标者将不受惩罚地收回其投标保证金。同意延长其招标有效期的投标者还必须相应地延长其投标保证金有效期。

在中标的投标者选定之后,招标者应在取得有关国际金融组织的批准之后给中标的投标者正式地发中标通知,通知其在30天内提供所要求的履约保证金并签订合同。履约保证金应该采用招标文件所规定的方式。履约保证金金额通常应相当于合同价的10%,而且应由招标文件所要求的一家银行出具。招标者将在发出中标通知的30天内并收到履约保证金后与中标的投标者签订合同。招标者应在与中标的投标者签订合同后将投标保证金迅速退还中标的投标者。在发出中标通知之后,如果中标的投标者未能提供所要求的履约保证金或拒绝签订合同,其投标保证金将被没收。而后,招标者应考虑将合同授予排在下一位的有效标。

## 五、招标投标的管理和纠纷的处理

一个投标者一旦发现招标者或另一个投标者在投标过程中有任何违背法律或规定的行为,可以在10天之内酌情向招标者或有关国际金融组织进行书面投诉。招标者应迅速对投诉进行调查,在适当时间内提出书面答复以及采取必要和适当的措施。

如果在执行合同中产生纠纷,则合同双方应首先争取依照在合同中所同意的方法通过协商解决纠纷。当协商和调解均无效时,可以采取仲裁。只是在万不得已的情况下,才上诉司法机关。如果承包商有任何欺诈行为或任何腐败行为,则本合同将失效,而且该承包商将被永远或在一个时期内禁止竞争有关国际金融组织的任何合同,被禁期限视欺诈或腐败行为的情节而定。供货商和承包商都有义务接受国际金融组织检查和审计其与履行合同有关的财务账目。

## 六、工程承包招标文件的准备

招标范本文件里所介绍的程序和实际做法是在国际金融组织多年作业并借鉴广泛的国际经验的基础上制定出来的,其具有全面性和普遍性。然而,需要指出的是,该范本文件是为常规的土建工程招标和合同而编写的,不适宜于更复杂的模式,诸如交钥匙合同和设计与建设总承包合同。范本文件用于国际金融组织通过竞争性招标承包工程。这些招标范本文件可以作为在土建承包中最常见的标量(在工程量清单中的单位价格或单位费率)合同的模式。

参照这套招标范本文件,招标者便能经济而有效地制定一套可行的招标文件。本文件尽量以标准化的格式进行编写,以便完整地编入招标文件并构成招标文件不可分割的一部分。在这套招标范本文件中采用了一套标准而通用的合同条款。如果将招标的专门信息抽出来并放入招标基本信息和数据表中,便可形成投标者须知。这样一来,拟定招标文件的用户仅仅需要填写相当简单的招标基本信息和数据表就行了,而需要专门拟定的只是专用的合同条款和技术规格。

每一范本文件之前都加了说明,以便为用户提供信息和指导。招标基本信息表的格式、投标者须知的条文以及通用的合同条款应保持完整性。利用范本文件编制招标文件,重要的是要求在所有作标记的地方填写特定的细节并选择适宜的条款。当使用范本文件时，应进一步遵守下列各点：

第一，特定的细节诸如业主的名称和地址、提交投标书的截止日期等应填在所指定的空白处。为指导用户而提供的指南和任何脚注应在随后删除。

第二，为构成一套完整的招标文件，通常需要所提供的全部范本文件。应认真检查每个文件是否适宜，必要时应进行改写，以适应具体情况。

第三，在有些情况下（如在专用的合同条款中）明确列出了示范条款。这些示范条款仅作为范例提供，而用户可以范例作为指南拟定自己的条款。

第四，凡是在列出了可替代条款和条文的地方，选择最适合实际情况的，删除未采用的替代条款。

第五，对于大部分土建工程合同都需要对投标者进行资质预审，以确保仅使在技术和财力上有能力的公司应邀投标。在本范本文件里没有涉及对投标者资质预审的过程，而是假定已进行了资质预审。

# 第十三章

# 国际工程招标投标

## 第一节 概 述

国际上在建筑业中实行招标投标,已有较长的历史。我国的工程承包商要输出技术和劳务,必然要参加一些国际性的工程投标,这时对有关投标的理论和操作实务的掌握就显得极为重要。由于世界各国的经济体制、社会结构和经济政策不尽相同,许多国家各自推行不同的招标投标与承包制度,所以针对不同的国家,投标策略也就应该有所差异。但是因为联合国工业发展组织、国际顾问工程师联合会、世界银行等有关组织长期以来都在各方面为国际性的建筑工程招标投标与承包制度制定了各种通则、条款及有关范本,使得各国在工程招标投标方面的做法日趋一致。而且,如果不考虑技术性的具体操作实务,从系统本质层次上考虑,各国国际工程招标投标可以说是同质的,即都是一种"商品交换买卖方式"。

### 一、国际工程投标理论

国际上的工程招标投标在长期的实践中已经形成了各种理论,主要的投标理论为竞争性投标理论,包括以下几个方面:

第一,报价。具体又分两种情况:当已经知道参加竞争的投标者数目,并且知道竞争者是谁时,应该如何报价;在参加竞争的投标者的数目和投标者是谁都不知道的情况下,决定报什么价。

第二,投标。具体又包括:决定究竟是否参加投标;当没有力量承担所有招标合同时,决定同时参加多少合同的投标。在正常情况下,报价最低的投标者会中标获胜。因此,投标者需要决策的问题就是要在能达到中标目的的前提下,提出一个低于竞争者报价的价格,投标者企图达到的目的一般可能是:①尽可能扩大即期(近期)利润;②尽可能扩大长期利润;③保持最低限度的资金利润率;④尽可能减少遭受损失的风险;⑤尽可能减少竞争者的利润。

竞争性投标整个过程要经历以下几个主要环节:

第一,投标前分析。首先,确定投标目标。是否投标,报什么价,主要取决于企业的目标。企业应该谨慎地确定自己的目标,应该尽可能地分析潜在竞争投标者的目标。分析竞争投标者的目标,对估计中标的机会是有利的。其次,制定评价投标机会的标准。为了有选择地进行投标,企业需要制定评价投标机会的标准,这些标准应该包括以下内容:招标项目需要的劳动力技能和技术能力;企业现有设备的能力;完成这个投标项目,随后会带来的投标机会;投标项目需要的设计工作量;竞争情况;企业对这个投标项目的熟悉程度;交货条件;经验曲线因素。最后,制定筛选投标机会的方法与步骤。

衡量一次投标机会的价值,必须按以上提出的八项标准进行分析,具体方法与步骤如下:①按照八项标准对于施工企业的相对重要性,分别给各项标准确定权数;②用八项标准对投标项目进行衡量,按每项标准的相对价值,将其区别为高、中、低三个等级,再对这些等级赋予定量的数值;③把每项标准的权数与等级得分相乘,求出每项标准的得分,八项标准得分之和,就是这个投标机会价值的总分数;④把总分数与过去其他投标情况进行比较,或者和企业事先确定的准备接受的最低分数相比较。

第二,估算完成工程合同需要的直接成本。决定投标之后,就要估算完成这项合同所需要的直接成本。直接成本决定了价格的最低限度。如果低于这个限度,企业就不会去投标。当企业的经营水平大大低于其生产能力时,投标企业可能选择低于它的全部成本的报价。而当其经营水平接近于其生产能力时,就会决定提出一个全部成本加利润的报价。

第三,判断中标概率(获胜概率)的方法。提出投标的关键因素是判断中标的概率。在大多数工程的招标情况下,报价最低的投标者往往会中标。所以,问题就在于预测竞争者将会怎样报价。概率投标模型能够帮助企业决定一个把中标概率与如果中标能得到的利润结合起来的最优报价。

第四,获胜报价法。获胜报价法是利用企业过去获胜报价的历史资料判断获胜概率的方法,这种方法是以两个假定条件为前提的:首先,在竞争者的直接成本估计和投标者的直接成本估计之间有一固定不变的关系;其次,竞争者今后的做法与他们以前的做法相同。

第五,确定最佳报价。概率投标模型帮助企业决定一个能够使获胜概率和如果获胜可以达到利润最优化结合的报价。这种最佳报价就是预期能对利润和企业管理提供最大贡献的报价。

## 二、国际工程项目的阶段划分

国际工程项目程序大体可分为立项阶段、设计或招标投标准备阶段、招标投标阶段和施工实施阶段。在整个程序中,唱主角的始终是咨询工程师。

### (一)工程项目的确立

当业主方对某项工程投资具有一定的意向时,其首先会聘请咨询工程师对该项目进行可行性研究,以弄清该项目的经济效益、社会效益、所需资金等等,从而减少投资风险和取得必要的贷款。这是一项技术要求很高的工作,要靠各专业资深工程师来完成。如果想取得国际性的开发组织如世界银行的贷款,项目可行性研究则一般应由国际咨询工程师联合会(即 FIDIC)成员来完成。这是基于世界银行对该组织的信任,并通过该组织使贷款项目按 FIDIC 程序运作和对贷款的使用实施有效监督,这种监督将贯穿于整个贷款项目的始终。

### (二)招标投标准备

当项目确立之后,业主将委托咨询工程师编制招标文件,做招标投标准备工作。招标文件(即合同)的内容基本上分为商务条款和技术条款两大部分。商务条款是对工程项目的复杂的管理体系和管理程序的设计,技术条款是对项目的复杂的技术方案、技术细节、技术要求的设计,因此可以说招标投标准备工作是项目的设计过程,由此产生出一个完善、严密、翔实的合同初稿和实施细则。

### (三)招标工作

招标投标工作是由业主方组织的,但实际上是按照工程师在招标文件中规定的程序,并由业主聘请的咨询工程师对投标书进行评价(评标),提出评价报告。业主将按评价报告的建议确定和哪个承包商签订合同(授标)。这就形成了这样一种约束机制:签订承包合同的业主方要依靠工程师提供的投标评价才能下决心签订合同,而提出建议的工程师却不是承包合同的主体,无权签署合同,始终以“参谋”的身份为项目工作。

### (四)实施阶段

国际工程项目在施工实施阶段,工程师将派出自己的代表在施工现场负责合同实施的监督,处理授权范围内的事项,直至合同履行完毕。

如上所述,国际工程项目自始至终要依靠咨询工程师的全面服务来完成。因此,正确地选择咨询服务组织,对工程项目的效益和顺利实施是至关重要的,业主对选择咨询服务机构特别重视。FIDIC 编制的《业主咨询工程师服务选择指南》、世界银行的《世界银行借款选择和聘用咨询人指南》等文件均可为这种选择提供帮助。

# 第二节 国际工程项目招标投标程序

国际工程项目招标投标的运作过程是严格按照世界银行所确认的规范化的程序进行操作的。这一操作程序最大限度地体现了公开、公平、公正的竞争原则。从下面介绍的招标投标过程和对每个环节的具体要求即可以看出这些原则是如何体现的。

## 一、发布招标公告

业主委托咨询工程师编制完成招标文件(标书)后,招标投标准备工作就绪,即可发布招标公告。

世界银行贷款项目的招标公告要事前报世行有关机构认可后方可发表,并要求在《联合国发展商业报》和项目所在国发行量最大的报纸上发表,其他项目也都有类似的要求。

招标公告的内容除项目概况、业主名称等基本情况外,还应包括资金来源(信贷号)等可能影响投标方决策的内容。招标投标是一种双向选择,"公告"发表的范围越广,业主方选择的范围就越大,竞争范围更广,更有利取得竞争性报价。对承包方来讲,也是一个选择过程,有经验的承包商在投标前要进行投标可行性分析,除了看项目本身的优势之外,还要看项目资金来源的可靠性、业主方的信誉等,以评价支付风险。支付有保证时可适当降低投标报价,这最终是对业主方有利的。而上述内容的信息来源主要靠从招标公告中进行分析判断。有的工程项目由于业主方资金不到位造成工程停工、拖欠工程款,迫使承包方大量垫资,就会带来承包方的经营风险。招标公告还有投标保证金(保函)的内容,这是用经济手段保证投标人兑现投标承诺。在国际工程项目中,投标人的投标书一旦开标形成有效标书,就无翻悔的余地,否则投标保证金将被没收。在某些"资格预审"的招标项目中,招标公告还将包括"资格预审"资料的内容,这将在下面评标部分详细说明。

## 二、购买标书

在承包商对招标公告进行初步投标可行性分析,认为参与该项目竞争投标是可行的时,则可按照招标公告规定的期限、地址、金额及办法购买招标文件(标书)。业主将登记购买者的名称、通信地址,以便将招标文件的澄清、补充寄给每一个购买者。由于购买标书只支付标书的工本费,对承包方来讲,即使下一步放弃投标也不会造成大的经济损失。

## 三、现场考察及标书澄清

当招标公告规定的购买标书的日期截止之后,业主将书面通知所有购买标书的承包商,组织他们对工程现场情况进行考察。考察内容很广泛,由承包方自己掌握,包括工程所在地的环境、交通、气候、资源等各方面的情况,以便承包方对工程项目的投标有自己的报价。

承包方收到招标书后,应对招标文件进行细致的研究和理解,就其可行性作出肯定或否定的结论。在以后签署的投标文件中,承包方都要明确表明“阅读并理解了招标文件并对这种理解负责”。正确理解招标文件对投标者至关重要,任何错误的和不一致的理解都可能导致重大经济损失。因此,对于招标文件中含糊不清、不明确之处,投标方应采用书面形式,在业主方规定的期限内向业主工程师提出问题澄清,业主工程师将这些问题的澄清答复汇集后编制“标书补充文件”,以书面形式发到每个购买标书的承包商手中,并要求承包商书面确认已收到。问题澄清答复中不得涉及这些问题是由谁提出来的。为给投标人一定的编制或修改投标书的时间,有时也会由于要提供“标书补充文件”,业主方会更改和重新确定开标日期(提交投标书终止时间)。

## 四、承包商编制投标文件

当承包方对现场考察调研和对标书研究论证后决定参与该项目投标竞争,即可编制投标文件。编制投标文件必须严格按照招标文件的规定和要求,满足招标文件规定的格式和标准,即所谓“应答标”,并按规定由授权人签名和盖章,任何与招标文件要求不一致的投标都有可能被拒绝。这种统一的要求使所有的投标者都处于同一条起跑线上,以体现公平竞争的原则,也便于工程师评标。投标者对工程项目的建设性意见可以投标书附件的形式提出,但不能作为投标书的内容。

## 五、投标书密封、修正及投标保函

国际工程项目中对投标者的标书密封是有严格要求的,这也是为了体现公平、公正的原则。投标人完成标书编制即可将投标书密封包装,并在封面上注明工程项目,以及投标人名称、地址等规定内容,且应注明“什么时间(开标日、时)之前不得打开”字样。任何提前打开的标书都将作为废标处理。

在投标人将投标书密封后到规定的提交投标文件最后期限(一般为开标时间)这段时间内,不管投标书是否已经送到业主方手中,投标人仍随时可以用书面文件、电报、传真等形式对投标文件进行修改、补充直至撤销投标。业主将撤销的投标文件在不开封的情况下退还投标者。在国际工程项目的投标活动中，业主还要求投标人在开标之前提供符合要求的投标保证金(保函)。未能及时提供投标保函的投标将被视为废标。提供投标保函的规定是为了确保业主招标工作的顺利进行和招投标活动的公正性。对一个工程项目的投标,在投标截止日期之前,投标者可随时予以翻悔(修改、撤标)。一旦开标,投标人则必须履行其投标承诺,发生对投标书的修改、撤标、不接受工程师"改错"(后面将提及)、中标后不签署协议书和不提供履约保证金(保函)等任何情况,都将被没收投标保函。

## 六、开标

按照招标文件规定的日期、时间、地点,在所有愿意参加的投标者在场的情况下公开开标,详细地作会议记录。开标应按业主收到投标书的先后顺序进行,迟到的标书均作废标处理。开标顺序为:念出投标人名称——当众检查标书密封完好——当众打开——确认已提供投标保函——念出投标报价。全部投标书念完之后,有效的投标书当场形成一个报价由低向高次序排列的名单。国际工程项目开标操作过程体现了公开、公平、公正的竞争原则。

## 七、评标

对投标文件的评审由业主方所聘用的咨询工程师进行。

### (一)投标书澄清

咨询工程师在评标时首先审查投标文件是否严格按照招标文件的要求编写并进行了签署,基本上是一个应答文件,符合招标文件的所有规定,没有偏差或附加条款,否则该投标书都将作为不合格标书而被拒绝,且不能通过修改或撤销附加条款而成为合格标书。为有助于对投标书的审查、评定和比较,业主或工程师可随时要求任何投标者将其标书进行书面的问题澄清,但不得尝试、提出或允许对投标价格或实质部分进行修改,除非属于算术错误。

### (二)改错

工程师首先对投标书报价的工程量清单进行核算,对明显的算术性错误进行改正,原则是:①数字金额与文字金额不符时以文字金额为主(大写为主)。②单价与单价乘以工程量得出的总价不符,以单价为准。但业主认为单价中明显地出现小数点错误时除外,此时以总价为准并改正单价。

经上述修正并对总金额加以调整,经投标者同意即被认为对投标者具有约束力,如投标者不接受改正了的投标金额,则投标将被拒绝,并被没收投标保证金。

### （三）资格审查

在未进行资格预审时，业主或工程师将在评标时对投标人资格进行后审，以使所选择的提交了最低报价的投标人有资格执行合同，即确保选择一个合格的承包人。业主或工程师对选择一个合格的承包人十分重视，因为只有能力强、信誉好的合格承包人，才能保证工程项目产品的合格，故不惜投入大量精力地对待选的承包人的财力物力、技术管理水平、以往工程业绩等方面进行考察。

资格审查合格是业主决定向投标者授标并签署合同的必要前提条件。资格审查不合格则该投标将被拒绝，下一个最低报价的投标将进行上述程序的评审。在某些国际工程项目中，业主有时采用“资格预审”，在招标公告中要求有意投标的承包商按规定要求提供“资格资料”，经业主或工程师审查合格后发给招标文件进行投标，评标时不再进行资格审查，从而可缩小投标者的范围。咨询工程师将向业主提供详细的评标报告，以供业主方作出最终授标给谁的决策。

## 八、授标

在标书规定的投标有效期到期之前，业主将用电报或挂号信证实的方式向中标者发出其投标已被接受的通知（在合同条件中称接受书），并列出合同总金额（合同价格），构成合同的组成部分。中标方在收到接受书后必须在规定的期限内向业主方提交履约保证金（保函）。在中标方提交了履约保函之后，业主方将立即通知其他投标者，告知他们的投标未成功，所有投标者的投标保函自行失效。如果中标方不在规定的期限内提交履约保函，业主将取消对其授标并没收其投标保证金。业主在发出接受书的同时向中标者寄出协议书表格，中标者应在期限内签署该表格并还给业主。

## 九、协议书和履约保函

业主方的招标文件附有协议书和各种保函的格式，以便投标方在投标过程中正确提供或签署。协议书中除了包括业主和承包商名称、签署日期外，还应说明以下列文件为本协议书的组成部分：①接受书；②合同一般条件；③合同专用条件；④技术规范；⑤施工组织及作业进度表；⑥业主方的图纸；⑦标书，并说明上述文件是完整的和相互解释的，有模糊不清或矛盾时，则按上面所列的顺序优先考虑。为了保证需方业主的利益，在国际工程项目中，每个运作环节都要求供方提供履约保证金（保函），并定出退还或失效，或违约被没收的条件。保函种类很多，有投标保函、履约保函、预付款保函等，一般都是业主方可接受的银行担保。这种经济担保的做法对工程项目顺利运作是十分有利的，值得国内工程借鉴。在国内一些工程项目运作过程中,笔者遇到多次相互扯皮、工程拖延,甚至合同执行不下去的情况,主要还是经济制约手段不健全造成的。

## 第三节 国际工程项目招标文件的内容

国际工程项目合同是通过招标投标全过程形成的,包括商务条款和技术条款在内的,完整而全面的工程文件,招标文件则显示了工程项目合同的形成程序和基本模式。现将某一国际招标书的内容摘录如下。

### 一、投标邀请书

投标邀请书(招标公告)除了公告发布日期、信贷号、项目代号等之外,一般应包括下列内容。

#### (一)资金来源,工程项目名称,投标者的基本条件

投标邀请书应对资金来源、工程项目名称、投标者的基本条件作出说明,具体内容包括:①工程项目招标范围简介;②招标单位的名称、电话、传真、通信地址等;③招标文件的费用及付款方式,取得招标文件的地点等;④投标保证金金额、送交地点和时间限制(一般应与投标文件同时提交);⑤开标的日期、时间、地点。

#### (二)投标者须知

1. 概述。

(1)招标范围:工程项目范围、施工内容、工期等。

(2)资金来源:如某银行贷款、财政拨款等。

(3)投标者的资格:投标人应是规定的招标对象范围内的合格法人,必须能充分证明投标人有有效地执行合同的能力,有充足的执行合同的资金。具体内容包括:合法地位证明;过去五年中每年完成的工程量、营业额和执行类似工程情况的材料;执行本合同打算使用的主要设备情况;主要的现场管理人员和技术人员的资历情况;财务状况报告;用于执行本合同的经营资金的证据;从投标人银行取得保证书的权利;投标人牵扯到的诉讼方面的资料及金额。投标人还应声明保证:无论现在和过去,直接或间接均未与为该工程编制设计、技术规范、其他招标文件或被提出作为该合同工程师的任何团体进行联合。

(4)每个投标者只能投一个标:提交或参与了一个标以上的投标者将是不合格的。

(5)投标费用:一般应由投标者自己负责。

(6)访问现场的安排:费用和对收集资料的准确性由投标人自行负责。

2. 招标文件。

(1)招标文件的内容:①投标邀请书(招标公告);②投标者须知;③标书的格式样本(包括投标表、资格材料、接受书格式);④合同条件;⑤合同数据;⑥技术规范;⑦工程量作业表;⑧履约保证金和协议书的格式样本;⑨有关图纸。投标者应注意对投标文件的要求,如应当完整地填写③⑤⑦部分,且格式内容均不得变更。投标者应认真检查招标文件,确认所提供的标书是否符合要求,投标者应自己承担被拒绝的风险。

(2)招标文件的解释:招标文件中列出了雇主和工程师的通信地址,并要求购买招标文件的投标者也列出通信地址。投标者对招标文件有疑问而要求澄清问题,应当用书面或电报的形式,在投标截止前 30 天送达雇主或工程师处,雇主或工程师将作出答复,并送交所有的招标文件的购买者。答复将对所咨询问题作出解释,但不指明问题的来源。

(3)招标文件的修改:在投标截止之前,雇主可用发布附录的方式,用书面或电报的形式,对招标文件进行修改,并构成招标文件的一部分,通知所有招标文件的购买者,要求对方回复确认已收到每一份附录通知。必要时,由此可延长提交标书的时间。

3. 标书编制。

(1)语言规定:规定编制标书使用的语言。

(2)组成标书的文件:应详细列出要求投标者所提交的表格、文件、投标保证金等。

(3)标价:由投标人按照招标文件、图纸、技术规范、工程量表填写出单价和总价,应指明报价是不可变的固定价格。

(4)投标的货币种类:规定报价应使用的货币。

(5)投标的有效期:投标人应保证其投标在投标截止后的 180 天内保持有效。雇主可视招标文件的修改情况要求延长投标有效期。

(6)投标保证金:指明由投标人提交投标保证金的金额、支付方式、退还期限、没收投标保证金的条件。未提交保证金的投标将被拒绝。

(7)投标者的更改建议:投标者应严格按照招标文件的要求报价,替代方案不予考虑。

(8)标书的份数和签署要求:投标人应按招标文件规定的份数标明投标书“原件”“抄件”,打字应符合要求,应有投标者签字。

4. 提交标书。

(1)标书的密封、标记:投标人应按招标文件的要求对投标书进行密封,送(寄)达规定地址,并注明工程项目名称、代号、限定开封时间,内部应标明投标者的名称、地址。投标人须知：不按要求密封、标记、提交投标书，雇主对误置、过早打开不负责任，过早打开的标书将被业主拒绝并退还投标者。

(2)提交标书的截止时间：招标文件规定了提交标书的截止时间，雇主认为必要，当发布招标文件的修正附录后，可延长提交标书的截止时间。截止时间一般定为开标时间。

(3)迟到的标书：任何在截止时间以后收到的标书都将在不开启的情况下退还给投标者。

(4)投标书的修改和撤出：投标人可在提交标书的截止时间之前，通过书面通知对自己的投标书进行修改或撤出。

5. 开标和评标。

(1)开标：在雇主规定的日期和时间，在所有的投标者的代表都到场(应签到)的情况下，当众打开投标书和修改通知书。对标有"撤标"字样的通知书应首先念出，投标书不予开启。逐个宣布投标者名称、报价，有无投标保证金，有无折扣等。应做好记录。

(2)保密过程：工程师对有关标书的审查、澄清、评标、选标、授标建议等情况，均不得向投标者或其他人员透露；投标者对影响到雇主的标书处理过程或授标决定的任何努力，均有可能造成对其标书的拒绝。

(3)标书的澄清：为帮助审查、评定和比较，雇主和工程师可要求投标者对标书进行澄清，但不得改变报价。

(4)标书的审查：在评标之前，雇主将确定投标者是否满足出资银行规定的标准，投标文件是否按要求签署，是否提交了投标保证金，标书是否符合招标文件的要求和是否提供了问题澄清或核实。

(5)对错误的修正：如果工程师发现投标书有明显的算术错误，则应予以改正，具体原则是：①若数字金额与文字表达的金额不符，则以文字表达的金额为准；②若单价与单价乘以工程量得出的总价不符，以单价为准。若雇主认为单价中出现了明显的小数点错误，则以总价为准并改正单价。按上述修正，并对投标表金额加以调整，经投标者同意则被认为对投标者具有约束力。如投标者不接受这一改正金额，投标将被拒绝并按规定没收投标保证金。

(6)评标使用的货币：工程师将把各种货币的报价换算成美元或其他单一种货币，以便评价和比较。

(7)对投标的评价比较和资格审查：评定标价，一般应从最低标开始，在确定投标者的财务、技术、生产能力的基础上，作出肯定的决定。

6. 授标。

(1)授标标准：可能中标的投标者应具备下列条件：投标文件符合招标文件

规定、最低评标价,对投标者的规定合格,且资格合格。

(2)雇主有接受任何投标和拒绝任何或全部投标的权利。

(3)授标通知:在规定的投标有效期到期之前,雇主应当用电报或挂号信证实的方式通知选定的投标者,这种投标已被接受的通知(接受书)应列出合同价格,并构成合同的组成部分。在中标者提交履约保证金之后,雇主将立即通知其他投标者,告知他们的投标未成功。

(4)履约保证金:中标者在接到授标通知的28天内,应将规定金额的银行保函或履约保证书提交给业主。不能按要求提供履约保证金的,将被取消授标和没收投标保证金。

(5)签署协议书:雇主在向中标者发出接受书的同时,寄出协议书表格,中标者应在28天内将签署的协议书退给雇主。

## 二、投标书

投标书是要求投标人根据合同文件编写的施工申请书,它应包括合同总报价金额、竣工期限、履约保证金等重要事项,由工程师制定格式,由投标人填写。主要内容包括招标文件的内容,还应附上工程实施方法及进度表,以及其他说明、图纸、表格等。在投标人填写投标书的同时,还要按要求填写资格资料表。资格资料表不作为合同的组成部分。

## 三、合同条件

编写工程项目合同条件,一般应参照国际咨询工程师联合会制定的国际通用合同条件,简称菲迪克(FIDIC)条款,包括土、木工程合同条件和电气与机械工程(包括工地安装)承包合同条件两种文本,是国际范围的标准文件。

## 四、合同数据

合同数据是专用的合同条件,与上述通用合同条件对照应用,将工程项目的合同数据详尽地列出,并指出与通用条件相对应的条款,约束工程项目三方当事人共同执行合同。

## 五、技术规范

在工程师编制的合同文件中,技术规范是最重要的技术性文件。它详细规定了施工对象、材料、工艺特点和质量要求,以及合同条件中未规定的承包人的一切特殊责任。技术规范还应对工程的施工顺序、施工方法、安装、试验、试运行、应向承包人提供的设施等作出规定。技术规范要求对承包人提出的工程计划表、施工方法、临时工程等作出说明。对总包合同,还应规定承包方提供施工图纸的范围、规格、数量,规定设计应执行的规范,所有的设计图纸、设计计算资料、设备图纸等均应经工程师批准。在国际工程招标文件中,技术规范的篇幅占绝大部分。草拟技术规范时,应注意它与合同条件中的各项规定不发生矛盾。

## 六、工程量表

工程量表包括合同中各个工程项目及设备安装的数量清单和简要说明。工程量表和其他合同文件一起,构成投标的基础。它经投标者标上价以后,在评标时作为对投标书进行比较的依据;合同签订之后在施工过程中,按照工程量表中的单价,计算已竣工部分的工程费用,以其作为计算分期付款的依据。

## 七、履约保证金和协议书

为使承包人忠实地履行合同义务,合同规定:业主有权按照自己的意图和决定,向承包人索取保证书或物质上的保证。这种由承包人提交的履约保证金,应按合同规定的金额(一般为合同价的百分比)和时间期限,由业主可接受的银行出具担保函,或者以承包人和业主可接受的担保公司或保险公司共同签署的履约保证书的形式提交给业主。协议书是由业主和承包人之间签订的法律文件,记载了作为合同文件的全部文件的目录名称,统称合同。履约保证书和协议书是当雇主将合同授予中标的投标人之后,需要中标人提交或签署的文件。在编制招标文件时,工程师将履约保证书和协议书的格式样本一并提交给投标人,这对中标后指导中标人顺利签订协议书是很必要的。

## 八、设计图纸

如果把合同规定的全部工程详尽地表示在施工图上,用施工图纸招标,投标人能够充分理解所要求的条件,可以准确地报价,这是比较理想的。但这种单纯施工承包的方式用得很少,目前广泛采用的工程总承包为总体合同的形式,施工图设计将待合同签订后由承包方承担。此时工程师在招标文件中所附的图纸起规范施工设计的作用。这些图纸的提供,应便于投标人计算土建和设备安装的工程量,理解工程规定条件,规范和指导施工设计。

# 第十四章

# 政府采购中的招标投标

## 第一节 政府采购概述

### 一、政府采购的概念

国际上对政府采购没有统一的定义,世界贸易组织的《政府采购协议》中对政府采购的定义为:成员国的中央政府、次中央政府租赁或购买货物、服务、工程及公共设施的购买营造。世界各地都结合本国的实际情况,对政府采购进行定义。主要是从两个方面进行定义:一是从资金来源;二是从采购实体。根据我国的经济发展水平,政府采购应定义为:政府部门、政府机构、其他直接或间接接受政府控制的企事业单位,为了实现政府职能和公共利益,使用公共资金获得货物、工程和服务的行为。政府采购最早起源于“公共采购”或称“集中采购”。通常公共采购的范围要比政府采购的领域宽泛些。公共领域一般包括中央政府及其许多部门和机构、地方政府、国有化企业,有时还包括社会保障基金。就国外政府采购制度的规定来看,政府采购主体不仅包括政府部门自身,也包括直接或间接受政府控制的企事业单位。所以,政府采购与公共采购实际上可以同义使用。政府采购在西方发达国家已经有200多年的历史。我国长期实行自给自足的自然经济,新中国成立后很长时间处于计划经济体制下,所以真正意义上的政府采购制在那时是根本无法建立的。20世纪90年代以来,我国各地进行了大量的政府采购试点工作,取得了良好的经济效益与社会效益。

政府采购的范围更为广泛。各国政府为了本国的教育、国防、公共设施、公共健康和安全等,购买大量的商品、服务、工程、科技成果等。政府采购支出在政府支出中占有相当大比例,因此在国民经济中起着举足轻重的作用。长期以来,政府采购政策成为各国政府财政政策的重要组成部分。政府采购作为一种购买支出行为,与其他的采购行为在根本目标上是一致的。采购的根本目标在于识别所需要材料的来源,并在需要的时候以尽可能经济的方式按可接受的质量标准获得这些商品。采购部门必须能够快速有效地满足需求,并且采购政策和程序必须同商业惯例相吻合。采购部门利用专业技术和现代方法,雇用专业采购员和管理员以保证采购项目能够完全符合使用部门的需要。但是从本质上说,政府采购是公共支出管理的一个重要手段。政府为了实现政府职能和向公众提供公共服务而向纳税人征税从而形成公共资金。政府采购正是政府使用公共资金采购政府所需的货物、工程和服务的行为。可见,政府采购是公共支出管理的一个重要执行阶段。

## 二、政府采购的特征

政府采购与个人采购、家庭采购、企业采购或团体采购相比,尽管有相同的地方,但是其作为公共支出的重要手段,具有自己鲜明的特征:

### (一)主体的特定性

政府采购的主体是"政府"。政府本来是指国家机关及其管理机构,通常不包括由政府组建、资助和经营但不属于政府管理机构内的企业、社会保障基金组织和为数众多的半自治组织。但政府有从形式性概念发展为职能性概念的趋势。按世界贸易组织《政府采购协议》的规定,政府采购主体通常不仅包括政府部门本身,也包括直接或间接受政府控制的企事业单位。本书从其说,政府采购与公共采购同义使用。

### (二)目的的公共性

政府采购属于公共支出管理。从一定意义上讲,公共支出管理被看作一个长长的价值链,起始于预算编制,经由通过政府采购和工程承包执行预算,终结于向公众提供服务。如果说编制预算是分配资源,那么,确保资源按照国家政策的要求有效利用则是政府采购的使命。采购主体在就采购什么、采购多少、向谁采购等事项进行决策时,不能体现个人的偏好,必须遵循国家政策的要求,如实现总量调控、结构调整、稳定物价等,还必须考虑商品的社会价值和潜在的经济价值。

### (三)资金来源的财政性

政府采购的资金来源为财政拨款和需要由财政偿还的公共借款,最终来源为税收和政府公共服务收费所形成的公共资金,表现为财政支出总额减去转移支出和余额,是直接获得相等代价的财政支出。而其他采购的资金来源于私有资金。资金来源的不同决定了采购管理、采购人员责任等方面有很大的区别,从而在根本上将二者区别开来。

### (四)监管的严密性

政府采购不是简单地一手交钱、一手交货,钱货两讫,而是要按有关政府采购的法规，根据不同的采购规模、采购对象及采购时间要求等，采用不同的采购方式和采购程序，使每项采购活动几乎毫无例外地在严格的法律和管理限制下进行，如严格的预算限制和公共审计程序。这是因为，政府可以而且确实具有至上的能力，可以左右市场，从而使公共采购官员处于一个具有相当影响力的位置，有可能滥用职权。

（五）采购过程的公开性

不仅政府采购的法律和程序是公开的，而且其过程也是在完全公开的情况下进行的，一切采购活动都要作出公共记录，所有的采购信息，如采购的要求、规格、来源、招标条款或支付的价款等都是必须公开的，没有秘密可言。世界贸易组织的《政府采购协议》对政府采购信息的公布传媒也有统一规定。

（六）规模的巨额性

政府始终是各国国内市场最大的用户。在很多国家，政府采购金额占国内生产总值的10%以上。据统计，截至2012年年底，我国县级以上共设立集中采购机构2 345家，从业人员约1.6万人，社会代理机构3 000多家，从业人员约4.8万人，纳入专家库管理的评审专家23万多人，政府采购专业人员队伍不断壮大。全国政府采购规模由2002年的1 009亿元增加到2012年的13 977亿元，占财政支出的比重也相应由4.6%提高到11.1%。

（七）范围的广泛性

政府采购对象小到纸、笔、扫帚等日用品，中到办公设备、医疗设备、汽车、空调，大到通信系统、卫星、核反应堆、轮船和飞机以及造屋盖楼、实行城市和农村电气化等方面，除此之外还购买各种服务。

（八）功能的调控性

正由于其规模的巨额性、范围的广泛性，对社会经济有着其他采购主体不可替代的影响，政府采购已成为各国政府通常使用的一种宏观经济调控手段。

## 三、政府采购的方式

目前，国际上通用的政府采购方式很多。按照不同的标准，可将其分为5大类17种方式，如招标采购、询价采购、单一来源采购、谈判采购等。根据政府采购方式是否具备招标性质，可以将其划分为招标性采购和非招标性采购。采购金额是确定采用招标性采购还是采用非招标性采购的重要标准之一。一般来说，达到一定金额以上的采购项目，采用招标性采购方式；不足一定金额的采购项目，则采用非招标性采购方式。招标性采购和非招标性采购的划分是政府采购方式一种最为重要的分类。

（一）招标性采购

招标性采购是指通过招标的方式，邀请所有的或一定范围内的潜在供应商参加投标，政府采购人通过某种事先确定并公布的标准从所有投标中评选出中标供应商，并与之签订合同的一种采购方式。招标采购方式为一种公平、民主的采购方式，在政府采购中广泛使用。只要是采购人需要的、数额较大的产品和项目都可以通过招标采购方式进行。按其公开性的程度可分为竞争性招标采购（亦称公开招标采购）、有限招标采购、选择性招标采购和限制性招标采购4种。政府采购中所鼓励的招标方式实际上是指竞争性招标方式即公开招标方式。

1. 竞争性招标采购。竞争性招标采购也称为公开招标采购，是指通过公开程序，邀请所有有兴趣的供应商参加投标的方式。竞争性招标采购方法具有通过广告进行竞争邀请、投标一次性、按事先规定的选择标准将合同授予最佳供应商及不准同供应商进行谈判等特点，被普遍认为最能体现现代民主竞争精神，能有效促进竞争、节约费用，最能有效地实现政府采购的目标。因此，各国在其采购立法中都有要将竞争性招标采购方式运用于政府采购制度中的规定，并且将其作为优先采用的采购方法。但是当采购环境比较复杂，采购客体千变万化，技术的复杂性、独特性或标准特性要求高，采购客体价值比较小，采购情势比较急迫时，会使竞争性招标采购方法的使用受到限制，不能获得最佳的经济效益和实现政府采购的目标。在这种情况下，就需要针对不同的采购环境，不同采购产品和服务的性质等，选择使用竞争性招标采购以外的采购方法，这些方法的采用应遵循以下原则：每种方法的采用必须符合其适用的采购环境的要求；每种方法的采用都要经过主管部门的审批；采购机构需要作出书面报告，对使用某种采购方法的理由作出详细说明。

2. 有限招标采购。有限招标采购又称邀请招标采购，是指采购人选定若干家供应商，邀请其前来报价投标，对符合规格且价格最低的货物和服务提供者授予合同。有限招标采购又包括选择性招标采购和限制性招标采购两种形式。

（1）选择性招标采购。选择性招标采购通过公开程序邀请供应商提供资格文件，只有通过资格审查的供应商才能参加后续招标；或者通过公开程序，确定特定采购项目在一定期限内的候选供应商，作为后续采购活动的邀请对象。应用选择性招标方式来确定有资格的供应商时，应平等对待所有的供应商，并尽可能邀请更多的供应商参加投标。采用选择性招标方式时应考虑以下因素：一是要考虑供应商数量的客观限制，也就是说，供应商的数量不能太多；二是要考虑采购的经济有效目标，一般运用于技术复杂或专门性的货物、工程和服务的采购以及采购价值低、研究和评审大量投标书所需时间和费用与待采购的货物、工程和服务的价值不成比例的情况。

（2）限制性招标采购。限制性招标采购是指不通过预先刊登公告的程序，直接邀请一家或两家以上的供应商参加投标。采用限制性招标采购方式,必须具备相应的条件,这些条件包括:竞争性招标或选择性招标后没有供应商参加投标或无合格标;供应商只有一家,无其他替代选择;出现了无法预见的紧急情况;向原供应商采购替换零配件;因扩充原有采购项目需要考虑到配套要求;属于研究用的试验品、试验性服务;追加工程必须由原供应商办理,且金额未超过原合同金额的50%;有与原工程类似的后续工程,且采购在第一次招标文件中已作规定等。

需要指出的是,我们一般所提到的政府采购的招标投标是指竞争性招标采购。下面将进行详细的分析。

**(二)非招标性采购**

非招标性采购是指除招标采购方式以外的采购方式。达到一定金额以上的采购项目一般要求采用招标采购方式,但在有些情况下,如需要紧急采购或者采购来源单一等,招标方式并不是最经济的方式,需要采用招标方式以外的采购方法。另外,在招标限额以下的大量的采购活动,也需要采用非招标性采购方法。非招标性采购的方法很多,通常使用的主要有单一来源采购、竞争性谈判采购、国内或国外询价采购、征求建议采购等。

1. 单一来源采购。单一来源采购也称为直接采购,就是没有竞争的采购,是指采购标的即使达到了竞争性招标采购的金额标准,但来源渠道单一,或属专利、首次制造、合同追加、原有项目的后续扩充等特殊情况,在此情况下,只能由一家供应商供货。从竞争态势上看,单一来源采购方式处于不利地位,所以对于这种采购方法的使用,世界组织乃至各国的"规则"都规定了严格的适用条件,一般而言多为出于紧急采购的时效性或者只能从唯一的供应商或承包商处取得货物、工程和服务的客观性考虑。有些规则中的直接签订合同的采购方式其实就是单一来源采购,联合国《采购示范法》规定的是单一来源采购,世界银行《采购指南》规定的是直接签订合同,世界贸易组织《政府采购协议》规定的有限招标实际上相当于单一来源采购,欧盟《政府采购指令》中规定的不带竞争的谈判方式本质上也是单一来源采购。

2. 竞争性谈判采购。竞争性谈判采购是指采购人通过与多家供应商进行分别谈判后从中确定中标供应商并授予合同的一种采购方式。这种方式适用于紧急情况下的采购或涉及高科技应用产品和服务的采购。也许作为一种采购方式,其重要性可以和竞争性招标方法相抗衡的就是谈判采购方式。其特点有:一是与"多个" 对象谈判,具有一定的竞争性;二是分别"谈判",可以确定采购人的特殊需要。谈判采购首先是私营领域所主要采用的采购方法,而在公共领域中,谈判采购在国防产品和服务采购中也是主要的采购方法,但由于谈判方式在竞争性、透明度以及评判程序主观性等方面存在缺陷,它常常存在着很高的贿赂、利诱的因素。因此,政府采购规则都对它的采用进行严格管理。概括起来,在以下几种情况下采用竞争性谈判来缔结合同最为适宜:①急需得到某种服务,采用招标程序不切合实际或者不可行,但前提条件是此种紧迫情况并非因采购者办事拖拉所致;②由于发生灾难性事件而急需得到某种服务,采用其他方式因耗时太久而不可行;③所涉服务或风险的性质不允许事先作出总体定价;④由于技术或艺术方面的原因,或由于保住专属权的原因,服务只能由特定的提供者提供;⑤原合同的履行以需要提供某种补充服务(价值不得超过主合同的50%)为前提,这种补充服务不可能从技术上或经济上与主合同分开,也就是说,是完成主合同所绝对必需的,所以补充合同还是要给予主合同所涉产品和服务的提供者。上述几种情况的共同点是因为客观上的不能而无法实行招标采购方式,不得已转而采用竞争性谈判采购方式。竞争性谈判采购是招标以外的首选采购方式。

3. 询价采购。询价采购,也称货比三家,是指采购单位向国内外有关供应商(通常不少于三家)发出询价单,让其报价,然后在报价的基础上进行比较并确定中标供应商的一种采购方式。询价采购的特点有:一是通过对多个供应商报价的比较体现授予合同的竞争性;二是适用范围单一,只适用于货物采购。适用询价采购方式的项目,主要是对现货或标准规格的产品和服务的采购,或投标文件的审查需要较长时间才能完成、供应商准备投标文件需要高额费用,以及供应商资格审查条件过于复杂的采购。询价采购可以分为报价采购、订购、议价采购等方式。

4. 征求建议采购。征求建议采购是指由采购机关通过发布通知的方式与少数供应商接洽,征求各方提交建议书的兴趣,并对表示兴趣的供应商发出邀请建议书。当采购对象只能从有限数目的供应商处获得,或审查和评估建议书所需时间和费用与服务价值不相称,或为确保机密,或出于国家利益的考虑时,采购者可直接向供应商征求建议。邀请建议书中一般应载明采购者的名称,拟采购对象的性质、特点、时间、价格的表达方式,提交建议书的方式、地点和截止日期、中选标准、评审标准及程序等内容。1994 年,联合国《采购示范法》将征求建议采购同两阶段招标采购、竞争性谈判采购一起列入适用同一采购环境下的采购方式。其他三个国际组织的政府采购规则都没有规定这种方式。这种方式对于生活服务采购、计算机采购等无法事先确定技术规格或无法知道如何满足采购要求的情况比较适用。

## 四、政府采购中招标投标的特征

如前所述,招标投标只是政府采购的一种方式,但政府采购中的招标投标又有其自身的特点。

(一)招标程序的组织性

招标投标是一种有组织的交易方式,具有组织性特征,主要表现在以下几个方面:

1. 招标机构介入的组织性与决策的群体性。招标组织人,即通过招标采购的货物和服务的买方或工程项目的主办人,或者他们的委托代理人,就是招标机构。招标机构的主要职责包括:执行政府采购法规、政策,依法组织实施政府集中采购活动,规范政府采购市场各个采购主体的行为。目前,国际机构及世界各国的招标,在一般情况下,均委托招标中介机构作为代理,进行招标全过程的组织与运作,直至招标结束。招标机构代理招标人进行招标活动要有三大步骤:首先,从买方代理的角度对工程、货物和服务采购项目进行分析,提出招标的运作和组织方法,对项目及采购的质量、技术标准、规格规范等提出详尽的要求,并对招标活动过程中所涉及的法律、法规等问题进行研究,确定最终方案加以实施。其次,招标机构需对投标方响应招标、进行报价以及提供满足中标的技术经济条件的投标行为作出反应。通过精确细致的评估、评价,择优选出优胜者。因此,招标人与投标人在招标过程中的交易活动并不反映通常个体决策。招标这种交易方式的决策,是由招标机构依据招标人的意志及投标人的报价与其他综合因素,由工程技术人员等组成的专家经过科学系统的技术评估与经济评价而确定的。因此,这种决策的组织结构是群体结构,而决策本身反映群体性。招标机构介入的组织性与决策的群体性,是招标组织性的首要表现。

2. 固定的程序与条件。国际通用并已为各国确认的招标程序为:招标——投标——评标——决标——签订合同。在这一过程中,由采购人和代理机构确定标的并发出邀请;由若干个投标人依据其发布的公告及所提出的交易条件(如技术、质量、供货或建设工期等标准)进行投标;在竞争中,根据相对固定的评审程序确认中标者,最后达成合同。按照目前各国做法及国际惯例,招标程序和条件由招标机构事先拟定,是对招标、投标双方具有法律效力的规则,一般不能随意改变。当事人双方必须严格按照既定的程序和条件进行招标活动。招标程序由固定的招标机构组织实施。招标过程中的交易条件一般由招标机构事先拟定,投标人需按有关条件进行报价投标。违背条件的,则被视为无效。

3. 固定的场所和时间。为了方便招标方,招标活动一般在招标机构所在地或招标机构规定的场所进行,世界各国和国际组织委托进行的国际招标基本也无例外。招标过程中各阶段进行的地点,如开标地点、投标地点、技术咨询场所,也是招标机构所在地或其规定场所。招标的时间是相对固定的,招标开始的时间与结束的时间、各阶段招标活动开始的时间与结束的时间,除极特殊情况外均依招标预定的日程按期举行。

### (二)招标程序的竞争性

招标就是一种竞争的采购程序,是竞争的一种具体方式。招标的竞争性充分体现了现代竞争的平等、信誉、正当和合法等基本原则。招标作为一种规范的、有约束的竞争,有一套严格的程序和实施办法。政府采购机关通过招标程序,可以最大限度地吸引和扩大供应商的竞争,从而使采购人可能以更低的价格采购到所需的货物,更充分地获得市场利益,有利于政府采购经济效益目标的实现。

### (三)招标程序的公开性、透明性

招标程序的公开性或透明性,是指整个采购程序都在公开情况下进行。招标的目的是在尽可能大的范围内寻找合乎要求的投标者,一般情况下,邀请供应商是无限制的。为此,招标人一般要做到:在指定或选定的媒体上公开刊登招标通告,邀请所有潜在的投标人参加投标;提供给供应商的招标文件必须对拟采购的货物作出详细的说明,使供应商有共同的依据来编写投标文件;供应商资格审查标准和最佳供应商评选标准(仅以严格来评定或加上其他的技术性或经济性标准)要事先公布;在投标文件的最后截止日公开地开标;严格禁止招标人与供应商就招标文件的实质内容单独谈判;采购法律公开。这样,招标活动完全置于公开的社会监督之下,可以防止不正当的交易行为。招标采购的公开性是对供应商最具吸引力的特点。这一点在进行国际范围内的竞争性招标采购中表现得尤为明显。由于在竞争性招标中信息是公开的,没有秘密可言,这就意味着对国内外企业一律平等,没有歧视,更有利于采购人从整个国际范围内获得价廉物美的产品。

### (四)招标程序的公平性、公正性

1. 公平性。公平性是招标程序的首要条件。招标程序的公平性具体表现如下:

(1)对待各供应商一视同仁,遵守无歧视原则并维护其各自权益。

(2)在追求利润最大化的原则下,以群体性、科学性为前提进行择优选定。择优选定并非追求单一目标如价格,而在于实现多重目标的统一。

(3)招标的组织性与公开性以及程序固定且规范,也是公平竞争的重要保证。

2. 公正性。招标的公正性原则,充分体现于招标的全过程。按照国际惯例,在世界推行的招标准则中,对公正性要求主要有如下几个方面:

(1)招标过程实行公开公证方式。开标过程必须保证公证人在场,并由公证人对密封投标书核查验定,保证公开、公正。

(2)招标机构参与组织开标活动的所有人员必须各司其职,并保证有主持人、评标委员会负责人、公证员、法律顾问、拆封人、唱标人及投标人到场。

(3)保密原则及评标科学是保证评标过程公正的重要因素。

(4)招标机构一般聘有法律顾问,保证招标过程依法进行,从而使采购人与投标人的权益得到法律上的保证并确保招标的公正性。

**(五)招标采购的一次性**

招标采购的交易过程既不同于一般交易,也不同于询价采购与谈判采购。招标采购禁止交易双方进行面对面的谈判,没有讨价还价的过程。招标人确定标的后,对供应商进行邀请,需向供应商提供技术要求与资料,并设定优惠条件,促使供应商在报价的基础上进行综合竞争。贸易主动权掌握在招标人手中,供应商只能应邀进行一次性秘密报价,并以合理的价格定标。

## 第二节　政府采购的基本程序

政府采购的基本程序是表现政府采购工作顺序、联系方式以及各要素之间相互关系的一种模式,它是实施政府采购的行为规范。较之一般的招标投标,政府采购有其特殊性。结合我国国情,政府采购一般要经过下面的基本程序。

### 一、采购单位填报政府采购申报表

政府采购计划为政府采购提供采购单位的可能性需求,而采购单位根据采购计划填报政府采购申报表是采购单位的现实需要,是整个政府采购过程的起点,每次具体采购都要求采购单位填报采购申报表。政府采购申报表由采购单位根据批准的政府采购计划编制。它既反映采购单位实施政府采购项目的具体要求,包括性能、规格、技术参数、用途及采购时间要求和售后服务要求,也反映采购项目的采购预算。它是采购机关组织实施集中采购、制订政府采购方案的依据。

### 二、制订政府采购实施方案

为使政府采购实现物美价廉、高效的目标,应当制订一个详细、完备的政府采购实施方案。为此,采购机关在收到采购单位的采购申报表后,要根据采购内容及资金规模制订具体的政府采购实施方案。采购方案包括依据的采购政策、采购要求和采购方式。

制订实施方案时一般应考虑以下几个方面的因素:

**(一)采购规模**

采购规模是决定政府采购是否采用招标方式的首要条件。公开招标能引起最大范围内的竞争,它具有许多优点:①公开招标可以使符合法律规定的供应商能在公平的竞争条件下,以合适的价格获得供货的机会;②可以使招标采购者以合理价格获得所需物资;③促进供应商进行技术改造研究,降低成本,提高产品和工程质量;④公开办理各种采购手续,防止徇私舞弊的产生,有利于公众监督;⑤减轻采购人员的责任。

公开招标虽有上述优点,但也有一些不利的方面,如果采购过程中不适当地一概采用公开招标,照样可能达不到原定的采购目的。公开招标不利的方面主要有:①程序和手续较为复杂,耗费时间,从发布招标通告到最后合同的签署有时多达几个月时间,因此在紧急需要一些物资时就难以适用;②可能会发生围标、抢标的情况;③增加采购成本。公开招标可能使潜在供应商把各种手续及押金的负担附加在成本之内,从而使采购成本增加;④对于特殊规格的物资和项目不适用。

针对招标采购方式的优缺点,在选择采购方式时,应对所用采购方式进行采购成本和采购效益的测算,预测采购风险,尽可能地把风险降到最低限度。根据边际效用理论和实践经验,当采购规模超过一定额度时,采购效益就会大于采购成本,响应政府采购的潜在供应商也随之增加,采购风险也相应降低。因此,政府采购管理机关要根据各地用于政府采购的资金量和管理水平,确定一个是否采用招标方式采购的合理采购规模额度,以便于采购机关操作。

**(二)潜在供应商数量**

供应商响应政府采购要求,积极参加政府采购活动是政府采购具体实施的基础。对于不同的采购项目,潜在供应商数量也不一样。潜在供应商数量是具体决定采用何种招标采购方式的一个重要条件。不同的采购方式对潜在供应商数量的要求也不同。

1. 招标方式按其公开性的程序可分为公开招标(亦称竞争性招标)、邀请招标和两阶段招标三大类。公开招标要求有广泛的供应商。邀请招标要求邀请五个以上的供应商。两阶段招标对同一采购项目要进行两阶段公开招标。第一阶段是招标人就采购项目的技术、质量或其他特点以及合同条款、供货条件等广泛地征求意见(合同价款除外),并同投标商进行谈判以确定采购项目的技术规范;第二阶段是招标人依据第一阶段所确定的技术规范进行正常的公开招标,投标人就包括合同价款在内的所有条件进行投标。对供应商的要求是尽可能多技术型的供应商。

2. 对非招标采购方式的影响。竞争性谈判采购和询价采购要求有三家以上的供应商。潜在供应商只有一个采用单一来源采购方式。

**(三)采购要求**

采购要求是指采购单位提出的技术、性能、规格、时间及售后服务要求及采购机关基于采购成本的考虑对选择采购方式的影响。对易于操作、技术要求规范的采购项目采用公开招标采购方式。对专业性较强、技术复杂、公开招标成本过高的采购项目宜采用邀请招标采购方式。对大型复杂、性质特殊、高尖端技术、采购单位不能提出详细规格的采购项目,实行两阶段招标采购方式。

(四)采购政策

采购政策是指国家和地方的采购政策对选择采购方式的影响。一般是指采购政策明确可以采用非招标采购方式的规定。采购机关有充足理由认为只有从特定供应商处采购才能促进实施相关政策目标,或者从残疾人机构、慈善机构等处采购的项目可以采用单一来源采购。发展中国家基于保护民族产业、弱质产业的要求而进行的采购可以采取邀请招标采购方式。

(五)采购惯例

采购惯例是指按某一区域经济合作组织或国际贸易惯例选择采购方式,如对重复采购和附加采购可以选择竞争性谈判或单一来源采购方式。

(六)采购的程序及组成人员

采购的程序及组成人员是指采购的工作步骤及人员分工。采购步骤可分为准备阶段、实施阶段和履行合同阶段。采购组成人员不仅包括代表各政府采购主体利益的代表,还要包括技术、经济、法律、供应方面的专家,并在方案中明确具体提出三个阶段的具体工作及人员分工,落实责任制。

(七)采购规则

采购规则是指为防止采购过程中营私舞弊而制定的采购机关、采购单位及供应商应共同遵守的行为规范。

(八)采购费用预算

采购费用预算是开展政府采购活动的经济基础。每次采购的费用预算原则上以年度费用预算为基础,一般不能突破年度预算所确定的采购费用预算。如确实因客观原因突破原预算,必须按《预算法》的要求,按法定程序申报追加预算。

基于上述情况,归纳起来,不适合于用公开招标的情况可以分如下两类:一类是不存在竞争的情况。例如,市场上缺乏竞争,只有一两家垄断供应商,或是要求采购的产品是独家产品。有时会出现适合于与某一家公司签订合同的情况,如重复采购某一物资或产品、标准化产品等,这时公开招标会大大增加采购成本。另一类是不适合于用竞争性采购的情况,如:采购物资价值太少,这时采用公开招标会增加成本;在紧急采购的情况下,用公开招标耗时太久;或是出于安全原因不适合公开采购。出现以上情况,在尽量使用公开招标方式进行采购的同时,允许在一定情况下使用其他采购方式。

方案制订后要报政府采购管理机关审批。只有经过政府采购管理机关审批的采购方案方可付诸实施。

## 三、发布政府采购信息

政府采购实施方案一经批复，就应着手发布政府采购信息，这是采购工作中一个重要步骤。

发布政府采购信息是指通过新闻媒体或其他途径向所有潜在供应商发出广泛通告。通过发布信息，可以让尽可能多的潜在供应商了解采购项目的概况，并积极参与该采购项目，促进供应商之间的竞争，从而达到降低采购成本、提高采购质量的目的。政府采购信息的发布方式主要有以下三种。

### （一）采购公告

发布采购公告或总公告是向潜在供应商预告未来采购项目的一种方式。此类公告要列明未来一定时期内的采购项目或某一大型综合项目未来采购的情况，目的是使有兴趣的供应商、承包商或服务提供者能够提前获知采购信息，以及时地表达参与采购意向并做好投标准备工作。

此类公告必须通过新闻媒介发布。属国内招标的，应在当地电视台、报纸或互联网上刊登。有财政预算资金的采购，还应刊登在当地的党报上。属国际招标的，还应当遵循国际惯例的要求，选择一家英文报进行刊登。

### （二）投标邀请函

投标邀请函是针对某一具体项目的采购通知，是采购机关公布的其将要授予的某项具体合同。它是邀请性招标最重要的一种采购公告，也是一份正式的投标邀请书。因此，其内容必须较为详细，以使供应商和承包商能够确定所采购的货物、工程或服务，让他们了解参与投标的程序。

投标邀请函一般应包括下列内容：①招标文件编号；②采购实体的名称和地址；③采购项目的名称、性质、数量和交货地点；④完成采购项目的时间要求；⑤取得招标文件的要求及办法；⑥招标程序及评标标准；⑦费用的收取及支付方式；⑧提交投标文件的方式、地点和截止日期。

投标邀请函可以通过新闻媒介发布，也可以由采购机关或采购机关委托的社会中介机构直接寄给已经注册并取得市场准入资格的供应商。

### （三）资格预审公告或对合格供应商名单更新公告

在采用资格预审程序或选择性招标程序时，都需对投标人的资格进行预审。资格预审必须发布资格预审公告，资格预审公告可随招标公告或招标文件发布，也可以单独发布。供应商取得的资格有一定有效期限，采购管理机构对合格供应商的名单要定期更新，并于更新前把供应商更新注意事项及重新登记程序在指定的新闻媒介公布。

## 四、对供应商进行资格审查

资格审查是指由政府采购机关对参加政府采购的潜在供应商进行技术、资金、信誉、管理等多方面的评估审查。资格审查可以在采购发生之前进行，称资格预审；也可以在发出采购通告以后进行，称资格后审。

### （一）资格预审的重要性

1. 资格预审是确定政府采购方式的重要手段。在制订政府采购方案时，必须确定政府采购的方式。对潜在供应商进行资格审查，可以了解能达到具体采购各方面要求的潜在供应商数量，从而决定本次采购是采取公开招标、有限招标还是采用其他采购方式。因此，对供应商的资格审查直接涉及采购程序、采购规则以至整个采购活动。

2. 资格预审是保证采购项目保质保量完成的必要手段。政府采购项目一般金额大、数量多。为确保合同顺利完成，招标机构都按惯例进行资格审查，审查其是否能达到生产技术方面的要求，是否具有适当的融资能力及管理水平，是否有能力承担采购项目、履行相应的采购合同等等，这样可以防止在履行合同时出现交货质量与实际要求不相符的风险。

3. 资格预审可以提高政府采购的工作效率，降低采购成本。在具体采购操作中，当发出报价和标书后，潜在供应商中前来准备参加采购和招标的可能有许多。如果采购机关对这些供应商一一评估，会大大增加政府采购的工作量，同时会增加采购的成本。经过资格预审，可以筛选掉一批没有能力承担采购项目、履行采购合同的供应商，使有资格参加本次采购活动的供应商数目缩小到合理范围之内，从而提高工作效率，降低采购成本。同时，通过资格预审，可缩减采购机关对投标书、建议书的技术及财务审查，从而减少采购机关组织采购的管理费用、评标费用以及其他方面的费用。

### （二）资格预审的步骤

1. 发出资格预审公告或资格预审邀请书。发出资格预审公告通常有两种做法：一种做法是连同采购通告发出供应商资格预审要求，并注明领取或购买投标资格预审文件的地点和时间；另一种做法是在指定媒体另行刊登资格预审公告。资格预审公告的主要内容包括：所需采购项目简介；合同条件；项目资金来源；参加资格预审的条件；获取资格预审文件的时间、地点。

2. 出售资格预审文件。资格预审文件应提供采购主体及采购项目的全部信息，其内容比资格预审通告所提供的应更为详细。一般包括以下内容：项目的名称、地址及联系方式；项目的性质和主要内容，包括采购数量；项目所在地点的基本条件;项目要求的时间、进度;规格及主要合同条件的简单介绍;投标保证金及履约保证金要求;项目融资情况;支付条件;价格调整条款;承包合同使用的语言;合同应遵循的法律;本国投标人的优惠条件;扶持产业优先发展原则;组成联合体投标的要求;指定转包人的作业范围。资格预审文件中还应规定供应商申请资格预审的基本条件,列出限制条款,并具体规定资格预审申请表的内容及资料递交的份数、递交时间和地点、文件所使用的语言,以及规定投标人是否应必须有当地代理人,是否必须报送代理协议和提供代理人的基本情况。

3. 评审。资格预审的评审工作由政府采购机关按供应商管理的有关规定组织实施。资格预审的内容和重点在于:供应商过去完成合同的情况、经验、人员、设备、综合技术能力;供应商的财务状况;是否符合国家产业政策重点扶持行业。具体内容包括:供应商的基本情况、供应商的财务状况、经验与过去的表现、人员及设备能力、政策倾斜及鼓励方向。

对于急需的政府采购,如果事先没有对参加政府采购的供应商进行资格预审,政府采购机关就应对提供最低价的供应商进行资格后审,以确定其是否能够合法有效地履行合同义务。资格后审的标准应按照政府采购文件的规定执行,如果供应商不能满足要求,则该供应商将被予以拒绝。在这种情况下,采购机关应依次对价格次低的供应商进行同样的资格审查。所以说,资格后审是在确定候选供应商后,对供应商是否有能力履行合同义务进行的资格审查。

## 五、编制政府采购文件

政府采购文件要尽可能详细地介绍整个采购过程中的有关条件、要求和标准,其中包括完整的采购程序以及具体的技术标准和交易条件。采购机关将按文件规定的时间、地点和程序具体组织实施,同时也要求愿意参加该采购项目的合格供应商和采购单位按照政府采购文件规定进行交易。

政府采购文件是指采购机关制定的采购单位与供应商双方都必须共同遵守的具有法律效力的采购规则及采购合同条款。它是政府采购机关明确规定采购单位与供应商权利、义务与责任的法律文本,对双方具有同等的法律约束力。政府采购文件可以根据政府采购的具体内容和选择的采购方式不同制定不同的条款。例如:选择公开招标方式,要编制招标文件;选择询价采购方式,要编制询价采购文件;等等。目前,最主要的政府采购文件是招标文件,它是政府采购机关向投标人提供的进行投标所必需的文件。

## 六、组织实施政府采购

在售出政府采购文件后,采购机关就应按照事先制订的采购方案所确定的采购方式和程序着手组织实施政府采购工作,也可以委托有政府采购业务代理资格的社会中介机构组织实施。采购方式不同,采购机关具体组织实施的工作也不一样。具体组织实施程序在本篇的第三章将作专门论述。但不管采用哪种方式,采购机关都必须在采购活动中充分体现政府采购原则,遵守政府采购的法律、法规和有关制度,自觉接受政府采购管理机关的监督和社会监督,确保政府采购目标的实现。

## 七、履行与管理合同

在政府采购中,经过采购机关组织实施,产生符合政府采购文件要求的供应商后,采购单位和供应商就应着手签订政府采购合同。合同一经双方签署,即产生法律效力,从此便开始进入合同的履行阶段。合同的履行是整个采购过程中决定性的阶段,合同履行情况的好与坏,决定着整项采购的成败。因此,在供应商履行合同的过程中,必须对合同进行管理。

对合同的管理指采购单位与供应商签订合同后,采购机关随时关注双方合同履行的进展情况,对合同进行监督,当出现某些新情况时,应及时进行协调处理。对合同进行调整处理,如修改、中止、取消和终止合同等,应本着双方充分协商达成共识的原则,以保护政府采购双方的利益。对合同的管理包括有关对合同的修改、中止、取消以及终止的规定和处理等几方面内容。

# 第十五章

# 律师参与招标投标

## 第一节　律师从事招标投标业务的资格及其地位

### 一、从事招标投标法律业务的律师资格的确认

鉴于招标投标业务专业性较强，有关律师管理机构确定从事此项法律服务业务的律师须有专门的执业资格。为此，1998 年 1 月 14 日，司法部办公厅，国家计划委员会政策研究室以司办通字〔1998〕6 号文件，颁布了《司法部办公厅、国家计划委员会政策研究室关于律师从事基本建设大中型项目招标投标法律业务的通知》，并于 1998 年 5 月首次举办了开展招标投标业务资格的培训，通过系统培训培育出第一批具有招标投标资格的律师，使其能够为政府采购及招投标业务提供法律服务。

根据有关律师执业及《关于律师从事基本建设大中型项目招标投标业务的通知》的规定，归纳起来，从事招标投标业务的律师应同时具备如下条件：①具有专职的律师执业证书，并从事专业律师工作两年以上；②取得了司法部及国家计划委员会共同授予的从事招标投标法律服务业务的特许资格；③在从事律师工作期间，未受过任何有关律师执业方面的行政处罚；④具有良好的职业道德。

律师在从事招标投标规定法律服务时，应遵奉良好的职业道德和自律原则，本着对客户、对社会负责的态度，就招标投标业务，对相关当事人提供主动而完备的法律服务。其出具的法律意见书，应保证真实、合法，并无重大遗漏。如果律师在承办上述业务时，与委托人串通作弊，提供有虚假、误导性内容或有重大遗漏、重大错误内容的法律意见书，以及有其他违反职业道德、执业纪律行为，则司法行政机关将会同计划主管部门依照有关规定予以严厉处罚，情节严重的，将责令其停止从事基本建设大中型项目招投标法律业务。

从事招标投标法律业务的律师，不仅须有相应执业资格，从事基本建设大

中型项目招标投标法律业务的律师事务所也应具有一定的条件。例如,为确保律师所就出具的法律意见在客观上对外能够承担法律责任,在《关于律师从事基本建设大中型项目招标投标法律业务的通知》中明确规定,从事基本建设大中型项目招标投标法律业务的律师事务所,必须根据规定提取职业责任风险准备金或者购买职业责任保险。

### 二、律师在招标投标业务中的地位

如果律师是以为建设工程招投标活动提供法律服务的角色而参与其中,那么律师应是建设工程招投标的法律专家,他在法律上代表招标人或者投标人。此时,律师的地位是:

1. 不同于招标代理人。招标代理人有特定含义,专指法律所规定的具备相应资格、接受不具备规定条件的建设单位的委托,而组织建设工程招标的咨询、监理类独立的中介组织。律师和招标代理人所代理的事务的范围和性质均大相径庭。

2. 不同于招投标活动中的管理人员和工程技术人员。工程招投标活动是一项综合性的复杂工作,需要组织、经营、技术、法律各方面专业人士的共同参与和合作。律师于其中的作用不可忽视,但亦不可夸大。他所起的是处理和解决有关法律问题的作用,不能取代其他专业人员的位置;反之,其他专业人员亦不能取代律师在整个活动中的位置。

## 第二节　律师在招标投标中的服务宗旨

### 一、协助体现公开性

政府采购招标投标的主要特点是其公开性。有关政府采购和招标投标的惯例和相应的法律、法规从制度上和程序上保证了招标投标活动的公开性。律师作为谙熟法律知识的专家介入到招标投标活动中,参与招标文件的制作、招标要求和招标程序的核定,将会使招标投标制度的公开性落到实处。同时,律师作为社会中介组织,作为项目法人的顾问,参与招标工作,出具法律意见书,也体现了社会对招标活动的监督。

### 二、协助保障公正性

公正性也是招标投标活动的一项重要特征。律师参与招标投标活动,通过自身的专业知识和技能,促使招标投标活动规范化、公开化,其目的就是保证招标结果的公正性。

### 三、协助实现规范性

通过律师专业化工作，使大中型项目及政府采购等应采取招标投标的活动，得到专业化的规范，保障招标投标工作的正常秩序；律师可以通过法律意见书的形式或其他形式揭示招标投标中的各项法律关系，说明相关行为的法律结果并分析法律风险，协助招标人或投标人排除招标投标活动中出现的法律障碍。

### 四、保障国家利益

招标项目大多数都是国家投资的大型基本建设项目，政府采购项目更是国家的财政支出项目。律师参与这些活动，通过保障招标投标的公开性和公正性，保证国家以最少的价格得到最好的服务或商品，实质上就是对国家利益的维护。

### 五、通过律师的专业化工作切实维护招标及投标人的合法权益

律师无论是作为招标人的法律顾问还是作为投标人的法律顾问，均应通过为招标人和投标人提供优质法律服务，切实维护招标人和投标人的合法权益。为招标人提供法律服务时，律师应切实审查相关文件，保证招标项目的合法性和招标活动的公开、公平，维护招标人的权益；为投标人提供法律服务时，律师应协助投标人制定出符合投标要求的标书，以维护投标人的合法权益。

## 第三节　律师提供法律服务的主要内容

政府采购与招标投标活动方式多样，服务对象广泛，相关环节多，标的涵盖货物、工程及服务，涉及方方面面的法律问题。我国政府采购与招标投标活动尚处于起步和摸索阶段，律师作为专业法律工作者，借鉴发达国家的成功经验，结合我国当前实际，把握市场经济发展规律，在政府采购与招标投标领域可以充分发挥作用，规范政府采购与招标投标行为，同时协助完善相关立法。

律师在政府采购与招标投标中提供法律服务的范围，现行法规未明确，在司法部与国家计划委员会共同颁布的《关于律师从事基本建设大中型项目招标投标法律业务的通知》中，就律师从事基本建设大中型项目招标投标法律业务，具体规定为招标数额较大或采取国际招标的建设项目的招标投标文件、合同文本提供法律咨询，审查、修改、制作相关法律文件，以及就招标文件最终文本出具法律咨询意见书。

我们认为,作为招标投标律师,其在招标投标业务中能够为当事人提供的法律服务内容很广泛,就《关于律师从事基本建设大中型项目招标投标法律业务的通知》所规定的上述内容应当是最基本的,如从主动性服务的角度,律师法律服务应贯穿于招标投标活动的全过程,其核心服务内容则包括下述方面。

## 一、律师为招标人提供法律服务的主要内容

### (一)代理发布招标通告

发布招标通告,是招标投标活动的首要环节,律师在代理发布通告前,应就委托机构的主体资格,货物、工程或项目的合法性,相关政府部门的批准文件等事项开展相应的调查及审查,以确保代理事项及项目在合法有效的前提下顺利进行。律师代理发布招标通告的内容主要包括:代理招标人在国内或国际有重大影响的报纸、杂志或其他媒介上发布招标通告,载明招标项目的性质与数量,对投标人的资格要求,招标人名称及联系方式,招标项目的地点与时间要求,获取招标文件的办法、地点、时间、费用,投标地点和时间等。

采用邀请招标的,律师还应协助招标人于规定日期前向特定的被邀请人发出投标邀请书。

### (二)协助开展资格预审

资格预审是招标活动的重要环节,通过资格预审工作,可以筛选潜在的投标人,缩小投标人范围,减轻招标活动中无谓的人力物力损耗,提高效率,加速招标进度。

律师在该环节可提供的法律服务包括:协助招标人在有关媒体上发布资格预审通告,着重载明获取资格预审文件的办法、地点和时间,资格预审的日程安排等各项内容;对拟投标的法人或其他组织进行资格预审,审查投标人经营业绩,近年来财务状况,是否具备提供同类货物、工程或服务的丰富经验等,着重审查投标人提交的证明其具有圆满履行合同能力的证明文件或资料。

### (三)编制招标文件

律师应协助招标人编制招标文件,起草投标人须知,列明招标项目的性质、数量、质量、技术规格,投标价格的要求及其计算方式,投标人应提供的有关资格和资信证明文件,投标保证金数额及其他形式的担保,投标文件的编制要求,提交投标文件的方式、地点和截止时间,开标、评标、定标的时间,评标标准及方法等各项内容。就招标文件中表述不准确的内容,律师应协助审查和修改。此外,编制招标文件的过程中,律师还应协助招标人编制标底,并密封保存。

### (四)出售招标文件

律师应协助招标人按照招标公告或投标邀请书规定的时间、地点、价格出

售招标文件。

### （五）澄清及修改

在必要时，律师应协助招标人于提交投标文件截止日期15天前书面通知所有招标文件购买者，对招标文件进行澄清或非实质性修改，完善招标文件，防范可能发生的争议，确保招标投标活动顺利进行。

### （六）协助组织开标

开标是招标投标工作的重要环节之一。其中，招标人应注重和体现的及投标人更关注的是开标的公开、公平、公正。为此，律师应协助组织开标，并注重在开标每一细节上体现三公原则。具体来讲应做到：①协助邀请评标委员会成员、投标人代表和有关单位代表参加开标；②开标前，验明标函是否密封完好，并将验证程序公示；③启封后验证投标书是否符合招标文件的要求，剔除无效标。

实践中，存在投标人为抢标而临场随意变更标书内容，以及投标书中有关技术条款不符合招标文件规定的技术要求，不具有法人资格的实体以法人名义参与投标，甚至投标人之间互相串通，抬高标底等情况。对此，律师应当与评标小组对每份投标书进行严格审查，剔除无效标书，确立有效标书，为下一步评标明确范围。

### （七）协助定标

定标，是招标投标活动的最后一个环节，也是最关键和需律师严加把握的一个环节。律师在定标阶段可提供的法律服务主要有：①按事先确定的评标办法，进行评议。实践中，存在招标人无意中变更评标办法，直接影响投标活动公正性和严肃性的情况，对此，律师应提醒招标人严格遵循事先已公布给各投标人的评标办法，以避免因变更评标办法而引起招标纠纷。②依评标办法择优选定中标人。③正式发出《中标通知书》。④协助招标人和中标人按《中标通知书》指定的时间、地点和招标结果签订相关采购合同。

选定中标人后，律师应协助招标人迅速与中标人签订相关合同，以便各自的权利义务得到明确。

招标人的律师应起草和审核拟签订的合同文本，落实招标投标之后所确定的各条款内容，同时从招标人角度做到对其经济利益的切实维护，尤其应把握合同标的验收标准、结算办法、违约责任等条款，并切实注意合同在实践中的可操作性。

还须注意的是，律师应把招标文件、招标书、中标通知书等招标投标过程中的主要文件约定作为合同的附件，以使具体合同条款能够从中得到印证或体现。对未中标的投标人，律师应协助招标人退回落标的投标人提交的投标保证金。

### （八）就招标文件和合同文本出具法律咨询意见

司法部、国家计划委员会共同颁布的《关于律师从事基本建设大中型项目招标投标法律业务的通知》中明确规定了基本建设大中型项目法人或其招标代理机构，应当聘请有资格从事招标投标业务的律师就招标文件和有关合同文本出具《法律咨询意见书》。

依据该通知，律师在出具《法律咨询意见书》时应做到：

1.《法律咨询意见书》应就招标投标项目的有关内容发表结论性意见，表明其所依据的事实和法律。

2. 法律咨询意见书应当在依据有关法律、法规的基础上，参照司法部和国家计划委员会制定的文本格式作出全面说明和结论性意见。

3. 对于招标文件所述的有关内容，律师必须依据有关法律、法规的规定对其进行审查；对于某些不够准确或不完整或暂时不能做到准确或完整的内容，律师可以要求项目法人或投标代理机构对此作出解释说明或相应的保证，并在法律意见书中作出相应的说明。

4.《法律咨询意见书》应在所有招标文件定稿后出具，在意见书出具后，对有关招标文件的任何修改应通知律师，如涉及新法律问题或应主管部门要求，律师应发表补充意见。

5.《法律咨询意见书》应由经办律师签字盖章。

6. 项目法人委托的律师应着重确认项目法人主体、项目及招标文件内容的合法性。

7. 律师出具《法律咨询意见书》，应受勤勉尽责义务的约束，不得出具有虚假、严重误导性内容或者有重大遗漏的法律意见。

## 二、律师为投标人提供法律服务的主要内容

律师为投标人提供的法律服务同样贯穿于招标投标活动全过程，投标人律师服务重点在于维护投标人合法权益，确保招标投标全过程的公开、公正与公平。

### （一）协助审核招标人主体资格

审核招标人主体资格是投标人律师的首要工作。审查重点应包括以下两项内容：①招标人之资格证明，如果是项目法人，应审验其企业法人营业执照、年检情况；②货物、工程或服务项目的政府批准文件及其有效期。通过上述审验，审查招标活动的真实有效性，以便投标人在招标人及项目合法有效的基础上就商业决策作出正确判断。

### （二）协助编制投标文件

投标文件的编制质量，直接关系到投标人中标的概率。因此，投标文件既要严格依招标文件要求的格式、体例等编写，又要注意有所偏重，以将本方优势区别于其他投标人。律师在此阶段可提供的法律服务包括：依据招标文件之规定，编制规范和完整的投标文件，具体包括投标函，载明投标人名称、联系方式、投标人资格、资信证明等证明投标人具有完满履行合同义务能力的文件，投标项目方案及说明、投标价格、投标保证金或其他形式的担保等各项内容。

### （三）协助提交投标文件

在招标文件规定的截止时刻前将投标文件密封送达投标地点，要求招标人签收备案。于投标截止日期前，在必要时，对已提交的投标文件进行修改、补充或更正，特殊情况下撤回投标。

### （四）开标过程中的法律服务

监督开标过程的合法有效性，验明各标函是否密封完好，协助投标人唱标并在不超过投标文件记载的范围或改变投标文件实质性内容的前提下，对唱标进行必要的解释。

### （五）评标及定标过程中的法律服务

协助投标人对评标委员会组成人员的合法有效性进行审查，对评标委员会成员与其他投标人有利害关系的提出异议。

### （六）就投标活动及合同文本出具法律咨询意见

着重阐述投标人主体资格、资质等级，投标人以往及现阶段生产经营状况，确认投标保函的内容及出具程序的合法性和规范性，就投标活动出具全面性和结论性的法律咨询意见。

投标人委托的律师出具《法律意见书》应说明如下要点：①投标人主体资格及资质等级是否符合招标要求；②投标人在以往经营活动中是否有重大违约；③投标人目前是否有重大诉讼事项；④投标人在过去三年内是否有工程质量事故或其他重大事故；⑤投标保函、成本超支保函等有关项目的担保。

律师应审查担保书的内容及出具的条件，并发表意见，确认其内容和出具程序的合法性和规范性。

## 三、律师在国际招标项目中提供的法律服务

国际招标项目较国内招标更为复杂，涉及的法律问题更加宽泛，因此，作为国际招标项目的代理律师，应对下述三个问题作重点审查和说明：

第一，项目法人、招标代理机构或投标人是否具有国际招标投标的资格，是否经过正当审批。

第二,项目本身是否符合国际招标的条件。进行国际招标的各项程序性工作,包括立项、概算和审批文件是否完备和合法。

第三,招投标文件是否存在违反中国法律或社会公共利益的内容,是否符合国际惯例和通常的法律实践程序,索赔、环保、保险、仲裁和生效等重要条款是否存在潜在问题。

# 第四编

# 招标投标案例分析

## 案例 1

# 从一起串通投标案的分析看招标投标与拍卖的区别

被称为我国“阳光法案”的《中华人民共和国招标投标法》于 2000 年 1 月 1 日起正式实施。招标投标作为西方几百年来的市场经济运行的产物之一，必将对我国的经济体制改革发挥巨大的推动作用。招标投标与拍卖都是竞争性的交易方式，其相似之处颇多，以至于在实践中人们往往将二者混为一谈。下面通过实例来说明招标与拍卖的不同点。

### 【案情】

××××年××月××日，浙江省××县矿产资源管理局对所属矿山进行招标，参加竞标的有徐某某、陈某某等 6 人，6 人商量由陈某某中标，其他投标人在投标过程中低价退出。事后，徐某某等 5 人分得陈某某提供的此次“配合费”共计人民币 15 万元。后东窗事发，被告人徐某某等人犯串通投标罪被判有期徒刑，并处若干罚金。

### 【招标投标与拍卖的区别】

拍卖是指以公开竞价的形式，将特定物品或者财产权利转让给最高应价者的买卖方式。拍卖是买卖的一种特殊形式，即拍卖人将委托人的物品或者财产权利以竞买的方式卖给竞买人的行为。

招标投标与拍卖的实质性区别是：

1. 标的不同。拍卖的标的是物品或者财产权利，而招标投标的标的（EP 合同的权利义务所指向的对象，不同于招标投标的“标底”）除物品外，主要是行为，即招标人为让他人完成一定的工作而通过招标投标的方式确定完成工作的人。

2. 目的不同。拍卖的目的是选择最高竞价者，将拍卖的物品或者财产权利转让给他人，合同成立后所体现的是委托人向买受人转让财产的关系。而招标投标，如政府机构为采购物品而招标投标，是在寻找物品的卖主而不是买主，招标人是买主，在买卖的方向上与拍卖正好相反。

3. 串通招标投标行为与串通拍卖行为适用的法律不同。串通招标投标行为应当依据《招标投标法》第 53 条规定进行处罚：“投标人相互串通投标或者与招标人串通投标的,投标人以向招标人或者评标委员会成员行贿的手段谋取中标的,中标无效,处中标项目金额千分之五以上千分之十以下的罚款,对单位直接负责的主管人员和其他直接责任人员处单位罚款数额百分之五以上百分之十以下的罚款;有违法所得的,并处没收违法所得;情节严重的,取消其一年至二年内参加依法必须进行招标的项目的投标资格并予以公告,直至由工商行政管理机关吊销营业执照;构成犯罪的,依法追究刑事责任。给他人造成损失的,依法承担赔偿责任。”根据《反不正当竞争法》第 27 条规定,除中标无效外,可以根据情节处以 1 万元以上 20 万元以下的罚款。

对于串通拍卖行为,《拍卖法》第 65 条规定:违反本法第 37 条的规定,竞买人之间、竞买人与拍卖人之间恶意串通,给他人造成损害的,拍卖无效,应当依法承担赔偿责任。由工商行政管理部门对参与恶意串通的竞买人处最高应价 10% 以上 30% 以下的罚款;对参与恶意串通的拍卖人处最高应价 10% 以上 50% 以下的罚款。

## 案例2

# 某市某建筑公司诉某有限公司招标投标合同案

## 【案情】

上诉人(原审被告):某市某有限公司

被上诉人(原审原告):某市某建筑公司

××××年7月4日,被告向某市建设局申请对某研发中心工程进行对外招标,同年7月11日该招标工程获得批准。7月18日,原告参加招标抽签会后,被确认为投标单位。8月9日,原告向被告交纳了人民币3 000元后领取了工程图纸一套及《某研发中心工程招标书》(以下简称《招标书》)一份。其主要内容为门窗、铝合金和高级轴木门。工程承包方式为:按工程实物量和设备清单所列项目或施工图和承包范围预算造价包干。截投日期:①本工程于8月9日在交易中心公开招标,发送招标书、工程实物量、设备清单及设计图纸。②各投标单位于8月18日前报送施工图预算书、施工组织设计及技术措施(方案)投标报价书至交易中心三楼3号窗口,送交时间超过8月18日下午4时,按弃权处理。补充事项:评标方法和标准依据《某市建设工程施工招标投标条例实施细则》,采用评审法。③答疑会时间定于8月11日(周五)9时,地点为某研发中心现场,答疑以书面形式进行。④投标单位在领取设计图纸时,需缴纳3 000元押金和100万元保证金。⑤合同价按标底下浮3%为上限(标底为定额站审定的标底)。8月11日,原告向被告支付了保证金人民币100万元。8月18日,原告向某市建设工程交易服务中心呈送《招标书》。8月29日,被告在某市建设工程交易服务中心第四会议室召开某研发中心开标会。会上由某市建设工程造价管理站(以下简称"造价站")公开宣读某研发中心的标底为人民币19 010 550.12元,然后公开了6个投标单位的投标价,其中原告的投标价为人民币17 004 308.68元。之后,被告以造价站的标底与其送审的预算数额有出入为由,要求修改标底和重新定标。9月20日,被告去函造价站称:"由于标底送审资料里答疑会纪要其中第5项记录模糊,未指明是针对工程量清单第143项进行修改,导致贵站审定标底时未按隐框玻璃幕墙而按铝合金窗计算,造成评标标准与各项投标单位报价不统一,对由于我公司工作疏忽给贵站造成的不便深表歉意,为使工程评标公平、公正,及我公司项目尽快定标兴建,特此请求贵站将标底按隐框玻璃幕墙进行调整。”造价站于9月25日回函称：“我站于8月21日接收你公司委托审查工程标底工作，经审定的标底造价是按你公司提供的招标书、工程量清单和有关书面答疑审定的，审定的标底造价与投标单位报价相差较大，经查主要是你公司给我站的工程量清单中有铝合金固定窗的工程量，给我站的上述资料也没有任何说明铝合金固定窗修改为隐框玻璃幕墙，本着从大局出发，我们同意仅就该工程量清单中第143项（铝合金固定窗）用同一工程量按隐框玻璃幕墙单价计算调整，调整的详细结果，将于第2次评标时提供，以示公平；至于下一步如何进行评定标工作，由你公司及有关部门处理。”9月28日，原、被告及各有关投标单位和有关部门召开标底座谈会。座谈会上没有达成定标一致意见。9月30日，被告以修改后的标底召开定标会，重新确定投标价为人民币19 917 393元，并宣布某市第三建筑工程公司（以下简称“三建”）得分最高为中标单位。原告则以其已中标但被告拒发中标通知书为由诉至某市某区人民法院，请求判令被告违约并双倍返还保证金人民币200万元。

原告一审诉称：被告送审核的资料中没有任何说明固定窗要按玻璃幕墙计算，因此，所作标底价应当合法有效。被告置我国《招标投标法》的有关规定于不顾，一方面拒发中标通知书，拒签承发包合同，另一方面擅自在工地上搭建工棚，施工地下水池、承台等。9月30日，被告再一次召开定标会议，将我公司开标结果推翻，指定某市三建为中标人。由此可见，被告的行为已明确表明其单方毁约的目的。我公司请求判令被告违约，应双倍返还保证金人民币200万元。

被告一审答辩称：①我公司与原告不存在任何合法关系，也未建立任何形式的具有法律约束力的法律关系，故不存在任何一方违约的问题；②我公司招标、评标和定标的全部过程合法、有效，未对原告权益造成任何侵害；③由于某种合理、合法的原因导致开标程序中止后再行恢复的情况属招标业务中的正常行为，符合相关法律、法规规定。综上，我公司工程的招标全过程合法有效，原告从未中标，我公司与原告从未产生任何合同关系。故原告请求我公司双倍返还人民币200万元既无事实依据，亦无法律依据，依法应予驳回。

经查明，被告于8月21日向造价站提供《某工程实物工程量表》和《答疑会书面答复书》。其中《某工程实物工程量表》第143项为铝合金固定窗1 770.25平方米，《答疑会书面答复书》第5条外墙按隐框玻璃幕墙制作安装（外墙幕：安装是否按隐框玻璃幕墙制作安装计算）。被告在诉讼中向法院提交了《某市建设工程施工招标评审法定标书》，从分项中看造价得分三建为15.25分，原告为8.03分；工期得分三建、原告均为10分；质量评价得分三建、原告均为20分；施工组织设计得分三建为20.2分,原告为18.6分;安全得分三建、原告均为10分;企业信誉得分三建为7.5分,原告为7分;总分三建为82.95分,原告为73.63分。另外,被告在第一次的评标中评定原告商务得分为8.03分,其余投标单位商务得分是0分。

另查,某市建设局查实被告在未取得施工许可证即擅自进行地下室墙体工程施工后,于当年3月16日决定对被告罚款4 500元,并责令其限期补办有关手续。

一审诉讼期间,被告于10月17日将原告交纳的保证金人民币100万元退回原告。

## 【判决与定案结论】

某区人民法院经审理后认为,造价站于8月29日公开的标底是根据被告提供的《工程实物工程量表》《招标书》《答疑会书面答复书》核算出来的,按被告《招标书》承诺的评审方法,原告的投标书经公开后达到被告公开承诺的中标要求,原告应是某研发中心的公开招标的中标单位。被告拒绝向原告发出中标通知书和签订施工合同属于违约,应承担违约责任。原告投标前向被告交纳保证金人民币100万元,原告要求被告双倍返还保证金的诉讼请求,本院应予以支持。被告在公开标底前没有以书面形式向造价站和投标单位说明其《工程实物量表》第13条由铝合金窗改为玻璃幕墙,被告须承担对其在标底公开后对工程量进行改动的责任。因此,被告辩称其与原告无任何关系以及在造价站公开标底后认为以标底有误差为由进行修改标底是合法有效正常的,应驳回原告的诉讼请求的理由,本院不予采纳。依照《招标投标法》第5条、《某市建设工程施工招标投标条例》(以下简称《条例》)第18条第2款、第30条的规定,判决如下:被告在本判决发生法律效力之日起10日内双倍返还原告保证金人民币100万元。逾期则应加倍支付迟延履行期间的债务利息。案件受理费人民币20 010元,由被告负担。

上诉人某市某有限公司不服一审判决,上诉至某市中级人民法院。诉称:

第一,原审认定事实错误。理由为:①本次招标只进行过一次合法有效的开标、评标和定标会活动。由于标底错误,导致8月29日的招标活动中止。9月30日恢复开标。这两次活动是本次招标活动的两个阶段,而不是两次招标、开标和评标。②在有效的开标和评标中,原告没有获得过有效的最高分,没有任何机构宣布和认定原告中标,原告也没有取得证明其中标的"中标通知书",一审法院也没有权力宣布原告"应当中标"。因此,原告没有中标。③无论是造价站还是被告的原因造成标底错误,如果给原告造成了"没有中标"等损害,也是需要另案提起一个侵权损害赔偿之诉，而绝没有理由在没有中标的事实之上，要求被告按照“中标却拒绝签订合同”的“事实”来承担相应的法律责任。

第二，原审适用法律、法规不当。适用《招标条例》第18条缺乏法律依据，本案应当适用《招标投标法》第45条的规定。故请求：①撤销原审判决，驳回原告的全部诉讼请求；②本案一、二审诉讼费由原告承担。

被上诉人某市某建筑公司辩称：①一审判决认定事实清楚，适用法律准确。一审根据查明的事实，认定答辩人提交的投标书达到上诉人公开承诺的中标要求，应是中标单位，上诉人拒绝向答辩人发出中标通知书和签订施工合同是违约行为，应承担违约责任，完全符合我国相关法律的规定。我国《招标投标法》第23条、某市《招标投标条例》第30条均规定了招标文件澄清或者修改的期限和方式，上诉人违反这一法律规定，理应承担违约责任。②上诉人的上诉理由完全不能成立，应驳回其全部上诉请求。

本案经某市中级人民法院主持原、被告进行调解，双方在自愿、平等的基础上进行协商，达成如下调解协议：被告补偿原告人民币30万元了结本案纠纷，在本案招标投标过程中产生的其他纠纷双方不再追究。上述款项被告于本调解书送达之日起10日内支付给原告。一、二审案件受理费双方各自负担。

## 【评析】

本案的争议焦点有两点：一是作为招标机构的上诉人，应遵循什么规则来修改其招标文件；二是招标投标过错中的定金罚则在何时适用。对于第一个问题，我国《招标投标法》第23条明文规定：“招标人对已发出的招标文件进行必要的澄清或者修改的，应当在招标文件要求提交投标文件截止时间至少15日前，以书面形式通知所有招标文件收受人。该澄清或者修改的内容为招标文件的组成部分。”上诉人未按照这一规定办理，其所谓的环节中的观点就根本不能成立。对于第二个问题，根据最高人民法院《关于适用〈中华人民共和国担保法〉若干问题的解释》第115条规定，本案所涉及的定金是立约定金。上诉人对答辩人拒发“中标通知书”的目的就是为了剥夺答辩人的立约权，对此，适用定金罚则，完全合情、合理、合法。据此，答辩人请求判令驳回上诉人的上诉请求，并承担本案诉讼费用。

## 案例 3

# 某市修复地下铁路系统招标

**【案情】**

某市某招标人招标修复城市的地下铁路系统。招标底价为 1 亿 ~ 1.4 亿美元。招标结束后,评标委员会经评审,认为所有投标都不符合招标文件要求,即所有投标报价均显著高于底价,否决了所有投标。于是,招标人宣布将同投标人个别磋商。在同最低价投标人磋商时,该投标人建议修改合同文件后即可显著降低合同价格。招标人根据这个建议同最低价投标人磋商,该投标人同意降价,但招标人认为降价幅度不够。招标人于是拒绝所有投标,准备重新招标。在新的招标方案中,工程规模比原来减少了 2 000 万美元左右。最低价投标人提起诉讼,要求停止招标,将合同授予他。法院判决认为,招标人为获得更低价的合同而再次招标的理由是正当的,应予以支持。

**【评析】**

本案是关于招标人具有拒绝任何标书或拒绝所有标书权利的案例。在大多数招标文件中均有这样的规定,招标人在签约前的任何时候均有接受或拒绝任何投标,宣布招标程序无效,或拒绝所有投标的权利,并对由此引起的对投标人的影响不承担任何责任,也无须将这样做的理由通知受影响的投标人。这样的规定对投标人是非常不利的。这是因为建筑市场是买方市场,竞争非常激烈,即使对这样不利的条款,投标人即承包商也无可奈何。

我们知道,承包商准备投标是一项费用可观的工作,尤其参与国际招标投标竞争,费用就更不能小视。然而当其费钱、费力、费时地准备了投标,所面对的却可能是招标人的随时拒绝,甚至宣布整个招标程序无效,而招标人可以不承担任何责任,这显然是不公平的。为了维护法律的公平、公正,同时也尊重合同当事人的意思自治原则,各国法院对于这类规定都采用狭义解释以限制过分的不公平。

也就是说,招标人拒绝任何投标或拒绝所有投标的权利不是无限的,招标人行使这一权利应该以维护公共利益,保证平等竞争为原则。如果招标人在行使这一权利时不合理、不诚实或者有其他非法行为存在,法院就有权审查并纠正招标人的行为。例如,招标人内定了一个承包商,在招标过程中该内定的承包商没有中标,招标人便拒绝所有标书;下一次内定承包商再失败,招标人再拒绝所有标书……直到该承包商中标。这将导致非常荒唐和不合理的情况。

因此,法院对招标过程进行审查,限制招标人不合理地行使“拒绝所有标书”的权利是非常必要的。但是,在本案中招标人并非不合理地行使“拒绝所有标书”的权利。在本案中,评标委员会经评审,认为所有投标都不符合招标文件要求,即所有投标报价均显著高于底价,否决了所有投标,这是有法律依据的。《招标投标法》第42条规定:“评标委员会经评审,认为所有投标都不符合招标文件要求的,可以否决所有投标。所有投标被否决的,招标人应当依照本法重新招标。”所以本案招标人“拒绝所有标书”,决定重新招标,是应该得到法院支持的。

## 案例4

# 汕头建筑安装工程总公司招标纠纷案

### 【案情】

××××年11月22日，被告上海某房地产开发公司(下称"被告")因开发住宅小区经地方政府主管部门批准进行工程招标。工程项目位于上海市闸北区的中山北路和共和新路相交处，工程建筑面积74 781平方米。原告广东省汕头建筑安装工程总公司和另外三家建筑公司参加投标，经规范的评标程序由原告中标并经上海市建设工程招标投标管理办公室见证，被告于同年12月14日向原告发出中标通知书，该中标通知书载明：中标造价人民币8 000万元，要求在同年12月25日前签订工程承包合同，12月28日正式开工。同年12月28日，双方在并未签订工程合同的情况下，原告开进了施工队伍，打了两根桩，先举行了开工典礼。此后，双方因合同条款发生矛盾，几经交涉，被告于次年3月1日明确函告原告："将另行选报施工队伍。"原告首先向政府主管部门投诉无果，遂以要求被告继续履行中标通知书为由，将案件起诉到上海市中级人民法院。经研究，法院认为案件可以立案，由于中标通知书明确中标造价为8 000万元，因此本案标的被确认为8 000万元。

### 【审裁结果评析】

本案的争议焦点是：中标通知书本身是行政行为还是民事行为？是否具有法律效力？被告是否应继续履行正式签约的中标通知书载明的义务？如被告拒不履行，应承担什么责任？在审理过程中，原告认为：被告向原告发出中标通知书以及该中标通知书所明确的双方应签订正式工程承包合同的内容，表明被告发出中标通知书纯系平等主体之间的民事法律行为。原告根据当时建设部的《工程建设施工招标投标管理办法》的有关规定，认为被告发出中标通知书表明招标投标过程中的要约已经承诺，按招标投标文件和《施工合同示范文本》有关规定签订工程承包合同是被告的法定义务。被告单方否定中标通知，要另选施工队伍是根本性的违约行为，理应承担民事责任。原告的观点为法庭所接受。被告在认识到自己确已违约的前提下，提出要求调解。在法院主持下，双方达成一致意见，原告同意在被告予以赔偿损失的前提下解除中标通知书；以原告承包工程标的的法定利润为参考依据,由被告赔偿原告包括律师代理费在内的各项损失共计 196 万元,诉讼费全部由被告承担,原告撤诉。

本案是上海市中级人民法院当时受理的诉讼标的最大的一起房地产建筑纠纷案,案件由于被告不了解工程招标投标的专门规定而引起。经律师的努力并经法院调解,仅经过 3 个月,本案的问题在原告的合法权益得到充分保护的前提下获得妥善解决。

## 【评析】

本案当事人花费了巨额的诉讼费、律师费等成本,只为了讨论一个法律问题:中标通知书有没有法律效力?这不能不说是一个严重的教训。之所以会使被告单方采取否定中标通知书法律效力并称另行选择施工队伍的违约行为,主要原因是不了解签发中标通知书本身是一个以确认正式签订建设工程承包合同为前提的民事法律行为,而且是一种由要约、承诺的意思表示构成的民事法律关系特殊的民事法律行为。

建设工程招标投标行为的基本特征有以下几点:

第一,方法特定:双方意思表示符合法定程序和要求。在建设工程招标投标过程中,招标方发出招标信息或标书是要约邀请,投标方的投标书是要约,而经评标后的中标则是招标方的承诺,中标就是构成签订承发包合同的依据。整个招标投标过程中双方的意思表示方法法律有明确规定,其特定的意思表示方法不同于一般法律关系确立的要约和承诺,增加了要约邀请的特定阶段,以形成不同要约方的不同意思表示,供招标方选择、评判。

第二,目的特定:旨在确定订立承发包合同的依据,并使之达到签约条件。完成招标投标程序的预期目的,是经过附加条件的要约邀请、不同要约的评判直至承诺的特定程序,使双方对确立工程承发包关系协商一致,从而建立签订承发包合同的前提和依据。这种特定的程序正是为了达到使招标投标双方按自己的目的和要求确立签订承发包合同条件的特定目标。

第三,责任特定:招标投标的结果对双方具有约束力。中标通知一经发出,招标投标双方该做什么,不该做什么已经确定,因此产生的责任也已生效。例如:投标方不得事后节外生枝,不得变更已定的条件,即便计算错误也不得调整;招标方不得拒签合同,不得压价另行选择施工队伍,不得肢解中标范围的工程将其另行发包。不论是否已经签订合同,招标投标的结果产生的民事责任与签订合同相同。我国《民法通则》第 57 条规定:“民事法律行为从成立时起即具有法律约束力。行为人非依法律规定或取得对方同意,不得擅自变更或者解除。”

根据以上分析,不难得出结论:建设工程招标投标就其实施的市场主体、主体行为以及法律责任而言,是一种民事法律行为,而且是具有与一般民事法律行为不同特征的特殊的民事法律行为,毫无疑问,建设工程招标投标应受民法约束。当然,建设工程招标投标是应当受政府行政主管机关管制和监督的,政府应当而且必须对调整政府与招标投标双方的行政关系作出相应的规定,制定行政法规来规范招标投标行为同样是应当而且是必需的。但是,加强行政法规的调整不影响招标投标行为本身的法律特征和属性,就像房地产开发一样,房地产开发行为本身是民事法律行为,而政府对其要进行行政管理。

如果当事人明确了上述建设工程招标投标行为的基本特征,认识到发出中标通知就意味着民事行为即签订工程承包合同的意思表示已经承诺,已经产生法律约束力,案件本身应完全可以避免。

本案中另一个法律问题则是:当事人如招标人方要求解除中标通知书应承担什么责任?

我国《招标投标法》第45条规定:中标人确定后,招标人应当向中标人发出中标通知书,并同时将中标结果通知所有未中标的投标人。中标通知书对招标人和中标人具有法律效力。中标通知书发出后,招标人改变中标结果的,或者中标人放弃中标项目的,应当依法承担法律责任。第60条规定:中标人不履行与招标人订立的合同的,履约保证金不予退还,给招标人造成的损失超过履约保证金数额的,还应当对超过部分予以赔偿;没有提交履约保证金的,应当对招标人的损失承担赔偿责任。又根据我国《合同法》第113条之规定,当事人一方不履行合同义务或者履行合同义务不符合约定,给对方造成损失的,损失赔偿额应当相当于因违约所造成的损失,包括合同履行后可以获得的利益,但不得超过违反合同一方订立合同时预见到或者应当预见到的因违反合同可能造成的损失。

## 案例5

# 关联公司帮助投标不正当竞争案

原告:北京××技术有限公司(以下简称"A公司")
被告:北京××教育有限公司(以下简称"B公司")
被告:北京××科技股份有限公司(以下简称"C公司")
第三人:北京××学院(以下简称"D学院")

### 【案情】

2012年,D学院组织"学院信息化建设数字化校园(一期)"项目的公开招标,该项目系政府财政采购项目。本次招标的招标文件规定,投标人需具有相关部门颁发的软件企业认定证书等相关证书以及涉及本次项目的核心软件系统的软件著作权登记证书。

A公司与B公司及其他四家公司共同参加了评标、开标,该项目最终由B公司中标,而A公司则在评标的初评阶段即因营业执照、机构代码、社保、税单等多项资格证明文件不符合要求未进入详细评审。但B公司提交的投标文件中,使用了其关联公司C公司享有著作权的20款软件,B公司只拥有该批软件的使用权。但在C公司发布的上市公告中明确表示其已将全部高校信息化业务剥离,且已将所拥有的全部软件著作权转让给他人。

A公司认为B公司在本身不符合投标要求的情况下,借用其关联公司的软件著作权,实现了中标目的,已构成串通投标的不正当竞争行为,请求法院判决确认本次招标的中标结果无效,判令二被告停止侵权行为并在相关媒体上刊登致歉声明。

法院认为:A公司参与了招标,在评标阶段是否能够进入详细评审、能否实际中标等并不影响其与其他投标人之间存在竞争关系的认定,因此A公司有权就本案争议提起诉讼。但鉴于A公司初审即已出局,其已失去中标可能性,A公司与本次中标结果并无实质利害关系,故其虽有权提起诉讼,但根据无损害即无救济的民事法律原则,A公司不能要求被告承担停止相应行为并致歉等实体法律后果。

从法律适用角度来看,虽然反不正当竞争法仅规定了"招标者与投标者之间相互勾结"及"投标者之间相互勾结"两种构成串通投标的具体情形,但根据该法的立法目的及功能,本案争议事实仍属于招标、投标过程中其他应受反不正当竞争法调整的情形。从具体行为角度来看,B公司在投标文件中使用C公司相关软件著作权证书的行为确实存在一定程度的瑕疵,但从主、客观两方面综合分析,该瑕疵尚不足以导致中标结果无效的法律后果。据此法院判决驳回了其诉讼请求。

【评析】

司法实践中,一方投标人起诉其他投标人构成不正当竞争的案例较少,以投标人与非投标人相互借用资源为由主张构成不正当竞争的则更为鲜见。之所以如此,并非招投标领域运作规范,恰恰相反,该领域各种违规违法现象并不少见,与以往适用反不正当竞争法原则性条款更多解决经营者身份的确认问题不同,本案判决是在规范相应竞争行为的具体条款缺乏明确规定的情况下,通过解释立法目的、功能,首次以判决的方式明确了投标人与非投标人之间的串通行为属于招标、投标过程中其他应受反不正当竞争法调整的范围,如该行为构成不正当竞争,人民法院可适用反不正当竞争法的原则性条款予以规范。通过判决的方式对相应的纠纷做出司法的权威回应,在法律适用、规则确定、营造良性竞争秩序方面意义重大,亦十分必要,具有重要的理论及现实意义。

## 案例 6

# 三峡工程招标

### 【概述】

中国长江三峡工程开发总公司（以下简称“三峡总公司”）是三峡工程的业主单位，是工程招标的主管部门。从 1993 年开始，采取各种招标形式，对建安工程进行招标，通过招标择优选择施工承包单位，签订承包合同。同时对 1992 年末以前三峡工程筹建阶段的建安工程项目进行全面清理，补充签订了承包合同。至 1996 年 12 月末，共签订各类经济合同 2 212 个（包括设备、不包括物资），合同总金额 130.67 亿元，其中，建安工程合同 717 个，占合同总个数的 32.4%，合同金额 103.77 亿元，占合同总金额的 79.4%。由于永久机电设备的采购招标正在进行，因此通过招标发包的主要是建安工程项目；其次为勘测设计、科研、监理、征地、施工设备等合同，合同个数占 67.6%，合同金额只占 20.6%。

招标方式一般分为公开招标、邀请招标、议标三种方式。招标中坚持公开、公平、公正的原则，在公证人员和各投标单位代表参加的情况下开标，开标后标价一般不允许再作变动。以招标方式确定的承包合同共 54 个，占建安工程合同总个数的 7.5%，但合同总金额达 63.31 亿元，占建安工程合同金额的 61%。以议标方式投标的单位只有一两家，采用这类方式主要是对 1992 年末的工程项目进行清理，补签合同，主要承包单位为中国葛洲坝水利水电工程集团公司，合同金额约 2.4 亿元。议标的项目一般也按招标的方式进行，有较规范的招标投标文件，合同价格以概预算的价格进行控制。随着三峡工程建设的进行，公开招标和邀请招标的个数、金额比例逐年增加，1995 年的比例已达 75.4%，1996 年比例已达 84.5%。

### 【招标范围和条件】

三峡总公司规定，凡属三峡工程的主体建安工程、主要临时工程、较大的房屋建设、大型施工设备、永久设备工程监理等，一般都要采用招标方式，通过竞争择优选择承包单位。三峡总公司规定工程招标必须具备下列基本条件：①建设基金已纳入总公司的计划；②主要的施工方案或技术方案已经确定通过招标设计完成,并满足编制招标文件和标底的需要;③立项手续完备,纳入招标计划;④征地移民手续已办妥。

## 【招标程序】

1. 招标设计

建安工程主要项目在初步设计或单项技术设计的基础上,由设计单位提出招标设计。其主要内容包括设计说明、图纸、技术规范、工程量,由三峡总公司提前1~3个月审定。

2. 招标文件

招标文件的主要内容包括:投标邀请书。其中:第一卷为投标须知、合同协议书格式、保函格式、授权书格式、合同条款、投标书格式与附录、工程量报价单、投标辅助资料;第二卷为技术条款,主要是指出该工程项目应该采用的技术规程规范,并按土石方开挖填筑、混凝土浇筑砌石,建筑装饰、设备安装等分章提出技术要求和计量方法;第三卷为设计说明和图纸。招标文件要写明招标方式、承包合同的性质、物资设备供应方式和规定、资金支付方法和规定、合同变更和合同价格调整的规定、风险和保险的规定、提供的施工条件、工期进度要求、对各分部工程的技术要求和计量方法等。此外,还包括承包合同执行中商务上的几个难点,如合同变更、合同价格的调整、工期延误补偿等计算原则、计算方法等。

3. 招标通告

公开招标的项目都在有关报刊上发布招标通告,邀请招标和议标项目用书面或其他方式邀请。招标通知和邀请书的内容主要包括业主、设计单位的名称和地址,工程项目名称、合同编号、位置、工程规模和主要工程量、计划开工日期和竣工日期,投标企业的资质和资格条件,等等。

4. 资格预审和发售招标文件

三峡总公司规定,申请参加投标的单位需提供包括以下主要内容的资格预审资料:企业的法人营业执照复印件;资质等级证书复印件、企业简史和近10年的工程业绩;企业现状(人员、设备、财务);企业现有的施工任务和正在签订的合同;拟投入本工程的设备及其状况,拟派驻本工程的负责人和主要人员的姓名、职务、职称、资历;等等。

5. 标底

建安工程项目的招标标底编制的原则如下:工程项目划分和工程量与招标文件相一致;采用招标时的物价、人工费、其他费用水平;施工方案、工期和强度应符合设计文件的要求;生产效率、竞争性指标和综合价格水平,根据市场环境和招标项目的具体情况，进行适当的优化；一个招标项目只能有一个标底。标底经审查后进行密封保管，评标时发给评委使用；用完收回，长期保密。

6. 开标和评标

按招标文件规定的时间、地点召开开标会议。除投标单位必须派合法代表参加外，还应请公证单位、设计单位、银行代表和评标专家参加，当众开标。规定投标书有下列情况之一者为废标：未加盖公章和法人代表或其授权的合法代表人未签章；有两个以上报价（建议方案报价除外）；合法代表人未到会；明显违反招标文件规定，提出违反招标文件规定的附加条款。

三峡工程的建安工程项目，开标后一般立即组织评标。评标一般组织技术、商务两个专家组由有关专业的行家担任，一般都具有高级职称；三峡总公司的主要领导不参加评标。评标项目一般分为总价、单价、技术条件、资信四个项目。技术条件一般包括施工组织设计、施工进度安排、质量保证体系和措施、施工设备和材料、安全及环保措施。资信一般包括企业管理水平、投入本工程人员素质、以往的业绩和信誉、承包风险能力、投标文件响应性等细目。评分由每个评标无记名进行。为保持客观性，去掉一个最高分和一个最低分，再计算平均得分，并规定技术专家不评价格项目，商务专家不评技术条件项目。根据评分结果，全体评标专家再进行综合分析，推荐可能中标单位的排队名次，一般推荐两个，最多三个，并向三峡总公司提出评标报告。三峡总公司根据评标专家的意见最后研究决标。整个议标工作按“专家评标、定量打分、定性分析、领导决标”的原则进行，领导不向评标专家授意有倾向性的意见，使评标工作保持廉洁、客观、公正。

7. 中标通知和合同签订

决标后在发中标通知书之前，进一步与投标单位交换意见，确认对招投标文件没有实质性的不同理解和意见，然后发中标通知书。中标通知书写明合同价和对履约保函的要求以及签订合同的时间、地点。建安工程的合同是在承包单位提供履约保函的同时签订的。履约保函必须由银行提供。由于我国还没有法人担保公司，三峡工程不接受行政行为的履约担保。组成合同的文件及优先次序如下：合同协议书及备忘录、中标通知书、工程报价单、投标书和合同条款、技术条款、设计说明和施工图纸等。

## 【承包合同的执行】

三峡工程的承包合同一经签订，都要依法严格履行。由于合同执行中的几个主要难点，如价格、调整变更合同量的价款、工期延误补偿、设备和物资供应等都做了较为明确的规定，在合同执行中还没有发生原则性的争端。但在变更合同量和工期延误数量的确定及其对价格确定的影响等方面,有时双方认识不尽一致,这些又能通过友好协商解决。

至于有人议论的分包和转包问题,在某种程度上是存在的。但应指出,施工集团内部的分工承包单位劳务和设备的雇用和租用,不属于分包和转包范围,这属正常现象。对主要的工程项目三峡总公司采取相应的措施,重视投标单位的资格审查,对实力较强的投标实体允许参加投标竞争;分包必须在投标时写明或取得三峡总公司的同意,且分包量一般不允许超过合同总量的20%,不得收取超过3%的管理费;至于转包,原则上是禁止的。

## 案例7

# 世界银行贷款项目设备采购的实例

### 【案情】

由世界银行(以下简称“世行”)贷款的城市环境项目“城市污水处理设备更新改造”国际竞争性招标,采用了世行设备和生产线供货与安装的标准招标文件范本加资格预审进行采购。合同估价为400万美元。资格预审评审结果在1999年8月30日获得世行的不反对意见后,于2000年5月23日发出,只有3家公司购买了招标文件。2000年6月12日召开了标前会,只有一家公司参加。2000年7月19在收到世行的不反对意见后发出了招标文件的补遗。投标截止和开标的日期为2000年7月24日。两家外国企业投标。投标有效期为120天。

2000年9月25日,世行北京办事处收到了评标报告。两家公司报价各为155万美元和236万美元。招标单位建议授标给最低投标价的投标人。在这之前的8月16日世行收到了报价高的投标人的投诉。该投标人说由于两家公司均为国际知名的公司,设备的报价不可能差别很大。招标文件和标前会澄清均要求将6个月调试期的专家服务费单列,另一家投标人没有参加标前会,该投标人要求世行在审查评标报告时注意此项。世行在8月17日将此投标人的投诉转给了招标单位,要求招标单位在评标时注意,在评标报告中说明并回复投诉者说明收到投诉。由于9月25日的评标报告没有说明对投诉意见的解释,世行于9月29日批复要求进一步说明。

招标单位于2000年10月17日回复世行,说明两家公司的报价均包含调试的费用。世行于2000年11月17日同意将合同授予最低价的报标人。2001年2月1日世行收到招标单位的传真,说最低价投标人的调试费太低,要求将其履约保证金的比例提高到达30%。世行2月5日的答复对这一点没有评论,只是要求加快合同谈判中买方要求将履约保证金提高到30%的进度,而招标文件只规定了10%,卖方不能接受。3月21日,世行向招标单位发出警告,如果再不发出中标通知,就要宣布此采购为错误采购。招标单位3月23日回复世行,说明最低价投标人承认其报价不含调试费,该投标人在谈判时不接受买方要求提高履约保证金到30%的要求,并提出更换部分制造厂。招标单位在2000年11

月17日和2001年3月19日两次要求投标人延长投标有效期和投标保证金有效期。最低价投标人于3月21日答复招标单位,表示不延长有效期。世行北京办事处于2001年3月26日和28日要求招标单位解释为什么在2000年10月17日的传真中说含调试费,而在以后的答复中又说不含,在世行发出不反对意见后4个多月还不能签订合同。在招标单位3月27日和4月3日解释的基础上,世行于4月16日作为个别例外情况处理。同意将合同授予第二低标的投标人,但要求在1周内签订合同。合同最后于2001年4月19日签订,从资格预审算起,耗时两年以上。

## 【评析】

以上实例说明招标文件对主机以外的备件、安装调试、设计联络、培训考察、驻厂监造、试验验收等必须明确规定,最好在报价中分项列明,有数量的要在表中列出数量和单位。以上招标文件的报价表对设备有清单,装调试费用为空表。投标人在投标时要特别注意主机以外的其他细节,不要漏项,要参加标前会和现场考察,仔细将标前会记录和招标文件补遗的要求在投标书中反映。投标人可以不接受招标文件规定以外的其他额外要求。如果买方注意到有不平衡报价和低价抢标的可能,要提高不平衡报价和低投标人的履约保证金的比例,一定要在招标文件中规定。

## 案例 8

# 亚洲开发银行电厂项目国际招标

【案情及评析】

### 一、采购项目背景及相关信息

巴基斯坦考特电厂在建设中需要采购以下设备:①两台汽轮发电机;②两台热蒸汽发电机;③一台蒸汽发电机。

要求投标者对煤气蜗轮发电机具有 100MW 以上的等级。

### 二、项目采购的评标

该项目是由亚洲开发银行贷款的项目,所以招标工作是由项目执行单位或称项目业主严格按照亚洲开发银行的“采购指南”的规定开展,按照招标文件中设定的标准由咨询专家进行评标。

在开标之日,招标单位收到 4 份投标,所有的标书都符合技术规范和招标的范围。

投标者及其价格见表 1。

**表 1**

| 投标者 | 国家 | 价格(卢比 RRs) | 价格(百万美元) |
|---|---|---|---|
| GEHPE(316.32MW) | 美国/中国 | 4 674 227 586 | 188.49(623.24 $/kW) |
| GECA(302.45MW) | 法国 | 7 140 106 512 | 287.70(951.22 $/kW) |
| MSRABB(372.20MW) | 日本/德国 | 7 558 957 407 | 304.82(818.31 $/kW) |
| SM(397.44MW) | 德国 | 7 680 194 598 | 309.71(778.63 $/kW) |

以上所有投标者对合同总条款以及技术规范,都递交了例外条、误差、修正条款。然而前两名价格最低的投标者 GEHPE 和 GECA 公司,没有响应招标者的要求,并向他们提交了以下文件。

**GEHPE 公司**

GEHPE 公司提供美国通用电器公司的汽轮发电机,比利时 NEW 公司或

CMI 生产的热蒸汽发电机和美国通用电器公司生产的蒸汽发电机。冷却塔、管道、变压器和电力分配系统的 35% 将由中国提供。

GEHPE 公司提供了许多偏差(大约有 200 项),主要偏差如下:

1. 投标保证金。投标者提交投标保证金不在招标文件中加以固定,这不符合许多招标范本文件的基本要求,范本文件往往不包括许多其他重要的条款,如:

(1)投标保证金发行银行的自身情况,如执行者、管理者和前任等;

(2)在执行过程中由于投标者问题使得投标保证金协议无法执行,保证金保证的数额应当由发行银行立即支付;

(3)保证金的数目应当由“高至 300 万美元”取代原来的“不少于 300 万美元”;

(4)如果 GEHPE 公司不执行履约保证金,投标保证金将被没收。

按照招标文件的条款,招标机构可以因投标者的投标保证金有重大偏离而拒绝该投标者。

2. 保证期。应当用“工程交付后开始商业运营 12 个月”取代原来规定的“工程交付验收后的 12 个月”。

3. 履约担保。投标者建议履约担保的期限为合同签署后的 30 天,改变原来的从接到中标通知书之日起 30 日。

4. 保证。投标者要求,对因设计缺陷造成的工程质量不负责任。

5. 关于物理、化学试验的费用。如果这类试验不详细列出,投标者不支付这些费用。

6. 付款的保留。投标者建议取消“项目执行机构扣留部分或全部付款”的条款。

进一步来说,招标者要求所有的投标者必须响应招标文件的要求,但招标文件中的偏差目录上内容除外。投标文件中主要偏差如下:

(1)GEHPE 公司建议取消关于“不受设计缺陷影响的工作质量保证”的条款。投标者同样不愿意承担由于设计缺陷带来的工程或货物的损失。

(2)投标者建议缩短工作(包括已经存在或正在进行的工作)的质量保证的期限,质量责任只负责到交付使用为止。不同意根据雇主和工程指导,对工程进行维修、更换和对损害进行赔偿。

(3)投标者建议取消雇主扣留应付工程款的条款,雇主为了保护自己的利益,保证在工作质量保证期内的损失得到补偿,要求扣留部分工作应付款。以下为评述报告:这条建议剥夺了业主保护自身合法权益的权利,因工程承包人不履行应有的义务而给业主带来的损失,应当由工程承包者负责。这条建议应当被视为实质性偏差。

在技术范围方面，投标者有170条误差条款，误差如下：

(1)锅炉管每米147片，违反了技术规范的最大限度，即每米125片(为使锅炉管之间有足够的距离)。锅炉管片之间的最小距离是为了防止堵塞，有利于清洗和维护。

(2)管道的交叉排列违反技术规范的线状排列的要求，汽轮发电机运行时容易造成管路堵塞，管道的线状排列对加速煤灰排放速度、降低维护成本、增强管道的可靠性是必要的。在投标函中，投标者提出拿出805 400美元，按照线状排列的要求改变管路安排。

(3)没有加热系统以降低燃油的黏性，使得燃油从喷嘴中顺利喷出。

(4)锅炉管道强度2.4毫米，不符合技术规范3.2毫米的要求。

回答投标者的澄清后，投标者递交了一封信，信中表示愿意撤回造成额外支出的部分偏差要求。叙述如下：

项目执行单位要求我们技术上要尽量少地提出误差，我们也希望这样做。如果本公司投标书中的偏差与澄清会上确认可被接受偏差不一致，与此相关的偏差要求将自动从偏差目录中去除。

投标者要求的额外费用大约2 530万美元(占投标价格的13.27%)。在评标中，咨询专家指出，CEHPE公司技术例外条款，费用达4 640万美元(占投标价格的24.58%)。

项目执行单位和专家组一致认定GEHPR公司的投标为非响应标。

**GECA公司**

GECA公司提供的设备除了热力电机外均为自己制造，蒸汽蜗轮发电机在法国制造。该公司在合同的条件中也提出了一些误差条款，叙述如下：

1. 移交后的残次。工程质量保证期限应当是临时移交之日起24个月，而不是工程交付后的12个月。

2. 不能履行履约保证的损失清算招标者提供高保证金，较轻的处罚。

3. 工程安全的责任。投标者提议取消业主要求工程承包方承担工程修复和损失的权利。

4. 保险。投标者对工程、设备、原材料的责任到工程交付为止，在保证期内的也不负责任。

在评标阶段，投标者被邀请来参加澄清会议，GECA公司没有参加，递交了书面澄清报告。专家和项目执行单位将GECA公司作为非响应标，因为以上的重大偏差已经没有必要再考虑GECA公司的投标。

剩下的MARABB公司和SM公司符合招标文件的要求。

**MARABB 公司**

MARABB 公司提供的汽轮发电机由 ABB 公司生产，热蒸汽发电机来自德国的 DBE 公司和 CMI 公司，平衡设备来自 GECA 公司，其他设备没有陈述。

MARABB 公司曾经在土耳其和巴基斯坦类似的发电厂建设中作为项目监理，其公司有资格和能力承接这项工程。

专家认为，该公司投标书中的技术和合同条件的偏差最小，叙述如下：

1. 有效的合同签订日期。签署合同的日期应当是各承包方本国政府信贷，保险机构出具接受该工作作为保证项目的收据之日，而不是招标文件中的授标通知日。

2. 货物税收。招标者建议取消货物的税收，改为其他形式的补偿。

3. 遵守法令和法规。合同的价格应当在招标 30 日后随着巴基斯坦法令或法规的变化而调整，这种情况出现的费用增加或减少应当在合同价格总额中作相应调整，而不是招标书中所说的"如果出现对执行合同有影响的问题，合同应当加以调整，因为这些问题所引起的所有额外费用的增加，必须对工程承包人给予补偿"。

4. 保证期限。工程保证期限应当为第一部分预备交付的 36 个月，而不是工程交付验收之日。

5. 移交后出现质量问题。如果工程出现的问题不是正常的磨损损坏，投标者同意负责维修；更换部件保证期为 6 个月，不是 12 个月；所有商业偏差在投标价格中加上 162 385 839 卢比。

MARABB 公司提出的主要技术误差为：

1. 热电发动机的头部不封闭，管道墙的厚度与招标文件要求不同。

2. 汽轮发电机的压缩机的涂料与招标文件中的不同。

3. 电力设备的燃料系统不防爆。

4. 水处理设备的水储备减少。

整个技术偏差价值 442 779 000 卢比，加上商业偏差，总数达 606 164 839 卢比。

**SM 公司**

与其他几家投标者相比，SM 公司投标的生产能力最高（397 440kW）和热效率最高[7 406.6kJ/(kW · h)]。热蒸汽发电机将由德国的 DBE 公司制造，其他设备将由 SM 公司自己制造。

投标者因为在泰国、土耳其和巴基斯坦建造过类似的工程，所以有这方面的经验。

SM 公司提出的主要商业误差如下：

1. 保证期应当是工程交付后的 12 个月，不是工程交付之日到工程最后交付保险日。

2. 在工程移交时支付 5% 的 C@ F，而不是在发放工程移交证书后。

对于这些偏差使 SM 公司标价上加上 44 580 051 卢比，所有的商业误差在招标报价中加上 45 255 536 卢比。

SM 公司在技术误差中主要有：

1. 热电发电机背部压力为 33mbar，而不是 25mbar。

2. 减少水处理储存。

3. 脱氧器不提供给水箱的水进行净化。

4. 冷凝液的含氧量大于招标书的规定。

5. 不提供冷却水系统的注水泵。

6. 不提供污水处理设备。

所有技术偏差在投标价格中加上 277 403 000 卢比，商业偏差和技术偏差共占 331 658 536 卢比。

## 三、评标价格比较

因为 GEHPE 公司的投标书属于非实质性响应标，所以没有必要对该公司进行进一步评估。

项目执行单位认为根据评估报告，GECA 公司也属于非实质性响应标，但项目执行机构的部分成员不同意完全排除 GECA 公司，这样进入评标的有 CECA 公司、MARABB 公司和 SM 公司。

## 四、发标

按照招标文件要求，将标授予有实质性响应的最低评估标——SM 公司。项目执行单位同意给予 GEHPE 公司一些考虑，因为该公司在财务报价上有一定的优势，项目执行机构建议银行同意其与 GEHPE 公司进行谈判，谈判目的为：①取消不可接受的合同条件偏差；②降低额外价格，使其标价在一个合理的水平。否则，项目执行机构要求选择 SM 公司。

银行官员审查了项目执行机构的建议，提出如下意见：

1. 在 GEHPE 公司提出的商业和技术误差的 81 页中，商业偏差有 48 页，技术偏差有 33 页，其中许多误差都是项目执行机构认为不能接受的。经过审查，银行官员认为 GEHPE 公司的投标应当视为不完全的标，应当被拒绝。

2. “评标价格比较”展示 SM 公司为最低评估标，银行官员同意项目执行机构的建议,将标授予 SM 公司。

## 五、银行推荐

1. 采购委员会要求。

(1)拒绝 GEHPE 公司的投标,因为这是非实质性响应标。

(2)同意项目执行机构将标授予最低评估标——SM 公司,标价为 423 826 871德国马克,加上 1 271 678 卢比。

2. 附加注解。本案例由于招标公司所在国的参与,使得情况变得更加复杂。

(1)美国政府为了美国公司的利益表述如下:①GEHPE 公司不能被视为不符合资格,因为该公司在巴基斯坦也在建设类似的工程,汽轮发电机的运转也是令人满意的;②GEHPE 公司准备收回所有的误差条款和例外条款;③项目执行机构合同小组原本计划推荐 GEHPE 公司;④投标书中的技术规范是由德国咨询专家提供的,其有利于德国的设备,应当建立一个独立的专家组处理这个问题。

(2)德国政府要求银行不要被这些因素所困,遵循原有的采购规则。

(3)项目执行机构所在国要求银行立即作出决定,并通知银行 GEHPE 公司在本地的机构获得了项目执行机构一些机密文件,应当将该公司列入黑名单。

3. 采购委员会的决定和意见。

(1)采购委员会的意见:①采购委员会注意到,项目执行机构没有提交决定性的推荐合同授予公司,这需要考察项目执行机构的采购程序。按照银行的采购程序指南,本案应当授予最低评估标——SM 公司。如果按照项目执行机构建议与 CEHPE 公司进行谈判,这只能被认为是备选建议。如果把这个建议交回给项目执行机构,不会有结果,委员会根据足够和清楚的信息,能够作出合理的决定。②采购委员会注意到 GEHPE 公司已经在巴基斯坦建造与本采购类似的工程,汽轮发电机也运转良好。在评标过程中,对该公司的汽轮发电机的评估没有过失。不能接受的误差是该公司的商业误差和其他设备的误差部分。咨询专家计算了技术规范为 4 640 万美元,为标价的 24.58%,则被视为实质性非响应标而被拒绝,不需要进一步评估。③由于 GEHPE 公司存在大量的误差,对该公司没有按照规范要求的部分,评标委员会没有进行评估。该公司宣称,对于设计造成的缺陷该公司不能接受。这属于基础性误差,所以 GEHPE 公司被拒绝。④对于德国咨询专家负责起草的招标文件中的技术规范有偏向于德国设备的指控,委员会没有发现这方面的问题。在技术规范公布之前,银行对其进行了检查,没有发现该规范偏向哪个国家。如果发现任何歧视或偏向性的内容,招标文件都将被修改。所以委员会拒绝对技术规范进行重新审查。⑤按照银行的采购规则,不接受 GEHPE 公司投标后,改变投标,取消投标书中的误差和例外条款。⑥采购委员会认为,项目执行机构的工作小组的原始推荐是完全不合适的,该信息属于保密信息,银行只考虑项目执行机构的最后推荐。

(2)委员会决定。

委员会审查了 SM 公司的投标书,虽然该公司的投标价格不是最低,但该公司为最低评估标,委员会批准的授标的价格为 423 826 871 德国马克加上 1 271 687卢比。

## 案例 9

# 招标过程中缔约过失实例

### 【案情】

××××年,某市某进出口公司原办公大楼需要置换,经批准,准备建造一栋28层的商办综合楼。新楼建筑面积4万平方米,总投资12 683万元。此建设项目被列为某市重点项目。于是,建设单位即某进出口公司于同年6月8日发出议标文件,某省某建筑公司等施工单位作为投标人参加投标。建设单位即招标人为择优选择承包单位,委托一家建设工程招标咨询公司担任招标代理,进行代理招标。经过方案论证、工程开标、评标,决定某省某建筑公司中标。6月27日,招标人发出中标通知,市招投标办予以见证。招标人与中标人在6月20日签订围护工程、桩打桩工程项目施工合同,于6月30日签订建筑安装工程项目施工总承包合同。工程于10月4日正式开工。

次年2月8日,工程监理单位发现施工单位在围护工程施工中两次使用不合格水泥共266吨。监理单位于2月28日发出(96－02)号“监理通知”,指出:“基于上述水泥问题及施工中遇到的其他问题,我方认为施工单位在管理工作中措施不当、质量意识差,无质保自查体系,遇有质量事故不是积极采取措施加以解决,而是隐瞒不报,看长此发展,其后果不堪设想。”监理单位于同一天出具的“资格条件审核意见”中更进一步指出,“施工企业资质等级证书中无桩基工程施工资质”,“经我方查询,施工单位未承建过10层以上的建筑物”。

建设单位深感不安,于是向市招投标办报告,要求更换施工企业,另行招标挑选队伍。招投标办于3月16日下文批复,同意重新招标选择施工单位。3月22日,建设单位书面通知施工单位,鉴于施工单位资质等问题,决定终止合同,并要求在3天内办理终止合同手续。第二天,施工单位即复函,认为:“双方所签合同合法。……合同经主管部门审批,符合某市建筑市场管理规定,并早已见证、盖章。……若想终止合同,应由建筑主管部门仲裁,你方单方提出终止合同所造成的一切后果均由你方负责。”

### 【评析】

在本案中,投标人资质条件不合格而中标是一个关系到招投标是否有效的问题。如果投标人资质条件不合格而中标，则本次中标就是无效的。投标人资质条件不合格而中标可能具有《招标投标法》第53条所规定的投标人串标或行贿或第57条(四)所规定的招标人违法确定中标人的情况。在此情况下的中标应该是无效的。所以，投标人资质条件不合格而中标既可能有投标人的过错，也可能有招标人的过错。因而，既然中标无效，那么，招标人与中标人签订的合同当然是无效的。而判断中标无效及招标人与中标人签订的合同无效的机构只能是人民法院或仲裁机构。

还有，既然中标无效，即招标人与中标人签订的合同无效，那么，过错方就应该根据《合同法》的规定承担缔约过失责任。承担缔约过失责任的过失索赔范围一是过错方应当赔偿另一方参加投标所实际发生的费用，包括人工费、资料费、差旅费等。因此还使另一方丧失其他项目的机会而造成可得利益损失的，也应予赔偿。二是由于投标人的过错造成招标无效的，该投标人还应当赔偿招标人重新组织招标所发生的费用。

## 案例 10

# 律师参与招标投标活动法律意见书实例

某高校经省计划委员会对项目建议书及可行性报告批复后,由省政府财政拨款,在某市进行一教学综合楼工程建设。根据该校预定计划,在该项目的设计已完毕、桩基工程已先行招标并施工的条件下,该校以邀请招标方式进行该项目工程的招投标工作。该省某律师事务所受招标人即某高校的委托,参与了该项目工程施工招投标的全过程,并在此基础上出具了法律意见书。该法律意见书成为招标人最终决定中标人以及发放“中标通知书”的重要依据之一,体现了律师提供建设工程招投标过程的法律服务,包括对中标结果提供法律咨询意见,具有重要的意义。需要提醒注意的是:由于出具该法律意见书时,我国《招标投标法》尚未生效,所以,其中可能有与该法的有关规定不完全一致的地方。这里列出该法律意见书,意在为该类法律意见书提供一个可参考的框架。

## ××律师事务所关于某校××工程施工招标投标法律意见书

根据某校(以下简称“贵校”)与××律师事务所(以下简称“本所”)签订的《委托代理合同》,本所担任贵校××工程施工招标投标的特聘专项法律顾问,并获授权为贵校××工程施工招标投标出具法律意见书。本法律意见书依据《中华人民共和国建筑法》及其他法律、法规的规定出具。在调查过程中,本所得到贵校如下保证:贵校已经提供了本所为出具本法律意见书所必需的、真实的原始书面材料、副本材料或口头证言。经本所律师适当核查,有关副本材料或者复印件与原件一致。

本法律意见书仅供贵校为××工程施工招标投标之目的使用,不得用作任何其他目的。

本所律师根据有关法律、法规的要求,按照律师行业公认的业务标准、道德规范和勤勉尽责的精神,对贵校提供的有关文件和事实进行了核查和验证,现出具法律意见如下:

1. 该项目法人贵校的招标主体资格问题

该项目法人贵校具有招标主体资格。该项目在实施施工招标前已符合《某省建设工程施工招标投标管理暂行办法》规定的条件,即已经某省计划委员会列入年度固定资产投资计划,施工范围内三通物的清除已经完成,有持证设计单位的有关设计文件,建设资金已经落实,标底编制已经无成,所以该项目工程在实施招投标前已具备施工招标条件。

2. 该项目招标文件内容合法

该项目建设工程施工招标文件经某省建设工程招投标办公室核准,包括项目建设依据、工程综合说明、工程发包范围、承包方式和设备材料供应、工程报价编制依据、工程工期要求、工程质量及验收标准、工程保修及保修期限、投标的标函要求、投标须知、投标的日程安排等 12 章节,对该项目工程施工过程中的重大问题作了明确规定和说明。值得肯定的是:本工程项目实施招标时,根据业已实施的《中华人民共和国建筑法》,对招投标及工程质量及保修等问题做了一系列新规定,本项目招标文件的内容符合《中华人民共和国建筑法》的有关规定和要求。此外,招标文件中关于投标的要求有日期安排亦符合《某省建设工程施工招标投标管理暂行办法》的规定。因此,该招标文件的内容是合法的。

3. 各投标人具备招标文件及有关法规规定的资质条件

在接受学校发出的招标文件后,有 6 家受邀请的建筑施工企业递交了投标书,它们是某省某建筑工程公司、某省第四建筑有限公司、某市某建筑工程公司、某省某集团某建筑工程公司、某市某建筑工程安装公司、某市某集团某建筑工程公司。由于某公司在开标前未能按照《招标投标管理暂行办法规定》送达有关资质证书,被取消投标资格。因此,正式进入投标程序的是除某公司外的 5 家建筑施工企业。该 5 家投标人均具备投标的主体资格,均具备施工等级资质并符合投标的要求。需要说明的是:为确保工程的工期、质量和投资效果,招标人设定了对投标人的特殊条件,即投标人必须是某省建委公布的 1996 年和 1997 年建筑施工综合考评排名进入前 10 名的某外地进该市施工企业。经审查,上述 5 家企业均符合上述条件。作为招标人设定这样的条件并不违反有关法律规定,而它们却是招标人发出邀请要约的条件,这样的条件是合法有效的。

4. 该项目施工招投标程序合法

该项目施工招投标经历了编制招标文件和标底、发出招标邀请书、招标单位申请招标、对投标人进行资质审查并分发招标文件及设计图纸和设计资料、组织踏勘现场并对招标文件答疑、建立评标组织、指定评标定标办法、召开开标会议、审查投标标书、组织评标、决定中标单位、发出中标通知书一系列规范过程。1998 年 × ×月 × ×日本项目招标人发出的《建设工程施工中标通知书》经过招标人盖章认可、某省招投标办的签证盖章。因此,本项目中标人的中标及中标通知书的发出是合法、有效的。目前建设单位与中标单位正在落实签订承发包合同事宜。

5. 该项目评标程序合法

本次施工招投标的评标小组由7位评委组成，他们是王××、钟××、杨××（代表招标人）、张××、黎××、王××、陈××（招投标办确定的专家）。根据评标办法："评委在评标时应严格按评标办法计分，得分最高的两家投标单位为本工程候选的中标人。再由评委经过询标后无记名投票表决，确定中标单位。"根据工程招投标书评分的结果，前两名是某省第四建筑有限公司（92.29分）和某市某建筑工程公司（88.34分）。后经对这两家公司进行询标后决标，经评委表决，评标小组最后一致确认由某省第四建筑有限公司中标。

提供本项目全过程法律服务的本所刘××、杨××律师全过程参与了上述评标过程。本所根据上述参与监督的全过程证明：本项目的招投标及评标程序，是客观的、公正的。综观该项目整个施工招标投标过程，我们认为上述招投标行为是严格依据公开、公正、公平的原则进行的，中标单位是根据择优原则确定的，符合有关招投标管理的法律、法规的规定，是合法有效的。

本法律意见书正本一份，副本肆份。

××律师事务所

经办律师：××

××××年××月××日

# 第五编

# 招标投标文件范本

## 范本 1

# 电力设备招标文件范本

目　　录

# 第一卷　投标须知

**一、定义**

1. 项目法人:(招标设备工程项目法人名称)。

2. 招标人:在招标过程中,项目法人称为招标人,即(招标设备工程项目法人名称)。

3. 招标代理机构:具有相应的招标资质,受项目法人委托,在招标过程中负有相应责任的单位,即(招标代理机构名称)。

4. 潜在投标人:指有意参加投标的企事业单位和其他社会经济组织。

5. 投标人:经过审查符合本次招标所规定的相应资质要求,参加投标竞争的潜在投标人。

6. 预中标人:经过评标而选定的进行合同谈判的投标人。

7. 中标人:最终被授予合同的投标人。

8. 项目招标领导小组:由招标人、招标代理机构及有关单位按一定的程序和要求而组建的机构,负责领导招标工作。

9. 评标委员会:在项目招标领导小组的领导下,由聘请专家和有关单位人员组成,负责具体评标工作。

10. 需方:(招标设备工程项目法人名称),即项目法人,在招标阶段称为招标人,在签订和执行合同阶段称为需方。为便于招标文件及附件直接转化为经济合同,在招标文件第二、三卷中称招标人为需方。

11. 供方:在招、投标阶段称为投标人,在中标以后签订和执行合同阶段称为供方。为便于招标文件及附件直接转化为经济合同,在招标文件第二、三卷中称投标人为供方。

12. 工程设计单位:负责本招标设备工程项目设计的单位,即(工程设计单位名称)。

**二、工程概况及招标范围**

2.1　工程概况:

2.2　招标文件由第一卷《投标须知》、第二卷《合同条款》、第三卷《技术规范》组成,招标设备的技术要求详见第三卷《技术规范》。

**三、货期**

合同生效后____个月。

**四、投标与开标**

4.1　投标时间:

4.2　投标地点：

4.3　开标时间：　年　月　日

4.4　开标地点：

4.5　投标人检查投标文件(含补充或修改文件)的密封情况，确认无误后，公证人员公布标书封存保管无失密后拆封，验证投标法人委托书，投标保证金等投标文件是否齐全。

投标文件正本保存备查，评标使用副本。

采用分段开标：第一步，开技术标，经过澄清后，投标人在规定的时间内可进行必要修改补充。(如报价部分则应密封)。第二步，开商务报价标。

**五、投标人资质**

5.1　合格的投标人应具有圆满履行合同的能力，具体应符合下列条件：

5.1.1　具有独立订立合同的权利。

5.1.2　在专业技术、设备设施、人员组织、业绩经验等方面具有设计、制造、质量控制、经营管理的相应的资格和能力。

5.1.3　具有完善的质量保证体系。

5.1.4　业绩

5.1.4.1　具有设计、制造与招标设备相同/相近设备1到2台套2年以上良好的运行经验，在安装调试运行中未发现重大的设备质量问题或已有有效的改进措施；

5.1.4.2　或主机设备有相应业绩厂商的技术合作或技术支持。

5.1.5　具有良好的银行资信和商业信誉，没有处于被责令停业，财产被接管、冻结、破产状态。

5.1.6　电力工业部和机械工业部共同认定的主机设备制造厂商；电力工业部成套设备局与电力工业部电力规划设计总院共同发布的《火电机组主要辅机推荐厂家名录》所推荐的厂商，或由国家电力公司安全运行与发输电部(包括电力工业部原安全生产协调司)颁发入网许可证的厂商。

**六、投标文件**

6.1　投标文件的组成

6.1.1　投标文件由下列三卷及投标(商务)报价组成。

## 第1卷　投标资格文件

1. 投标人承诺函
2. 投标人法定代表人授权书
3. 投标人资格、资信证明文件

(1)关于投标人资格的声明函;

(2)企业法人营业执照(工商局复印件);

(3)生产许可证、有关鉴定材料;

(4)工厂简介(包括组织机构、生产能力、设备、厂房、人员等);

(5)质量保证体系及其质量认证证明;

(6)近3年资产负债表、损益表及经营状况(包括销售额);

(7)银行资信证明;

(8)业绩及目前正在执行合同情况(包括完成情况和出现的重要质量问题及改进措施);

(9)近3年经济行为受到起诉情况;

(10)其他文件和资料。

4. 投标保证金

## 第2卷　合同条款

1. 定义
2. 合同标的
3. 供货范围
4. 合同价格
5. 付款
6. 交货与运输
7. 包装与标记
8. 技术服务与联络
9. 质量监造与检验
10. 安装、调试、试运行和验收
11. 保证与索赔
12. 税费
13. 配套与外购
14. 合同的变更、修改、中止和终止
15. 不可抗力
16. 合同争议的解决
17. 合同的生效
18. 其他

附件

附件一　供货范围

附件二 价格表

附件三 差异表

附件四 履约保函

附件五 分包与外购

## 第3卷 技术规范

6.1.2 投标人所做的一切有效补充、修改文件,均被视为投标文件不可分割的部分。

6.2 投标文件的编制

6.2.1 一般要求

投标人应严格按照招标文件的要求编制投标文件,逐项逐条回答招标文件,顺序和编号应与招标文件一致。可以增加说明或描述性文字。投标文件对招标文件未提出异议的条款,均被视为接受和同意。投标文件与招标文件有差异之处,无论多么微小,均应汇总说明。

6.2.2 投标文件的语言

投标文件应用中文编写。若其中有其他语言的书面材料,则应附有中文译文,并以中文译文为准。

度量衡采用国家法定单位制(即国际单位制)。

6.2.3 投标有效期

投标有效期应为投标截止日期后180天。若遇特殊情况,招标代理机构和招标人可于投标有效期之前要求投标人同意延长有效期,但延长期一般不超过3个月。投标人应以书面答复表示同意,并相应延长投标保函有效期,此时投标人不能对投标文件进行任何修改;投标人若不同意延长投标有效期,则应以书面形式给予明确答复,此时投标人被视为自动退出投标,投标保证金予以全额退还。如延长期超过____个月,招标人应对投标人因延长投标保函有效期所发生的费用进行适当补偿。

6.2.4 投标保证金

6.2.4.1 投标保证金金额为本次投标设备总金额的1%。投标保证金可以是投标人开户银行出具支票或银行汇票。

6.2.4.2 发生以下情况之一者,投标保证金将予以没收:

6.2.4.2.1 投标人在投标截止日期后投标有效期内撤回其投标。

6.2.4.2.2 投标人在投标截止日期后对投标文件作实质性修改。

6.2.4.2.3 投标人被通知预中标后,拒绝按预中标状态签订合同(即不按预中标时规定的技术方案、供货范围和价格等签订合同)。

6.2.4.2.4 投标人不接受招标文件的规定。

6.2.4.3 落标的投标人的投标保证金,将在《落标通知书》发出后予以退还。

6.2.5 投标人建议

投标人可提出补充建议或说明,提出比招标文件的要求更为合理的建议方案,列于附件中。同时应说明对技术条件、价格、运行、维护、检修、安装等方面的影响。

6.2.6 标前会

如各投标人提出的问题较多,则可召开标前会。投标预备会一般在投标截止日期7天前完成。投标预备会上投标人需解释和澄清的问题应在招标文件发出后5天之内提出。

6.2.7 投标文件的份数和签署

6.2.7.1 投标文件一式18份(2正16副),包括价格表(表中项目除价格数字外都要填写)及报价说明,一式6份。

6.2.7.2 投标文件正本的每一页均应由投标人代表签字。报价表均由投标人代表签名并加盖公章。

6.3 投标(商务)报价

6.3.1 投标人应严格按照报价表的格式认真填写价格表和各种分项价格表。

6.3.2 投标人的报价为闭口价。即中标后在合同有效期内价格固定不变。

6.3.3 若单价和总价有差异,则以单价为准,并对总价进行修正;若数字和文字表示的金额之间有差异,是以文字金额为准,并对数字作相应的修正。

6.3.4 投标报价应注明有效期,有效期应与投标有效期相一致。

6.4 投标文件的递交

6.4.1 投标文件的密封与标记

6.4.1.1 投标文件的每份正本、副本均应用信封分别密封。信封上注明项目名称、投标人地址、“正本”,“副本”字样及“不准提前启封”字样。信封上应加盖投标人公章。

6.4.1.2 投标保函投标保证金应用信封单独密封,封面上注明“银行保函”、“投标保证金”和“保密”字样。

6.4.1.3 在投标文件澄清后提交分项价格部分应用信封单独密封,封面上注明“分项价格”和“保密”字样。

6.4.2 投标截止日期

投标文件应于投标截止日期(日期、时间)以前送达指定地点________。一切迟到的投标文件都将被拒绝。

6.4.3 投标文件的补充、修改和撤回

6.4.3.1 投标截止日期前,投标人可以书面形式向招标代理机构对业已递交的投标文件提出补充或修改,相应部分以最后的补充和修改为准。该书面材料应密封,由投标人代表签字并加盖公章。

6.4.3.2 投标人不得在投标截止日期至投标有效期满前撤回投标文件,否则其投标保证金将予以没收。

6.5 无效投标

发生下列情况之一者,视为无效投标:

6.5.1 投标文件未密封和/或投标文件未按规定加盖公章和签字。

6.5.2 投标文件中无投标保证金。

6.5.3 投标文件未按规定格式、内容填写和/或投标文件内容与招标文件有严重背离。

6.5.4 在投标文件中有两个以上的报价,且未明确哪个报价有效。

6.5.5 其他不符合招标文件要求的投标。

**七、开标**

7.1 从投标截止日期到授予合同时止,有关投标文件的审查、澄清、评议以及有关授予合同的意向等一切情况都不得透露给投标人或与上述工作无关的单位和个人。

7.2 参与评标的人员应严格遵守国家有关保密的法律、法规和规定,严格自律,并接受上级主管部门和有关部门的审计和监督。

7.3 投标人申报的关于资质、业绩等的文件和材料必须真实准确,不得弄虚作假。

7.4 投标人不得串通作弊,哄抬标价,致使定标困难或无法定标。

7.5 投标不得采用不正当手段妨碍、排挤其他投标人,扰乱指标市场,破坏公平竞争。

7.6 投标人不得以任何形式打听和搜集评标机密,不得以任何形式干扰评标或授标工作。

7.7 投标人若违反上述要求,其投标将被废除。

**附件一 供货范围**

1. 一般要求

1.1 本附件规定了合同设备的供货范围。供方保证提供设备为全新的、先进的、成熟的、完整的和安全可靠的,且设备的技术经济性能符合附件1的要求。

1.2 供方应提供详细供货清单,清单中依次说明型号、数量、产地、生产厂家等内容。对于属于整套设备运行和施工所必需的部件,即使本合同附件未列出和/或数目不足,供方仍须在执行合同时补足。

1.3 除有特别注明外,所列数量均为一台所需。

1.4 供方应提供所有安装和检修所需专用工具和消耗材料等,并提供详细供货清单。

1.5 提供随机备品备件和年运行所需的备品备件,并在投标书中给出具体清单。

1.6 提供所供设备中的进口件清单。

2. 供货范围

2.1 设备范围(表格见下)

**供方要确认此范围并提供细化清单**

| 序号 | 名称 | 规格和型号 | 数量 | 产地 | 生产厂家 | 价格 | 备注 |
|---|---|---|---|---|---|---|---|
| | | | | | | | |
| | | | | | | | |
| | | | | | | | |
| | | | | | | | |

2.2 配套设备及专用工具

| 序号 | 名称 | 规格和型号 | 数量 | 产地 | 生产厂家 | 价格 | 备注 |
|---|---|---|---|---|---|---|---|
| | | | | | | | |
| | | | | | | | |
| | | | | | | | |

(注:价格一项在商务报价中填写)

2.3 随机备品备件

**随机备件、年用备件单独列表**

| 序号 | 名称 | 规格和型号 | 数量 | 产地 | 生产厂家 | 价格 | 备注 |
|---|---|---|---|---|---|---|---|
| | | | | | | | |
| | | | | | | | |
| | | | | | | | |

（注：价格一项在商务报价中填写）

2.4 进口件清单

| 序号 | 名称 | 规格和型号 | 数量 | 产地 | 生产厂家 | 价格 | 备注 |
|---|---|---|---|---|---|---|---|
| | | | | | | | |
| | | | | | | | |
| | | | | | | | |
| | | | | | | | |

（注：价格一项在商务报价中填写）

3. 其他

**附件二 投标（商务）报价表**

1. 一般要求

1.1 本表中的设备/部套分项须与供货范围中的分项内容的序号一致。

1.2 当分项价之和与总价不符时，以分项价为准。如有优惠条件，优惠条件要在分项价中体现。

1.3 报价币种为人民币，进口部分也应以人民币报价。

1.4 运杂费要单独报价。

1.5 价格表中报价为交货固定不变价格。

1.6 报价应注明日期、有效期、交货地点和法定代表人或其授权委托人的签章。

2. 投标（商务）报价表

2.1 合同价格总表

**合同价格总表**

合同价格:(单位:人民币)

| 序号 | 项　目 | 单位 | 数量 | 单价 | 总价 | 生产厂家 | 备注 |
|---|---|---|---|---|---|---|---|
| 1 | 设备总价 | | | | | | |
| 其中 | ①设备价格 | | | | | | |
| | ②配套设备专用工具 | | | | | | |
| | ③随机备品备件 | | | | | | |
| | ④进口件 | | | | | | |
| 2 | 技术服务费 | | | | | | |
| 3 | 运杂费 | | | | | | |
| 4 | 其他 | | | | | | |
| 合　计 | | | | | | | |
| 另:____年备品配件 | | | | | | | |

本表添置说明:

1. 本表中①项对应于2.1.1表;
2. 本表中②项对应于2.1.2表;
3. 本表中③项对应于2.1.3表;
4. 本表中④项对应于2.1.4表;
5. 本表中序号1为①②③之和;
6. “另:____年备品配件”一栏作为选择项。

### 2.1.1　设备供货范围表

| 序号 | 名称 | 规格和型号 | 材质 | 数量 | 单位 | 单价 | 总价 | 生产厂家 | 备注 |
|---|---|---|---|---|---|---|---|---|---|
| | | | | | | | | | |
| | | | | | | | | | |

### 2.1.2　配套设备及专用工具

| 序号 | 名称 | 规格和型号 | 材质 | 数量 | 单位 | 单价 | 总价 | 生产厂家 | 备注 |
|---|---|---|---|---|---|---|---|---|---|
| | | | | | | | | | |
| | | | | | | | | | |
| | | | | | | | | | |

2.1.3 随机备品备件

| 序号 | 名称 | 规格和型号 | 材质 | 数量 | 单位 | 单价 | 总价 | 生产厂家 | 备注 |
|---|---|---|---|---|---|---|---|---|---|
| | | | | | | | | | |
| | | | | | | | | | |
| | | | | | | | | | |

2.1.4 其中进口件

| 序号 | 名称 | 规格和型号 | 材质 | 数量 | 单位 | 单价 | 总价 | 生产厂家 | 备注 |
|---|---|---|---|---|---|---|---|---|---|
| | | | | | | | | | |
| | | | | | | | | | |
| | | | | | | | | | |

2.2 ____年备品备件

| 序号 | 名称 | 规格和型号 | 材质 | 数量 | 单位 | 单价 | 总价 | 生产厂家 | 备注 |
|---|---|---|---|---|---|---|---|---|---|
| | | | | | | | | | |
| | | | | | | | | | |
| | | | | | | | | | |

**附件三 差异表**

投标人要将投标文件和招标文件的差异之处汇集成表。技术部分和商务部分要单独列表。

**技术部分/商务部分差异表**

| 序号 | 招标文件 | | 投标文件 | |
|---|---|---|---|---|
| | 条目 | 简要内容 | 条目 | 简要内容 |
| | | | | |
| | | | | |
| | | | | |
| | | | | |

**附件四　设备交货进度表**

| 交货顺序 | 设备(　)名称型号 | 交货时间 | 交货地点 | 数量 | 重量 |
|---|---|---|---|---|---|
| | | | | | |
| | | | | | |
| | | | | | |

**附件五　分包与外购**

供方要按下列表格填写分包情况表并报分包厂家的简要资质情况。

**分包情况表**

| 序号 | 设备/部组件 | 型号 | 单位 | 数量 | 生产厂家名称 | 交货地点 | 备注 |
|---|---|---|---|---|---|---|---|
| | | | | | | | |
| | | | | | | | |

**附件六　履约保函(格式)**

(签订合同时提交)

致:(需方名称)

本保函是为(供方名称)(以下称供方)于(日期)签订第(合同号)合同为需方提供(设备名称)提供履约担保。

(以下简称银行)以及他的继承人,受让人为了无条件地,不可撤销地并放弃追索权,根据并同意下列条款,保证付给需方合同设备价格的____%(百分之____),即____万元人民币。

(a)当供方未能忠实地履行合同文件规定和此后双方同意的对合同的有效修改、补充和变更(以下简称违约),无论供方有无不同意见,银行在收到需方的书面通知时,银行将按需方所要求的上述金额和方式付给需方。

(b)按上述承付的金额将是净数,不得扣除现在或将来应付的任何税捐、关税、费用、(供方名称)(以下称供方)于(日期)签订第(合同号)合同为需方提手续费或任何性质的由任何人加予的保留款。

(c)本保函的规定是我们银行无条件的不可撤销的直接义务。合同条件的修改,以及需方所允许的时间改变或任何让步,除条款中有规定免除银行的责任外,都不能解除我们银行在这方面的义务。

(d)本保函自开立之日起生效。履约保证金在合同条款规定的质量保证期满后不迟于30天退还;但如果此时存在合同争端并且未能解决,那么履约保证金的有效期应延长到上述争端最终解决且理赔完毕后。

（供方银行的名称）公章

（签发人名和签字）

年　月　日

**八、第三卷《技术规范》说明**

8.1　有关招标设备技术规范详见第三卷

8.2　如未对规范书提出偏差，将认为供方提供的设备符合规范书和标准要求，偏差（无论大小）都须在附件三“技术部分差异表”中清晰表示。

8.3　设备参数性能汇总表、结构尺寸/配置情况尚需按如下格式汇总填写。

**设备参数性能汇总表**

| 序号 | 参数名称 | 设计值 | 保证值 | 试验值 | 备注 |
| --- | --- | --- | --- | --- | --- |
| | | | | | |
| | | | | | |
| | | | | | |

**结构尺寸/配置情况**

| 序号 | 结构/配置名称 | 单位 | 型号 | 结构尺寸/配置情况 | 备注 |
| --- | --- | --- | --- | --- | --- |
| | | | | | |
| | | | | | |
| | | | | | |

# 第二卷　合同条款目录

**一、定义**

本文件和附件中所用下列名词的含义在此予以确定。

1.1　“需方”是指（需方法定名称），包括该法人的法定代表人、法人的继任方和法人的受让方。

1.2　“供方”是指（供方法定名称），包括该法人的法定代表人、法人的继任方和法人的受让方。

1.3　“合同”是指本文件及其附件中的所有部分。

1.4　“合同价格”是指在本合同4款中规定的部分。

1.5 “生效日期”是指本合同18款中所规定的合同的生效日期。

1.6 “技术资料”是指合同设备及其与电厂相关的设计、制造、监造、检验、安装、调试、验收、性能验收试验和技术指导等文件(包括图纸、各种文字说明、标准、各种软件)。

1.7 “合同设备”是指供方根据合同所要供应的机器、装置、材料、物品、专用工具、备品备件和所有各种物品。

1.8 “监造”是指在合同设备的制造过程中,由需方委托有资质的监造单位派出代表对供方提供的合同设备的关键部位进行质量监督,实行文件见证和现场见证。此种质量监造不解除供方对合同设备质量所负的责任。

1.9 “验收”是指需方对合同设备保证期满后的验收。

1.10 “日、月、年”是指公历的日、月、年;“天”是指24小时;“周”是指7天。

1.11 “电厂”是指(略)。

1.12 “技术服务”是指由供方提供的与本合同设备有关的工程设计、设备监造、检验、土建、安装、调试、验收、性能验收试验、运行、检修时相应的技术指导、技术配合、技术培训等全过程的服务。

1.13 “现场”是指位于为需方安装合同设备所在地。

1.14 “备品备件”是指根据本合同提供的(合同设备名称)备用部件,包括随机备品备件和足够1年运行使用的备品备件。

1.15 “书面文件”是指任何手稿、打字或印刷的有印章和或签名的文件。

1.16 “设备缺陷”是指供方因设计、制造错误或疏忽所引起的本合同设备(包括部件、原材料、铸锻件、原器件等)达不到本合同规定的性能、质量标准要求的情形。

**二、合同标的**

本合同所订设备将用于(工程项目名称)工程。

2.1 设备名称、规格(型号)、数量设备名称:

设备规格(型号):

数量:

交货期: 年 月

2.2 凡供方供应的设备应是全新的、技术先进的并且是成熟可靠的。

2.3 设备的技术规范、技术经济指标和性能按技术规范。

2.4 供方提供合同设备的供货范围按技术规范。

2.5 供方提供的技术资料按技术规范。

2.6 供方提供的技术服务按技术规范。

**三、供货范围**

3.1 合同供货范围详见第三卷技术规范。

3.2 合同供货范围包括了所有设备、技术资料、专用工具、备品备件，但在执行合同过程中如发现有任何漏项和短缺，在发货清单中并未列入而且确实是供方供货范围中应该有的，并且是满足合同附件1对合同设备的性能保证值要求所必需的，均应由供方负责将所缺的设备、技术资料、专用工具、备品备件等补上，且不发生费用问题。

**四、合同价格**

4.1 本合同价格即合同总价为________万元（大写：________）。其中主机合同价格为________万元（大写：________），配套辅机价格为________万元（大写：________）。

本合同价格包括合同设备包装（含备品备件、专用工具）、技术资料、技术服务等费用，还包括合同设备的税费、运杂费（从制造厂至电厂施工现场）。

4.2 本合同总价在合同交货期内为不变价。

**五、付款**

5.1 本合同使用货币种类为人民币。

5.2 付款方式：银行托收或汇票。

5.3 合同设备款的支付：

5.3.1 合同生效日期起____个月内，供方提交金额为合同设备价格的____%不可撤销的履约保函和金额为合同设备价格10%的商业发票（正本1份，复印件4份），需方审核无误后个____月内，支付给供方合同设备价格的10%（____万元）作为预付款。

5.3.2 供方按交货顺序在规定的时间内将每批设备（部组件）运到交货地点，并将该批设备的商业发票（金额为该批设备价格的80%，正本1份，复印件4份）、清单、质量检验合格证明、货运提单提供给需方，需方验明无误后____天内，支付该批设备价格的80%（________万元）。

5.3.3 剩余合同设备价格的10%作为设备保证金，待每套合同设备保证期满没有问题，供方提交下列单据经需方审核无误后，需方在____个月内支付给供方该套合同设备价格的10%（如有问题，应扣除相应部分）：（1）金额为该套合同设备价格10%的商业发票（正本1份，复印件一式4份）。（2）该套合同设备最终验收证书的复印件一式5份。

**六、交货和运输**

6.1 本合同设备的交货期及交货顺序应满足工程建设设备安装进度和顺序的要求，应保证及时和部套的完整性。

6.2　交货地点：合同设备的交货地点为需方施工现场。

6.3　合同设备交货日期以到货车站通知单时间戳记为准。此日期即本合同计算迟交货物违约金时的根据。

6.4　供方须向承运部门办理申请发运设备所需要的运输工具计划，负责合同设备从供方到现场交货地点的运输。

6.5　在每批货物备妥及装运车辆发出 24 小时内，供方应以电报或传真将该批货物的如下内容通知需方。

(1)合同号；

(2)设备名称、规格型号；

(3)货物备妥发运日期；

(4)货物名称及编号和价格；

(5)货物总毛重；

(6)货物总体积；

(7)总包装件数；

(8)交运车站、车号和运单号；

(9)重量或尺寸超标的每件货物的名称、重量、体积和件数。对每件该类设备(部件)必须标明重心和吊点位置，并附有草图。

(10)对于特殊物品(易燃、易爆、有毒物品及其他危险品和运输过程中对温度等环境因素和震动有特殊要求的设备或物品)必须特别标明其品名、性质、特殊保护措施、保存方法以及处理意外情况的方法。

6.6　供方应向需方分批提供满足电厂设计、监造、施工、调试、试验、检验、培训、运行和维修所需的技术资料，每套合设备 10 套。

6.7　因需方原因要求供方推迟设备发货时(设备已制造完毕)，由需方负担仓储费及必要时的保养费。并按本合同规定(视为供方已交货)支付该批设备的款项。

6.8　到货站(整车)：

(零担)：

6.9　收货单位：工地，以需方或通知为准。

6.10　技术资料邮寄地址：

单位：

邮编：

电话：

传真：

七、包装与标记

7.1 供方交付的所有货物要符合铁路公路航空包装储运指示标志的规定及国家主管机关的规定具有适合长途运输、多次搬运和装卸的坚固包装。包装应保证在运输、装卸过程中完好无损，并有减振、防冲击的措施。若包装无法防止运输、装卸过程中垂直、水平加速度引起的设备损坏，供方要在设备的设计结构上予以解决。包装应按设备特点，按需要分别加上防潮、防霉、防锈、防腐蚀的保护措施，以保证货物在没有任何损坏的和腐蚀的情况下安全运抵合同设备安装现场。产品包装前，供方负责按部套进行检查清理，不留异物，并保证零部件齐全。

7.2 供方对包装箱内和捆内的各散装部件在装配图中的部件号、零件号应标记清楚。

7.3 供方应在每件包装箱的两个侧面上，用不褪色的油漆以明显易见的中文字样印刷以下标记：

1. 合同号；
2. 目的站；
3. 供货、收货单位名称；
4. 设备名称、机组号、图号；
5. 箱号/件号；
6. 毛重/净重（公斤）；
7. 体积（长×宽×高，以毫米表示）。

凡重量为2吨或超过2吨的货物，应在包装箱的侧面以运输常用的标记和图案标明重心位置及起吊，以便于装卸搬运。按照货物的特点、装卸和运输上的不同要求，包装箱上应明显地印刷有“轻放”、“勿倒置”和“防雨”等字样。

7.4 对裸装货物应以金属标签或直接在设备本身上注明上述有关内容。大件货物应带有足够的货物支架或包装垫木。

7.5 每件包装箱内，应附有包括分件名称、数量、价格、机组号、图号的详细装箱单、合格证。外购件包装箱内应有产品出厂质量合格证明书、技术说明各一份。另邮寄装箱清单各2份。

7.6 备品备件应分别包装并注明上述内容，专用工具也应分别包装。

7.7 栅格式箱子和/或类似的包装，应能用于盛装不至于被偷窃或被其他物品或雨水造成损坏的设备及零部件。

7.8 所有管道、管件、阀门及其他设备的端口必须用保护盖或其他方式妥善防护。

7.9 对于需要精确装配的明亮洁净加工面的货物，加工面应采用优良，耐久的保护层(不得用油漆)以防止在安装前发生锈蚀和损坏。

7.10 凡由于供方包装或保管不善致使货物遭到损坏或丢失时,不论在何时何地发现,一经证实,供方均应按本合同11款的规定负责及时修理、更换或赔偿。在运输中如发生货物损坏和丢失时,供方负责与承运部门及保险公司交涉,同时供方应尽快向需方补供货物以满足工期需要。

**八、技术服务与联络**

8.1 供方应及时提供与本合同设备有关的工程设计、设备监造、检验、土建、安装、调试、验收、性能验收试验、运行、检修等相应的技术指导、技术配合、技术培训等全过程的服务。

8.2 供方需派代表到现场进行技术服务,指导需方按供方的技术资料进行安装、分部试运、调试和启动,并负责解决合同设备在安装调试、试运行中发现的制造质量及性能等有关问题。

8.3 供方有义务在必要时邀请需方参与供方的技术设计,并向需方解释技术设计。

8.4 如遇有重大问题需要双方立即研究协商时,任何一方均可建议召开会议,在一般情况下,另一方应同意参加。

8.5 供需方有权将对方所提供的一切与本合同设备有关的资料分发给与本工程有关的各方,并不由此而构成任何侵权,但不得向任何与本工程无关的第三方提供。

8.6 对盖有"密件"印章的供需方的资料,双方都有为其保密的义务。

8.7 供方的配套商需要合同设备的部分技术服务或去现场工作,应由供方统一组织并征得需方同意,费用应由其自行负担。

8.8 供方(包括分包与外购)须对一切与本合同有关的供货、设备及技术接口、技术服务等问题负全部责任。

8.9 凡与本合同设备相连接的其他设备装置,供方有提供接口和技术配合的义务,并不由此而发生合同价格以外的任何费用。

8.10 供方派到现场服务的技术人员应是有实践经验、可胜任此项工作的人员。需方有权提出更换不符合要求的供方现场服务人员,供方应根据现场需要,重新选派需方认可的服务人员。

8.11 由于供方技术服务人员对安装、调试、试运的技术指导的疏忽和错误以及供方未按要求派人指导而造成的损失应由供方负责。

**九、质量监造与检验**

9.1 监造

9.1.1 需方认为必要时可进行设备监造。供方有配合监造的义务,在监造中及时提供相应资料和标准,并不由此而发生任何费用。

9.1.2 供方必须为需方驻厂代表和监造代表的监造检验提供:(略)。

9.1.2.1 本合同设备投料时提供整套设备的生产计划及每一个月度实际生产进度和月度检验计划。

9.1.2.2 与本合同设备监造有关的标准(包括工厂标准)、图纸、资料、工艺及实际工艺过程和检验记录(包括中间检验记录和/或不一致性报告)及有关文件以及复印件。

9.1.3 向监造代表提供工作、生活方便。

9.1.4 监造代表在监造中如发现设备和材料存在质量问题或不符合本规定的标准或包装要求时,有权提出意见并暂不予以签字,供方须采取相应改进措施,以保证交货质量。无论监造代表是否要求和是否知道,供方均有义务主动及时地向其提供合同设备制造过程中出现的较大的质量缺陷和问题,不得隐瞒,擅自处理。

9.2 工厂检验与现场开箱检验

9.2.1 由供方供应的所有合同设备/部件(包括分包与外购),在生产过程中都须进行严格的检验和试验,合格者才能出厂发运。供方还应在随机文件中提供合格证和质量证明文件。

9.2.2 货物到达目的地后,供方在接到需方通知后应及时到现场,与需方一起根据运单和装箱单对货物的包装、外观及件数进行清点检验。如发现有任何不符之处经双方代表确认属供方责任后,由供方处理解决。当货物运到现场后,需方应尽快开箱检验,检验货物的数量、规格和质量。需方应在开箱检查前天通知供方开箱检验日期,供方应派遣检验人员参加现场检验工作,需方应为供方检验人员提供工作和生活方便。如检验时,供方人员未按时赶赴现场,需方有权自行开箱检验,检验结果和记录对双方同样有效,并作为需方向供方提出索赔的有效证据。如需方未通知供方而自行开箱或每一批设备到达现场____个月后仍不开箱,产生的后果由需方承担。

9.2.3 现场检验时,如发现设备由于供方原因(包括运输)有任何损坏、缺陷、短少或不符合合同中规定的质量标准和规范时,应做好记录,并由双方代表签字,各执一份,作为需方向供方提出修理和/或更换和/或索赔的依据;如果供方委托需方修理损坏的设备,所有修理设备的费用由供方承担;如果由于需方原因,发现损坏或短缺,供方在接到需方通知后,应尽快提供或替换相应的部件,但费用由需方自负。

9.2.4 供方如对上述需方提出修理、更换、索赔的要求有异议,应在接到需方书面通知后____天内提出,否则上述要求即告成立。如有异议,供方在接到通知后____个月内，自费派代表赴现场同需方代表共同复验。

9.2.5 如双方代表在会同检验中对检验记录不能取得一致意见时，可由双方委托权威的第三方检验机构/双方权威检验机构联合进行检验。检验结果对双方都有约束力，检验费用由责任方负担。

9.2.6 需方对到货检验的货物提出索赔的时间，不迟于货物抵达现场之日起的个月。

9.2.7 上述各项检验仅是现场的到货检验，尽管没有发现问题，或供方已按索赔要求予以更换、修理，此均不能被视为供方按合同规定应承担的质量保证责任的解除。

**十、安装、调试、试运和验收**

10.1 本合同设备由需方根据供方提供的技术资料、检验标准、图纸及说明书进行安装、调试、运行和维修。整个安装、调试过程须在供方现场技术服务人员指导下进行。

10.2 合同设备的安装完毕后，供方应派人参加调试进行指导，并应尽快解决调试中出现的设备问题。

10.3 性能验收试验应在每套机组全部设备运转稳定，达到额定出力连续稳定运行后，这项验收试验由需方负责，供方参加。

10.4 在合同执行过程中的任何时候，对由于供方责任需要进行的检查、试验、再试验、修理或调换，在供方提出请求时，需方应作好安排进行配合以便进行上述工作。供方应负责修理或调换及其人员的费用。如果供方委托需方施工人员进行加工和/或修理、更换设备，或由于供方设计图纸错误或供方技术服务人员的指导错误造成返工，供方应按下列公式向需方支付费用：（所有费用按发生时的费率水平计费）

$$P = ah + M + cm$$

式中：$P$——总费用（元）；

$a$——人工费（元/小时·人）；

$h$——人时（小时·人）；

$M$——材料费（元）；

$c$——台班数（台·班）；

$m$——每台设备的台班费（元/台·班）。

**十一、保证与索赔**

11.1 设备的保证期指合同设备签发初步验收证书之日起1年。

11.2 供方保证其供应本合同的设备是全新的，技术水平是先进的、成熟的、质量优良的，设备的选型均符合安全可靠、经济运行和易于维护的要求。

11.3 如由于供方责任需要更换、修理有缺陷的设备,而使合同设备停运或推迟安装时,则保证期应按实际修理或更换所延误的时间做相应的延长。其造成工程返工、报废,供方应立即无偿更换和修理,并承担其施工安装费用。

11.4 在保证期内,如发现设备有缺陷,不符合本合同规定,如属供方责任,需方有权向供方提出索赔。

11.5 由于供方所供设备的主要技术参数的保证值低于技术规范的要求,应向需方支付不超过本合同设备总价值的10%的罚款。

11.6 如果不是由于需方原因或需方要求推迟交货而供方未能按本合同交货期交货时(不可抗力除外)需方有权按下列比例向供方收取违约金:

迟交1~4周,每周违约金金额为迟交货物金额的0.5%;

迟交5~8周,每周违约金金额为迟交货物金额的1%;

迟交9周,每周违约金金额为迟交货物金额的1.5%;不满1周按1周计算。

合同设备迟交货物的违约金总金额不超过合同设备总价的5%。

供方支付迟交违约金,并不解除供方按照合同继续交货的义务。

11.7 供方支付迟交违约金并不解除按合同所规定的相应义务。

11.8 如果由于需方原因,迟付货款,需方须按下列方式支付违约金;

迟交1~4周,每周违约金金额为迟付金额的0.3%;

迟交5~8周,每周违约金金额为迟付金额的0.7%;

迟交9周,每周违约金金额为迟付金额的1%;不满1周按1周计算。

需方除支付迟付款违约金外,还应支付迟交款的相应利息,每套合同设备迟付款违约金总额不超过每套合同设备总价的5%。

**十二、税费**

12.1 根据国家有关税务的法律、法规和规定,供方应该交纳的与本合同有关的税费,由供方承担。

12.2 本合同价格为含税价。供方提供的设备、技术资料、服务(也包括运输)、进口设备/部件等所有税费(包括保险费)已全部包含在合同价格内,由供方承担。

**十三、分包与外购**

13.1 供方未经需方同意不得将本合同范围内的设备/部件进行分包(包括主要部件外购)。

13.2 分包(外购)设备/部件的技术服务、技术配合由供方负全部责任。

13.3 供方对所有配套设备、部件承担本合同项下的全部责任。

### 十四、合同的变更、修改、中止和终止

14.1 本合同一经生效，合同双方均不得擅自对本合同的内容（包括附件）作任何单方的修改。但任何一方均可以对合同内容以书面形式提出变更、修改、取消或补充的建议。该项建议应以书面形式通知对方并经双方签字确认。如果该项修改改变了合同价格和交货进度，应在收到上述修改通知书后的____个工作日内，提出影响合同价格和/或交货期的详细说明。双方同意后经双方法定代表人或委托代理人（须经法定代表人书面授权委托）签字并报原合同审查单位审查后方能生效。将修改后的有关部分抄送原合同有关单位。

14.2 如果供方有违反或拒绝执行本合同规定的行为时，需方将用书面通知供方，供方在接到通知后____天内确认无误后应对违反或拒绝作出修正，如果认为在____天内来不及纠正时，应提出修正计划。如果得不到纠正或提不出修正计划，需方将保留中止本合同的一部分或全部的权利。对于这种中止，需方将不出具变更通知书，由此而发生的一切费用、损失和索赔将由供方负担。如果供方的违约行为本合同其他条款有明确规定，则按有关条款处理。

14.3 如果需方行使中止权利，需方有权停付到期应向供方支付中止部分的款项，并有权将在执行合同中预付给供方的中止部分款项索回。

14.4 在合同执行过程中，若因国家计划调整而引起本合同无法正常执行时，供方和/或需方可以向对方提出中止执行合同或修改合同有关条款的建议，与之有关的事宜双方协商办理。

14.5 因需方原因要求中途退货，需方应向供方偿付违约金，违约金为退货部分设备价格的10%到30%，并赔偿供方由此产生的直接经济损失。

14.6 因供方原因而不能交货，供方应向需方偿付违约金，违约金为不能交货部分设备价格的10%到30%，并赔偿需方由此产生的直接经济损失。

14.7 如果供方破产、产权变更（被兼并、合并、解体、注销）或无偿还能力，或为了债权人的利益在破产管理下经营其业务，需方有权立即书面通知供方或破产清算管理人或合同归属人终止合同，或向该破产管理人、清算人或该合同归属人提供选择，视其给出合理忠实履行合同的保证情况，执行经过需方同意的一部分合同。

14.8 若14.7款考虑的情况确实发生，需方有权从供方手中将与本合同设备有关的工作接管并收归已有，并在合理期限内从供方的现场房屋中迁出所有与本合同设备有关的设计、图纸、说明和材料，这些东西的所有权已属需方，供方应给需方提供全权处理并提供一切合理的方便，使其能搬走上述这类设计、图纸、说明和材料，需方对这种终止合同直接或间接引起的对供方的任何索赔不承担责任，此外，双方应对供方已经实际履行的合同部分评价达成协议，并

处理合同提前结束的一切后果。

**十五、不可抗力**

15.1 不可抗力是指:严重的自然灾害和灾难(如台风、洪水、地震、火灾和爆炸等)、战争(不论是否宣战)、叛乱、动乱等等。合同双方中的任何一方,由于不可抗力事件而影响合同义务的执行时,则延迟履行合同义务的期限相当于不可抗力事件影响的时间,但是不能因为不可抗力的延迟而调整合同价格。

15.2 受到不可抗力影响一方应在不可抗力事故发生后,尽快将所发生的不可抗力事件的情况以传真或电报通知另一方,并在____天内将有关当局出具的证明文件提交给另一方审阅确认,受影响的一方同时应尽量设法缩小这种影响和由此而引起的延误,一旦不可抗力的影响消除后,应将此情况立即通知对方。

15.3 如双方对不可抗力事件的影响估计将延续到120天以上时,双方应通过友好协商解决本合同的执行问题(包括交货、安装、试运行和验收等问题)。

**十六、合同争议的解决**

16.1 凡与本合有关而引起的一切争议,双方应首先通过友好协商解决,如经协商后仍不能达成协议时,则提交双方上级主管部门调解。如仍不能解决,双方同意任何一方可以提交经济合同仲裁委员会仲裁或向法院提出诉讼。

16.2 仲裁地点为________市。

16.3 仲裁裁决或法院判决对双方都有约束力。

16.4 由上述过程发生的费用除上述仲裁裁决或法院判决另有规定外,应由败诉方承担。

16.5 在进行仲裁或法院审理期间,除提交仲裁或法院审理的事项外,合同仍应继续履行。

**十七、合同生效**

17.1 本合同生效需满足下列条件:

(1)本合同经双方法人代表或委托代理人(经法人代表书面授权)签字,加盖合同专用章。

(2)本合同经________审查后方可生效。

17.2 本合同开始执行日期:经国家有关部门批准开工报告日期为合同开始执行日期。

17.3 本合同有效期:从合同生效之日起到签发设备运行"最终验收证书"并理赔完毕,货款两清之日为止。

**十八、其他**

18.1 本合同包括的附件(含投标书),是本合同不可分割的一部分,具有同等法律效力。

18.2 本合同项下双方相互提供的文件、资料，双方除为履行合同的目的外，均不得提供给与“合同设备”及相关工程无关的第三方。

18.3 合同双方应指定2名授权代表，分别负责直接处理“本合同设备”的技术和商务问题。双方代表的名称、通讯地址在合同生效的同时书面通知对方。

18.4 本合同一式____份，其中正本____份、副本____份，供需双方各执____正____副。

18.5 本合同双方的地址如下：

| 需方 | 供方 |
| --- | --- |
| 名称： | 名称： |
| 地址： | 地址： |
| 邮编： | 邮编： |
| 电话： | 电话： |
| 传真： | 传真： |
| 电传： | 电传： |
| 开户银行： | 开户银行： |
| 账号： | 账号： |
| 纳税人登记号： | 纳税人登记号： |
| 签字：单位名称 | 签字：单位名称 |
| 签字人： | 签字人： |
| 签字日期： | 签字日期： |
| 合同审查单位： | 合同审查单位： |
| 日期：　年　月　日 | 日期：　年　月　日 |

范本2

# 建设工程施工公开招标文件范本



## 第一卷　投标须知、合同条件及合同格式

### 第一章　投标须知

**一、总则**

1. 工程说明

1.1　工程的说明见投标须知前附表（以下称“前附表”）第 1 项和第 2 项所述。

1.2　上述工程按照《招标投标法》及《工程建设施工招标管理办法》的有关规定，已办理招标申请，并得到招标管理机构批准，现通过招标来择优选定施工单位。

2. 资金来源

建设单位的资金通过前附表第 3 项所述的方式获得，并将部分资金用于本

工程合同项下的合格支付。

3. 资质与合格条件的要求

3.1 为履行本施工合同的目的,参加投标的施工企业(以下称“投标单位”)至少须满足前附表第 4 项所要求的资质等级。

3.2 参加投标的施工单位必须具有独立法人资格和相应的施工资质,非本国注册的施工企业应按建设行政主管部门有关管理规定取得施工资质。

3.3 为具有被授予合同的资格,投标单位应提供令招标单位满意的资格文件,以证明其符合投标合格条件和具有履行合同的能力。为此,所提交的投标文件中应包括下列资料:

3.3.1 有关确立投标单位法律地位的原始文件的副本(包括营业执照、资质等级证书及非中国注册的施工企业经建设行政主管部门核准的资质证件)。

3.3.2 投标单位在过去 3 年完成的工程的情况和现在正在履行的合同情况。

3.3.3 按规定的格式提供项目经理简历,以及拟在施工现场或不在施工现场的管理和主要施工人员情况。

3.3.4 按规定格式提供完成本合同拟采用的主要施工机械设备情况。

3.3.5 按规定格式提供拟分包的工程项目及拟承担分包工程项目施工单位情况。

3.3.6 投标单位提供财务状况情况,包括最近 2 年经过审计的财务报表,下一年度财务预测报告和投标单位向开户银行开具的,由该银行提供财务情况证明的授权书。

3.3.7 有关投标单位目前和过去 2 年参与或涉及诉讼案的资料。

3.4 两个或两个以上施工单位组成的联营体投标时,除按本须知第 3.3 款提供组成联营体每一成员的资料外,还应符合以下规定要求:

3.4.1 投标单位的投标文件及中标后签署的合同协议书,对联营体每一成员均受法律约束。

3.4.2 应指定一家联营体成员作为主办人,由联营体各成员法定代表人签署提交一份授权书,证明其主办人资格。

3.4.3 联营体主办人应被授权代表所有联营体成员承担责任和接受指令。并且由联营体主办人负责整个合同的全面实施,包括只有主办人可以支付费用等。

3.4.4 所有联营体成员应按合同条件的规定,为实施合同共同和分别承担责任。在联营体授权书中,以及在投标文件和中标后签署的合同协议书中应对此作相应的声明。

3.4.5 联营体各成员之间签订的联营体协议书副本应投标文件一起递交。

3.5 参加联营体的各成员不得再以自己的名义单独投标，也不得同时参加两个或两个以上的联营体投标。如有违反将取消该联营体及联营体各成员的投标资格。

4. 投标费用

投标单位应承担其编制投标文件与递交投标文件所涉及的一切费用。不管投标结果如何，招标管理单位对上述费用不负任何责任。

**二、招标文件**

5. 招标文件的组成

5.1 本合同的招标文件包括下列文件及所有按本须知第 7 条发出的补充资料和第 13 条所述的投标预备会记录。

招标文件包括下列内容：

第一卷 投标须知、合同条件及合同格式

第一章 投标须知前附表和投标须知

第二章 合同条件

第三章 合同协议条款

第四章 合同格式

第二卷 技术规范

第五章 技术规范

第三卷 投标文件

第六章 投标书及投标书附录

第七章 工程量清单与报价表

第八章 辅助资料表

第九章 资格审查表

第四卷 图纸

第十章 图纸

5.2 投标单位应认真审阅招标文件中所有的投标须知、合同条件、规定格式、技术规范、工程量单和图纸。如果投标单位的投标文件不能符合招标文件的要求，责任由投标单位自负。实质上不响应招标文件要求的投标文件将被拒绝。

6. 招标文件的解释

投标单位在收到招标文件后，若有问题需要澄清，应于收到招标文件后以书面形式（包括书面文字、电传、传真、电报等，下同）向招标单位提出，招标单位将以书面形式或投标预备会的方式予以解答（包括对询问的解释，但不说明询问的来源），答复将送给所有获得招标文件的投标单位。

7. 招标文件的修改

7.1 在投标截止日期前，招标单位都可能会以补充通知的方式修改招标文件。

7.2 补充通知将以书面方式发给所有获得招标文件的投标单位，补充通知作为招标文件的组成部分，对投标单位起约束作用。

7.3　为使投标单位在编制投标文件时把补充通知内容考虑进去，招标单位可以酌情延长递交投标文件的截止日期。

7.4　补充通知须报招标管理机构核准。

**三、投标报价说明**

8. 投标价格

8.1　投标价格

8.1.1　除非合同中另有规定，具有标价的工程量清单中所报的单价和合价，以及报价汇总表中的价格应包括施工设备、劳务、管理、材料、安装、维护、保险、利润、税金、政策性文件规定及合同包含的所有风险、责任等各项应有费用。

8.1.2　投标单位应按招标单位提供的工程量计算工程项目的单价和合价。工程量清单中的每一单项均需计算填写单价和合价，投标单位没有填写单价和合价的项目将不予支付，交认为此项费用已包括在工程量清单的其他单价和合价中。

8.2　投标价格采用方式

8.2.1　如果采用 8.2.2 价格固定，则删除 8.2.3 价格调整；反之，采用 8.2.3 价格调整，则删除 8.2.2 价格固定。

8.2.2　价格固定（备选条款 A）投标单位所填写的单价和合价在合同实施期间不因市场变化因素而变动，投标单位在计算报价时可考虑一定的风险系数。

8.2.3　价格调整（备选条款 B）投标单位所填写的单价和合价在合同实施期间可因市场变化因素而变动。

8.3　投标货币

**四、投标文件的编制**

9. 投标文件的语言

投标文件及投标单位与招标单位之间与投标有关的来往通知、函件和文件均应使用中文。

10. 投标文件的组成

10.1　投标单位的投标文件应包括下列内容：

· 投标书
· 投标书附录
· 投标保证金
· 法定代表人资格证明书
· 授权委托书
· 具有标价的工程量清单与报价表
· 辅助资料表
· 资格审查表（资格预审的不采用）
· 按本须知规定提交的其他资料

10.2　投标单位必须使用招标文件第三卷提供的表格格式，但表格可以按同样格式扩展，投标保证金、履约保证金的方式按本须知有关条款的规定可以选择。

11. 投标有效期

11.1 投标文件在本须知第16条规定的投标截止日期之后的前附表第5项所列的日历日内有效。

11.2 在原定投标有效期满之前，如果出现特殊情况，经招标管理机构核准，招标单位可以书面形式向投标单位提出延长投标有效期的要求。投标单位须以书面形式予以答复，投标单位可以拒绝这种要求而不被没收投标保证金。同意延长投标有效期的投标单位不允许修改他的投标文件，但需要相应地延长投标保证金的有效期，在延长期内本须知第12条关于投标保证金的退还与没收的规定仍然适用。

12. 投标保证金

12.1 投标单位应提供不少于前附表第6项规定数额的投标保证金，此投标保证金是投标文件的一个组成部分。

12.2 根据投标单位的选择，投标保证金可以是现金、支票、银行汇票。也可以是在中国注册的银行出具的银行保函。银行保函的格式，应符合招标文件的格式，银行保函的有效期应超出投标有效期28天。

12.3 对于未能按要求提交投标保证金的投标，招标单位将视为不响应投标而予以拒绝。

12.4 未中标的投标单位的投标保证金将尽快退还（无息），最迟不超过规定的投标有效期期满后的14天。

12.5 中标单位的投标保证金，按要求提交履约保证金并签署合同协议后，予以退还（无息）。

12.6 如投标单位有下列情况，将被没收投标保证金：

12.6.1 投标单位在投标有效期内撤回其投标文件；

12.6.2 中标单位未能在规定期限内提交履约保证金或签署合同协议。

13. 投标预备会

13.1 投标单位派代表于前附表第7项所述时间和地点出席投标预备会。

13.2 投标预备会的目的是澄清、解答投标单位提出的问题和组织投标单位考察现场，了解情况。

13.3 勘查现场

13.3.1 投标单位可能被邀请对工程施工现场和周围环境进行勘察，以获取须投标单位自己负责的有关编制投标文件和签署合同所需的所有资料。勘查现场所发生的费用由投标单位自己承担。

13.3.2 招标单位向投标单位提供的有关施工现场的资料和数据,是招标单位现有的能使投标单位利用的资料。招标单位对投标单位由此而作出的推论、理解和结论概不负责。

13.4 投标单位提出的与投标有关的任何问题须在投标预备会召开7天前,以书面形式送达招标单位。

13.5 会议记录包括所有问题和答复的副本,将迅速提供给所有获得招标文件的投标单位。由于投标预备会而产生的对本须知第5.1款中所列的招标文件内容的修改,由招标单位按照本须知第7条的规定,以补充通知的方式发出。

14. 投标文件的份数和签署

14.1 投标单位按本须知第10条的规定,编制一份投标文件"正本"和前附表第8项所述份数的"副本",并明确标明"投标文件正本"和"投标文件副本"。投标文件正本和副本如有不一致之处,以正本为准。

14.2 投标文件正本与副本均应使用不能擦去的墨水打印或书写,由投标单位法定代表人亲自签署并加盖法人单位公章和法定代表人印鉴。

14.3 全套投标文件应无涂改和行间插字,除非这些删改是根据招标单位的指示进行的,或者是投标单位造成的必须修改的错误。修改处应由投标文件签字人签字证明并加盖印鉴。

**五、投标文件的递交**

15. 投标文件的密封与标志

15.1 投标单位应将投标文件的正本和每份副本分别密封在内层包封,再密封在一个外层包封中,并在内包封上正确标明"投标文件正本"或"投标文件副本"。

15.2 内层和外层包封都应写明招标单位名称和地址、合同名称、工程名称、招标编号,并注明开标时间以前不得开封。在内层包封上还应写明投标单位的名称与地址、邮政编码,以便投标出现逾期送达时能原封退回。

15.3 如果内外层包封没有按上述规定密封并加写标志,招标单位将不承担投标文件错放或提前开封的责任,由此造成的提前开封的投标文件将予以拒绝,并退还给投标单位。

15.4 投标文件递交至前附表第9项所述的单位和地址。

16. 投标截止期

16.1 投标单位应按前附表第10项规定的日期和时间之前将投标文件递交给招标单位。

16.2 招标单位可以按本须知第7条规定的以补充通知的方式,酌情延长递交投标文件的截止日期。在上述情况下,招标单位与投标单位以前在投标截止期方面的全部权利、义务和责任,将适用于延长后新的投标截止期。

16.3 投标单位在投标截止期以后收到的投标文件,将原封退给投标单位。

17. 投标文件的修改与撤回

17.1 投标单位可以在递交投标文件以后,在规定的投标截止时间之前,可以书面形式向招标单位递交修改或撤回其投标文件的通知。在投标截止日期以后,不能更改投标文件。

17.2 投标单位的修改或撤回通知,应按本须知第15条的规定编制、密封、标志和递交(在内层包封标明"修改"或"撤回"字样)。

17.3 根据本须知第12条的规定,在投标截止时间与招标文件中规定的投标有效期终止日之间的这段时间内,投标单位不能撤回投标文件,否则其投标保证金将被没收。

**六、开标**

18. 开标

18.1 在所有投标单位法定代表人或授权代表人在场的情况下,招标单位将于前附表第11项规定的时间和地点举行开标会议,参加开标的投标单位代表应签名报到,以证明其出席开标会议。

18.2 开标会议在招标管理机构监督下,由招标单位组织并主持。对投标文件进行检查,确定它们是否完整,是否按要求提供了投标保证金,文件签署是否正确,以及是否按顺序编制。但按规定提交合格撤回通知的投标文件不予开封。

18.3 投标单位法定代表人或授权代表未参加开标会议的视为自动弃权。投标文件下列情况之一者将视为无效:

18.3.1 投标文件未按规定标志、密封。

18.3.2 未经法定代表人签署或未加盖投标单位公章或未加盖法定代表人印鉴。

18.3.3 未按规定的格式填写,内容不全或字迹模糊辨认不清。

18.3.4 投标截止时间以后送达的投标文件。投标文件未按规定标志、密封;未按规定的格式填写,内容不全或字迹模糊辨认不清;未经法定代表人签署或未加盖投标单位公章或未加盖法定代表人印鉴。

18.4 投标单位当众宣布核查结果,并宣读有效投标的单位名称、投标报价、修改内容、工期、质量、主要材料用量、投标保证金以及招标单位认为适当的其他内容。

七、评标

19. 评标内容的保密

19.1 公开开标后,直到宣布授予中标单位合同为止,凡属于审查、澄清、评价和比较投标的有关资料和有关授予合同的信息、工程标底的情况都不应向投标单位或与该过程无关的其他人泄露。

19.2 在投标文件的审查、澄清、评价和比较以及授予合同的过程中,投标单位对招标单位和评标机构其他成员施加影响的任何行为,都将导致取消投标资格。

20. 资格审查

须经资格预审的工程项目,在评标前须进行资格审查,只有资格审查合格的投标单位,其投标文件才能进行评价与比较。

21. 投标文件的澄清

为了有助于投标文件的审查、评价和比较,评标机构可以个别要求投标单位澄清其投标文件。有关澄清的要求与答复,应以书面形式进行,但不允许更改投标报价或投标的实质性内容。按照本须知第 23 条规定校核时发现的算术错误不在此列。

22. 投标文件的符合性鉴定

22.1 在详细评标之前,评标机构将首先审定每份投标文件是否在实质上响应了招标文件的要求。

22.2 就本条款而言,实质上响应要求的投标文件,应该与招标文件的所有规定要求、条件、条款和规范相符,无显著差异或保留。所谓显著差异或保留是指对工程的发包范围、质量标准及运用产生实质性影响;或者对合同中规定的招标单位的权利及招标单位的责任造成实质性限制;而且纠正这种差异或保留,将会对其他实质上响应要求的投标单位的竞争地位产生不公正的影响。

22.3 如果投标文件实质上不响应招标文件要求,招标单位将予以拒绝,并且不允许通过修正或撤销其不符合要求的差异或保留,使之成为具有响应性的投标。

23. 错误的修正

23.1 评标机构将对确定为实质上响应招标文件要求的投标文件进行校核,看其是否有计算上或累计上的算术错误,修正错误的原则如下:

23.1.1 如果用数字表示的数额与用文字表示的数额不一致时,以文字数额为准。

23.1.2 当单价与工程量的乘积与合价之间不一致时,通常以标出的单价为准。除非评标机构认为有明显的小数点错位,此时应以标出的合价为准,并修改单价。

23.2　按上述修改错误的方法，调整投标书中的投标报价。经投标单位确认同意后，调整后的报价对投标单位起约束作用。如果投标单位不接受修正后的投标报价则其投标将被拒绝，其投标保证金将被没收。

24. 投标文件的评价与比较

24.1　评标机构将仅对按照本须知第22条确定为实质上响应招标文件要求的投标文件进行评价与比较。

24.2　在评价与比较时应根据前附表第12项内容的规定，通过对投标单位的投标报价、工期、质量标准、主要材料有量、施工方案或施工组织设计、优惠条件、社会信誉及以往业绩等综合评价。

24.3　投标价格采用价格调整的，在评标时不应考虑执行合同期间价格变化和允许调整的规定。

## 八、授予合同

25. 合同授予标准

招标单位将把合同授予其投标文件在实质上响应招标文件要求和按本须知第24条规定评选出的投标单位，确定为中标的投标单位必须具有实施本合同的能力和资源。

26. 中标通知书

26.1　确定出中标单位后在投标有效期截止前，招标单位将以书面形式通知中标的投标单位其投标被接受。在该通知书（以下合同条件中称“中标通知书”）中给出招标单位对中标单位按本合同实施、完成和维护工程的中标标价（合同条件中称为“合同价格”），以及工期、质量和有关合同签订的日期、地点。

26.2　中标通知书将成为合同的组成部分。

26.3　在中标单位按本须知第28条的规定提供了履约担保后，招标单位将及时将未中标的结果通知其他投标单位。

27. 合同协议书的签署

中标单位按中标通知书中规定的日期、时间和地点，由法定代表人或授权代表前往与建设单位代表进行签订合同。

28. 履约担保

28.1　中标的投标单位应按规定向建设单位提交履约担保。履约担保可由在中国注册的银行出具银行保函，银行保函为合同价格的5%；也可由具有独立法人资格的经济实体企业出具履约担保书，履约担保书为合同价格的10%（投标单位可任选一种）。投标单位应使用招标文件中提供的履约担保格式。

28.2　如果中标单位不按本须知第27条或第28条的规定执行，招标单位将有充分的理上废除授标,并没收其投标保证金。

## 第二章　合同条件

《建设工程施工公开招标招标文件》的"合同条件"采用国家工商行政管理局和建设部颁发的《建设工程施工合同》(GF－91－0201)的"合同条件"。

## 第三章　合同协议条款

合同协议条款内容,依据《合同条件》结合具体工程情况,涉及招标单位的条款,在招标文件中提出;涉及投标单位的条款在投标文件中进行响应。本合同协议条款是模拟提示性的,招标单位应结合工程实际情况制订具体内容。

本合同发包方(甲方)是:________

本合同承包方(乙方)是:________

### 一、合同文件

1. 工程概况

见投标须知前附表第1项及第2项所述。

合同价款:(中标通知书中的中标标价)。

2. 合同文件及解释顺序

双方协议为:____________________

3. 合同文件使用的语言文字、标准和适用法律

3.1　本合同使用的语言为:__________

3.2　本合同适用的法律、法规应为中华人民共和国的现行法律、法规。

3.3　本合同适用的标准、规范的编号及名称如下:__________

4. 图纸

4.1　甲方提供图纸的日期是:__________

4.2　甲方免费提供图纸的份数是:__________

4.3　由甲方提供的图纸、规范和其他文件,未经甲方代表许可,乙方不得用于或转给第三方。

4.4　甲方或甲方代表提供的图纸应由甲方代表单独保管,但第4.2款中规定份数的图纸必须免费提供给乙方,乙方可自费复制更多的份数。乙方应向甲方代表提供3份经甲方代表要求和批准由乙方设计的图纸。

4.5　甲方代表有权随时向乙方发出为使工程合理及正确施工、竣工以及保修所需的补充图纸和指示。乙方应执行这些补充文件和指示,并受其约束。

4.6　向乙方提供的或由乙方提交的上述图纸副本,应由乙方保留在现场,并且这些图纸在所有合理的时间内皆可供甲方和由甲方书面授权的其他人进

行检查和使用。

**二、双方一般责任**

5. 甲方代表

5.1 甲方代表是:________________(委派人员的名单和职责附后)

5.2 总监理工程师是:______________被授权范围是:______________

6. 乙方驻工地代表

乙方驻工地代表是:______________________________(有关人员的名单和职责附后)

7. 甲方工作

7.1 甲方为使施工现场地具备施工条件,应负责的工作为:________完成的日期是:________

7.2 甲方负责将施工所需水、电、电讯等管网线路从施工场地外部,接至________位置;并保证施工期间的需要。

完成的日期是:__________________________________________

7.3 甲方负责提供的施工通道________________并满足施工运输需要。

完成的日期是:__________________________________________

7.4 甲方负责提供施工场地的工程地质和地下管网线路资料,保证数据真实准确。

完成的日期是:__________________________________________

7.5 甲方负责办理的有关证件、批件是(如:临时用地、占道及铁路专用线等许可证):_______________________________

完成的日期是:__________________________________________

7.6 甲方负责在施工现场将水准点与坐标控制点位置以书面形式交给乙方,作好交验记录。

7.7 甲方负责组织乙方和设计单位进行图纸会审,向乙方进行设计交底。

完成的日期是:__________________________________________

甲方未能按合同约定完成上述工作时,所应承担的责任是:____________

甲方赔偿乙方损失的范围及计算方法是:________________

8. 乙方工作

8.1 履约保证金

乙方应按投标书附录中的规定的金额向甲方提交履约保证金,履约保证金可采用银行保函或履约担保书形式。

在乙方根据合同进行施工、竣工直至保修完成之前,履约保证金将一直有效。甲方在根据第29.6款发出全部工程缺陷责任证书之后的14天内,将保证金退给乙方。

乙方应签订、遵守如招标文件所附格式的合同协议书,如需要可进行适当修改,该协议书的拟定与完成费用由甲方承担。

8.2 甲方代表要求的由乙方负责设计的内容是:____________

在本款中规定的由乙方设计的那一部分永久工程,尽管该部分工程设计曾经过甲方代表批准,乙方仍应对这部分工程负全责。

8.3 乙方负责向甲方代表提供的(年度、季度、月)工程进度计划及相应进度统计。

报表是:__________份数:__________

完成的日期是:____________

乙方负责向甲方代表提供工程事故报告(如果发生的话)。

8.4 乙方负责在工程施工、竣工及保修的整个过程中施工现场全部人员的安全。

除因甲方、甲方代表或雇员的行动或过失而造成的伤亡外,甲方不承担乙方或其分包单位雇用的工人或其他人员的伤亡赔偿或补偿责任。

乙方负责在需要的时间和地点,根据有关当局要求,自费提供和维护所有灯光、护板、栅栏、警告信号和警卫,以及对工程进行保护或为公众提供安全和方便。

8.5 乙方负责向甲方代表提供在施工现场办公和生活设施的要求是:____________费用承担:____________

8.6 按合同条件第8.5款规定执行。

8.7 乙方负责已完工程的成品特别保护的要求是:________费用承担:________

8.8 乙方负责做好施工场地周围建筑物、构筑物和地下管线的保护要求是:____________费用承担:____________

8.9 乙方负责施工场地清洁,交工前现场应达到的要求是:____________

8.10 专门用于本工程的施工由乙方提供的所有设备、临时设施和材料一经运至现场,即应被视为是专门供本工程施工使用。乙方除将上述物品在现场各部分之间转移外,如果没有甲方代表的书面同意,不得将上述物品运出现场。但是,对于从事将工作人员、劳务人员、乙方的设备、临时设施、工程设备或材料运出工地的车辆不要求办理同意手续。

8.11 除合同另有规定外,甲方无论何时均不对上述乙方的设备、临时设施和材料的损失或损坏承担任何责任。

8.12 联营体应共同地和分别地承担责任。

如果乙方是一个联营体，为了实施合同，联营体的所有成员应按合同规定共同规定共同及分别地向甲方负责，由联营体推举出来的主办人应向甲方总负责及协调联营体各成员的责任。

8.13 对交通和邻近设施的干扰

在合同要求范围的施工、竣工及保修均应不使下述各方面遭受不必要的干扰：

8.13.1 公众的便利；

8.13.2 对公用道路，便道的使用和他人财产的占用。

乙方应保证甲方免于受到或承担应由乙方负责的上述事项所引起的或与之有关的索赔、诉讼、损害赔偿及其他开支，乙方未能按合同约定完成上述工作时，所应承担的责任是：________________

乙方赔偿甲方损失的范围及计算方法是：________________

**三、施工组织设计和工期**

9. 进度计划

9.1 乙方提交施工组织设计（或施工方案）和进度计划的时间是：________________

9.2 甲方代表应于规定期限内批复。

9.3 在任何的时候，如果在甲方代表看来工程的实际进展与第9.2款中规定的已经同意的施工进度计划不符时，根据甲方代表的要求，乙方应编制一份修改的施工进度计划，并说明为保证工程按期完工而对施工进度计划所做的修改。

10. 延期开工

10.1 工程开工

乙方在收到甲方代表的开工通知后，应在合理的时间内尽早开工，并按进度计划进行施工。甲方代表的开工通知将在投标书附录中规定的时间内发出。

10.2 如发生延期开工：________________

11. 暂停施工

11.1 根据甲方代表的指示，乙方应在要求的时间内，以甲方代表认为必要的方式暂停工程或某部分工程的施工。在暂停施工期间，对工程要进行甲方代表认为必要的妥善保护，并保障其安全，若不属下列情况则应运用第11.2款。

11.1.1 合同中另行规定的；

11.1.2 乙方的过失或违约或责任而引起的必须暂停；

11.1.3　因施工现场气候原因,必须暂停;

11.1.4　为了工程的合理施工或为了工程或部分工程的安全,而必须暂停。

11.2　根据第11.1款规定,在适用于本款的情况下,甲方代表应在与甲方和乙方协商之后决定:

11.2.1　按第12条规定,给予乙方延长的工期;

11.2.2　在合同价格中增加由于这种停工发生的乙方的费用。

11.3　如果根据甲方代表的书面指示暂停了工程或部分工程的进度,从暂停之日算起的7天内甲方代表没有允许复工,(除非此种暂停属于第11.1.1,11.1.2,11.1.3或11.1.4款中规定的情况),乙方可向甲方代表发出要求复工的通知,要求在甲方代表收到通知的14天内对暂停的工程或部分工程继续施工。如果在上述时间内没有得到批准复工,乙方可以把这种停工视为是甲方的违约事件,并按本合同第31.2.1款的规定终止其被雇用的责任。此时应执行第31.2.2款和第31.2.3款的规定。

11.4　双方其他约定:________________________________

12. 工期延误

12.1　对以下原因造成竣工日期推迟的延误,经甲方代表确认后,工期相应顺延:

如果由于:________________________________

12.1.1　额外的或附加的工程的数量和性质;

12.1.2　本合同条款规定引起的延误;

12.1.3　不可抗力;

12.1.4　由甲方造成的延误、障碍、阻止;

12.1.5　可能会出现的,但不是乙方的过失或违约或者他应负责的其他特殊情况。

乙方有理由延期完成工程或部分工程,甲方代表应在同甲方和乙方商议之后决定竣工时间延长的期限,相应地通知乙方并向甲方提交一份副本。

12.2　乙方提交延期通知:

12.2.1　乙方在首次出现第12.1款情况后的7天内通知甲方代表,并向甲方提交一份副本;

12.2.2　乙方在向甲方代表提交了任何延长工期的通知之后7天内,或者在甲方代表同意的其他合理时间内,详细说明乙方认为自己有权要求延长完工时间的具体情况,以便可以及时对他申述的情况进行研究。

12.3　如某一事件具有连续影响,使乙方不能在按第12.2.2款所规定的7

天内提交详细情况，只要乙方在7天内代表提交了临时情况报告，并在事件影响结束后的7天内提交了最终情况报告，乙方仍有权延期。收到这种临时情况报告后，甲方代表应审查所有情况并就事件性质决定总的延长时间。在这两种情况之下，甲方代表应相应地通知乙方，并送交甲方一份副本。

12.4　可调整工期的其他因素是：____________________

12.5　非上述原因，乙方不能按合同约定的时间竣工，乙方应承担违约责任。应向甲方支付投标书附录中规定金额的赔偿费，误期间时间从规定竣工日期起直到全部工程或相应部分工程的移交竣工报告的批准日期之间的天数（不足一天的按一天计算），其极限按投标书附录中规定。甲方可从应向乙方支付的任可金额中扣除此项赔偿费或以其他方式收回此款，此赔偿费的支付并不能解除乙方应完成工程的责任或合同规定的其他责任。

12.6　误期赔偿费按比例减少

在本合同中没有其他代替条款的情况下，误期赔偿费应考虑全部或部分工程金额中已移交的部分工程金额所占的比例予以减少。本款的规定仅适用于误期赔偿费费率，而不影响限额。

13. 工期提前

13.1　施工中如需提前竣工，双方协商一致后签订提前竣工协议，甲方应向乙方支付投标书附录中规定金额的提前工期奖。

13.2　工作时间的限制

如合同中没有规定，不经甲方代表同意，工程不得在夜间或当地公认的公休日施工，但为了抢救生命、财产或者为工程安全而不可避免或绝对必要的作业除外。如出现上述例外情况，乙方应立即通知甲方代表。

13.3　加快工程进度

在乙方无权延长工期的情况下，如甲方代表认为工程或部分工程的进度太慢，不能按"竣工时间"完成时，应通知乙方采取甲方代表同意的必要措施，加快进度以便按时竣工。乙方对采取这些措施无权另收费用。如果由于执行甲方代表按本条款规定作出的指示，乙方认为有必要在夜间或当地公认的公休日施工，则应取得甲方代表的同意，如乙方为履行本条款规定的责任所采取的措施，使甲方增加监督费，这些费用应由甲方向乙方收回，也可由甲方从乙方应得到的金额中扣除。甲方代表应通知乙方，同时提交一份副本给甲方。

**四、质量与验收**

14. 质量检查和返工

双方协议为：________________________________

15. 工程质量等级

15.1　甲方对工程质量的特殊要求：____________________

经建设工程质量监督部门对本合同项目工程质量进行评定,达到本款质量要求时,甲方应按投标书附录中规定的金额向乙方支付工程质量补偿金(如果有的话)。

15.2　因乙方原因达不到第15.1款中规定的工程质量要求,甲方有权从乙方应得的金额中扣除与投标书附录中规定的工程质量补偿金等额的赔偿费,乙方同时应承担的违约责任为:________________

15.3　双方对工程质量有争议时,请__________质量监督部门仲裁。

16. 隐蔽工程和中间验收

16.1　隐蔽工程覆盖前的检查

未经甲方代表批准,工程的任何部分都不能覆盖,当任何部分的隐蔽工程或基础已经具备检验条件时,乙方应及时通知甲方代表。甲方代表应参加对这部分工程或基础的检查和检验,并且不得无故拖延。甲方代表在接到乙方通知24小时后没有批复,乙方可以覆盖这部分工程或基础。

16.2　剥露和开口

乙方应按甲方代表随时发出的指示,对工程的任何部分剥露或开口,并负责使这部分工程恢复原样,若这部分工程已按第16.1款的要求覆盖,而剥露后查明其施工符合合同规定,则甲方代表应在与甲方和乙方协商后,确定乙方在剥露或开口的恢复和修复等方面的费用,并将其数额追加到合同价格上。

若属乙方责任发生的费用,应由乙方承担。

16.3　隐蔽工程和中间验收一览表:(如果有的话附后)

17. 试车

双方责任及费用承担:________________________________________

18. 验收和重新检验

双方协议为:________________________________

**五、合同价款与支付**

19. 合同价款的调整

19.1　价格浮动对成本的影响

合同价格根据第19.2.1款规定固定不变或第19.2.2款规定随价浮动而调整。

19.2　合同价格采用方式

19.2.1　合同价格固定

除非招标文件另有规定,招标单位所填报单价和合价在合同实施期间不因市场变化因素而变动。投标单位在计算报价时应考虑风险系数和固定价格包括的范围。

19.2.2 合同价格调整

(1)发生下列情况之一时合同价款可作调整：

乙方在上述情况发生后________天内，将调整的原因、金额以书面形式通知甲方代表，甲方代表在与甲方和乙方协商后，通知乙方。甲方在收到乙方通知后________天内批复，否则视为已经批准。

(2)根据第19.2.2(1)款的规定，投标单位所填报的单价和合价在合同实施期间可以因市场变化因素和政策性规定变动而调整。

19.2.3 合同价格如果采用第19.2.2(1)款，则第19.2.2(2)款略去；反之采用第19.2.2(2)款，则第19.2.2(1)款略去。

20. 工程预付款

20.1 投标书附录中列出的无息工程预付款仅用于乙方支付施工开始时与本工程有关的动员费用。如乙方滥用此款，甲方有权立即收回。

20.1.1 在乙方向甲方提交金额等于预付款数额(甲方认可的银行开出的)的银行保函后，甲方按规定的金额和第20.1.2款规定的时间向乙方支付预付款，在甲方全部扣回预付款之前，该银行保函将一直有效。当预付款被甲方扣回时，银行保函金额相应递减。

20.1.2 在乙方完成下述工作后的2天之内：

(1)签订合同协议，和

(2)提交履约保证金，和

(3)提交接受工程预付款的银行保证书。

甲方代表将向甲方提交一份证书(交给乙方一份副本)，以下称为“工程预付款支付证书”，甲方应在得到“证书”后的7天向乙方支付预付款。

20.1.3 在乙方完成金额累计达到合同总价的10%后，由乙方开始向甲方还款，甲方从每次应付给乙方的金额中扣回工程预付款，甲方至少在合同规定的完工期前3个月将工程预付款的总计金额按逐次分摊的办法扣回。当甲方一次付给乙方的金额少于规定扣回的金额时，其差额应转入下一次支付中作为债务结转。

20.2 甲方不按规定支付工程预付款，乙方按《合同条件》第20条享有权利。

21. 工程量的确认

21.1 工程量清单中开列的工程量是招标时估算的工程量，不能作为乙方按合同履行其责任时，所应当完成工程的实际工程量。

21.2 除另有规定外，甲方代表应按照合同通过计量来核实确定已完成的工程量和价值，按照第22条规定，乙方应得到该价值的付款。当甲方代表要对已完工的工程量进行计量时,应适时地通知乙方参加。

21.2.1　乙方按进度提交已完工程量报告时间是:________。

21.2.2　乙方应提供工程师要求的一切详细资料。

21.2.3　甲方代表接到报告后________天内进行计量,并在________时间前通知乙方参加计量。

甲方代表在约定的时间内未进行计量,则乙方报告中开列的工程量应视为正确,作为工程价款支付的依据。如果乙方不参加或由于疏忽而未派代表参加计量,则甲方代表进行的或由他批准的计量结果应视为正确,作为工程价款支付的依据。但甲方代表如果不按约定时间通知乙方参加计量,导致乙方不能参加计量,该计量结果无效。

21.3　计量方法

除非合同中另有规定,无论通常的和当地的习惯如何,工程的计量均应以本工程适用的《工程量计算规则》计算的净值为准。

21.4　计量单位

除了合同另有规定外,所有计量单位均应符合本工程适用的《工程量计算规则》的标准。

22. 工程款支付

22.1　工程款的支付方式:________________________________

22.2　甲方根据以下方面乙方应得到的金额计算支付工程价款:

22.2.1　经甲方代表计量的工程量,按构成合同价款相应项目的价格计算工程价款;

22.2.2　合同规定的乙方有权得到的其他金额;

22.2.3　根据第19条、第26条进行的调整;

22.2.4　减去第20.1.3款规定应扣回的预付款;

22.2.5　从第一次支付开始,在每次乙方应得的工程款中扣留投标书附录中规定金额作为保留金,直至保留金总额达到投标书附录中规定的限额为止。

22.3　甲方不按约定支付工程款应该承担的责任:________________

**六、材料和设备供应**

23. 甲方供应材料、设备

23.1　甲方供应材料、设备一览表(如果有的话附后)。

23.2　甲方未按照第23.1款约定的材料及设备的规格、数量、单价、质量等级和提供时间、地点供应材料及设备,所应承担的责任是:________________

________________

24. 乙方采购材料、设备

24.1　除另有约定外,乙方负责完成本工程施工所需的全部材料、设备的采购、验收、运输和保管。

24.1.1 符合合同规定和甲方代表要求的品种和等级；

24.1.2 随时按甲方代表的要求，在制造、加工或准备地点或现场，或在合同规定的其他地方进行检查；

24.1.3 在用于工程之前，乙方应按甲方的选择和要求，提交有关的材料样品，以供检验；

24.1.4 在材料用于工程之前，必须向甲方代表提交制造厂家出具的材料质量证明，证明该材料质量是合格的；

24.1.5 乙方应将他与合格的材料供应部门签订的材料供应协议副本提交甲方。

24.2 清除不合格的工程、材料或永久设备

甲方代表有权随时发出下述指示：

24.2.1 在指示中规定的时间内，将不符合合同规定的材料或永久设备从现场搬走；

24.2.2 用合格适用的材料或永久设备取代原来的材料或永久设备；

24.2.3 尽管先前已进行了检验，但甲方代表认为下述方面仍不符合合同规定的工程，均要拆除和重新施工：

(1)材料、永久设备或工艺；

(2)乙方所做的或由他负责的设计。

24.3 乙方不执行上述指示，应承担的违约责任为：________________________________

24.4 合同规定检验项目的费用

若检验属下述情况，则应由乙方承担检验费用：

24.4.1 合同中明确表明或规定的检验；

24.4.2 在合同中有具体的说明（仅限于荷载试验或确定竣工和部分竣工的工程设计是否达到预定目的那种试验），足以使乙方定价或在投标书中报价的检验。

24.5 合同中未规定项目检验的费用

若甲方代表要求作的检验：

24.5.1 合同中未规定，或

24.5.2 甲方代表要求的检验是在现场以外或在被检验材料或工程设备的制造、生产或准备场所以外的其他地点进行。

检验结果表明材料、工程设备或操作工艺未能按合同规定满足甲方代表的要求，则该检验费用应由乙方承担。

若符合合同规定,甲方代表在与甲方和乙方协商后确定:
(1)按第12条规定给予乙方延长工期的权利;
(2)发生的费用追加到合同价款中。

**七、设计变更**

25. 设计变更

施工中如发生设计变更,双方按以下协议的方法办理:______________________________

26. 确定变更价款

根据《合同条件》第26条规定:

26.1 乙方提出变更价款的时间是:__________________

26.2 甲方确认变更价款的时间是:__________________

26.3 双方对变更价款不能达成一至意见时的解决办法和时间要求:__________________

**八、竣工与结算**

27. 竣工验收

27.1 乙方向甲方代表提交完整竣工资料的份数为:__________________提交的时间是__________________

27.2 乙方向甲方代表提交竣工图的份数为:__________________提交的时间是:__________________

27.3 乙方向甲方代表提交竣工验收报告的时间是:__________________

27.4 甲方代表在收到竣工验收报告后组织有关部门验收的时间是:

27.4.1 甲方代表应在收到竣工验收报告后________天内组织验收;

27.4.2 甲方代表应在验收后________天内给予批复。

甲方代表未按合同规定有关竣工验收期限履行时,乙方提交的竣工验收报告可视为已被批准,可办理结算手续。

27.5 竣工时间

整个工程和部分工程(如果有的话),应按投标书附录中规定的全部或部分工程从开工日算起的时间内完成,或者在第十二条允许的延长了的工期内完成。

27.6 如有特殊原因,双方协议为:__________________

28. 竣工结算

28.1 乙方向甲方代表提交竣工结算证书的时间是:

______________________________

28.2 甲方代表收到竣工结算证书后提出审核意见的时间是：

______________________________

28.3 甲方代表将拨款通知送经办银行的时间是：

______________________________

28.4 乙方在收到工程结算款后将竣工工程交给甲方的时间是：

______________________________

28.5 在办理全部工程移交手续时，甲方出具证明，把保留金的一半及利息付给乙方。

28.6 甲方未按合同规定办理竣工结算时，应承担的责任为：

______________________________

28.7 竣工结算证书

乙方向甲方代表提交的竣工结算证书，应附有支持文件，并详细说明以下内容：

28.7.1 按照合同完成的全部工程的最终价值；

28.7.2 乙方认为应付的任何追加金额；

28.7.3 乙方认为按照合同将付给他的其他金额。

上述其他金额应单独列出。甲方代表应在第28.3款规定的时间内开具付款证明。

28.8 结清

根据第29.6款，在缺陷责任证书签发后的14天之内，乙方应交给甲方一份书面结清单，同时给甲方代表一份副本，确认最终申请的总额包括了合同中发生的或与合同有关的所有应付给他的最终金额。此结清单只有在支付了根据第28.9款签发的最终付款证书规定的金额，及第8.1款中提到的履约保证金退还给乙方之后才生效。

28.9 最终付款证书

在收到乙方结清单之后的7天内，甲方代表应送给甲方一份最终付款证书，并交给乙方一份副本，说明：

28.9.1 甲方代表认为按照合同最终应付的款额；

28.9.2 甲方应支付给乙方，或乙方应支付给甲方的余额。

28.10 支付时间

在甲方代表按照此条款，或者合同的其他条款签发的付款证书交给甲方后的7天之内，或者按第28.9款签发的最终付款证书交给甲方后的7天之内，甲方应支付规定应给乙方的金额。如果甲方支付延误，则应在下次支付时加付利息。利息从应支付之日算起，利率按应支付之日的中国国家银行发布的贷款利率计算。

29. 保修

29.1　保修期

在本款中,"保修期"一词的意思为投标书附录中所指的保修期,计算时间是:

29.1.1　从甲方代表按第 27 条规定批准的工程实质竣工之日算起,或

29.1.2　在甲方代表按第 27 条规定批准的部分工程实质竣工之日算起。

29.2　修补缺陷

甲方代表在保修期期满之前,指示乙方重建、修补缺陷、差缩损失或其他毛病时,乙方应在保期内或期满后的 14 天之内实施甲方代表指示的上述所有工作。

29.3　修补缺陷的费用

如果甲方代表认为修补缺陷的必要性是由下述情况造成,则第 29.2 款所述的全部工作应由乙方自费完成:

29.3.1　未按合同规定使用材料、工程设备或工艺;或者

29.3.2　乙方负责设计的部分永久工程出现了缺陷;或者

29.3.3　由于乙方的疏忽或者未能按合同规定履行乙方应承担的责任。如果甲方代表认为修补缺陷的必要性是由其他原因造成的,甲方应按合同规定在合同价格上追加相应的费用或向乙方支付这部分。

29.4　乙方在合理时间内未能执行甲方代表修补缺陷的指示时,甲方有权雇用其他人来完成这项工作。如果这些工作按合同规定应由乙方自费完成,那么甲方代表在与甲方和乙方商议之后确定所有有关的费用,这些费用应由乙方支付。

29.5　乙方调查缺陷的原因

在保修期期满之前,如工程出现缺陷、差失或其他毛病,甲方代表可指示乙方在甲方代表的指导下调查原因。

29.5.1　如果这些缺陷、差失或其他毛病不属乙方的合同责任,甲方代表应在与甲方和乙方商议之后决定, 乙方进行这项调查的费用由甲方支付。

29.5.2　如果这些缺陷、差失或其他毛病属乙方的责任,则上述调查工作的费用应由乙方支付。并且根据本条规定,乙方应自费修补这种缺陷、差失或其他毛病。

29.6　甲方代表签发缺陷责任证书后送交给甲方,并将一副本交乙方,申明乙方已于某日前尽其责任施工、竣工、保修并符合甲方要求。缺陷责任证书应由甲方代表在最迟的保修期期满,或根据本合同第 29.2 条和 29.5 条规定,

任何被指令进行的工作已完成,并符合甲方代表要求的21天内发出缺陷责任证书。

29.7 在保修期满后28天内,甲方出具证明,把另一半保留金及其利息付给乙方。

**九、争议、违约和索赔**

30. 争议

30.1 甲方代表的决定

如果在甲方和乙方之间因履行合同而发生争端,包括对甲方代表的观点、指示、决定、证书或估价等产生争议时,首先应以书面形式提交甲方代表,并将此件复印提交另一方。甲方代表在收到信件后的7天内必须将其决定通知甲方和乙方。

只要合同未终止,乙方在各种情况下都应继续认真施工。

如果甲方或乙方中任何一方对甲方代表的决定不满意,则在接到甲方代表决定后的14天内;或者甲方代表在收到要求调解的信件后的7天内未能发出他所做的决定的通知,则任何一方可将其准备提交仲裁或告到法院的意向通知另一方,并通知甲方代表。这个通知确立了可以提交仲裁或法院裁决的权利,如果没有发出这个通知,仲裁或法院裁决不能开始。

如果甲方代表已经将有关争端事项所做的决定通知了甲方和乙方,而甲方或乙方在收到甲方代表对该争端所做决定后的14天内,又未发出打算把该争端提交仲裁或法院裁决的通知,则甲方代表作出的决定即为最终决定,并对甲方和乙方均具有约束力。

30.2 友好解决

甲、乙双方可将争端提交有关的合同管理部门,以求得调整,如果争端在双方协商或提交有关合同管理部门后21天内得不到友好解决,可以提交仲裁或法院裁决。

30.3 仲裁

未能在第30.2款规定期间内达成友好解决;除非第30.4款规定可以直接向人民法院起诉,否则应根据《中华人民共和国仲裁法》,由当事人选定的仲裁人作出最后裁决。上述仲裁人有权查看、修改甲方代表所做的与争端有关的决定、意见、指示、证明或估价。

仲裁可以在工程完成之前或竣工之后进行。但甲方、甲方代表和乙方的责任在工程施工过程中不得因正在进行中的仲裁而改变。除了仲裁决定中另有规定外,仲裁费用应由败诉方承担。

30.4 双方发生经济合同纠纷,可经建设行政主管部门进行调解。调解不成时，按下列第__________项方式解决：

30.4.1　向________仲裁委员会申请仲裁；

30.4.2　向人民法院起诉。

31. 违约

31.1　乙方违约

31.1.1　乙方违约和补救

如果乙方破产或者乙方违反了合同规定，或甲方代表向甲方证明并将一份副本交乙方，他认为乙方有下述行为时：

(1)已不再履行合同；或

(2)无正当理由而未能

Ⅰ按第10.1款开工，或

Ⅱ按第13.3款，在接到通知后的7天内按要求施工；或

(3)按第24.2款发出指示的7天内未能采取相应行动；或

(4)无视甲方代表事先的书面警告，仍一贯或公然忽视履行合同的责任；或

(5)违反第36.2款规定。

则甲方在向乙方发出通知的14天后，可以进驻现场和工程，将乙方驱逐出现场而不因此使合同无效，或解除合同规定的乙方的任何义务和责任或影响合同授予甲方及甲方代表的各种权利，甲方可自行完成剩余工程，或雇用其他承包人完成剩余工程。当甲方或上述其他承包人认为合适时，可使用按合同规定用于本工程的原承包人的一切设备、临时设施和材料。在任何时候，甲方都可以出售上述原承包人的设备、临时设施和未用的永久设备及材料，将出售收入作为按合同规定乙方应付或将付给甲方的款额。

31.1.2　在没收日进行的估价

在第31.1.1款规定的进驻和驱逐后，甲方代表应尽快证明：

(1)在上述进驻和驱逐时，乙方根据合同实际完成的工作已经合理地得到或应得到的款额。以及

(2)未用或已部分使用的材料、乙方设备和临时设施的价值(如有时)。

31.1.3　没收后的付款

在第31.1.1款规定的进驻和驱逐后，乙方仅有权得到由甲方代表证明的乙方已合格完成的工作量而应支付给他的，并扣除了甲方应得金额之后的金额。如果甲方应得金额超过乙方已经完成工作应支付给他的金额，则乙方应将此超出部分视为乙方欠甲方而应偿还的债务。

31.1.4　协议利益转让给甲方

在第31.1.1款规定的进驻和驱逐后的14天内，如果甲方代表指示，而且

法律许可，乙方应将其为本合同的目的而签订的任何协议的利益，如工程施工、提供材料、货物、服务等协议的利益转让给甲方。

31.2 甲方违约

31.2.1 如果甲方发生下述情况时：

(1)在第28.10款规定的应当付款的时间期满后的7天内，未能根据甲方代表的付款证书付给乙方应付的金额；或

(2)干涉、阻挠或拒绝任何付款证书颁发所需要的批准；

乙方有权终止受雇，并在通知甲方和将通知副本提交甲方代表的21天后，合同终止生效。

31.2.2 乙方撤离施工设备

根据第31.2.1款规定发出的通知满21天之后，乙方可不受第8.10款规定的约束而尽快从工地撤离所有他带至工地的设备。

31.2.3 终止后的付款

如果合同因甲方违约而终止，则甲方应以合同规定的单价和合价向乙方支付在合同终止之日以前乙方完成的全部合格工程的费用，并另外支付下述费用：

(1)即将交付乙方的或乙方依法有责任接收的为该工程合理订购的材料、工程设备或货物的费用，甲方一经支付此项费用，该材料、工程设备或货物即成为甲方的财产。

(2)乙方为完成整个工程而合理发生的其他费用，而该费用未在本条款的其他各项下支付。

(3)考虑已完工程的付款比例，将乙方设备运回目的地的合理费用的一部分。

(4)乙方雇用的所有从事工程施工或与工程有关的职员和工人在合同终止时的合理遣返费。

(5)由于终止造成乙方的损失或损坏的费用。

但甲方除按本款规定应支付上述费用外，亦应有权要求乙方偿不在合同终止日之前，按合同规定可由甲方向乙方收回的任何金额。

本款规定的任何应付金额，应由甲方代表在与甲方和乙方协商后确定。

31.2.4 乙方暂停工程的权力

在不影响乙方按第31.2.1款享有终止合同的权利的情况下，如果甲方未能在第28.10款规定的应当付款的时间期满后21天内，按照甲方代表签发的付签证书向乙方付款，则乙方在通知甲方，并把副本送交甲方代表后21天后，有权暂停工程或放慢施工进度。

如果乙方根据本款的规定暂停工程或放慢工程进度而造成延误或发生费用时，甲方代表在与甲方和乙方进行协商后应决定：

(1)按第12条规定给予乙方延长工期的权利；

(2)费用追加到合同价款中。

31.2.5 恢复工作

如果乙方根据第31.2.4款发出通知后，暂停工程或放慢工程进度，随后甲方支付了应付款，这时如果终止合同的通知尚未发出，乙方根据第31.2.1款享有的权利消失，并且应尽快合理地恢复施工。

31.3 不可抗力终止合同

在合同履行中，由于不可抗力造成了双方都无法控制的意外情况，使双方中的一方受阻而不能履行其合同责任，或者成为不合法时，双方都无须进一步履行合同。此时，由甲方支付给乙方的已完工程的金额应与本条第31.2.3款规定的应付款额相同。

32. 索赔

32.1 打算索赔的通知

如果乙方打算依据本合同条款及其他情况要求额外付款的话，应在第一次出现引起索赔的事件后14天内将其索赔意图通知甲方。

32.2 保持当时记录

在发生第32.1款提到的索赔事件时，乙方应有当时记录。甲方在接到第32.1款规定的索赔通知后，应对这些记录进行检查，也可以指示乙方继续作合理记录。这些记录可作已经发出的索赔通知的补充材料。乙方应允许甲方代表对按照本条款所作的所有记录进行检查，并在甲方发出指示时向甲方递交记录副本。

32.3 索赔证实

在发生第32.1款递交索赔通知书后的14天内或甲方代表同意的合理时间内，乙方应向甲方代表递交一份说明索赔数额和索赔依据等详情的账单。如果导致索赔的事件继续产生影响，乙方应按照甲方要求的时间间隔，向甲方递交列出索赔累计金额和提出索赔依据的中期账单，并在索赔事件影响结束后的14天内递交最终账单。如果甲方要求，乙方应向甲方提供按照本款规定递交甲方代表的所有账单副本。

32.4 乙方未遵守本条规定

如果乙方试图进行的索赔不符合本款规定，其有权得到的付款不能超过甲方或按照第30条指派的审定索赔金额的仲裁人根据现场记录核实的金额。

32.5 索赔的支付

在乙方提供了足够的资料后，乙方有权得到已满足甲方代表要求的那部分索赔付款，甲方代表经过同甲方和乙方的协商，决定应当付给乙方的索赔金额，在由甲方代表按照第28条核准的付款支付中支付。甲方代表应把根据本款作出的决定通知乙方，并把副本交给甲方。

**十、其他**

33. 安全施工

33.1 乙方应保持现场安全在工程施工、竣工及保修的整个过程中，乙方应当：

33.1.1 全面关照所有有权留在现场上的人员的安全，保持其管辖范围内的现场和尚未完工的和甲方尚未占用的工程处于有条不紊的状态，以免发生人身事故；

33.1.2 在需要的时间和地点，或根据有关当局要求，自费提供和维持所有灯光、护板、栅栏、警言信号和值班，以及对工程进行保护或为公众提供安全和方便。

33.2 甲方的安全责任

如果甲方要雇用其他承包人时，他应要求他们在安全和避免事故方面负有同样的责任。

33.3 避免污染、噪声等

乙方应采取一切合理措施在合同实施中保护现场附近的环境，以避免因其施工引起的污染、噪声和其他因素对公众或公众财产等造成伤害或妨碍。

非乙方责任产生的不可避免的污染、噪声需要处理时，乙方提出方案，甲方承担所发生的费用。

33.4 紧急补救

无论在工程施工期间或是在保修期内，如果在工程的任何部分中发生事故或故障或其他事件，甲方代表认为进行紧急补救或其他工作或修理是工程安全的紧急需要，而乙方无能力或不愿立即进行此类工作或修理时，甲方可在甲方代表认为必要时，雇用其他人员从事该项工作或修理，并支付有关费用。如果甲方代表认为由甲方如此完成的工作或修理按合同规定应由乙方自费进行，则经与甲方和乙方商议后，甲方代表将确定此项工作的全部费用，并由甲方向乙方索回，甲方可从将付或应付给乙方的金额中扣除，甲方代表应通知乙方，并将一副本交甲方。但在发生上述情况后，甲方代表应尽快通知乙方。

33.5 双方其他协议为：________________________________

34. 专利技术、特殊工艺和合理化建议

34.1 乙方应保证甲方免于受到由于工程上使用的或准备采用的乙方设

备、材料或工程设备等侵犯专利权、设计商标或其他受保护的权利而引起的索赔和诉讼，并保证甲方免于承担与此有关的赔偿费、诉讼费和其他开支，但由于甲方代表提供的设计或技术规范而侵犯上述权利的情况除外。

34.2　双方的协议为：________________________________

35. 地下障碍和文物

35.1　化石及文物：

在工程现场发掘的所有化石、钱币、有价值的物品或文物、建筑结构，以及有地质或考古价值的其他遗物等均为国家财产。乙方应采取合理的预防措施，防止其工人或其他任何人员移动或损坏任何上述物品。一旦发现上述物品，应在移动之前，立即把发现的情况通知甲方代表和有关部门，并按甲方代表的指示处理。

35.2　若由于第35.1款规定的指示使乙方遭受工期延误和/或产生费用，则甲方代表在与甲方和乙方协商后，确定：

35.2.1　按第12条规定给予乙方延长工期的权利；

35.2.2　把产生的费用加到合同价格中，并通知乙方，送甲方一份副本。

35.3　对不利的自然条件和障碍的补效：

如果在工程施工过程中乙方在现场遇到了气候条件以外的不利的自然障碍和条件，在他看来这些障碍和条件是一个有经验的乙方无法预见的，乙方应立即通知甲方代表，并交甲方一份副本。在收到该通知后，如果甲方代表认为这类障碍或条件是一个有经验的乙方无法合理预见的，经过与甲方和乙方协商后，他应决定：

35.3.1　按第12条规定，给予乙方延长工期的权利；

35.3.2　乙方因遇到这类障碍或条件而发生的费用加到合同价格上。

这类决定应将甲方代表发给乙方的与此有关的指示，以及在甲方代表未发出具体的指示之前，乙方采取的并为甲方代表接受的合理的措施考虑在内。

36. 工程分包

36.1　乙方可以在甲方代表准许的情况下将工程分包，但没有甲方的书面批准不得分包合同。分包不能改变合同规定的乙方任何义务，分包的最大限额为：__________

36.2　分包工程的内容及对分包单位的资质要求：____________________

36.3　乙方不能把整个工程分包出去，除合同另有规定者外。任何按第36.1款规定将工程分包时，均不能解除合同中规定的乙方应承担的责任和义务，并应将任何分包人、分包人代理人、雇员或工人的行为、违约和疏忽，视为乙方、其代理人、雇员或工人的行为、违约和疏忽，并应为之负完全责任，但不要求乙方就下列事项征得同意：

36.3.1　使用劳务；

36.3.2　采购符合合同规定标准的材料；

36.3.3　第36.2款中明确的部分工程的分包。

36.4　责任转让给甲方：

如果分包人为乙方承担的施工、提供材料、设备和服务等责任，在时间上超过本合同规定的保修期，乙方应在保修期满后，按甲方的要求和由甲方承担费用，将未到期的上述分包人义务的利益转让给甲方。

37. 不可抗力

37.1　不可抗力包括：______________________________

37.2　在第37.1款中规定的以及________等级以上的风、雨、雪、震等自然灾害。

38. 保险

38.1　工程风险。

38.1.1　甲方的风险是：

(1)因甲方使用或占用永久工程的某一部分而造成的损失或破坏，但合同中规定的除外；

(2)因工程设计不当而造成的损失或破坏，而这种设计不是由乙方提供的或不是由乙方负责的。

38.1.2　不可抗力。

发生第37条中规定的不可抗力(指发生在现场者)，而一个有经验的乙方不可能合理投保。

38.1.3　其他非甲、乙双方责任的风险：________________

38.1.4　除了上面第38.1.1款、第38.1.2款及第38.1.3款规定的风险以外的风险是乙方的风险。

38.2　由乙方和甲方对工程的照管。

从工程开工日期直到为全部工程发出移交证书时止，乙方应全面负责照管工程以及材料和待安装的设备。发出全部工程移交证书后则上述照管责任移交给甲方，但下列情况除外：

38.2.1　如果甲方代表为永久工程的某一部分发出了移交证书，则乙方自发出该部分的移交证书之日起，停止那一部分工程的照管责任，此时对那一部分工程的照管责任移交给甲方；

38.2.2　乙方应对那些尚未竣工的工程，以及材料和在其保修期期间应予完成的待安装的设备的照管负有全责，直到这些未完的工程按第二十九条规定完成为止。

38.3　补偿损失或损坏的责任。

38.3.1　由于乙方风险造成的损失和损坏:

在乙方负责照管期间,如果工程或部分工程、材料或待安装的工程设备,由于第38.1.4款所规定的风险发生的损失或损坏,乙方应自费弥补这些损失或损坏,以使永久工程符合合同的规定。乙方还应对其根据第29条规定履行本条责任而引起的损失或破坏负责。

38.3.2　由于甲方风险和不可抗力造成的损失和损坏。

当损失或破坏是由于第38.1.1、第38.1.2款和第38.1.3款规定的风险,或其他风险综合作用造成时,如果甲方代表要求,乙方应按甲方代表要求的程度来补救这些损失或破坏,而甲方代表则应增加合同价款,并通知乙方,将副本交给甲方。对因综合风险造成的损失或破坏,这种加款的决定应考虑乙方和甲方应分别承担责任的比例。

38.4　对工程的保险。

保险(如有时)双方按《合同条件》第38条约定如下:____________________________

39. 工程停建或缓建

双方协议为:____________________

40. 合同生效及终止

40.1　本合同自____________之日起生效。

40.2　乙方按合同规定尽其责任施工、竣工和修补缺陷并符合甲方代表的要求,只有第29.6条规定的缺陷责任证书能被视为对合同结束的认可,且甲方按合同规定全部支付完毕后,合同即告终止。

41. 合同份数

41.1　本合同正本两份具有同等效力,由甲乙双方分别保存。

41.2　本合同副本____________份。

42. 补充条款:____________________

## 第四章　合同格式

### 一、合同协议书格式

本协议由________(以下简称"发包方")与________(以下简称"承包方")于________年________月________日商定并签署。

鉴于发包方拟修建________(工程简述),并通过________年________月________日的中标通知书接受了承包方以人民币________元为本工程施工、竣工和保修所做的投标，双方达成如下协议：

1. 本协议中所用术语的含义与下文提到的合同条件中相应术语的含义相同。

2. 下列文件应作为本协议的组成部分：

(1)本合同协议书；
(2)合同协议条款；
(3)建设工程施工合同条件（GF－91－0201）；
(4)双方协商同意的变更纪要、协议；
(5)中标通知书；
(6)投标书；
(7)招标文件补遗；
(8)标准、规范和有关技术资料；
(9)已标价的工程量清单；
(10)图纸；
(11)其他有关文件。

3. 上述文件应互为补充和解释，如有不清或互相矛盾之处，以上面所列顺序在前的为准。

4. 考虑到发包方将按下条规定付款给承包方，承包方在此与发包方立约，保证全面按合同规定承包本工程的施工、竣工和保修。

5. 考虑到承包方将进行本工程的施工、竣工和保修，发包方在此立约，保证按合同规定的方式和时间付款给承包方。

为此，双方代表在此签字并加盖公章。

| | |
|---|---|
| 发包方代表（签名盖公章）： | 承包方代表（签名盖公章）： |
| 发包方（公章） | 承包方（公章） |
| 地址： | 地址： |
| 法定代表人： | 法定代表人： |
| 委托代理人： | 委托代理人： |
| 开户银行： | 开户银行： |
| 账号： | 账号： |
| 电话： | 电话： |
| 电传： | 电传： |
| 邮政编码： | 邮政编码： |

建设行政主管部门意见：

经办人：

审查机关（盖公章）：

年　月　日

## 二、银行履约保函格式

建设单位名称:________________

鉴于______(下称"承包单位")已保证按______(下称"建设单位")______工程合同施工、竣工和保修该工程(下称"合同")。

鉴于你方在上述合同中要求承包单位向你方提交下述金额的银行开具的保函,作为承包单位履行本合同责任的保证金。

本银行同意为承包单位出具体保函。

本银行在此代表承包单位向你方承担支付人民币______元的责任,承包单位在履行合同中,由于资金、技术、质量或非不可抗力等原因给你方造成经济损失时,在你方以书面提出要求得到上述金额内的任何付款时,本银行即予支付,不挑剔,不争辩,也不要求你方出具证明或说明背景、理由。

本银行放弃你方应先向承包单位要求赔偿上述金额然后再向本银行提出要求的权利。

本银行进一步同意在你方和承包单位之间的合同条件、合同项下的工程或合同发生变化、补充或修改后,本银行承担本保函的责任也不改变,有关上述变化、补充和修改也无须通知本银行。

本保函直至保修责任证书发出后 28 天内一直有效。

银行名称:(盖章)

银行法定代表人:(签字、盖章)

地址:

邮政编码:

日期:____年____月____日

## 三、履约担保书格式

根据本担保书,投标单位______作为委托人和______(担保单位名称)作为担保人共同向债权人______(下称"建设单位")承担支付人民币______元的责任,承包单位和担保人均受履约担保书的约束。

鉴于承包单位已于____年____月____日向建设单位递交了______工程的投标文件,愿为投标单位在中标后(下称"承包单位")同建设单位签署的工程承发包合同担保。下文中的合同包括合同中规定的合同协议书、合同文件、图纸、技术规范等。

本担保书的条件是:如果承包单位在履行了上述合同中,由于资金、技术、质量或非不可抗力等原因给建设单位造成经济损失时,当建设单位以书面提出要求得到上述金额内的任何付款时,担保人将迅速予以支付。

本担保人不承担大于本担保书限额的责任。

除了建设单位以外,任何人都无权对本担保书的责任提出履行要求。

本担保书直至保修责任证书发出后 28 天内一直有效。

承包单位和担保人的法定代表人在此签字盖公章,以资证明。

担保单位:(盖章)

法定代表人:(签字、盖章) 日期:____年____月____日

投标单位:(盖章)

法定代表人:(签字、盖章) 日期____年____月____日

**四、预付款银行保函格式**

建设单位名称________________

根据你单位________工程合同的合同协议条款第 20 条规定,________(下称“承包单位”)应向你方提交预付款银行保函,金额为人民币________元,以保证其忠实地履行合同的上述条款。

我银行________(银行名称)受承包单位委托,作为保证人和主要债务人,当你方以书面形式提出要求就无条件地、不可撤销地支付不超过上述保证金额的款额,也不要求你方先向承包单位提出此项要求;以保证在承包单位没有履行合同协议条款第 20 条的责任时,你方可以向承包单位收回全部或部分预付款。

我银行还同意:在你方和承包单位之间的合同条件、合同项下的工程或合同文件发生变化、补充或修改后,我行承担本保函的责任也不改变,有关上述变化、补充或修改也无须通知我银行。

本保函的有效期从预付款支付日期起至你方向承包单位全部收回预付款的日期止。

银行名称:(盖章)

银行法定代表人:(签字、盖章)

地址:

日期:____年____月____日

# 第二卷 技术规范

## 第五章 技术规范

**一、现场自然条件**

(包括:现场环境、地形、地貌、地质、水文、地震烈度及气温、雨雪量、风向、风力等)

**二、现场施工条件**

（包括：建设用地面积、建筑物占地面积、场地拆迁及平整情况、施工用水、电及有关勘探资料等）

**三、本工程采用的技术规范**

# 第三卷 投标文件

## 第六章 投标书及投标书附录

**投标书**

建设单位：____________

1. 根据已收到的招标编号为________的________工程的招标文件，遵照《工程建设施工招标投标管理办法》的规定，我单位经考察现场和研究上述工程招标文件的投标须知、合同条件、技术规范、图纸、工程量清单和其他有关文件后，我方愿以人民币______元的总价，按上述合同条件、技术规范、图纸、工程量清单的条件承包上述工程的施工、竣工和保修。

2. 一旦我方中标，我方保证在________年________月________日开工，________年________月________日竣工，即________天（日历日）内竣工并移交整个工程。

3. 如果我方中标，我方将按照规定提交上述总价5% 的银行保函或上述总价10%的由具有独立法人资格的经济实体企业出具的履约担保书，作为履约保证金，共同地和分别地承担责任。

4. 我方同意所递交的投标文件在“投标须知”第11 条规定的投标有效期内有效，在此期间内我方的投标有可能中标，我方将受此约束。

5. 除非另外达成协议并生效，你方的中标通知书和本投标文件将构成约束我们双方的合同。

6. 我方金额为人民币________________________________元的投标保证金与本投标书同时递交。

投标单位：（盖章）　　单位地址：　　法定代表人：（签字、盖章）
邮政编码：　　电话：　　传真：
开户银行名称：　　银行账号：　　开户行地址：
电话：　　日期：____年____月____日

### 投标书附录

| 序号 | 项目内容 | 协议条款号 | |
|---|---|---|---|
| 1 | 履约保证金：<br>银行保函金额<br>履约担保书金额 | <br>8.1<br>8.1 | <br>合同价格的____%（5%）<br>合同价格的____%（10%） |
| 2 | 发出开工通知的时间 | 10.1 | 签订合同协议书后____天内 |
| 3 | 误期赔偿费金额 | 12.5 | 元/天 |
| 4 | 误期赔偿费限额 | 12.5 | 合同价格的____% |
| 5 | 提前工期奖 | 13.1 | 元/天 |
| 6 | 工程质量达到优良标准补偿金 | 15.1 | 元 |
| 7 | 工程质量未达到要求优良标准时的赔偿费 | 15.2 | 元 |
| 8 | 预付款金额 | 20.1 | 合同价格的____% |
| 9 | 保留金金额 | 22.2.5 | 每次付款额的____%（10%） |
| 10 | 保留金额限额 | 22.2.5 | 合同价格的____%（3%） |
| 11 | 竣工时间 | 27.5 | 天(日历日) |
| 12 | 保修期 | 29.1 | 天(日历日) |

投标单位:(盖章)

法定代表人:(签字、盖章)

日期:____年____月____日

### 投标保证金银行保函

鉴于________(下称"投标单位")于____年____月____日参加________(下称"招标单位")________工程的投标。

本银行________(下称"本银行")在此承担向招标单位支付总金额人民币________元的责任。

本责任的条件是:

一、如果投标单位在招标文件规定的投标有效期内撤回其投标;或

二、如果投标单位人在投标有效期内收到招标单位的中标通知书后:

1. 不能或拒绝按投标须知的要求签署合同协议书;或

2. 不能或拒绝按投标须知的规定提交履约保证金。

只要招标单位指明投标单位出现上述情况的条件,则本银行在接到招标单位的通知就支付上述数额之内的任何金额,并不需要招标单位申述和证实他的要求。

本保函在投标有效期后或招标单位在这段时间内延长的投标有效期28天

内保持有效,本银行不要求得到延长有效期的通知,但任何索款要求应在有效期内送到本银行。

银行名称:(盖章)

法定代表人:(签字、盖章)

银行地址:

邮政编码:

电话:

日期:____年____月____日

**法定代表人资格证明书**

单位名称:

地址:

姓名:　　　　　性别:　　　　　年龄:　　　　　职务:

系________的法定代表人。为施工、竣工和保修________的工程,签署上述工程的投标文件、进行合同谈判、签署合同和处理与之有关的一切事务。

特此证明。

投标单位:(盖章)　　　　　　　　上级主管部门:(盖章)

日期:____年____月____日　　　　　日期____年____月____日

**授权委托书**

本授权委托书声明:我________(姓名)系________(投标单位名称)的法定代表人,现授权委托________(单位名称)的________(姓名)为我公司代理人,以本公司的名义参加________(招标单位)的________工程的投标活动。代理人在开标、评标、合同谈判过程中所签署的一切文件和处理与之有关的一切事务,我均予以承认。

代理人无转委权。特此委托。

代理人:　　　　　性别:　　　　　年龄:

单位:　　　　　部门:　　　　　职务:

投标单位:(盖章)

法定代表人:(签字、盖章)

日期:____年____月____日

## 第七章　工程量清单与报价表

采用综合单价投标报价的有关说明

表 7.1　报价汇总表

表 7.2　工程量清单报价表

表7.3 设备清单及报价表

表7.4 现场因素、施工技术措施及赶工措施费用报价表

表7.5 材料清单及材料差价

采用综合单价投标报价的说明：

1. 工程量清单应与投标须知、合同条件、合同协议条款、技术规范和图纸一起使用。

2. 工程量清单所列的工程量系招标单位估算的和临时的，作为投标报价的共同基础。付款以实际完成的工程量为依据。由承包单位计量、监理工程师核准的实际完成工程量。

3. 工程量清单中所填入的单价和合价，应包括人工费、材料费、机械费、其他直接费、间接费、有关文件规定的调价、利润、税金以及现行取费中的有关费用、材料的差价以及采用固定价格的工程所测算的风险金等全部费用。

4. 工程量清单中的第一单项均需填写单价和合价，对没有填写单价或合价的项目的费用，应视为已包括在工程量清单的其他单价或合价之中。

5. 工程量清单不再重复或概括工程及材料的一般说明，在编制和填写工程量清单的每一项的单价和合价时应参考投标须知和合同文件的有关条款。

6. 所有报价应以人民币表示。

**表7.1 报价汇总表**

建筑面积：____ $m^2$　　　　金额单位：人民币元

| 序号 | 表号 | 工程项目名称 | 金 额 | 备 注 |
| --- | --- | --- | --- | --- |
| | | | | |
| | | | | |
| | | | | |
| | | | | |
| | | | | |
| | | | | |
| | | | | |
| | | | | |
| | | | | |
| | | | | |
| | | | | |
| | | | | |
| 投 标 总 价(大写)________________________元 | | | | |

投标单位：(盖章)

法定代表人：(签字、盖章)

日期：____年____月____日

**表 7.2　工程量清单报价表**

工程　　　　　　　　　　　　　　　　　　　　　　　　金额单位:人民币元

| 编号 | 项目名称 | 单位 | 工程量 | 单价 | 合价 | 单价分析 | | | | | | | | | |
|---|---|---|---|---|---|---|---|---|---|---|---|---|---|---|---|
| | | | | | | 人工费 | 材料费 | 机械费 | 其他直接费 | 间接费 | 利润 | 税金 | 材差 | 风险金 | 其他 |
| | | | | | | | | | | | | | | | |
| | | | | | | | | | | | | | | | |
| | | | | | | | | | | | | | | | |
| | | | | | | | | | | | | | | | |
| | | | | | | | | | | | | | | | |
| | | | | | | | | | | | | | | | |
| | | | | | | | | | | | | | | | |
| | | | | | | | | | | | | | | | |
| | | | | | | | | | | | | | | | |
| | | | | | | | | | | | | | | | |
| | | | | | | | | | | | | | | | |
| | | | | | | | | | | | | | | | |
| | | | | | | | | | | | | | | | |
| | | | | | | | | | | | | | | | |
| 共______页,本页小计:____________元 | | | | | | | | | | | | | | | |
| ________工程量清单报价 合计:______元(结转至表 7.1 报价汇总表) | | | | | | | | | | | | | | | |

投标单位:(盖章)

法定代表人:(签字、盖章)

日期:____年____月____日

**表7.3 设备清单及报价表**

金额单位:人民币元

| 序号 | 设备名称 | 型号及规格 | 单位 | 数量 | 出厂价 | 运杂费 | 合价 | 备注 |
| --- | --- | --- | --- | --- | --- | --- | --- | --- |
| | | | | | | | | |
| 共________页,本页小计________元(其中设备出厂价________元 运杂费________元) | | | | | | | | |
| 合 计 | ____________元 | | | | | | | |
| 税 金 | | | | | | | | |
| 设备价格(含运杂费)合计________元 (结转至表7.1 报价汇总表) | | | | | | | | |

投标单位:(盖章)

法定代表人:(签字、盖章)

日期:____年____月____日

**表7.4 现场因素、施工技术措施及赶工措施费用报价表**

金额单位:人民币元

| 序号 | 计价内容及计算过程 | 金额 | 备注 |
| --- | --- | --- | --- |
| | | | |
| 共________页,本页小计__________元 | | | |
| 合 计 | ____________元 | | |
| 税 金 | | | |
| 合计__________元(结转至表7.1 报价汇总表) | | | |

投标单位:(盖章)

法定代表人:(签字、盖章)

日期:____年____月____日

**表 7.5　材料清单及材料差价**

金额单位:人民币元

| 序号 | 材料名称及规格 | 单位 | 数量① | 预算价格中供应单价② | 预算供应价合计③=①×② | 市场供应单价④ | 市场供应价合计⑤=①×④ | 材料差价合价⑥=⑤-③ | 备注 |
|---|---|---|---|---|---|---|---|---|---|
| | | | | | | | | | |
| | 合计 | | | | | | | | |

投标单位:(盖章)

法定代表人:(签字、盖章)

日期:____年____月____日

# 第八章　辅助资料表

**表 8.1　项目经理简历表**

| 姓名 | | 性别 | | | 年龄 | |
|---|---|---|---|---|---|---|
| 职务 | | 职称 | | | 学历 | |
| 参加工作时间 | | | 从事工程项目情况 | | | |
| 已完工程项目情况 | | | | | | |
| 建设单位 | 项目名称 | | 建设规模 | 开、竣工日期 | | 工程质量 |
| | | | | | | |
| | | | | | | |
| | | | | | | |
| | | | | | | |
| | | | | | | |
| | | | | | | |

**表8.2　主要施工管理人员表**

| 名称 | 姓名 | 职务 | 职称 | 主要资历、经验及承担过的项目 |
| --- | --- | --- | --- | --- |
| 一、总部<br>1. 项目主管<br>2. 其他人员<br>二、现场<br>1. 项目经理<br>2. 项目副经理<br>3. 质量管理<br>4. 材料管理<br>5. 计划管理<br>6. 安全管理 | | | | |

**表8.3　主要施工机械设备表**

| 序号 | 机械或设备名称 | 型号规格 | 数量 | 国别产地 | 制造年份 | 额定功率(kW) | 生产能力 | 备注 |
| --- | --- | --- | --- | --- | --- | --- | --- | --- |
| | | | | | | | | |
| | | | | | | | | |
| | | | | | | | | |
| | | | | | | | | |
| | | | | | | | | |
| | | | | | | | | |
| | | | | | | | | |
| | | | | | | | | |

**表8.4　项目拟分包情况表**

| 分包项目 | 主要内容 | 估算价格 | 分包单位名称、地址 | 做过同类工程的情况 |
| --- | --- | --- | --- | --- |
| | | | | |

**表 8.5　劳动力计划表**

投标单位应按所列格式提交包括分包人在内的估计的劳动力计划表。本计划表是以每班 8 小时工作制为基础的。

| 工种、级别 | 按工程施工阶段投入劳动力情况 | | | | | | |
|---|---|---|---|---|---|---|---|
| | | | | | | | |
| | | | | | | | |

**表 8.6　施工方案或施工组织设计**

投标单位应递交完整的施工方案或施工组织设计，说明各分部分项工程的施工方法和布置，提交包括临时设施和施工道路的施工总布置图及其他必需的图表、文字说明书等资料，至少应包括：

一、各分部分项工程的完整的施工方案与保证质量的措施；

二、施工机械的进场计划；

三、工程材料的进场计划；

四、施工现场平面布置图及施工道路平面图；

五、冬、雨季施工措施；

六、地下管线及其地上地下设施的加固措施；

七、保证安全生产，文明施工，减少扰民，降低环境污染和噪音的措施。

**表 8.7　计划开、竣工日期和施工进度表**

投标单位应提交初步的施工进度表，说明按招标文件要求的工期进行施工的各个关键日期。中标的投标单位要按合同条件有关条款的要求提交详细的施工进度计划。

初步施工进度表可采用横道图（或关键线路网络图）表示，说明计划开工日期和各分项工程各阶段的完工日期和分包合同签订的日期。

施工进度计划应与施工方案或施工组织设计相适应。

**表 8.8　临时设施布置及临时用地表**

一、临时设施布置

投标单位应提交一份施工现场临时设施布置表并附文字说明，说明临时设施、加工车间、现场办公、设备及仓储、供电、供水、卫生、生活等设施的情况和布置。

二、临时用地表

| 用途 | 面积($m^2$) | 位置 | 需用时间 |
|---|---|---|---|
| | | | |
| 合计 | | | |

注:(1)投标单位应逐填写本表,指出全部临时设施用地面积以及详细用途。

(2)若本表不够,可加附页。

# 第九章　资格审查表

**表9.1　投标单位企业概况**

<table>
<tr><td>企业名称</td><td colspan="9"></td><td colspan="2">建立日期</td><td></td></tr>
<tr><td>资质等级</td><td colspan="2"></td><td>经营方式</td><td colspan="6"></td><td colspan="2">企业性质</td><td></td></tr>
<tr><td>批准单位</td><td colspan="2"></td><td>地址</td><td colspan="6"></td><td colspan="2"></td><td></td></tr>
<tr><td>经营范围</td><td colspan="2"></td><td></td><td colspan="6"></td><td colspan="2"></td><td></td></tr>
<tr><td rowspan="3">企业职工总数</td><td rowspan="3">人</td><td colspan="6">有职称管理人员</td><td colspan="5">工人</td></tr>
<tr><td>高工</td><td>工程师</td><td colspan="2">助工</td><td colspan="2">技术员</td><td colspan="2">4~8 级</td><td colspan="2">1~3 级</td><td>无级</td></tr>
<tr><td></td><td></td><td colspan="2"></td><td colspan="2"></td><td colspan="2"></td><td colspan="2"></td><td></td></tr>
<tr><td rowspan="9">主要施工机械设备</td><td colspan="2">名称</td><td colspan="2">型号</td><td colspan="2">数量(台)</td><td colspan="2">总功率(kW/hp)</td><td colspan="2">制造国或产地</td><td colspan="2">制造年份</td></tr>
<tr><td rowspan="2">塔吊 t-m</td><td>80 以上</td><td colspan="2" rowspan="2"></td><td colspan="2" rowspan="2"></td><td colspan="2" rowspan="2"></td><td colspan="2" rowspan="2"></td><td colspan="2" rowspan="2"></td></tr>
<tr><td>60~80</td></tr>
<tr><td colspan="2">拌和机械</td><td colspan="2"></td><td colspan="2"></td><td colspan="2"></td><td colspan="2"></td><td colspan="2"></td></tr>
<tr><td colspan="2">运输车辆</td><td colspan="2"></td><td colspan="2"></td><td colspan="2"></td><td colspan="2"></td><td colspan="2"></td></tr>
<tr><td colspan="2">其他起重机械</td><td colspan="2"></td><td colspan="2"></td><td colspan="2"></td><td colspan="2"></td><td colspan="2"></td></tr>
<tr><td colspan="2"></td><td colspan="2"></td><td colspan="2"></td><td colspan="2"></td><td colspan="2"></td><td colspan="2"></td></tr>
<tr><td colspan="2"></td><td colspan="2"></td><td colspan="2"></td><td colspan="2"></td><td colspan="2"></td><td colspan="2"></td></tr>
<tr><td colspan="2"></td><td colspan="2"></td><td colspan="2"></td><td colspan="2"></td><td colspan="2"></td><td colspan="2"></td></tr>
</table>

**表 9.2　近 3 年来所承建工程情况一览表**

| 建设单位 | 项目名称及建设地点 | 结构类型 | 建设规模 | 开竣工日期 | 合同价格 | 质量达到标准 |
| --- | --- | --- | --- | --- | --- | --- |
| | | | | | | |
| | | | | | | |
| | | | | | | |
| | | | | | | |
| | | | | | | |
| | | | | | | |

**表 9.3　目前正在承建工程情况一览表**

| 建设单位 | 项目名称及建设地点 | 结构类型 | 建设规模 | 计划开竣工日期 | 合同价格 | 质量达到标准 |
| --- | --- | --- | --- | --- | --- | --- |
| | | | | | | |
| | | | | | | |
| | | | | | | |
| | | | | | | |
| | | | | | | |
| | | | | | | |
| | | | | | | |
| | | | | | | |
| | | | | | | |
| | | | | | | |

**表 9.4　目前剩余劳动力和施工机械设备情况**

一、剩余劳动力情况

<table>
<tr><td>剩余人员数</td><td colspan="5">共计：　　　人</td></tr>
<tr><td rowspan="7">其　中</td><td colspan="4">有职称管理人员</td><td rowspan="2">其他管理人员</td></tr>
<tr><td>高级工程师</td><td>工程师</td><td>助理工程师</td><td>技术员</td></tr>
<tr><td></td><td></td><td></td><td></td><td></td></tr>
<tr><td colspan="4">技术工人</td><td rowspan="2">普通工人</td></tr>
<tr><td>8 级以上</td><td>6 ~ 8 级</td><td>4 ~ 6 级</td><td>1 ~ 3 级</td></tr>
<tr><td></td><td></td><td></td><td></td><td></td></tr>
<tr><td colspan="4"></td><td></td></tr>
</table>

二、剩余施工机械设备

| 机械或设备名称 | 型号 | 数量(台) | 总功率(kW/hp) | 制造国或产地 | 制造年份 |
|---|---|---|---|---|---|
| | | | | | |
| | | | | | |
| | | | | | |

**表9.5　财务状况**

一、基本资料

| | | | |
|---|---|---|---|
| 资产总额 | 元 | 其中 | 固定资产　　元 |
| | | | 流动资产　　元 |
| 负债总额 | 元 | 其中 | 长期负债　　元 |
| | | | 流动负债　　元 |
| 年平均完成投资 | | 元 | |
| 最高年施工能力 | | $m^2$ | |

二、最近三年每年完成投资金额和本年预计完成投资金额

| 年度 | 年完成金额(元) |
|---|---|
| | |
| | |
| | |

三、最近2年经审计的财务报表

(附财务报表)

四、下一年度的财务预测报告

(附财务预测报告)

五、可以查到财务信息的开户银行的名称、地址，以及投标单位向其开户行出具的招标单位可查证的授权书。

**表9.6　联营体协议书和授权书**

附联营体协议书副本和各成员法定代表授权书

# 第四卷　图纸

## 第十章　图纸(略)

范本 3

# 公路工程国内招标文件范本

## 目　　录



## 第一卷　投标邀请书格式

(投标人全称):

1. ________省(自治区、市)________至________公路项目已由________批准修建,并已列入基本建设计划。现决定对该项目的________工程的实施和完成进行公开招标。你单位已通过资格预审[(1)],现邀请你单位按招标文件规定的内容,参加第________合同段的投标。

2. 本项目招标分为 A,B,C...________个合同段,各合同段独立招标。第________合同段由 K ________ + ________至 K ________ + ________,长约________ km,技术标准________级,________路面。有立交________处;大中桥________座,计长________ m;隧道________座,计长________ m,以及其他构造物工程等(独立的大桥工程应简述桥型、桥长、桥宽、跨径、基础型式、引桥引道长度等)。

3. 请凭本邀请书于____年____月____日至____年____月____日到(招标人全称)处购买招标文件,招标文件每套收取成本费人民币________元,售后不退[(2)]。

4. 业主根据对本合同工程勘察所取得的水文、地质、气象和料场分布等资料编制了一册《参考资料》,投标人在交付人民币________元之后,可以在下列地址取得一份复印件,如有需要,还可查阅详细的勘察资料。

查阅地址:____________________

联 系 人:____________________

电　　话:____________________

5. 投标人在送交投标文件时,应按投标人须知第13条规定提交人民币________元或不低于投标价1%的投标担保(3)。

6. 招标人将于下列时间和地点组织进行工程现场考察并召开标前会议。

现场考察时间____年____月____日____时,地点:____________________;

标前会议时间____年____月____日____时,地点:____________________。

7. 投标文件送交的截止时间为____年____月____日____时(4),投标文件必须在上述时间前递交至(单位:____________________ 地址:____________________),招标人定于投标文件送交截止的同一时间、同一地址举行公开开标(5)。

8. 请在收到本邀请书24小时(以发出时间为准)内,以书面方式回函确认。如果你单位不准备参与投标,亦请尽快通知我们,谢谢合作。

招标人地址:____________________

邮　　编:____________________

电　　话:____________________

传　　真:____________________

联 系 人:____________________

招标人:__________(盖章)

____年____月____日

---

注(1):本邀请书适用于公开招标实行资格预审的项目;如果用资格后审,第1条的"已通过资格预审"文字应删去。

(2):每套招标文件售价只计工本费,最高不超过1 000元(不含图纸部分)。参考资料也应只计工本费,最高不超过1 000元。

(3):投标担保的形式应与投标人须知第13.2款的规定一致。

(4):自招标文件开始发出之日起至投标人送交投标文集件截止之日止,高速公路、一级公路、技术复杂的特大桥梁、特长隧道不得少于28日,其他公路工程不得少于20日。

(5):开标应当在招标文件确定的送交投标文件截止时间的同一时间公开进行。

**投标人须知资料表**

说明:(1)本表各项在送审招标文件时,应无例外一一填写,除“不适用”外,不留空白。如某日期一时定不下来,可先填计划日期。

(2) 如某栏对本项目不适用,应在相应栏中注明“不适用”。任何对投标人须知的修改均应在本表后的“修改表”中反映,并保持原条款号不变。

| 投标人须知条款号 | 具体信息或数据 |
|---|---|
| 1.1 | 招标人名称:<br>地址:<br>电话: 联系人:<br>邮编: 传 真: |
| 1.1 | 工程项目名称: |
| 1.2 | 工程说明:详见附件 1 工程说明 |
| 1.3 | 预计工期:________月 |
| 2 | 资金来源:本项目经________部(委)批准立项,已列入________省(自治区、市)基本建设计划,资金来源为: |
| 3.2 | 应更新的资审资料:除本须知 3.2(1)……(7)外,还应更新: |
| 5.1 | 现场考察地址和时间: |
| 5.2 | 取得《参考资料》和查阅详细资料的地点:<br>每套《参考资料》收费:__________元 |
| 6.1 | 标前会议时间和地点: |
| 11.6 | 指明合同是否调价: |
| 12.1 | 投标文件有效期(1): |
| 13.1 | 投标担保的金额(2): |
| 13.2(2) | 出具投标保函的银行级别: |
| 14.1 | 有无技术性选择方案:________;<br>如有,写明技术性选择方案的工程部分的名称:________ |

续表

| | |
|---|---|
| 15.1 | 投标文件的份数:正本1份,副本________份 |
| 16.3(1) | 送交投标文件的地址: |
| 16.3(2) | ________项目第________合同段投标文件 |
| 16.3(3) | 开标时间: |
| 17.1 | 投标截止期: |
| 17.2 | 投标截止期________天前 |
| 20.1 | 开标时间、地点:________ |
| 28 | 招标人将按________进行评标(3) |
| 32.1 | 履约担保的金额和提交时间: |
| 33.1 | 中标人在收到中标通知书________天内 |
| 34.4 | 监督机构:________;电话:________<br>地　　址:________;邮编:________ |

注:(1)填入开标日期后的天数。此期限应考虑工程的规模与复杂性并为评标、澄清、上级的批准及通知中标提供充足的时间,通常此期限为70~120天。

(2)此金额应与投标邀请书中指明的一致。为了避免出具保函的银行泄漏投标人的投标价格,最好规定一个固定的金额而不用投标价格的某一百分比。如果规定用投标价格的百分比,应说明此百分比为不低于1%(小型工程可适当提高到2%)。

(3)招标人将选择下列内容填入本表:"综合评估法28.2(1)"或"综合评估法28.2(2)"或"最低评标价法"或"双信封评标法"。

**投标人须知修改表**

在本项目招标文件中,对第2篇的《投标人须知》的修改如下:

| 条款号 | 原条款 | 修改后的条款 |
|---|---|---|
| | | |

# 第二卷 投标人须知

说明:本须知为标准化条款,对本须知的任何修改、补充均在投标人须知修改表中列明;对本须知各款中的信息与数据,均应在投标人须知资料表中填写。

**一、总则**

1. 招标范围

1.1 本项目业主(即资料表所写明的招标人)愿意接受为修建、完成资料表1.1和1.2所定义的本工程及其缺陷修复所提交的投标文件。

1.2 工程说明列于投标人须知正文之后附件1。地理位置示意图见附件2。

1.3 本项目预计工期见资料表。

2. 资金来源

本招标项目经________批准立项,已列入________省(自治区、市)基本建设计划,资金来源为________(________投资或筹集,或由________贷款)[1]。投标报价和中标后的工程价款均以人民币结算和支付。

---

注:(1)国家投资/地方筹资/社会配资/利用外资。由招标人根据资金来源实际情况填写。

3. 投标人的合格条件

3.1 投标人必须通过资格预审并取得投标资格。当采取邀请招标(或称为有限招标)方式而不经资格预审时,被邀请的投标人必须按招标文件要求报送资格后审资料。

3.2 投标人在送交投标文件时应按新情况更改或补充其在申请资格预审时提供的资料,以证实其仍能继续满足资审合格的最低标准。至少应更新以下资料(如有):

(1)财务状况方面的变化,新近取得银行信贷额度(如有必要)的证明和/或获得其他资金来源的证据;以及现已接受(中标或签约)的新合同工程对财务状况的影响;

(2)资格预审之后新承包的工程名称、规模、进展程度和工程质量;

(3)资格预审后新交工的工程及评定的质量等级;

(4)最近的仲裁或诉讼介入情况;

(5)拟投入本工程所需关键施工设备的当前备有情况;

(6)投标人名称的变化及有关批件;

(7)拟投入本项目主要人员变化情况。

3.3 投标人一般应独自参与投标,如以联合体形式投标,必须遵守以下规定:

(1)联合体由两个或两个以上独立法人组成。联合体应按本招标文件第三卷所附格式签订联合体协议书,并应委任其中一个法人为联合体主办人,代表联合体在投标与履行合同中承担联合体的义务和法律责任。联合体协议书副本应随投标文件一起提交。

(2)联合体各成员应出具授权书,授权主办人办理投标事宜,授权书由各成员法定代表人签署并加盖公章,经公证机关公证后,装订在投标文件内。

(3)尽管委任了联合体主办人,但联合体各成员在投标、签约与履行合同过程中,仍负有连带的和各自的法律责任。为此,联合体各成员的法定代表人或其授权的代理人都应在合同协议书上签署并加盖公章。

(4)联合体主办人所承担的工程量必须超过总工程量的50%。

3.4 投标人必须对整个合同段投标,只对某合同段中的部分工程投标者,将不予考虑。

3.5 如有分包计划,必须遵守以下规定:

(1)主体和关键性工作不能分包;

(2)应提供分包人的企业法人营业执照、资质等级证书、人员、设备等资料表以及拟分包的工作量,分包工作量不能超过30%;

(3)分包人的资格能力应与其分包工程的标准和规模相适应,具备相应的专业承包资质或劳务分包资质;

(4)通过资格预审后,投标人所建议的分包人如发生了与资格预审内容不符的变更或投标人提出新的超出资格预审时所提出的分包范围,必须先征得招标人的批准,否则,视为无效投标。

3.6 每个投标人对同一合同段只能提交一份投标文件,投标人不能同时既参加联合体又以独家名义对同一个合同段投标,出现上述情况者,其投标和与此有关的联合体的投标将被拒绝。除非资格预审另有决定,本项目不接受对一个以上合同段的组合标折扣。

4. 投标费用

4.1 投标人在投标过程中的一切费用,不论中标与否,均由投标人自负。

5. 现场考察

5.1 招标人将在资料表写明的地点和时间统一组织投标人对现场及其周围环境进行一次考察,以便使投标人自行查明或核实有关编制投标文件和签订合同所必需的一切资料。

5.2 现场考察前，招标人或其委托的设计单位将介绍工程的地形、地貌、水文、地质、气象、料场、水源、电源、通信、交通条件等，以帮助投标人了解现场情况，利于编标。

招标人根据对本合同工程勘察所取得的水文、地质、气象和料场分布等资料编制了一册《参考资料》，投标人可在资料表所示地址查阅，也可在交付人民币________元之后（见资料表），取得一份《参考资料》的复印件。《参考资料》并不构成合同文件的一部分，承包人应对他自己就上述资料的解释、推论和应用负责。

5.3 在现场考察过程中，投标人如果发生人身伤亡、财物或其他损失，不论何种原因所造成，招标人均不负责。

5.4 现场考察期间的交通、食宿由投标人自行安排，费用自理。

5.5 如果投标人认为需要再次进入现场考察，招标人将予支持，费用由投标人自理。

6. 标前会议(1)

6.1 投标人应按照资料表中写明的时间和地点，派代表出席招标人召开的标前会议。

6.2 标前会议的目的，是澄清并解答投标人在查阅招标文件和现场考察后，可能提出的涉及投标和合同方面的任何问题。

6.3 投标人应在标前会议召开以前，以书面的形式将要求答复的问题提交招标人，招标人将在会上就此作出澄清和解答，会后，招标人将其书面答复和澄清的内容以编号的补遗书形式发给所有已购买招标文件的投标人。投标人在收到书面答复（补遗书）后，应在24小时内（以发出时间为准）以传真等书面形式向招标人确认收到。

---

注：(1)标前会议与发售招标文件的时间应有一定的间隔，一般不得少于3天，以便招标人阅读招标文件和准备提出问题。

## 二、招标文件

7. 招标文件的内容

7.1 招标文件应分卷装订，除本款下述各卷册的内容外，招标人在招标期间发出的有编号的补遗书和其他正式有效函件，均是招标文件的组成部分。

各卷册的内容如下：

| 卷　次 | 篇　次 | 内　容 |
|---|---|---|
| 第一卷 | 第1篇 | 招标邀请书 |
| | 第2篇 | 投标人须知 |

| | | |
|---|---|---|
| | 第3篇 | 合同通用条款 |
| | 第4篇 | 合同专用条款 |
| 第二卷 | 第5篇 | 技术规范 |
| 第三卷 | 第6篇 | 投标书与投标担保格式 |
| | 第7篇 | 工程量清单 |
| | 第8篇 | 投标书附表格式 |
| | 第9篇 | 合同协议书格式 |
| | 第10篇 | 履约担保格式 |
| | 附　篇 | 施工组织设计建议书格式 |
| 第四卷 | 第11篇 | 图纸 |

7.2 投标人应仔细阅读招标文件,按招标文件的规定与要求编写投标文件。如果投标文件与招标文件的规定与要求不符合,则投标人应自行负责。凡与招标文件的规定有重大不符合的投标书,将按本须知有关重大偏差的规定办理。

7.3 投标人应认真检查招标文件是否完整,若发现有缺页或附件不全时,应及时向招标人提出,以便补齐。

8. 招标文件的澄清和解答

8.1 要求对招标文件进行澄清和解答的投标人,应在送交投标文件截止期至少18天前,将要求澄清和解答的问题以书面形式(包括传真、信函)送达招标人。招标人应在投标截止期15天前,将书面答复以编号的补遗书方式送达(以收到日期为准,下同)所有已购买招标文件的投标人。投标人在收到该书面答复(补遗书)后,应在24小时以内(以发出时间为准)以传真等书面形式向招标人确认收到。

9. 招标文件的修改

9.1 在递交投标文件截止期15天之前,招标人可能会因任何原因,包括按本须知第6条对在标前会议期间提出的问题,以发出编号的补遗书的形式对招标文件进行修改。

9.2 补遗书将寄(送)给所有已购买招标文件的投标人,各次补遗书应按时序编号[(1)],作为招标文件组成部分对所有投标人都有约束力。投标人每次收到补遗书后,应在24小时以内(以发出时间为准)以传真等书面形式向招标人确认收到。

9.3 为使投标人在编写投标文件时有合理的时间考虑并反映上述补遗书的内容,必要时招标人可按本须知第17条的规定,酌情延后送交投标文件的截止期。

注:(1)补遗书必须按时序编号,在发送投标人的同时,要报上级主管部门核备。投标人收到补遗书后,应在确认函电中说明补遗书编号与发出和收到日期。

## 三、投标文件

10. 投标文件的组成

10.1 投标人编写的投标文件,应包括下列各项内容:

(1)投标书及投标书附录;

(2)投标担保;

(3)授权书;

(4)联合体协议书(如有);

(5)标价的工程量清单;

(6)投标书附表;

(7)施工组织设计;

(8)资格预审的更新资料(如果有)或资格后审资料(如系资格后审);

(9)选择方案及其报价(如果有);

(10)按本须知规定应填报的其他资料。

以上内容都必须使用招标文件第三卷中提供的格式或大纲,除另有规定者外,投标人不得修改。

10.2 施工组织设计应满足招标文件合同条款、技术规范、计划工期的要求,并作为对投标文件进行详细评审的重要依据。

11. 投标价

11.1 投标人的投标价,应是本须知第1条中所述的本工程所投合同段的全部工程的投标价,并以投标人在工程量清单中提出的单价或总额价(1)为根据。

11.2 投标人应认真填写工程量清单中所列的本合同各工程细目的单价、合价和总额价。投标人没有填入单价、合价或总额价的工程细目,业主将不予支付,并认为该细目的价款已包括在工程量清单其他细目的单价或总额价中。投标人在工程量清单中多报的细目或单价、合价或总额价业主将不予接受,严重者将视为重大偏差,其投标将被拒绝。

11.3 投标人的投标价中应含的保险费按如下规定办理:

(1)工程一切险和第三方责任险由承包人以承包人与业主联名投保,保险费由业主承担。投保的范围与条件和保险费率由招标人与承保人在所商定的投保协议中确定,并在招标文件中写明(2)。上述保险费在工程量清单第100章中列有一个单独的支付细目,由投标人按招标文件中的规定填写总额价,中标后业主将按承包人实际支付的保险费的保单支付给承包人。

(2)承包人装备险和承包人职工的(人身)事故险由承包人自行投保,保险费由承包人承担并支付,并包含在所报的单价或总额价中,不单独报价。

11.4 承包人因承包本合同工程需缴纳的一切税费均由承包人承担,并包含在所报的单价或总额价内。

11.5 投标价中临时用地租用费(含拆迁补偿),按合同通用条款第42.3款的规定办理。

11.6 在合同实施期间,投标人填写的单价和总额价按投标人须知资料表与合同专用条款第70条的规定予以调整或不予调整。如需调整,投标人应填写招标文件第三卷第8篇附表中的价格指数[(3)]和权重系数。

---

注:(1)总额价(Lump. Sum或L. S.)是无法以单价计量的细目,如第二卷第100章中的驻地建设、监理设施、临时道路、桥梁养护等,并以一次或分期按百分比支付的方式予以计量支付。

(2)招标人应在招标前或至迟在投标截止日前14天内与一家保险公司(最后通过竞争选定)就整个工程项目统一商定保险率和投保协议;费率应在招标文件中写明或在标前会议上宣布,或至迟在投标截止日前14天内,以补遗书通知所有购买了招标文件的投标人。

(3)见第三卷第8篇表10的说明。

11.7 如发现工程量清单中的数量与图纸中数量不一致时,应立即通知招标人核查,除非招标人以补遗书予以更正,应以工程量清单中列出的数量为准。

11.8 投标人若有调价函则应遵循如下规定:

(1)工程量清单中标人指定的报价不允许调价;

(2)调价函必须采用招标文件规定的格式并装订于投标文件正本首页,与投标文件一起密封提交。调价函应说明调价后的最终报价,并以最终报价为准,而且投标人只能有一次调价的机会。

调价函必须附有调价后的工程量清单。否则,投标人的调价无效,仍按原报价进行评标。

12. 投标文件有效期

12.1 投标文件有效期为开标之日后资料表所载明的时间内,在此期限内,所有投标文件均保持有效。

12.2 在特殊情况下,招标人在原定投标文件有效期内可以根据需要向投标人提出延长投标文件有效期的要求,投标人应立即以传真等书面形式对此要求向招标人作出答复;投标人可以拒绝招标人的要求,而不会因此被没收投标担保。同意延期的投标人应相应地延长投标担保的有效期[(1)],但不得因此而提出修改投标文件的要求。在延长期内,本须知第 13 条关于投标担保的退还与没收的规定仍然适用。

13. 投标担保

13.1 投标人在送交投标文件时,应同时按资料表规定的数额或比例提交投标担保。

13.2 投标人必须选择下列任一种投标担保形式:现金支票、银行汇票、银行保函或招标人规定的其他形式。

(1)若采用现金支票或银行汇票,投标人应确保上述款项在投标文件提交截止时间前能划到招标人指定的账号上,否则,其投标担保视为无效。

(2)若采用银行保函,则应由国有或股份制商业银行开具,银行级别由招标人根据项目的具体情况在投标人须知资料表中规定。银行保函采用招标文件第三卷中提供的格式。银行保函原件应在投标文件提交截止时间前单独密封递交给招标人。

(3)联合体的投标担保,应由联合体主办人按本款规定提交。

13.3 投标担保在投标文件有效期满后 30 天内保持有效,招标人如果按本须知 12.2 款的规定延长了投标文件有效期,则投标担保的有效期也相应延长。

13.4 投标文件中必须装有投标保函(或现金支票、银行汇票)的复印件,未按规定提交投标担保的投标文件,招标人将予以拒绝。

13.5 招标人与中标人签订合同协议书后 5 天内,应当向中标人和未中标的投标人退还投标担保,最迟应不超过投标文件有效期满后 30 天。

13.6 投标人如有下列情况,其投标担保将被没收:

(1)在投标文件有效期内撤回投标文件;或

(2)投标人不接受依据本须知的规定对其投标文件中细微偏差进行澄清和补正;或

(3)中标人未能按本须知第 32 条和 33 条的规定提交履约担保或签订合同协议书。

14. 选择方案

14.1 投标人可根据本款规定对下列各项提出选择方案:

投标人在完全按照招标文件的要求提出基本方案的报价外,还可对资料表中提出的选择方案报价。

选择方案是招标人主动征询的,在招标文件中有图纸、材料和工艺的技术规范,投标人应提交有标价的工程量清单。

只有符合招标文件中基本技术方案要求,评比标价被评为较低者,其技术性选择方案报价才予以考虑。

---

注:(1)如为银行保函担保,且银行保函中已说明在可能延长的有效期内投标担保依然有效,则不必再办理延长手续;如为现金支票或银行汇票担保,期限自然顺延。

15. 投标文件的签署和装订

15.1　投标人应按本须知10.1款的规定,向招标人递交投标文件,份数按资料表规定,其中一份为正本并标记,其余为副本,副本应是正本的复印件。当正本与副本有不一致时,以正本为准。

15.2　投标文件正本应用不褪色的墨水书写或打印,由投标人的法定代表人或其授权的代理人逐页小签或签署,不得用签名章代替。

15.3　投标文件的任何一页都不应涂改,不应有行间插字或删除,如果出现上述情况,不论何种原因造成,均应由投标文件签字人在改动处小签或盖法人章。

15.4　本须知第15.2款规定的授权书应由法定代表人签署并由公证机关公证。公证书原件应装订在投标文件的正本之中,且应由公证机关对投标人法定代表人、授权代理人的签字、投标人的公章的真实性作出公证。如果由投标人的法定代表人签署投标文件,则不需提交授权书。

15.5　投标文件的正本与副本应分别装订成册,不得采用活页夹。投标文件应编制目录,并且逐页标注连续页码,否则,招标人对由于投标文件装订松散而造成的丢失或其他后果不承担任何责任。

**四、投标文件的送交**

16. 投标文件的密封和标记

16.1　投标文件的正本与副本都应分别包装,包装必须使用内外两层封套,并在内外层封套上都要加贴封条,上有“正本”、“副本”标记。未密封的投标文件将不予签收。

16.2　投标人提交基本报价之外,同时提交技术性选择报价时(如果征询),应在提交的每一份投标文件上标明“基本报价”或“技术性选择报价”,以示区别。

16.3　在外层封套上应写明(具体资料见投标人须知资料表):

(1)收件人(招标人)的全称和详细地址;

(2)________项目________合同段投标文件;

(3)在____年____月____日____时(即开标时间)前不得开封。

外层封套上不应有任何投标人的识别标志。

16.4　内层封套上应写明投标人的全称和详细地址,以便因投标文件迟到或其他原因宣布不能接受该投标文件时，得以原封退回。书写方法是：

投标人　邮编：____________

　　　　地址：____________

　　　　名称：____________

招标人地址及名称：____________（寄）

16.5　如果因投递地点未写清楚而使投标文件迟到或遗失；或因密封不严、标记不明而造成过早启封、失密等情况，招标人概不负责。

17. 送交投标文件截止期

17.1　投标人必须按16.3款(1)写明的地址，在资料表中所规定的递交投标文件截止期前，将投标文件送达招标人签收。

17.2　在特殊情况下，招标人如果决定延后递交投标文件截止期，至少应在原定的投标截止期(资料表所规定的天数)前将此决定通知送达所有的投标人。在此情况下，招标人和投标人的权利和义务相应延长至新的投标截止日。

18. 迟到的投标文件

18.1　招标人在按本须知第17条规定的送交投标截止期以后收到的投标文件，将原封退回投标人。

19. 投标文件的更改与撤回

19.1　在送交投标文件截止期以前，投标人可以更改或撤回投标文件，但必须以书面形式提出，并经授权的投标文件签字人签署。在时间紧迫的情况下，投标文件撤回的要求可先以传真通知招标人，但应随即补发一份正式的书面函件予以确认。更改、撤回的确认书必须在送交投标文件截止期以前送达招标人签收。

19.2　更改的投标文件应同样按照投标文件送交规定的要求进行编制、密封、标记和发送。

19.3　送交投标文件截止期以后，投标文件不得更改。需作澄清时，必须按本须知第27条的规定办理。

19.4　如果在投标文件有效期内撤回投标文件，则按本须知第13.6款的规定没收其投标担保。

**五、开标与评标**

20. 开标

20.1　招标人将按本招标文件“投标邀请书”和资料表中规定的截止时间(或按17.2款通知延后的截止时间)和地点，对所有收到的投标文件进行开标。开标时，投标人应委派授权代表人准时出席，在开标时检查投标文件，确认开标结果,并在开标记录上签字。

20.2　开标由招标人主持,邀请行政主管部门监督或公证机关进行公证。

20.3　对已按第19.1款规定要求撤回的投标文件,不予开标。在投标截止时间之后收到的投标文件,将不予开标,原封退还给投标人。

20.4　开标时,由投标人授权代理人检查投标文件的密封情况;经确认无误后,由招标人当众拆封,对投标文件的签署及投标担保的提交情况等进行核查。未按投标人须知第16条规定进行密封和标记的投标文件将不予开标;开标后,招标人发现投标人未按照招标文件的要求提交投标担保,或者投标书未按照招标文件规定签署并加盖公章,或者未在投标书上填写投标总价,招标人将当场宣布为废标。

20.5　只对符合第16条要求的投标文件开标,并由招标人宣读合同段名称、投标人名称、投标价、技术性选择方案的投标价(如果有)、业主标底(如果有)、以及招标人认为必要的其他内容。未经宣读的调价函(如果有),一律不在评标中考虑。招标人应作好开标记录,存档备查。

20.6　若招标人宣读的结果与投标文件不符时,投标人有权在开标现场提出异议,经监督或公证机关当场核查确认之后,可重新宣读其投标文件。若投标人现场未提出异议,则认为投标人已确认招标人宣读的结果。

20.7　招标人设有标底的,应在开标时当场公布并记录备案。

20.8　投标人因故不能派代理人出席开标活动,事先应以书面形式(信函、传真)通知招标人,此时,招标人将认为该投标人默认开标结果。

21. 保密

21.1　开标以后,直到签订合同协议书为止,凡有关对投标文件的审查、澄清和评比工作,都应在保密的情况下进行,任何有关信息和资料,均不得向投标人或与上述工作无关的人员泄露。

21.2　投标人在上述工作过程中对招标人施加任何影响的行为,都将会导致取消对其投标文件的评定。

21.3　从开标至工程竣工交付使用后3年时间内,业主或招标人均不得将投标人的投标资料向任何第三方泄露,除非征得原投标人的书面同意。

22. 初步审查

22.1　招标人依法组织的评标委员会首先对投标文件进行初步评审,只有通过初步评审的投标文件才能进入详细评审。

通过初步评审的主要条件:

(1)投标文件按照招标文件规定的格式、内容填写,字迹清晰可辨;

a. 投标书按招标文件规定填报了投标价、工期;且有法定代表人或其授权的代理人亲笔签字，盖有法人章；

b. 投标书附录的所有数据均符合招标文件规定；

c. 投标书附表齐全完整，内容均按规定填写；

d. 按规定提供了拟投入的主要人员的证件复印件，证件清晰可辨、有效；

e. 投标文件按招标文件规定的形式装订。

(2)投标文件上法定代表人或其授权代理人的签字(含小签)齐全，符合招标文件规定：

凡投标书、投标书附录、投标担保、授权书、工程量清单、投标书附表、施工组织设计的内容必须逐页签字。

(3)法人发生合法变更或重组，与申请资格预审时比较，其资格没有实质性下降：

a. 通过资格预审后法人名称变更时，应提供相关部门的合法批件及企业法人营业执照和资质证书的副本变更记录复印件。

b. 资格没有实质性下降，指投标文件仍然满足资格预审中的强制性标准(经验、人员、设备、财务等)。

(4)投标人按照招标文件规定的格式、时效和内容提供了投标担保：

a. 投标担保为无条件式投标担保；

b. 投标担保的受益人名称与招标人规定的受益人一致；

c. 投标担保金额符合招标文件规定的金额；

d. 投标担保有效期为投标文件有效期加 30 天；

e. 若采用银行保函形式，出具保函的银行级别必须满足投标人须知资料表的规定。

(5)投标人法定代表人的授权代理人，其授权书符合招标文件规定，并符合下列要求：

a. 授权人和被授权人均在授权书上签名，不得用签名章代替；

b. 附有公证机关出具的加盖钢印的公证书；

c. 公证书出具的日期与授权书出具的日期同日或之后。

(6)投标人以联合体形式投标时，提交了联合体协议书副本，且与通过资格预审时的联合体协议书正本完全一致；

(7)投标人如有分包计划应提交分包协议，分包工作量不应超过投标价的 30%；

(8)一份投标文件应只有一个投标报价，在招标文件没有规定的情况下，不得提交选择性报价；

(9)投标人提交的调价函符合招标文件要求(如有)；

(10)投标文件载明的招标项目完成期限不得超过招标文件规定的时限;

(11)投标文件不应附有招标人不能接受的条件。

投标文件不符合以上条件之一的,应认为其存在有重大偏差,并对该投标文件作废标处理。

23. 算术性修正

23.1 评标委员会对通过初步评审的各投标文件的报价进行校核,并对有算术上的和累加运算上的差错给予修正。修正的原则如下:

(1)当以数字表示的金额与文字表示的金额有差异时,以文字表示的金额为准;

(2)当单价与数量相乘不等于合价时,以单价计算为准;如果单价有明显的小数点位置差错,应以标出的合价为准,同时对单价予以修正。

(3)当各细目的合价累计不等于总价时,应以各细目合价累计数为准,修正总价。

23.2 按以上原则对算术性差错的修正,应取得投标人的同意,并确认修正后的最终投标价。如果投标人拒绝确认,则其投标文件将不予评审,并没收其投标担保。修正后的最终投标价与原报价相比偏差在1%以上者,属于重大偏差,按废标处理。

24. 详细评审

24.1 评标委员会还应对通过初步评审,完成算术性修正之后的投标文件从合同条件、技术能力以及投标人以往施工履约信誉等方面进行详细评审。

24.2 对合同条件进行详细评审的主要内容包括:

(1)投标人应接受招标文件规定的风险划分原则,不得提出新的风险划分办法;

(2)投标人不得增加业主的责任范围,或减少投标人义务;

(3)投标人不得提出不同的工程验收、计量、支付办法;

(4)投标人对合同纠纷、事故处理办法不得提出异议;

(5)投标人在投标活动中不得含有欺诈行为;

(6)投标人不得对合同条款有重要保留。

投标文件如有不符合以上条件之一者,属于重大偏差,按废标处理。

24.3 对投标人技术能力和以往履约信誉进行详细评审的主要内容:

(1)对投标人提供的财力资源情况(财务报表及相关资金证明材料)的真实性、完整性进行财务能力的评价;

(2)对投标人承诺的拟投入本工程的技术人员素质、设备配置情况的可靠性、有效性进行技术能力的评价;

(3)对投标人编制的施工组织设计、关键工程技术方案的可行性,以及质量标准、进度与质量、安全要求的符合性进行管理水平的评价;

(4)对投标人近五年完成的类似公路工程项目的质量、工期,以及履约表现进行业绩与信誉的评价。

24.4　在对投标人技术能力和履约信誉详细评审过程中,发现投标人的投标文件有下列问题之一,则属于重大偏差,按废标处理:

(1)承诺的质量检验标准低于招标文件或国家强制性标准要求;

(2)关键工程技术方案不可行;

(3)施工业绩及履约信誉证明材料虚假。

25. 细微偏差

25.1　投标文件中的下列偏差为细微偏差:

(1)在算术性复核中发现的算术性差错;

(2)在招标人给定的工程量清单中漏报了某个工程细目的单价和合价;

(3)在招标人给定的工程量清单中多报了某个工程细目的单价和合价或所报单价增加或减少了报价范围;

(4)在招标人给定的工程量清单中修改了某些支付号的工程数量;

(5)除强制性标准规定之外,拟投入本合同段的施工、检测设备、人员不足;

(6)施工组织设计(含关键工程技术方案)不够完善。

25.2　评标委员会对投标文件中的细微偏差按如下规定处理:

(1)按本须知第23条规定对算术性差错予以修正;

(2)对于漏报的工程细目单价和合价或单价和合价中减少的报价内容视为已含入其他工程细目的单价和合价之中;

(3)对于多报的工程细目报价或工程细目报价中增加的部分报价从评标价中给予扣除;

(4)对于修改了工程数量的工程细目报价按招标人给定的工程数量乘以投标人所报单价的合价予以修正,评标价作相应调整;

(5)在施工、检测设备或人员单项评分中酌情扣分,但最多扣分不得超过该单项评分的40%;

(6)在施工组织设计(含关键工程技术方案)评分中酌情扣分,但最多扣分不得超过该单项评分的40%。

25.3　若采用最低评标价法评标,除第25.1款(1)、(2)、(3)、(4)项的细微偏差按第25.2款规定进行修正外,招标人还应要求投标人对第25.1款(5)、(6)项的细微偏差进行澄清,只有投标人的澄清文件为招标人所接受,投标人才能参加评标价的最终评比。

26. 评标价

26.1 投标人经细微偏差澄清和补正后并经投标人确认的投标报价减去招标人给定的暂定金额(含不可预见费总额、或专项暂定金额、或某个给定单价的支付号的合价、或某个给定的总额价等)之后为投标人的评标价。

26.2 招标人对投标人投标报价的评审应以评标价为基准。

27. 投标文件的澄清

27.1 招标人将以书面方式要求投标人对投标文件中的细微偏差内容作必要的澄清或者补正。对此,投标人不得拒绝。澄清或者补正应以书面方式进行并不得超出投标文件的范围或者改变投标文件的实质性内容。投标人的澄清或补正内容将作为投标文件的组成部分。

27.2 投标人拒不按照要求对投标文件进行澄清或者补正的,招标人将否决其投标,并没收其投标担保。招标人不接受投标人主动提出的澄清。

28. 评标方法

在详细评审之后,评标委员会可根据工程项目技术复杂程度的不同,将事先选定并在投标人须知资料表中载明选择下列评审方式中的一种:

**综合评估法**

28.1 (1)对投标文件进行详细评审后综合评分的主要内容和分值范围如下:评标价________分(招标人可根据项目的具体情况确定不同的评审因素及权重,评标价所占权重一般为70%,对于特大桥、长大隧道或技术较复杂、施工难度较高的工程,评标价所占权重可当降低,但不应低于50%);财务能力:________分;技术能力________分;管理水平:________分;业绩与信誉:________分。

注:(1)招标人必须填写本款中的权重分值

28.2 评标价的分值确定:

(1)招标人设有标底,招标人将对投标人的评标价按下述规定进行评分。

a. 复合标底计算:

$$\frac{A+B}{2}=C$$

式中:$A$——招标人的标底扣除暂定金额后的值(标底开标时应公布);

$B$——投标人评标价平均值,$B$值为投标人的评标价在$A$值中的105%(含105%)至$A$值的85%(含85%)范围内的投标人评标价的平均值,若所有投标人评标价均未进入复合标底的计算范围,则$C=A$;

$C$——复合标底价;

b. 复合标底降低5%之后为评标基准价 $D$;

c. 当投标人的评标价等于 $D$ 时得满分,每高于 $D$ 一个百分点扣2分,每低于 $D$ 一个百分点扣1分,中间值按比例内插。

用公式表示如下:

$$F_1 = F - \frac{|D_1 - D|}{D} \times 100 \times E$$

式中:$F_1$——投标人评标价得分;

$F$——评标价所占的百分比权重;

$D_1$——投标人的评标价;

$D$——评标基准价(复合标底×95%);

若 $D_1 \geqslant D$,则 $E=2$;若 $D_1 < D$,则 $E=1$。

(2)招标人未设标底,招标人将对投标人的评标价按下述规定进行评分:

a. 所有投标人评标价的平均值降低5%之后为评标基准价 $D$;

b. 当投标人的评标价等于 $D$ 时得满分,每高于 $D$ 一个百分点扣2分,每低于 $D$ 一个百分点扣1分,中间值按比例内插。

用公式表示如下:

$$F_1 = F - \frac{|D_1 - D|}{D} \times 100 \times E$$

式中:$F_1$——投标人评标价得分;

$F$——评标价所占的百分比权重;

$D_1$——投标人的评标价;

$D$——评标基准价(投标人评标价的平均值×95%)。

若 $D_1 \geqslant D$,则 $E=2$;若 $D_1 < D$ 则 $E=1$。

**最低评标价法**(招标人应设有标底)

28.1　对通过初步评审和详细评审的投标人的评标价进行比较,发现投标人最低评标价低于招标人标底15%以下(含15%),使得其投标报价可能低于其个别成本的,将要求该投标人作出书面说明并提供相关证明材料,以证明该报价可以按照规定的工期和质量要求完成本工程。投标人不能提供有关证明材料说明该投标报价的合理性,招标人将认为该投标人以低于成本报价竞标,其投标应作废标处理。

本款所述招标人标底应不包含暂定金额。

28.2　如果投标人能说明其投标报价是合理的,招标人将向评标价最低的中标候选人发出中标通知书,要求中标候选人按以下方式提交履约担保:

(1)$(A - D_1)/A \leqslant 15\%$,则履约担保为10%合同价的银行保函。

(2)$15\% < (A - D_1)/A \leqslant 20\%$,则履约担保为10%合同价的银行保函加

5%合同价的银行汇票。

(3)$20\% < (A-D_1)/A \leq 25\%$,则履约担保为10%合同价的银行保函加10%合同价的银行汇票。

(4)$25\% < (A-D_1)/A$,则履约担保为10%合同价的银行保函加15%合价的银行汇票。

其中:$D_1$为中标候选人的评标价;$A$为招标人的标底扣除暂定金额后的值。

**双信封评标法**

28.1 对于独立特大型桥梁、长大隧道等技术难度较大的公路工程,招标人可选择双信封评标法进行评标,要求投标人将投标报价和工程量清单单独密封在报价信封中,其他商务和技术文件密封在另外一个信封中,在开标前同时提交给招标人。

28.2 双信封法的招标评标程序如下:

(1)招标人首先打开商务和技术文件信封,但报价信封交监督机关或公证机关密封保存。

(2)评标委员会对商务和技术文件进行初步评审和详细评审(具体步骤和评审内容同本须知第22条、第24条的规定),对通过初步评审和详细评审的投标文件的技术部分进行打分,取前三名。

(3)招标人将向技术得分为前三名的投标人发出通知,通知中写明第二次开标的时间和地点。其他投标人的报价将不予开封,原封退还给投标人。

(4)投标人的报价按本须知第23条、第25条、第26条以及综合评估法第28条规定,经算术性修正后,计算投标人的评标价、复合标底和各投标人的评标价得分。

(5)将投标人的评标价得分和技术得分相加得到投标人的最终得分,得分最高者中标。

28.3 在合同执行期间采用的价格调整条款,在评标中不予考虑。

28.4 凡超出招标文件规定的或给业主带来未曾要求的利益的变化、偏离或其他因素在评标时不予考虑。

28.5 如所有投标文件均未通过初步评审和详细评审,或投标缺乏竞争性,招标人可重新招标。

**六、授予合同**

29. 授予合同

29.1 招标人将把合同授予投标文件通过初步评审和详细评审,并且经综合评估得分最高的或评标价最低但不低于成本价的投标人。

30. 接受和拒绝投标的权利

30.1 招标人在发出中标通知书前有权接受和拒绝任何投标,宣布投标无效或拒绝所有投标,并对由此而引起的对投标人的影响不承担责任,也不解释原因,但投标担保将退给投标人。

31. 中标通知书

31.1　评标结束并经批准后,招标人将在投标文件有效期截止前向中标单位发出中标通知书,确认其投标已被接受。中标通知书中将写明业主将支付给承包人按合同规定实施和完成本工程及其缺陷修复的总价(即合同价格)。投标人在收到中标通知书后,应立即以书面形式通知招标人。

31.2　中标通知书是合同文件的组成部分。

32. 履约担保

32.1　中标人在收到中标通知书后28天内,并在签订合同协议书之前,应按合同条款规定的履约担保形式和额度,向业主(招标人)提交一份履约担保;如果采用最低评标价法评标,还应执行投标人须知第28.2款有关银行汇票的规定。出具履约保函的银行必须具有相应的担保能力,所需费用由中标人自行承担。联合体的履约担保由联合体主办人出具或联合体成员共同出具,金额等于招标文件规定。

33. 合同协议书的签署

33.1　中标人在收到中标通知书后28天内或资料表另行规定的天数内,应与业主签订合同协议书。在签订合同协议书之前,应按本须知第32条规定提交履约担保。

33.2　签订合同协议书时,签约双方应出示法定代表人证书或其代理人的授权书。

33.3　合同协议书经双方法定代表人或其授权的代理人签署并加盖公章后生效。业主和中标人在签订合同协议书的同时需按照本招标文件规定的格式和要求签订廉政合同及安全生产合同,明确双方在廉政建设和安全生产方面的权利和义务以及应承担的违约责任。

33.4　如果中标人未能按本须知第32.1或33.1款的规定提交履约担保(含按规定增加的银行汇票),招标人则可宣布其中标无效,并没收其投标担保。在此情况下,可将合同授予下一个中标候选人,或者按规定重新组织招标。

34. 纪律与监督

34.1　严禁投标人向参与招标、评标工作的有关人员行贿,使其泄露一切与招标、评标工作有关的信息。在招标、评标期间,不得邀请参与招标、评标工作的有关人员到投标人单位参观考察或出席投标人主办的或赞助的任何活动。

34.2　投标人在投标过程严禁互相串通、结盟,损害招标的公开性和竞争性,或以任何方式影响其他投标人参与正当投标。

34.3 如发现投标人有上述不正当竞争行为,将取消其投标资格或中标资格。

34.4 招标工作将公开接受社会监督。

监督机构:____________________ 地址:____________________

电　　话:____________________ 邮编:____________________

**附录 1**

# 中华人民共和国招标投标法

（1999 年 8 月 30 日第九届全国人民代表大会
常务委员会第十一次会议通过）

## 目　　录



## 第一章　总　则

**第一条**　为了规范招标投标活动，保护国家利益、社会公共利益和招标投标活动当事人的合法权益，提高经济效益，保证项目质量，制定本法。

**第二条**　在中华人民共和国境内进行招标投标活动，适用本法。

**第三条**　在中华人民共和国境内进行下列工程建设项目包括项目的勘察、设计、施工、监理以及与工程建设有关的重要设备、材料等的采购，进行招标：

（一）大型基础设施、公用事业等关系社会公共利益、公众安全的项目；

（二）全部或者部分使用国有资金投资或者国家融资的项目；

（三）使用国际组织或者外国政府贷款、援助资金的项目。

前款所列项目的具体范围和规模标准，由国务院发展计划部门会同国务院有关部门制订，报国务院批准。

法律或者国务院对必须进行招标的其他项目的范围有规定的，依照其规定。

**第四条**　任何单位和个人不得将依法必须进行招标的项目化整为零或者以其他任何方式规避招标。

**第五条**　招标投标活动应当遵循公开、公平、公正和诚实信用的原则。

**第六条**　依法必须进行招标的项目，其招标投标活动不受地区或者部门的限制。任何单位和个人不得违法限制或者排斥本地区、本系统以外的法人或者其他组织参加投标，不得以任何方式非法干涉招标投标活动。

**第七条** 招标投标活动及其当事人应当接受依法实施的监督。

有关行政监督部门依法对招标投标活动实施监督,依法查处招标投标活动中的违法行为。

对招标投标活动的行政监督及有关部门的具体职权划分,由国务院规定。

## 第二章 招 标

**第八条** 招标人是依照本法规定提出招标项目、进行招标的法人或者其他组织。

**第九条** 招标项目按照国家有关规定需要履行项目审批手续的,应当先履行审批手续,取得批准。

招标人应当有进行招标项目的相应资金或者资金来源已经落实,并应当在招标文件中如实载明。

**第十条** 招标分为公开招标和邀请招标。

公开招标,是指招标人以招标公告的方式邀请不特定的法人或者其他组织投标。

邀请招标,是指招标人以投标邀请书的方式邀请特定的法人或者其他组织投标。

**第十一条** 国务院发展计划部门确定的国家重点项目和省、自治区、直辖市人民政府确定的地方重点项目不适宜公开招标的,经国务院发展计划部门或者省、自治区、直辖市人民政府批准,可以进行邀请招标。

**第十二条** 招标人有权自行选择招标代理机构,委托其办理招标事宜。任何单位和个人不得以任何方式为招标人指定招标代理机构。

招标人具有编制招标文件和组织评标能力的,可以自行办理招标事宜。任何单位和个人不得强制其委托招标代理机构办理招标事宜。

依法必须进行招标的项目,招标人自行办理招标事宜的,应当向有关行政监督部门备案。

**第十三条** 招标代理机构是依法设立、从事招标代理业务并提供相关服务的社会中介组织。

招标代理机构应当具备下列条件:

(一)有从事招标代理业务的营业场所和相应资金;

(二)有能够编制招标文件和组织评标的相应专业力量;

(三)有符合本法第三十七条第三款规定条件、可以作为评标委员会成员人选的技术、经济等方面的专家库。

**第十四条** 从事工程建设项目招标代理业务的招标代理机构,其资格由国务院或者省、自治区、直辖市人民政府的建设行政主管部门认定。具体办法由国务院建设行政主管部门会同国务院有关部门制定。从事其他招标代理业务的招标代理机构,其资格认定的主管部门由国务院规定。

招标代理机构与行政机关和其他国家机关不得存在隶属关系或者其他利益关系。

**第十五条** 招标代理机构应当在招标人委托的范围内办理招标事宜,并遵守本法关于招标人的规定。

**第十六条** 招标人采用公开招标方式的,应当发布招标公告。依法必须进行招标的项目的招标公告,应当通过国家指定的报刊、信息网络或者其他媒介发布。

招标公告应当载明招标人的名称和地址、招标项目的性质、数量、实施地点和时间以及获取招标文件的办法等事项。

**第十七条** 招标人采用邀请招标方式的,应当向三个以上具备承担招标项目的能力、资信良好的特定的法人或者其他组织发出投标邀请书。

投标邀请书应当载明本法第十六条第二款规定的事项。

**第十八条** 招标人可以根据招标项目本身的要求,在招标公告或者投标邀请书中,要求潜在投标人提供有关资质证明文件和业绩情况,并对潜在投标人进行资格审查;国家对投标人的资格条件有规定的,依照其规定。

招标人不得以不合理的条件限制或者排斥潜在投标人,不得对潜在投标人实行歧视待遇。

**第十九条** 招标人应当根据招标项目的特点和需要编制招标文件。招标文件应当包括招标项目的技术要求、对投标人资格审查的标准、投标报价要求和评标标准等所有实质性要求和条件以及拟签订合同的主要条款。

国家对招标项目的技术、标准有规定的,招标人应当按照其规定在招标文件中提出相应要求。

招标项目需要划分标段、确定工期的,招标人应当合理划分标段、确定工期,并在招标文件中载明。

**第二十条** 招标文件不得要求或者标明特定的生产供应者以及含有倾向或者排斥潜在投标人的其他内容。

**第二十一条** 招标人根据招标项目的具体情况,可以组织潜在投标人踏勘项目现场。

**第二十二条** 招标人不得向他人透露已获取招标文件的潜在投标人的名称、数量以及可能影响公平竞争的有关招标投标的其他情况。

招标人设有标底的,标底必须保密。

**第二十三条** 招标人对已发出的招标文件进行必要的澄清或者修改的,应当在招标文件要求提交投标文件截止时间至少十五日前,以书面形式通知所有招标文件收受人。该澄清或者修改的内容为招标文件的组成部分。

**第二十四条** 招标人应当确定投标人编制投标文件所需要的合理时间;但是,依法必须进行招标的项目,自招标文件开始发出之日起至投标人提交投标文件截止之日止,最短不得少于二十日。

## 第三章 投 标

**第二十五条** 投标人是响应招标、参加投标竞争的法人或者其他组织。

依法招标的科研项目允许个人参加投标的,投标的个人适用本法有关投标人的规定。

**第二十六条** 投标人应当具备承担招标项目的能力;国家有关规定对投标人资格条件或者招标文件对投标人资格条件有规定的,投标人应当具备规定的资格条件。

**第二十七条** 投标人应当按照招标文件的要求编制投标文件。投标文件应当对招标文件提出的实质性要求和条件作出响应。

招标项目属于建设施工的，投标文件的内容应当包括拟派出的项目负责人与主要技术人员的简历、业绩和拟用于完成招标项目的机械设备等。

**第二十八条**　投标人应当在招标文件要求提交投标文件的截止时间前，将投标文件送达投标地点。招标人收到投标文件后，应当签收保存，不得开启。投标人少于三个的，招标人应当依照本法重新招标。

在招标文件要求提交投标文件的截止时间后送达的投标文件，招标人应当拒收。

**第二十九条**　投标人在招标文件要求提交投标文件的截止时间前，可以补充、修改或者撤回已提交的投标文件，并书面通知招标人。补充、修改的内容为投标文件的组成部分。

**第三十条**　投标人根据招标文件载明的项目实际情况，拟在中标后将中标项目的部分非主体、非关键性工作进行分包的，应当在投标文件中载明。

**第三十一条**　两个以上法人或者其他组织可以组成一个联合体，以一个投标人的身份共同投标。

联合体各方均应当具备承担招标项目的相应能力；国家有关规定或者招标文件对投标人资格条件有规定的，联合体各方均应当具备规定的相应资格条件。由同一专业的单位组成的联合体，按照资质等级较低的单位确定资质等级。

联合体各方应当签订共同投标协议，明确约定各方拟承担的工作和责任，并将共同投标协议连同投标文件一并提交招标人。联合体中标的，联合体各方应当共同与招标人签订合同，就中标项目向招标人承担连带责任。

招标人不得强制投标人组成联合体共同投标，不得限制投标人之间的竞争。

**第三十二条**　投标人不得相互串通投标报价，不得排挤其他投标人的公平竞争，损害招标人或者其他投标人的合法权益。

投标人不得与招标人串通投标，损害国家利益、社会公共利益或者他人的合法权益。

禁止投标人以向招标人或者评标委员会成员行贿的手段谋取中标。

**第三十三条**　投标人不得以低于成本的报价竞标，也不得以他人名义投标或者以其他方式弄虚作假，骗取中标。

## 第四章　开标、评标和中标

**第三十四条**　开标应当在招标文件确定的提交投标文件截止时间的同一时间公开进行；开标地点应当为招标文件中预先确定的地点。

**第三十五条**　开标由招标人主持，邀请所有投标人参加。

**第三十六条**　开标时，由投标人或者其推选的代表检查投标文件的密封情况，也可以由招标人委托的公证机构检查并公证；经确认无误后，由工作人员当众拆封，宣读投标人名称、投标价格和投标文件的其他主要内容。

招标人在招标文件要求提交投标文件的截止时间前收到的所有投标文件，开标时都应当当众予以拆封、宣读。

开标过程应当记录，并存档备查。

**第三十七条**　评标由招标人依法组建的评标委员会负责。

依法必须进行招标的项目，其评标委员会由招标人的代表和有关技术、经济等方面的专家组成，成员人数为五人以上单数，其中技术、经济等方面的专家不得少于成员总数的三分之二。

前款专家应当从事相关领域工作满八年并具有高级职称或者具有同等专业水平，由招标人从国务院有关部门或者省、自治区、直辖市人民政府有关部门提供的专家名册或者招标代理机构的专家库内的相关专业的专家名单中确定；一般招标项目可以采取随机抽取方式，特殊招标项目可以由招标人直接确定。

与投标人有利害关系的人不得进入相关项目的评标委员会；已经进入的应当更换。

评标委员会成员的名单在中标结果确定前应当保密。

**第三十八条** 招标人应当采取必要的措施，保证评标在严格保密的情况下进行。

任何单位和个人不得非法干预、影响评标的过程和结果。

**第三十九条** 评标委员会可以要求投标人对投标文件中含义不明确的内容作必要的澄清或者说明，但是澄清或者说明不得超出投标文件的范围或者改变投标文件的实质性内容。

**第四十条** 评标委员会应当按照招标文件确定的评标标准和方法，对投标文件进行评审和比较；设有标底的，应当参考标底。评标委员会完成评标后，应当向招标人提出书面评标报告，并推荐合格的中标候选人。

招标人根据评标委员会提出的书面评标报告和推荐的中标候选人确定中标人。招标人也可以授权评标委员会直接确定中标人。

国务院对特定招标项目的评标有特别规定的，从其规定。

**第四十一条** 中标人的投标应当符合下列条件之一：

（一）能够最大限度地满足招标文件中规定的各项综合评价标准；

（二）能够满足招标文件的实质性要求，并且经评审的投标价格最低；但是投标价格低于成本的除外。

**第四十二条** 评标委员会经评审，认为所有投标都不符合招标文件要求的，可以否决所有投标。

依法必须进行招标的项目的所有投标被否决的，招标人应当依照本法重新招标。

**第四十三条** 在确定中标人前，招标人不得与投标人就投标价格、投标方案等实质性内容进行谈判。

**第四十四条** 评标委员会成员应当客观、公正地履行职务，遵守职业道德，对所提出的评审意见承担个人责任。

评标委员会成员不得私下接触投标人，不得收受投标人的财物或者其他好处。

评标委员会成员和参与评标的有关工作人员不得透露对投标文件的评审和比较、中标候选人的推荐情况以及与评标有关的其他情况。

**第四十五条** 中标人确定后，招标人应当向中标人发出中标通知书，并同时将中标结果通知所有未中标的投标人。

中标通知书对招标人和中标人具有法律效力。中标通知书发出后，招标人改变中标结果的，或者中标人放弃中标项目的，应当依法承担法律责任。

**第四十六条** 招标人和中标人应当自中标通知书发出之日起三十日内，按照招标文件和中标人的投标文件订立书面合同。招标人和中标人不得再行订立背离合同实质性内容的其他协议。

招标文件要求中标人提交履约保证金的，中标人应当提交。

**第四十七条** 依法必须进行招标的项目，招标人应当自确定中标人之日起十五日内，向有关行政监督部门提交招标投标情况的书面报告。

**第四十八条** 中标人应当按照合同约定履行义务，完成中标项目。中标人不得向他人转让中标项目，也不得将中标项目肢解后分别向他人转让。

中标人按照合同约定或者经招标人同意，可以将中标项目的部分非主体、非关键性工作分包给他人完成。接受分包的人应当具备相应的资格条件，并不得再次分包。

中标人应当就分包项目向招标人负责，接受分包的人就分包项目承担连带责任。

## 第五章 法律责任

**第四十九条** 违反本法规定，必须进行招标的项目而不招标的，将必须进行招标的项目化整为零或者以其他任何方式规避招标的，责令限期改正，可以处项目合同金额千分之五以上千分之十以下的罚款；对全部或者部分使用国有资金的项目，可以暂停项目执行或者暂停资金拨付；对单位直接负责的主管人员和其他直接责任人员依法给予处分。

**第五十条** 招标代理机构违反本法规定，泄露应当保密的与招标投标活动有关的情况和资料的，或者与招标人、投标人串通损害国家利益、社会公共利益或者他人合法权益的，处五万元以上二十五万元以下的罚款，对单位直接负责的主管人员和其他直接责任人员处单位罚款数额百分之五以上百分之十以下的罚款；有违法所得的，并处没收违法所得；情节严重的，暂停直至取消招标代理资格；构成犯罪的，依法追究刑事责任。给他人造成损失的，依法承担赔偿责任。

前款所列行为影响中标结果的，中标无效。

**第五十一条** 招标人以不合理的条件限制或者排斥潜在投标人的，对潜在投标人实行歧视待遇的，强制要求投标人组成联合体共同投标的，或者限制投标人之间竞争的，责令改正，可以处一万元以上五万元以下的罚款。

**第五十二条** 依法必须进行招标的项目的招标人向他人透露已获取招标文件的潜在投标人的名称、数量或者可能影响公平竞争的有关招标投标的其他情况的，或者泄露标底的，给予警告，可以并处一万元以上十万元以下的罚款；对单位直接负责的主管人员和其他直接责任人员依法给予处分；构成犯罪的，依法追究刑事责任。

前款所列行为影响中标结果的，中标无效。

**第五十三条** 投标人相互串通投标或者与招标人串通投标的，投标人以向招标人或者评标委员会成员行贿的手段谋取中标的，中标无效，处中标项目金额千分之五以上千分之十以下的罚款，对单位直接负责的主管人员和其他直接责任人员处单位罚款数额百分之五以上百分之十以下的罚款；有违法所得的，并处没收违法所得；情节严重的，取消其一年至二年内参加依法必须进行招标的项目的投标资格并予以公告，直至由工商行政管理机关吊销营业执照；构成犯罪的，依法追究刑事责任。给他人造成损失的，依法承担赔偿责任。

**第五十四条** 投标人以他人名义投标或者以其他方式弄虚作假，骗取中标的，中标无效，给招标人造成损失的，依法承担赔偿责任；构成犯罪的，依法追究刑事责任。

依法必须进行招标的项目的投标人有前款所列行为尚未构成犯罪的，处中标项目金额千分之五以上千分之十以下的罚款，对单位直接负责的主管人员和其他直接责任人员处单位罚款数额百分之五以上百分之十以下的罚款；有违法所得的，并处没收违法所得；情节严重的，取消其一年至三年内参加依法必须进行招标的项目的投标资格并予以公告，直至由工商行政管理机关吊销营业执照。

**第五十五条** 依法必须进行招标的项目，招标人违反本法规定，与投标人就投标价格、投标方案等实质性内容进行谈判的，给予警告，对单位直接负责的主管人员和其他直接责任人员依法给予处分。

前款所列行为影响中标结果的，中标无效。

**第五十六条** 评标委员会成员收受投标人的财物或者其他好处的，评标委员会成员或者参加评标的有关工作人员向他人透露对投标文件的评审和比较、中标候选人的推荐以及与评标有关的其他情况的，给予警告，没收收受的财物，可以并处三千元以上五万元以下的罚款，对有所列违法行为的评标委员会成员取消担任评标委员会成员的资格，不得再参加任何依法必须进行招标的项目的评标；构成犯罪的，依法追究刑事责任。

**第五十七条** 招标人在评标委员会依法推荐的中标候选人以外确定中标人的，依法必须进行招标的项目在所有投标被评标委员会否决后自行确定中标人的，中标无效。责令改正，可以处中标项目金额千分之五以上千分之十以下的罚款；对单位直接负责的主管人员和其他直接责任人员依法给予处分。

**第五十八条** 中标人将中标项目转让给他人的，将中标项目肢解后分别转让给他人的，违反本法规定将中标项目的部分主体、关键性工作分包给他人的，或者分包人再次分包的，转让、分包无效，处转让、分包项目金额千分之五以上千分之十以下的罚款；有违法所得的，并处没收违法所得；可以责令停业整顿；情节严重的，由工商行政管理机关吊销营业执照。

**第五十九条** 招标人与中标人不按照招标文件和中标人的投标文件订立合同的，或者招标人、中标人订立背离合同实质性内容的协议的，责令改正；可以处中标项目金额千分之五以上千分之十以下的罚款。

**第六十条** 中标人不履行与招标人订立的合同的，履约保证金不予退还，给招标人造成的损失超过履约保证金数额的，还应当对超过部分予以赔偿；没有提交履约保证金的，应当对招标人的损失承担赔偿责任。

中标人不按照与招标人订立的合同履行义务，情节严重的，取消其二年至五年内参加依法必须进行招标的项目的投标资格并予以公告，直至由工商行政管理机关吊销营业执照。

因不可抗力不能履行合同的，不适用前两款规定。

**第六十一条** 本章规定的行政处罚，由国务院规定的有关行政监督部门决定。本法已对实施行政处罚的机关作出规定的除外。

**第六十二条** 任何单位违反本法规定，限制或者排斥本地区、本系统以外的法人或者其他组织参加投标的，为招标人指定招标代理机构的，强制招标人委托招标代理机构办理招标事宜的，或者以其他方式干涉招标投标活动的，责令改正；对单位直接负责的主管人员和其他直接责任人员依法给予警告、记过、记大过的处分，情节较重的，依法给予降级、撤职、开除的处分。

个人利用职权进行前款违法行为的,依照前款规定追究责任。

**第六十三条** 对招标投标活动依法负有行政监督职责的国家机关工作人员徇私舞弊、滥用职权或者玩忽职守,构成犯罪的,依法追究刑事责任;不构成犯罪的,依法给予行政处分。

**第六十四条** 依法必须进行招标的项目违反本法规定,中标无效的,应当依照本法规定的中标条件从其余投标人中重新确定中标人或者依照本法重新进行招标。

## 第六章 附 则

**第六十五条** 投标人和其他利害关系人认为招标投标活动不符合本法有关规定的,有权向招标人提出异议或者依法向有关行政监督部门投诉。

**第六十六条** 涉及国家安全、国家秘密、抢险救灾或者属于利用扶贫资金实行以工代赈、需要使用农民工等特殊情况,不适宜进行招标的项目,按照国家有关规定可以不进行招标。

**第六十七条** 使用国际组织或者外国政府贷款、援助资金的项目进行招标,贷款方、资金提供方对招标投标的具体条件和程序有不同规定的,可以适用其规定,但违背中华人民共和国的社会公共利益的除外。

**第六十八条** 本法自2000年1月1日起施行。

## 附录2

《中华人民共和国招标投标法实施条例》已经2011年11月30日国务院第183次常务会议通过,现予公布,自2012年2月1日起施行。

总　理　温家宝

二〇一一年十二月二十日

# 中华人民共和国招标投标法实施条例

(2011年12月20日国务院第613号令)

## 第一章　总　则

**第一条**　为了规范招标投标活动,根据《中华人民共和国招标投标法》(以下简称招标投标法),制定本条例。

**第二条**　招标投标法第三条所称工程建设项目,是指工程以及与工程建设有关的货物、服务。

前款所称工程,是指建设工程,包括建筑物和构筑物的新建、改建、扩建及其相关的装修、拆除、修缮等;所称与工程建设有关的货物,是指构成工程不可分割的组成部分,且为实现工程基本功能所必需的设备、材料等;所称与工程建设有关的服务,是指为完成工程所需的勘察、设计、监理等服务。

**第三条**　依法必须进行招标的工程建设项目的具体范围和规模标准,由国务院发展改革部门会同国务院有关部门制订,报国务院批准后公布施行。

**第四条**　国务院发展改革部门指导和协调全国招标投标工作,对国家重大建设项目的工程招标投标活动实施监督检查。国务院工业和信息化、住房城乡建设、交通运输、铁道、水利、商务等部门,按照规定的职责分工对有关招标投标活动实施监督。

县级以上地方人民政府发展改革部门指导和协调本行政区域的招标投标工作。县级以上地方人民政府有关部门按照规定的职责分工,对招标投标活动实施监督,依法查处招标投标活动中的违法行为。县级以上地方人民政府对其所属部门有关招标投标活动的监督职责分工另有规定的,从其规定。

财政部门依法对实行招标投标的政府采购工程建设项目的预算执行情况和政府采购政策执行情况实施监督。

监察机关依法对与招标投标活动有关的监察对象实施监察。

**第五条**　设区的市级以上地方人民政府可以根据实际需要,建立统一规范的招标投标交易场所,为招标投标活动提供服务。招标投标交易场所不得与行政监督部门存在隶属关系,不得以营利为目的。

国家鼓励利用信息网络进行电子招标投标。

**第六条** 禁止国家工作人员以任何方式非法干涉招标投标活动。

## 第二章 招 标

**第七条** 按照国家有关规定需要履行项目审批、核准手续的依法必须进行招标的项目,其招标范围、招标方式、招标组织形式应当报项目审批、核准部门审批、核准。项目审批、核准部门应当及时将审批、核准确定的招标范围、招标方式、招标组织形式通报有关行政监督部门。

**第八条** 国有资金占控股或者主导地位的依法必须进行招标的项目,应当公开招标;但有下列情形之一的,可以邀请招标:

(一)技术复杂、有特殊要求或者受自然环境限制,只有少量潜在投标人可供选择;

(二)采用公开招标方式的费用占项目合同金额的比例过大。

有前款第二项所列情形,属于本条例第七条规定的项目,由项目审批、核准部门在审批、核准项目时作出认定;其他项目由招标人申请有关行政监督部门作出认定。

**第九条** 除招标投标法第六十六条规定的可以不进行招标的特殊情况外,有下列情形之一的,可以不进行招标:

(一)需要采用不可替代的专利或者专有技术;

(二)采购人依法能够自行建设、生产或者提供;

(三)已通过招标方式选定的特许经营项目投资人依法能够自行建设、生产或者提供;

(四)需要向原中标人采购工程、货物或者服务,否则将影响施工或者功能配套要求;

(五)国家规定的其他特殊情形。

招标人为适用前款规定弄虚作假的,属于招标投标法第四条规定的规避招标。

**第十条** 招标投标法第十二条第二款规定的招标人具有编制招标文件和组织评标能力,是指招标人具有与招标项目规模和复杂程度相适应的技术、经济等方面的专业人员。

**第十一条** 招标代理机构的资格依照法律和国务院的规定由有关部门认定。

国务院住房城乡建设、商务、发展改革、工业和信息化等部门,按照规定的职责分工对招标代理机构依法实施监督管理。

**第十二条** 招标代理机构应当拥有一定数量的具备编制招标文件、组织评标等相应能力的专业人员。

**第十三条** 招标代理机构在其资格许可和招标人委托的范围内开展招标代理业务,任何单位和个人不得非法干涉。

招标代理机构代理招标业务,应当遵守招标投标法和本条例关于招标人的规定。招标代理机构不得在所代理的招标项目中投标或者代理投标,也不得为所代理的招标项目的投标人提供咨询。

招标代理机构不得涂改、出租、出借、转让资格证书。

**第十四条** 招标人应当与被委托的招标代理机构签订书面委托合同,合同约定的收费标准应当符合国家有关规定。

**第十五条** 公开招标的项目,应当依照招标投标法和本条例的规定发布招标公告、编制招标文件。

招标人采用资格预审办法对潜在投标人进行资格审查的,应当发布资格预审公告、编制资格预审文件。

依法必须进行招标的项目的资格预审公告和招标公告,应当在国务院发展改革部门依法指定的媒介发布。在不同媒介发布的同一招标项目的资格预审公告或者招标公告的内容应当一致。指定媒介发布依法必须进行招标的项目的境内资格预审公告、招标公告,不得收取费用。

编制依法必须进行招标的项目的资格预审文件和招标文件,应当使用国务院发展改革部门会同有关行政监督部门制定的标准文本。

**第十六条** 招标人应当按照资格预审公告、招标公告或者投标邀请书规定的时间、地点发售资格预审文件或者招标文件。资格预审文件或者招标文件的发售期不得少于5日。

招标人发售资格预审文件、招标文件收取的费用应当限于补偿印刷、邮寄的成本支出,不得以营利为目的。

**第十七条** 招标人应当合理确定提交资格预审申请文件的时间。依法必须进行招标的项目提交资格预审申请文件的时间,自资格预审文件停止发售之日起不得少于5日。

**第十八条** 资格预审应当按照资格预审文件载明的标准和方法进行。

国有资金占控股或者主导地位的依法必须进行招标的项目,招标人应当组建资格审查委员会审查资格预审申请文件。资格审查委员会及其成员应当遵守招标投标法和本条例有关评标委员会及其成员的规定。

**第十九条** 资格预审结束后,招标人应当及时向资格预审申请人发出资格预审结果通知书。未通过资格预审的申请人不具有投标资格。

通过资格预审的申请人少于3个的,应当重新招标。

**第二十条** 招标人采用资格后审办法对投标人进行资格审查的,应当在开标后由评标委员会按照招标文件规定的标准和方法对投标人的资格进行审查。

**第二十一条** 招标人可以对已发出的资格预审文件或者招标文件进行必要的澄清或者修改。澄清或者修改的内容可能影响资格预审申请文件或者投标文件编制的,招标人应当在提交资格预审申请文件截止时间至少3日前,或者投标截止时间至少15日前,以书面形式通知所有获取资格预审文件或者招标文件的潜在投标人;不足3日或者15日的,招标人应当顺延提交资格预审申请文件或者投标文件的截止时间。

**第二十二条** 潜在投标人或者其他利害关系人对资格预审文件有异议的,应当在提交资格预审申请文件截止时间2日前提出;对招标文件有异议的,应当在投标截止时间10日前提出。招标人应当自收到异议之日起3日内作出答复;作出答复前,应当暂停招标投标活动。

**第二十三条** 招标人编制的资格预审文件、招标文件的内容违反法律、行政法规的强制性规定,违反公开、公平、公正和诚实信用原则,影响资格预审结果或者潜在投标人投标的,依法必须进行招标的项目的招标人应当在修改资格预审文件或者招标文件后重新招标。

**第二十四条** 招标人对招标项目划分标段的,应当遵守招标投标法的有关规定,不得利用划分标段限制或者排斥潜在投标人。依法必须进行招标的项目的招标人不得利用划分标段规避招标。

**第二十五条** 招标人应当在招标文件中载明投标有效期。投标有效期从提交投标文件的截止之日起算。

**第二十六条** 招标人在招标文件中要求投标人提交投标保证金的，投标保证金不得超过招标项目估算价的2%。投标保证金有效期应当与投标有效期一致。

依法必须进行招标的项目的境内投标单位，以现金或者支票形式提交的投标保证金应当从其基本账户转出。

招标人不得挪用投标保证金。

**第二十七条** 招标人可以自行决定是否编制标底。一个招标项目只能有一个标底。标底必须保密。

接受委托编制标底的中介机构不得参加受托编制标底项目的投标，也不得为该项目的投标人编制投标文件或者提供咨询。

招标人设有最高投标限价的，应当在招标文件中明确最高投标限价或者最高投标限价的计算方法。招标人不得规定最低投标限价。

**第二十八条** 招标人不得组织单个或者部分潜在投标人踏勘项目现场。

**第二十九条** 招标人可以依法对工程以及与工程建设有关的货物、服务全部或者部分实行总承包招标。以暂估价形式包括在总承包范围内的工程、货物、服务属于依法必须进行招标的项目范围且达到国家规定规模标准的，应当依法进行招标。

前款所称暂估价，是指总承包招标时不能确定价格而由招标人在招标文件中暂时估定的工程、货物、服务的金额。

**第三十条** 对技术复杂或者无法精确拟定技术规格的项目，招标人可以分两阶段进行招标。

第一阶段，投标人按照招标公告或者投标邀请书的要求提交不带报价的技术建议，招标人根据投标人提交的技术建议确定技术标准和要求，编制招标文件。

第二阶段，招标人向在第一阶段提交技术建议的投标人提供招标文件，投标人按照招标文件的要求提交包括最终技术方案和投标报价的投标文件。

招标人要求投标人提交投标保证金的，应当在第二阶段提出。

**第三十一条** 招标人终止招标的，应当及时发布公告，或者以书面形式通知被邀请的或者已经获取资格预审文件、招标文件的潜在投标人。已经发售资格预审文件、招标文件或者已经收取投标保证金的，招标人应当及时退还所收取的资格预审文件、招标文件的费用，以及所收取的投标保证金及银行同期存款利息。

**第三十二条** 招标人不得以不合理的条件限制、排斥潜在投标人或者投标人。

招标人有下列行为之一的，属于以不合理条件限制、排斥潜在投标人或者投标人：

（一）就同一招标项目向潜在投标人或者投标人提供有差别的项目信息；

（二）设定的资格、技术、商务条件与招标项目的具体特点和实际需要不相适应或者与合同履行无关；

（三）依法必须进行招标的项目以特定行政区域或者特定行业的业绩、奖项作为加分条件或者中标条件；

（四）对潜在投标人或者投标人采取不同的资格审查或者评标标准；

（五）限定或者指定特定的专利、商标、品牌、原产地或者供应商；

（六）依法必须进行招标的项目非法限定潜在投标人或者投标人的所有制形式或者组织形式；

（七）以其他不合理条件限制、排斥潜在投标人或者投标人。

## 第三章　投　标

**第三十三条**　投标人参加依法必须进行招标的项目的投标，不受地区或者部门的限制，任何单位和个人不得非法干涉。

**第三十四条**　与招标人存在利害关系可能影响招标公正性的法人、其他组织或者个人，不得参加投标。

单位负责人为同一人或者存在控股、管理关系的不同单位，不得参加同一标段投标或者未划分标段的同一招标项目投标。

违反前两款规定的，相关投标均无效。

**第三十五条**　投标人撤回已提交的投标文件，应当在投标截止时间前书面通知招标人。招标人已收取投标保证金的，应当自收到投标人书面撤回通知之日起5日内退还。

投标截止后投标人撤销投标文件的，招标人可以不退还投标保证金。

**第三十六条**　未通过资格预审的申请人提交的投标文件，以及逾期送达或者不按照招标文件要求密封的投标文件，招标人应当拒收。

招标人应当如实记载投标文件的送达时间和密封情况，并存档备查。

**第三十七条**　招标人应当在资格预审公告、招标公告或者投标邀请书中载明是否接受联合体投标。

招标人接受联合体投标并进行资格预审的，联合体应当在提交资格预审申请文件前组成。资格预审后联合体增减、更换成员的，其投标无效。

联合体各方在同一招标项目中以自己名义单独投标或者参加其他联合体投标的，相关投标均无效。

**第三十八条**　投标人发生合并、分立、破产等重大变化的，应当及时书面告知招标人。投标人不再具备资格预审文件、招标文件规定的资格条件或者其投标影响招标公正性的，其投标无效。

**第三十九条**　禁止投标人相互串通投标。

有下列情形之一的，属于投标人相互串通投标：

（一）投标人之间协商投标报价等投标文件的实质性内容；

（二）投标人之间约定中标人；

（三）投标人之间约定部分投标人放弃投标或者中标；

（四）属于同一集团、协会、商会等组织成员的投标人按照该组织要求协同投标；

（五）投标人之间为谋取中标或者排斥特定投标人而采取的其他联合行动。

**第四十条**　有下列情形之一的，视为投标人相互串通投标：

（一）不同投标人的投标文件由同一单位或者个人编制；

（二）不同投标人委托同一单位或者个人办理投标事宜；

（三）不同投标人的投标文件载明的项目管理成员为同一人；

（四）不同投标人的投标文件异常一致或者投标报价呈规律性差异；

（五）不同投标人的投标文件相互混装；

（六）不同投标人的投标保证金从同一单位或者个人的账户转出。

**第四十一条** 禁止招标人与投标人串通投标。

有下列情形之一的，属于招标人与投标人串通投标：

（一）招标人在开标前开启投标文件并将有关信息泄露给其他投标人；

（二）招标人直接或者间接向投标人泄露标底、评标委员会成员等信息；

（三）招标人明示或者暗示投标人压低或者抬高投标报价；

（四）招标人授意投标人撤换、修改投标文件；

（五）招标人明示或者暗示投标人为特定投标人中标提供方便；

（六）招标人与投标人为谋求特定投标人中标而采取的其他串通行为。

**第四十二条** 使用通过受让或者租借等方式获取的资格、资质证书投标的，属于招标投标法第三十三条规定的以他人名义投标。

投标人有下列情形之一的，属于招标投标法第三十三条规定的以其他方式弄虚作假的行为：

（一）使用伪造、变造的许可证件；

（二）提供虚假的财务状况或者业绩；

（三）提供虚假的项目负责人或者主要技术人员简历、劳动关系证明；

（四）提供虚假的信用状况；

（五）其他弄虚作假的行为。

**第四十三条** 提交资格预审申请文件的申请人应当遵守招标投标法和本条例有关投标人的规定。

## 第四章 开标、评标和中标

**第四十四条** 招标人应当按照招标文件规定的时间、地点开标。

投标人少于3个的，不得开标；招标人应当重新招标。

投标人对开标有异议的，应当在开标现场提出，招标人应当当场作出答复，并制作记录。

**第四十五条** 国家实行统一的评标专家专业分类标准和管理办法。具体标准和办法由国务院发展改革部门会同国务院有关部门制定。

省级人民政府和国务院有关部门应当组建综合评标专家库。

**第四十六条** 除招标投标法第三十七条第三款规定的特殊招标项目外，依法必须进行招标的项目，其评标委员会的专家成员应当从评标专家库内相关专业的专家名单中以随机抽取方式确定。任何单位和个人不得以明示、暗示等任何方式指定或者变相指定参加评标委员会的专家成员。

依法必须进行招标的项目的招标人非因招标投标法和本条例规定的事由，不得更换依法确定的评标委员会成员。更换评标委员会的专家成员应当依照前款规定进行。

评标委员会成员与投标人有利害关系的,应当主动回避。

有关行政监督部门应当按照规定的职责分工,对评标委员会成员的确定方式、评标专家的抽取和评标活动进行监督。行政监督部门的工作人员不得担任本部门负责监督项目的评标委员会成员。

**第四十七条** 招标投标法第三十七条第三款所称特殊招标项目,是指技术复杂、专业性强或者国家有特殊要求,采取随机抽取方式确定的专家难以保证胜任评标工作的项目。

**第四十八条** 招标人应当向评标委员会提供评标所必需的信息,但不得明示或者暗示其倾向或者排斥特定投标人。

招标人应当根据项目规模和技术复杂程度等因素合理确定评标时间。超过三分之一的评标委员会成员认为评标时间不够的,招标人应当适当延长。

评标过程中,评标委员会成员有回避事由、擅离职守或者因健康等原因不能继续评标的,应当及时更换。被更换的评标委员会成员作出的评审结论无效,由更换后的评标委员会成员重新进行评审。

**第四十九条** 评标委员会成员应当依照招标投标法和本条例的规定,按照招标文件规定的评标标准和方法,客观、公正地对投标文件提出评审意见。招标文件没有规定的评标标准和方法不得作为评标的依据。

评标委员会成员不得私下接触投标人,不得收受投标人给予的财物或者其他好处,不得向招标人征询确定中标人的意向,不得接受任何单位或者个人明示或者暗示提出的倾向或者排斥特定投标人的要求,不得有其他不客观、不公正履行职务的行为。

**第五十条** 招标项目设有标底的,招标人应当在开标时公布。标底只能作为评标的参考,不得以投标报价是否接近标底作为中标条件,也不得以投标报价超过标底上下浮动范围作为否决投标的条件。

**第五十一条** 有下列情形之一的,评标委员会应当否决其投标:

(一)投标文件未经投标单位盖章和单位负责人签字;

(二)投标联合体没有提交共同投标协议;

(三)投标人不符合国家或者招标文件规定的资格条件;

(四)同一投标人提交两个以上不同的投标文件或者投标报价,但招标文件要求提交备选投标的除外;

(五)投标报价低于成本或者高于招标文件设定的最高投标限价;

(六)投标文件没有对招标文件的实质性要求和条件作出响应;

(七)投标人有串通投标、弄虚作假、行贿等违法行为。

**第五十二条** 投标文件中有含义不明确的内容、明显文字或者计算错误,评标委员会认为需要投标人作出必要澄清、说明的,应当书面通知该投标人。投标人的澄清、说明应当采用书面形式,并不得超出投标文件的范围或者改变投标文件的实质性内容。

评标委员会不得暗示或者诱导投标人作出澄清、说明,不得接受投标人主动提出的澄清、说明。

**第五十三条** 评标完成后,评标委员会应当向招标人提交书面评标报告和中标候选人名单。中标候选人应当不超过3个,并标明排序。

评标报告应当由评标委员会全体成员签字。对评标结果有不同意见的评标委员会成员应当以书面形式说明其不同意见和理由,评标报告应当注明该不同意见。评标委员会成员拒绝在评标报告上签字又不书面说明其不同意见和理由的,视为同意评标结果。

**第五十四条** 依法必须进行招标的项目,招标人应当自收到评标报告之日起3日内公示中标候选人,公示期不得少于3日。

投标人或者其他利害关系人对依法必须进行招标的项目的评标结果有异议的,应当在中标候选人公示期间提出。招标人应当自收到异议之日起3日内作出答复;作出答复前,应当暂停招标投标活动。

**第五十五条** 国有资金占控股或者主导地位的依法必须进行招标的项目,招标人应当确定排名第一的中标候选人为中标人。排名第一的中标候选人放弃中标、因不可抗力不能履行合同、不按照招标文件要求提交履约保证金,或者被查实存在影响中标结果的违法行为等情形,不符合中标条件的,招标人可以按照评标委员会提出的中标候选人名单排序依次确定其他中标候选人为中标人,也可以重新招标。

**第五十六条** 中标候选人的经营、财务状况发生较大变化或者存在违法行为,招标人认为可能影响其履约能力的,应当在发出中标通知书前由原评标委员会按照招标文件规定的标准和方法审查确认。

**第五十七条** 招标人和中标人应当依照招标投标法和本条例的规定签订书面合同,合同的标的、价款、质量、履行期限等主要条款应当与招标文件和中标人的投标文件的内容一致。招标人和中标人不得再行订立背离合同实质性内容的其他协议。

招标人最迟应当在书面合同签订后5日内向中标人和未中标的投标人退还投标保证金及银行同期存款利息。

**第五十八条** 招标文件要求中标人提交履约保证金的,中标人应当按照招标文件的要求提交。履约保证金不得超过中标合同金额的10%。

**第五十九条** 中标人应当按照合同约定履行义务,完成中标项目。中标人不得向他人转让中标项目,也不得将中标项目肢解后分别向他人转让。

中标人按照合同约定或者经招标人同意,可以将中标项目的部分非主体、非关键性工作分包给他人完成。接受分包的人应当具备相应的资格条件,并不得再次分包。

中标人应当就分包项目向招标人负责,接受分包的人就分包项目承担连带责任。

## 第五章 投诉与处理

**第六十条** 投标人或者其他利害关系人认为招标投标活动不符合法律、行政法规规定的,可以自知道或者应当知道之日起10日内向有关行政监督部门投诉。投诉应当有明确的请求和必要的证明材料。

就本条例第二十二条、第四十四条、第五十四条规定事项投诉的,应当先向招标人提出异议,异议答复期间不计算在前款规定的期限内。

**第六十一条** 投诉人就同一事项向两个以上有权受理的行政监督部门投诉的,由最先收到投诉的行政监督部门负责处理。

行政监督部门应当自收到投诉之日起3个工作日内决定是否受理投诉,并自受理投诉之日起30个工作日内作出书面处理决定;需要检验、检测、鉴定、专家评审的,所需时间不计算在内。

投诉人捏造事实、伪造材料或者以非法手段取得证明材料进行投诉的,行政监督部门应当予以驳回。

**第六十二条** 行政监督部门处理投诉,有权查阅、复制有关文件、资料,调查有关情况,相关单位和人员应当予以配合。必要时,行政监督部门可以责令暂停招标投标活动。

行政监督部门的工作人员对监督检查过程中知悉的国家秘密、商业秘密,应当依法予以保密。

## 第六章 法律责任

**第六十三条** 招标人有下列限制或者排斥潜在投标人行为之一的,由有关行政监督部门依照招标投标法第五十一条的规定处罚:

(一)依法应当公开招标的项目不按照规定在指定媒介发布资格预审公告或者招标公告;

(二)在不同媒介发布的同一招标项目的资格预审公告或者招标公告的内容不一致,影响潜在投标人申请资格预审或者投标。

依法必须进行招标的项目的招标人不按照规定发布资格预审公告或者招标公告,构成规避招标的,依照招标投标法第四十九条的规定处罚。

**第六十四条** 招标人有下列情形之一的,由有关行政监督部门责令改正,可以处10万元以下的罚款:

(一)依法应当公开招标而采用邀请招标;

(二)招标文件、资格预审文件的发售、澄清、修改的时限,或者确定的提交资格预审申请文件、投标文件的时限不符合招标投标法和本条例规定;

(三)接受未通过资格预审的单位或者个人参加投标;

(四)接受应当拒收的投标文件。

招标人有前款第一项、第三项、第四项所列行为之一的,对单位直接负责的主管人员和其他直接责任人员依法给予处分。

**第六十五条** 招标代理机构在所代理的招标项目中投标、代理投标或者向该项目投标人提供咨询的,接受委托编制标底的中介机构参加受托编制标底项目的投标或者为该项目的投标人编制投标文件、提供咨询的,依照招标投标法第五十条的规定追究法律责任。

**第六十六条** 招标人超过本条例规定的比例收取投标保证金、履约保证金或者不按照规定退还投标保证金及银行同期存款利息的,由有关行政监督部门责令改正,可以处5万元以下的罚款;给他人造成损失的,依法承担赔偿责任。

**第六十七条** 投标人相互串通投标或者与招标人串通投标的,投标人向招标人或者评标委员会成员行贿谋取中标的,中标无效;构成犯罪的,依法追究刑事责任;尚不构成犯罪的,依照招标投标法第五十三条的规定处罚。投标人未中标的,对单位的罚款金额按照招标项目合同金额依照招标投标法规定的比例计算。

投标人有下列行为之一的，属于招标投标法第五十三条规定的情节严重行为，由有关行政监督部门取消其1年至2年内参加依法必须进行招标的项目的投标资格：

（一）以行贿谋取中标；

（二）3年内2次以上串通投标；

（三）串通投标行为损害招标人、其他投标人或者国家、集体、公民的合法利益，造成直接经济损失30万元以上；

（四）其他串通投标情节严重的行为。

投标人自本条第二款规定的处罚执行期限届满之日起3年内又有该款所列违法行为之一的，或者串通投标、以行贿谋取中标情节特别严重的，由工商行政管理机关吊销营业执照。

法律、行政法规对串通投标报价行为的处罚另有规定的，从其规定。

**第六十八条**　投标人以他人名义投标或者以其他方式弄虚作假骗取中标的，中标无效；构成犯罪的，依法追究刑事责任；尚不构成犯罪的，依照招标投标法第五十四条的规定处罚。依法必须进行招标的项目的投标人未中标的，对单位的罚款金额按照招标项目合同金额依照招标投标法规定的比例计算。

投标人有下列行为之一的，属于招标投标法第五十四条规定的情节严重行为，由有关行政监督部门取消其1年至3年内参加依法必须进行招标的项目的投标资格：

（一）伪造、变造资格、资质证书或者其他许可证件骗取中标；

（二）3年内2次以上使用他人名义投标；

（三）弄虚作假骗取中标给招标人造成直接经济损失30万元以上；

（四）其他弄虚作假骗取中标情节严重的行为。

投标人自本条第二款规定的处罚执行期限届满之日起3年内又有该款所列违法行为之一的，或者弄虚作假骗取中标情节特别严重的，由工商行政管理机关吊销营业执照。

**第六十九条**　出让或者出租资格、资质证书供他人投标的，依照法律、行政法规的规定给予行政处罚；构成犯罪的，依法追究刑事责任。

**第七十条**　依法必须进行招标的项目的招标人不按照规定组建评标委员会，或者确定、更换评标委员会成员违反招标投标法和本条例规定的，由有关行政监督部门责令改正，可以处10万元以下的罚款，对单位直接负责的主管人员和其他直接责任人员依法给予处分；违法确定或者更换的评标委员会成员作出的评审结论无效，依法重新进行评审。

国家工作人员以任何方式非法干涉选取评标委员会成员的，依照本条例第八十一条的规定追究法律责任。

**第七十一条**　评标委员会成员有下列行为之一的，由有关行政监督部门责令改正；情节严重的，禁止其在一定期限内参加依法必须进行招标的项目的评标；情节特别严重的，取消其担任评标委员会成员的资格：

（一）应当回避而不回避；

（二）擅离职守；

（三）不按照招标文件规定的评标标准和方法评标；

（四）私下接触投标人；

（五）向招标人征询确定中标人的意向或者接受任何单位或者个人明示或者暗示提出的

倾向或者排斥特定投标人的要求;

(六)对依法应当否决的投标不提出否决意见;

(七)暗示或者诱导投标人作出澄清、说明或者接受投标人主动提出的澄清、说明;

(八)其他不客观、不公正履行职务的行为。

**第七十二条** 评标委员会成员收受投标人的财物或者其他好处的,没收收受的财物,处3000元以上5万元以下的罚款,取消担任评标委员会成员的资格,不得再参加依法必须进行招标的项目的评标;构成犯罪的,依法追究刑事责任。

**第七十三条** 依法必须进行招标的项目的招标人有下列情形之一的,由有关行政监督部门责令改正,可以处中标项目金额10‰以下的罚款;给他人造成损失的,依法承担赔偿责任;对单位直接负责的主管人员和其他直接责任人员依法给予处分:

(一)无正当理由不发出中标通知书;

(二)不按照规定确定中标人;

(三)中标通知书发出后无正当理由改变中标结果;

(四)无正当理由不与中标人订立合同;

(五)在订立合同时向中标人提出附加条件。

**第七十四条** 中标人无正当理由不与招标人订立合同,在签订合同时向招标人提出附加条件,或者不按照招标文件要求提交履约保证金的,取消其中标资格,投标保证金不予退还。对依法必须进行招标的项目的中标人,由有关行政监督部门责令改正,可以处中标项目金额10‰以下的罚款。

**第七十五条** 招标人和中标人不按照招标文件和中标人的投标文件订立合同,合同的主要条款与招标文件、中标人的投标文件的内容不一致,或者招标人、中标人订立背离合同实质性内容的协议的,由有关行政监督部门责令改正,可以处中标项目金额5‰以上10‰以下的罚款。

**第七十六条** 中标人将中标项目转让给他人的,将中标项目肢解后分别转让给他人的,违反招标投标法和本条例规定将中标项目的部分主体、关键性工作分包给他人的,或者分包人再次分包的,转让、分包无效,处转让、分包项目金额5‰以上10‰以下的罚款;有违法所得的,并处没收违法所得;可以责令停业整顿;情节严重的,由工商行政管理机关吊销营业执照。

**第七十七条** 投标人或者其他利害关系人捏造事实、伪造材料或者以非法手段取得证明材料进行投诉,给他人造成损失的,依法承担赔偿责任。

招标人不按照规定对异议作出答复,继续进行招标投标活动的,由有关行政监督部门责令改正,拒不改正或者不能改正并影响中标结果的,依照本条例第八十二条的规定处理。

**第七十八条** 国家建立招标投标信用制度。有关行政监督部门应当依法公告对招标人、招标代理机构、投标人、评标委员会成员等当事人违法行为的行政处理决定。

**第七十九条** 项目审批、核准部门不依法审批、核准项目招标范围、招标方式、招标组织形式的,对单位直接负责的主管人员和其他直接责任人员依法给予处分。

有关行政监督部门不依法履行职责,对违反招标投标法和本条例规定的行为不依法查处,或者不按照规定处理投诉、不依法公告对招标投标当事人违法行为的行政处理决定的,对直接负责的主管人员和其他直接责任人员依法给予处分。

项目审批、核准部门和有关行政监督部门的工作人员徇私舞弊、滥用职权、玩忽职守，构成犯罪的，依法追究刑事责任。

**第八十条** 国家工作人员利用职务便利，以直接或者间接、明示或者暗示等任何方式非法干涉招标投标活动，有下列情形之一的，依法给予记过或者记大过处分；情节严重的，依法给予降级或者撤职处分；情节特别严重的，依法给予开除处分；构成犯罪的，依法追究刑事责任：

（一）要求对依法必须进行招标的项目不招标，或者要求对依法应当公开招标的项目不公开招标；

（二）要求评标委员会成员或者招标人以其指定的投标人作为中标候选人或者中标人，或者以其他方式非法干涉评标活动，影响中标结果；

（三）以其他方式非法干涉招标投标活动。

**第八十一条** 依法必须进行招标的项目的招标投标活动违反招标投标法和本条例的规定，对中标结果造成实质性影响，且不能采取补救措施予以纠正的，招标、投标、中标无效，应当依法重新招标或者评标。

## 第七章 附 则

**第八十二条** 招标投标协会按照依法制定的章程开展活动，加强行业自律和服务。

**第八十三条** 政府采购的法律、行政法规对政府采购货物、服务的招标投标另有规定的，从其规定。

**第八十四条** 本条例自2012年2月1日起施行。

附录3

# 招标投标公证程序细则

（1992年10月19日司法部司法通〔1992〕101号）

**第一条** 为规范招标投标公证活动，保证办证质量，根据《中华人民共和国公证暂行条例》、《公证程序规则（试行）》和国家有关招标投标的规定，制定本细则。

**第二条** 招标投标公证是国家公证机关依法证明招标投标行为的真实性、合法性的活动。

**第三条** 本细则适用于建设工程、申请进口机电设备、水运工程施工、建设工程设备招标投标公证。

**第四条** 招标投标公证由招标方所在地的公证处管辖。委托招标的，由受托招标方所在地的公证处管辖。

**第五条** 招标投标公证申请由招标方提出。委托招标的，由受托招标方提出招标投标公证申请，应于招标通知（公告）或招标邀请函发出之前提出，特殊情况，也必须于投标开始前提出。

**第六条** 申请人应填写公证申请表，并提交下列材料：

（一）法人资格证明和法定代表人身份证明及本人身份证件，代为申请的，应提交授权委托书和本人的身份证件；

（二）受委托招标的，应提交委托书和具有承办招标事项资格的证明；

（三）有关主管部门对招标项目、招标活动的批准文件；

（四）招标组织机构及组成人员名单；

（五）招标通知（公告）或招标邀请函；

（六）招标文件（主要包括：招标说明书、投标人须知、招标项目技术要求、投标书格式、投标保证收件、合同条件等）；

（七）对投标人资格预审文件；

（八）评标组织机构及组成人员名单；

（九）公证人员认为应当提交的其他有关材料。

**第七条** 符合下列条件申请，公证处应予受理，并书面通知申请人：

（一）申请人符合本细则第五条的规定；

（二）申请公证事项符合本细则第三条规定的范围；

（三）申请公证事项属于本公证处管辖；

（四）本细则第六条第（一）、（二）、（三）、（九）项所列材料基本齐全。

不符合前款规定条件的申请，公证处应作出不予受理的决定，通知当事人，并告知对不受理不服的复议程序。

受理或不受理的决定，一般应在本细则第六条(一)、(二)、(三)、(九)项所列材料基本齐全后的七日内作出。

**第八条** 公证人员应认真接待申请人，按《公证程序规则(试行)》第二十四条的规定制作谈语笔录，并着重记录下列内容：

(一)招标项目的基本情况；

(二)招标活动准备情况和标底编制情况；

(三)对投标人的资格要求；

(四)公证费的负担和支付方式；

(五)公证人员认为需要询问的其他情况。

**第九条** 办理招标投标公证，公证员除应按《公证程序规则(试行)》第二十三条规定的内容审查外，还应着重审查以下内容：

(一)本细则第六条所列材料是否齐全、真实、合格；

(二)招标方是否具备规定的招标资格，受托招标方是否具有承办招标事项的资格并已获得合法授权；

(三) 招标文件的内容是否完备，文字表述是否清楚、准确，审查的重点是招标、投标对当事人的效力规定，开标、评标、定标的办法，无效标书和招标不成的认定标准及处理办法；

(四)委托招标的，要审查委托书中权利义务的规定是否明确；

(五)标底的编制和审核是否符合规定的条件和程序，是否已得到有关主管部门的批准；

(六)评标组织机构的人员组成是否合理，评标人是否符合规定的条件，与投标人有无利害关系。

**第十条** 经审查，有下列情况之一者，应拒绝公证：

(一)招标方不具备招标资格的；

(二)受托招标方不具有承办招标事项的资格或未获得合法授权的；

(三)招标项目、招标活动未经有关主管部门批准的；

(四)招标文件及有关材料不真实或不合法的。

拒绝公证的，公证处应将拒绝的决定和理由书面通知申请人，并告知对拒绝不服的复议程序。

**第十一条** 符合办证条件的，公证处应派二名以上公证人员(其中应至少有一名公证员)参加整个招标投标活动，进行现场监督和证明。

**第十二条** 投标前，公证员应检查投标箱并加封。

**第十三条** 投标时，公证人员应查验投标人的身份，记录投标人投送标书的时间，检查并记录标书密封情况。

**第十四条** 投标截止时，公证员应封贴投标箱。

**第十五条** 公证员应监督招标方(受托招标方)按规定的时间和地点开标。

**第十六条** 开标前，公证员应查验投标方的法人资格证明及代表人或代理人的身份证明，审查投标方是否符合规定的投标条件。

**第十七条** 公证员应检查投标箱的密封情况，监督投标箱的启封。

**第十八条** 投标箱开启后,公证员应检查投标书的密封情况,监督投标书的启封。

**第十九条** 公证员应验明投标书是否有效。有下列情况之一者,应作无效投标书处理:

(一)投标人不具备投标资格的;

(二)投标书未密封的;

(三)没有报价的;

(四)投标书未加盖本单位公章及法定代表人未签字的;

(五)投标书未按规定的格式、内容和要求填写的;

(六)投标书书写潦草、字迹模糊不清难以辨认的;

(七)投标书逾期送达的;

(八)在一个招标项目中,投标单位投报两个或多个标书或有两个或多个报价,又未书面声明其中哪一个有效的;

(九)投标方未能按要求提交投标保函的;

(十)其他不符合招标文件要求的。

**第二十条** 唱标时,公证员应监督唱标,并作记录。如发现所唱投标书内容与正本不相符的,应予纠正。

**第二十一条** 开标结束后,公证员应当场口头证明开标活动真实、合法,并作出记录。

**第二十二条** 公证员应参加评标会议,对违反规定的,应予纠正,但不得担任评标机构的成员。

**第二十三条** 公证员应当对评标、定标的情况进行记录,并在定标决议书上签名。

**第二十四条** 评标结束后,公证员应宣读公证词,对整个招标投标活动的真实性、合法性予以证明。

**第二十五条** 有下列情况之一者,公证员应终止现场监督的公证活动:

(一)招标方(受托招标方)擅自变更原定招标文件内容、违背招标程序、原则和其他有关规定,经指出不予纠正的;

(二)招标中出现舞弊行为的。

**第二十六条** 公证处应在公证员宣读公证词后的七日内出具公证书。宣读现场公证词的时间为公证书的生效时间。

**第二十七条** 其他招标投标公证,参照本细则办理。

**第二十八条** 本细则自下发之日起施行。

## 附录 4

# 工程建设项目施工招标投标办法

## 第一章 总 则

**第一条** 为规范工程建设项目施工(以下简称工程施工)招标投标活动,根据《中华人民共和国招标投标法》《中华人民共和国招标投标法实施条例》和国务院有关部门的职责分工,制定本办法。

**第二条** 在中华人民共和国境内进行工程施工招标投标活动,适用本办法。

**第三条** 工程建设项目符合《工程建设项目招标范围和规模标准规定》(国家计委令第 3 号)规定的范围和标准的,必须通过招标选择施工单位。

任何单位和个人不得将依法必须进行招标的项目化整为零或者以其他任何方式规避招标。

**第四条** 工程施工招标投标活动应当遵循公开、公平、公正和诚实信用的原则。

**第五条** 工程施工招标投标活动,依法由招标人负责。任何单位和个人不得以任何方式非法干涉工程施工招标投标活动。

施工招标投标活动不受地区或者部门的限制。

**第六条** 各级发展改革、工业和信息化、住房城乡建设、交通运输、铁道、水利、商务、民航等部门依照《国务院办公厅印发国务院有关部门实施招标投标活动行政监督的职责分工意见的通知》(国办发〔2000〕34 号)和各地规定的职责分工,对工程施工招标投标活动实施监督,依法查处工程施工招标投标活动中的违法行为。

## 第二章 招 标

**第七条** 工程施工招标人是依法提出施工招标项目、进行招标的法人或者其他组织。

**第八条** 依法必须招标的工程建设项目,应当具备下列条件才能进行施工招标:

(一)招标人已经依法成立;

(二)初步设计及概算应当履行审批手续的,已经批准;

(三)有相应资金或资金来源已经落实;

(四)有招标所需的设计图纸及技术资料。

**第九条** 工程施工招标分为公开招标和邀请招标。

**第十条** 按照国家有关规定需要履行项目审批、核准手续的依法必须进行施工招标的工程建设项目,其招标范围、招标方式、招标组织形式应当报项目审批部门审批、核准。项目审批、核准部门应当及时将审批、核准确定的招标内容通报有关行政监督部门。

**第十一条** 依法必须进行公开招标的项目,有下列情形之一的,可以邀请招标:

(一)项目技术复杂或有特殊要求,或者受自然地域环境限制,只有少量潜在投标人可供选择；

（二）涉及国家安全、国家秘密或者抢险救灾，适宜招标但不宜公开招标；

（三）采用公开招标方式的费用占项目合同金额的比例过大。

有前款第二项所列情形，属于本办法第十条规定的项目，由项目审批、核准部门在审批、核准项目时作出认定；其他项目由招标人申请有关行政监督部门作出认定。

全部使用国有资金投资或者国有资金投资占控股或者主导地位的并需要审批的工程建设项目的邀请招标，应当经项目审批部门批准，但项目审批部门只审批立项的，由有关行政监督部门审批。

**第十二条** 依法必须进行施工招标的工程建设项目有下列情形之一的，可以不进行施工招标：

（一）涉及国家安全、国家秘密、抢险救灾或者属于利用扶贫资金实行以工代赈需要使用农民工等特殊情况，不适宜进行招标；

（二）施工主要技术采用不可替代的专利或者专有技术；

（三）已通过招标方式选定的特许经营项目投资人依法能够自行建设；

（四）采购人依法能够自行建设；

（五）在建工程追加的附属小型工程或者主体加层工程，原中标人仍具备承包能力，并且其他人承担将影响施工或者功能配套要求；

（六）国家规定的其他情形。

**第十三条** 采用公开招标方式的，招标人应当发布招标公告，邀请不特定的法人或者其他组织投标。依法必须进行施工招标项目的招标公告，应当在国家指定的报刊和信息网络上发布。

采用邀请招标方式的，招标人应当向三家以上具备承担施工招标项目的能力、资信良好的特定的法人或者其他组织发出投标邀请书。

**第十四条** 招标公告或者投标邀请书应当至少载明下列内容：

（一）招标人的名称和地址；

（二）招标项目的内容、规模、资金来源；

（三）招标项目的实施地点和工期；

（四）获取招标文件或者资格预审文件的地点和时间；

（五）对招标文件或者资格预审文件收取的费用；

（六）对投标人的资质等级的要求。

**第十五条** 招标人应当按招标公告或者投标邀请书规定的时间、地点出售招标文件或资格预审文件。自招标文件或者资格预审文件出售之日起至停止出售之日止，最短不得少于五日。

招标人可以通过信息网络或者其他媒介发布招标文件，通过信息网络或者其他媒介发布的招标文件与书面招标文件具有同等法律效力，出现不一致时以书面招标文件为准，国家另有规定的除外。

对招标文件或者资格预审文件的收费应当限于补偿印刷、邮寄的成本支出，不得以营利为目的。对于所附的设计文件，招标人可以向投标人酌收押金；对于开标后投标人退还设计文件的,招标人应当向投标人退还押金。

招标文件或者资格预审文件售出后,不予退还。除不可抗力原因外,招标人在发布招标公告、发出投标邀请书后或者售出招标文件或资格预审文件后不得终止招标。

**第十六条** 招标人可以根据招标项目本身的特点和需要,要求潜在投标人或者投标人提供满足其资格要求的文件,对潜在投标人或者投标人进行资格审查;国家对潜在投标人或者投标人的资格条件有规定的,依照其规定。

**第十七条** 资格审查分为资格预审和资格后审。

资格预审,是指在投标前对潜在投标人进行的资格审查。

资格后审,是指在开标后对投标人进行的资格审查。

进行资格预审的,一般不再进行资格后审,但招标文件另有规定的除外。

**第十八条** 采取资格预审的,招标人应当发布资格预审公告。资格预审公告适用本办法第十三条、第十四条有关招标公告的规定。

采取资格预审的,招标人应当在资格预审文件中载明资格预审的条件、标准和方法;采取资格后审的,招标人应当在招标文件中载明对投标人资格要求的条件、标准和方法。

招标人不得改变载明的资格条件或者以没有载明的资格条件对潜在投标人或者投标人进行资格审查。

**第十九条** 经资格预审后,招标人应当向资格预审合格的潜在投标人发出资格预审合格通知书,告知获取招标文件的时间、地点和方法,并同时向资格预审不合格的潜在投标人告知资格预审结果。资格预审不合格的潜在投标人不得参加投标。

经资格后审不合格的投标人的投标应予否决。

**第二十条** 资格审查应主要审查潜在投标人或者投标人是否符合下列条件:

(一)具有独立订立合同的权利;

(二)具有履行合同的能力,包括专业、技术资格和能力,资金、设备和其他物质设施状况,管理能力,经验、信誉和相应的从业人员;

(三)没有处于被责令停业,投标资格被取消,财产被接管、冻结,破产状态;

(四)在最近三年内没有骗取中标和严重违约及重大工程质量问题;

(五)国家规定的其他资格条件。

资格审查时,招标人不得以不合理的条件限制、排斥潜在投标人或者投标人,不得对潜在投标人或者投标人实行歧视待遇。任何单位和个人不得以行政手段或者其他不合理方式限制投标人的数量。

**第二十一条** 招标人符合法律规定的自行招标条件的,可以自行办理招标事宜。任何单位和个人不得强制其委托招标代理机构办理招标事宜。

**第二十二条** 招标代理机构应当在招标人委托的范围内承担招标事宜。招标代理机构可以在其资格等级范围内承担下列招标事宜:

(一)拟订招标方案,编制和出售招标文件、资格预审文件;

(二)审查投标人资格;

(三)编制标底;

(四)组织投标人踏勘现场;

（五）组织开标、评标，协助招标人定标；

（六）草拟合同；

（七）招标人委托的其他事项。

招标代理机构不得无权代理、越权代理，不得明知委托事项违法而进行代理。

招标代理机构不得在所代理的招标项目中投标或者代理投标，也不得为所代理的招标项目的投标人提供咨询；未经招标人同意，不得转让招标代理业务。

**第二十三条** 工程招标代理机构与招标人应当签订书面委托合同，并按双方约定的标准收取代理费；国家对收费标准有规定的，依照其规定。

**第二十四条** 招标人根据施工招标项目的特点和需要编制招标文件。招标文件一般包括下列内容：

（一）招标公告或投标邀请书；

（二）投标人须知；

（三）合同主要条款；

（四）投标文件格式；

（五）采用工程量清单招标的，应当提供工程量清单；

（六）技术条款；

（七）设计图纸；

（八）评标标准和方法；

（九）投标辅助材料。

招标人应当在招标文件中规定实质性要求和条件，并用醒目的方式标明。

**第二十五条** 招标人可以要求投标人在提交符合招标文件规定要求的投标文件外，提交备选投标方案，但应当在招标文件中作出说明，并提出相应的评审和比较办法。

**第二十六条** 招标文件规定的各项技术标准应符合国家强制性标准。

招标文件中规定的各项技术标准均不得要求或标明某一特定的专利、商标、名称、设计、原产地或生产供应者，不得含有倾向或者排斥潜在投标人的其他内容。如果必须引用某一生产供应者的技术标准才能准确或清楚地说明拟招标项目的技术标准时，则应当在参照后面加上“或相当于”的字样。

**第二十七条** 施工招标项目需要划分标段、确定工期的，招标人应当合理划分标段、确定工期，并在招标文件中载明。对工程技术上紧密相连、不可分割的单位工程不得分割标段。

招标人不得以不合理的标段或工期限制或者排斥潜在投标人或者投标人。依法必须进行施工招标的项目的招标人不得利用划分标段规避招标。

**第二十八条** 招标文件应当明确规定评标时除价格以外的所有评标因素，以及如何将这些因素量化或者据以进行评估。

在评标过程中，不得改变招标文件中规定的评标标准、方法和中标条件。

**第二十九条** 招标文件应当规定一个适当的投标有效期，以保证招标人有足够的时间完成评标和与中标人签订合同。投标有效期从投标人提交投标文件截止之日起计算。

在原投标有效期结束前，出现特殊情况的，招标人可以书面形式要求所有投标人延长投标有效期。投标人同意延长的,不得要求或被允许修改其投标文件的实质性内容,但应当相应延长其投标保证金的有效期;投标人拒绝延长的,其投标失效,但投标人有权收回其投标保证金。因延长投标有效期造成投标人损失的,招标人应当给予补偿,但因不可抗力需要延长投标有效期的除外。

**第三十条** 施工招标项目工期较长的,招标文件中可以规定工程造价指数体系、价格调整因素和调整方法。

**第三十一条** 招标人应当确定投标人编制投标文件所需要的合理时间;但是,依法必须进行招标的项目,自招标文件开始发出之日起至投标人提交投标文件截止之日止,最短不得少于二十日。

**第三十二条** 招标人根据招标项目的具体情况,可以组织潜在投标人踏勘项目现场,向其介绍工程场地和相关环境的有关情况。潜在投标人依据招标人介绍情况作出的判断和决策,由投标人自行负责。

招标人不得单独或者分别组织任何一个投标人进行现场踏勘。

**第三十三条** 对于潜在投标人在阅读招标文件和现场踏勘中提出的疑问,招标人可以书面形式或召开投标预备会的方式解答,但需同时将解答以书面方式通知所有购买招标文件的潜在投标人。该解答的内容为招标文件的组成部分。

**第三十四条** 招标人可根据项目特点决定是否编制标底。编制标底的,标底编制过程和标底在开标前必须保密。

招标项目编制标底的,应根据批准的初步设计、投资概算,依据有关计价办法,参照有关工程定额,结合市场供求状况,综合考虑投资、工期和质量等方面的因素合理确定。

标底由招标人自行编制或委托中介机构编制。一个工程只能编制一个标底。

任何单位和个人不得强制招标人编制或报审标底,或干预其确定标底。

招标项目可以不设标底,进行无标底招标。

招标人设有最高投标限价的,应当在招标文件中明确最高投标限价或者最高投标限价的计算方法。招标人不得规定最低投标限价。

## 第三章 投 标

**第三十五条** 投标人是响应招标、参加投标竞争的法人或者其他组织。招标人的任何不具独立法人资格的附属机构(单位),或者为招标项目的前期准备或者监理工作提供设计、咨询服务的任何法人及其任何附属机构(单位),都无资格参加该招标项目的投标。

**第三十六条** 投标人应当按照招标文件的要求编制投标文件。投标文件应当对招标文件提出的实质性要求和条件作出响应。

投标文件一般包括下列内容:

(一)投标函;

(二)投标报价;

(三)施工组织设计;

(四)商务和技术偏差表。

投标人根据招标文件载明的项目实际情况,拟在中标后将中标项目的部分非主体、非关键性工作进行分包的,应当在投标文件中载明。

**第三十七条** 招标人可以在招标文件中要求投标人提交投标保证金。投标保证金除现金外,可以是银行出具的银行保函、保兑支票、银行汇票或现金支票。

投标保证金不得超过项目估算价的百分之二,但最高不得超过八十万元人民币。投标保证金有效期应当与投标有效期一致。

投标人应当按照招标文件要求的方式和金额,将投标保证金随投标文件提交给招标人或其委托的招标代理机构。

依法必须进行施工招标的项目的境内投标单位,以现金或者支票形式提交的投标保证金应当从其基本账户转出。

**第三十八条** 投标人应当在招标文件要求提交投标文件的截止时间前,将投标文件密封送达投标地点。招标人收到投标文件后,应当向投标人出具标明签收人和签收时间的凭证,在开标前任何单位和个人不得开启投标文件。

在招标文件要求提交投标文件的截止时间后送达的投标文件,为无效的投标文件,招标人应当拒收。

依法必须进行施工招标的项目提交投标文件的投标人少于三个的,招标人在分析招标失败的原因并采取相应措施后,应当依法重新招标。重新招标后投标人仍少于三个的,属于必须审批的工程建设项目,报经原审批部门核准后可以不再进行招标;其他工程建设项目,招标人可自行决定不再进行招标。

**第三十九条** 投标人在招标文件要求提交投标文件的截止时间前,可以补充、修改、替代或者撤回已提交的投标文件,并书面通知招标人。补充、修改的内容为投标文件的组成部分。

**第四十条** 在提交投标文件截止时间后到招标文件规定的投标有效期终止之前,投标人不得撤销其投标文件,否则招标人可以不退还其投标保证金。

**第四十一条** 在开标前,招标人应妥善保管好已接收的投标文件、修改或撤回通知、备选投标方案等投标资料。

**第四十二条** 两个以上法人或者其他组织可以组成一个联合体,以一个投标人的身份共同投标。

联合体各方签订共同投标协议后,不得再以自己名义单独投标,也不得组成新的联合体或参加其他联合体在同一项目中投标。

**第四十三条** 招标人接受联合体投标并进行资格预审的,联合体应当在提交资格预审申请文件前组成。资格预审后联合体增减、更换成员的,其投标无效。

**第四十四条** 联合体各方应当指定牵头人,授权其代表所有联合体成员负责投标和合同实施阶段的主办、协调工作,并应当向招标人提交由所有联合体成员法定代表人签署的授权书。

**第四十五条** 联合体投标的,应当以联合体各方或者联合体中牵头人的名义提交投标保证金。以联合体中牵头人名义提交的投标保证金,对联合体各成员具有约束力。

**第四十六条** 下列行为均属投标人串通投标报价:

(一)投标人之间相互约定抬高或压低投标报价;

（二）投标人之间相互约定，在招标项目中分别以高、中、低价位报价；

（三）投标人之间先进行内部竞价，内定中标人，然后再参加投标；

（四）投标人之间其他串通投标报价的行为。

**第四十七条** 下列行为均属招标人与投标人串通投标：

（一）招标人在开标前开启投标文件并将有关信息泄露给其他投标人，或者授意投标人撤换、修改投标文件；

（二）招标人向投标人泄露标底、评标委员会成员等信息；

（三）招标人明示或者暗示投标人压低或抬高投标报价；

（四）招标人明示或者暗示投标人为特定投标人中标提供方便；

（五）招标人与投标人为谋求特定中标人中标而采取的其他串通行为。

**第四十八条** 投标人不得以他人名义投标。

前款所称以他人名义投标，指投标人挂靠其他施工单位，或从其他单位通过受让或租借的方式获取资格或资质证书，或者由其他单位及其法定代表人在自己编制的投标文件上加盖印章和签字等行为。

## 第四章 开标、评标和定标

**第四十九条** 开标应当在招标文件确定的提交投标文件截止时间的同一时间公开进行；开标地点应当为招标文件中确定的地点。

投标人对开标有异议的，应当在开标现场提出，招标人应当当场作出答复，并制作记录。

**第五十条** 投标文件有下列情形之一的，招标人应当拒收：

（一）逾期送达；

（二）未按招标文件要求密封。

有下列情形之一的，评标委员会应当否决其投标：

（一）投标文件未经投标单位盖章和单位负责人签字；

（二）投标联合体没有提交共同投标协议；

（三）投标人不符合国家或者招标文件规定的资格条件；

（四）同一投标人提交两个以上不同的投标文件或者投标报价，但招标文件要求提交备选投标的除外；

（五）投标报价低于成本或者高于招标文件设定的最高投标限价；

（六）投标文件没有对招标文件的实质性要求和条件作出响应；

（七）投标人有串通投标、弄虚作假、行贿等违法行为。

**第五十一条** 评标委员会可以书面方式要求投标人对投标文件中含义不明确、对同类问题表述不一致或者有明显文字和计算错误的内容作必要的澄清、说明或补正。评标委员会不得向投标人提出带有暗示性或诱导性的问题，或向其明确投标文件中的遗漏和错误。

**第五十二条** 投标文件不响应招标文件的实质性要求和条件的，评标委员会不得允许投标人通过修正或撤销其不符合要求的差异或保留，使之成为具有响应性的投标。

**第五十三条** 评标委员会在对实质上响应招标文件要求的投标进行报价评估时，除招标文件另有约定外，应当按下述原则进行修正：

(一)用数字表示的数额与用文字表示的数额不一致时,以文字数额为准;

(二)单价与工程量的乘积与总价之间不一致时,以单价为准。若单价有明显的小数点错位,应以总价为准,并修改单价。

按前款规定调整后的报价经投标人确认后产生约束力。

投标文件中没有列入的价格和优惠条件在评标时不予考虑。

**第五十四条** 对于投标人提交的优越于招标文件中技术标准的备选投标方案所产生的附加收益,不得考虑进评标价中。符合招标文件的基本技术要求且评标价最低或综合评分最高的投标人,其所提交的备选方案方可予以考虑。

**第五十五条** 招标人设有标底的,标底在评标中应当作为参考,但不得作为评标的唯一依据。

**第五十六条** 评标委员会完成评标后,应向招标人提出书面评标报告。评标报告由评标委员会全体成员签字。

依法必须进行招标的项目,招标人应当自收到评标报告之日起三日内公示中标候选人,公示期不得少于三日。

中标通知书由招标人发出。

**第五十七条** 评标委员会推荐的中标候选人应当限定在一至三人,并标明排列顺序。招标人应当接受评标委员会推荐的中标候选人,不得在评标委员会推荐的中标候选人之外确定中标人。

**第五十八条** 国有资金占控股或者主导地位的依法必须进行招标的项目,招标人应当确定排名第一的中标候选人为中标人。排名第一的中标候选人放弃中标、因不可抗力提出不能履行合同、不按照招标文件的要求提交履约保证金,或者被查实存在影响中标结果的违法行为等情形,不符合中标条件的,招标人可以按照评标委员会提出的中标候选人名单排序依次确定其他中标候选人为中标人。依次确定其他中标候选人与招标人预期差距较大,或者对招标人明显不利的,招标人可以重新招标。

招标人可以授权评标委员会直接确定中标人。

国务院对中标人的确定另有规定的,从其规定。

**第五十九条** 招标人不得向中标人提出压低报价、增加工作量、缩短工期或其他违背中标人意愿的要求,以此作为发出中标通知书和签订合同的条件。

**第六十条** 中标通知书对招标人和中标人具有法律效力。中标通知书发出后,招标人改变中标结果的,或者中标人放弃中标项目的,应当依法承担法律责任。

**第六十一条** 招标人全部或者部分使用非中标单位投标文件中的技术成果或技术方案时,需征得其书面同意,并给予一定的经济补偿。

**第六十二条** 招标人和中标人应当在投标有效期内并自中标通知书发出之日起三十日内,按照招标文件和中标人的投标文件订立书面合同。招标人和中标人不得再行订立背离合同实质性内容的其他协议。

招标人要求中标人提供履约保证金或其他形式履约担保的,招标人应当同时向中标人提供工程款支付担保。

招标人不得擅自提高履约保证金,不得强制要求中标人垫付中标项目建设资金。

**第六十三条** 招标人最迟应当在与中标人签订合同后五日内，向中标人和未中标的投标人退还投标保证金及银行同期存款利息。

**第六十四条** 合同中确定的建设规模、建设标准、建设内容、合同价格应当控制在批准的初步设计及概算文件范围内；确需超出规定范围的，应当在中标合同签订前，报原项目审批部门审查同意。凡应报经审查而未报的，在初步设计及概算调整时，原项目审批部门一律不予承认。

**第六十五条** 依法必须进行施工招标的项目，招标人应当自发出中标通知书之日起十五日内，向有关行政监督部门提交招标投标情况的书面报告。

前款所称书面报告至少应包括下列内容：

（一）招标范围；

（二）招标方式和发布招标公告的媒介；

（三）招标文件中投标人须知、技术条款、评标标准和方法、合同主要条款等内容；

（四）评标委员会的组成和评标报告；

（五）中标结果。

**第六十六条** 招标人不得直接指定分包人。

**第六十七条** 对于不具备分包条件或者不符合分包规定的，招标人有权在签订合同或者中标人提出分包要求时予以拒绝。发现中标人转包或违法分包时，可要求其改正；拒不改正的，可终止合同，并报请有关行政监督部门查处。

监理人员和有关行政部门发现中标人违反合同约定进行转包或违法分包的，应当要求中标人改正，或者告知招标人要求其改正；对于拒不改正的，应当报请有关行政监督部门查处。

## 第五章 法律责任

**第六十八条** 依法必须进行招标的项目而不招标的，将必须进行招标的项目化整为零或者以其他任何方式规避招标的，有关行政监督部门责令限期改正，可以处项目合同金额千分之五以上千分之十以下的罚款；对全部或者部分使用国有资金的项目，项目审批部门可以暂停项目执行或者暂停资金拨付；对单位直接负责的主管人员和其他直接责任人员依法给予处分。

**第六十九条** 招标代理机构违法泄露应当保密的与招标投标活动有关的情况和资料的，或者与招标人、投标人串通损害国家利益、社会公共利益或者他人合法权益的，由有关行政监督部门处五万元以上二十五万元以下罚款，对单位直接负责的主管人员和其他直接责任人员处单位罚款数额百分之五以上百分之十以下罚款；有违法所得的，并处没收违法所得；情节严重的，有关行政监督部门可停止其一定时期内参与相关领域的招标代理业务，资格认定部门可暂停直至取消招标代理资格；构成犯罪的，由司法部门依法追究刑事责任。给他人造成损失的，依法承担赔偿责任。

前款所列行为影响中标结果，并且中标人为前款所列行为的受益人的，中标无效。

**第七十条** 招标人以不合理的条件限制或者排斥潜在投标人的，对潜在投标人实行歧视待遇的，强制要求投标人组成联合体共同投标的，或者限制投标人之间竞争的，有关行政监督部门责令改正，可处一万元以上五万元以下罚款。

**第七十一条** 依法必须进行招标项目的招标人向他人透露已获取招标文件的潜在投标人的名称、数量或者可能影响公平竞争的有关招标投标的其他情况的,或者泄露标底的,有关行政监督部门给予警告,可以并处一万元以上十万元以下的罚款;对单位直接负责的主管人员和其他直接责任人员依法给予处分;构成犯罪的,依法追究刑事责任。

前款所列行为影响中标结果,并且中标人为前款所列行为的受益人的,中标无效。

**第七十二条** 招标人在发布招标公告、发出投标邀请书或者售出招标文件或资格预审文件后终止招标的,应当及时退还所收取的资格预审文件、招标文件的费用,以及所收取的投标保证金及银行同期存款利息。给潜在投标人或者投标人造成损失的,应当赔偿损失。

**第七十三条** 招标人有下列限制或者排斥潜在投标人行为之一的,由有关行政监督部门依照招标投标法第五十一条的规定处罚;其中,构成依法必须进行施工招标的项目的招标人规避招标的,依照招标投标法第四十九条的规定处罚:

(一)依法应当公开招标的项目不按照规定在指定媒介发布资格预审公告或者招标公告;

(二)在不同媒介发布的同一招标项目的资格预审公告或者招标公告的内容不一致,影响潜在投标人申请资格预审或者投标。

招标人有下列情形之一的,由有关行政监督部门责令改正,可以处 10 万元以下的罚款:

(一)依法应当公开招标而采用邀请招标;

(二)招标文件、资格预审文件的发售、澄清、修改的时限,或者确定的提交资格预审申请文件、投标文件的时限不符合招标投标法和招标投标法实施条例规定;

(三)接受未通过资格预审的单位或者个人参加投标;

(四)接受应当拒收的投标文件。

招标人有前款第(一)项、第(三)项、第(四)项所列行为之一的,对单位直接负责的主管人员和其他直接责任人员依法给予处分。

**第七十四条** 投标人相互串通投标或者与招标人串通投标的,投标人以向招标人或者评标委员会成员行贿的手段谋取中标的,中标无效,由有关行政监督部门处中标项目金额千分之五以上千分之十以下的罚款,对单位直接负责的主管人员和其他直接责任人员处单位罚款数额百分之五以上百分之十以下的罚款;有违法所得的,并处没收违法所得;情节严重的,取消其一至二年的投标资格,并予以公告,直至由工商行政管理机关吊销营业执照;构成犯罪的,依法追究刑事责任。给他人造成损失的,依法承担赔偿责任。投标人未中标的,对单位的罚款金额按照招标项目合同金额依照招标投标法规定的比例计算。

**第七十五条** 投标人以他人名义投标或者以其他方式弄虚作假,骗取中标的,中标无效,给招标人造成损失的,依法承担赔偿责任;构成犯罪的,依法追究刑事责任。

依法必须进行招标项目的投标人有前款所列行为尚未构成犯罪的,有关行政监督部门处中标项目金额千分之五以上千分之十以下的罚款,对单位直接负责的主管人员和其他直接责任人员处单位罚款数额百分之五以上百分之十以下的罚款;有违法所得的,并处没收违法所得;情节严重的,取消其一至三年投标资格,并予以公告,直至由工商行政管理机关吊销营业执照。投标人未中标的,对单位的罚款金额按照招标项目合同金额依照招标投标法规定的比例计算。

**第七十六条** 依法必须进行招标的项目,招标人违法与投标人就投标价格、投标方案等实质性内容进行谈判的,有关行政监督部门给予警告,对单位直接负责的主管人员和其他直接责任人员依法给予处分。

前款所列行为影响中标结果的,中标无效。

**第七十七条** 评标委员会成员收受投标人的财物或者其他好处的,没收收受的财物,可以并处三千元以上五万元以下的罚款,取消担任评标委员会成员的资格并予以公告,不得再参加依法必须进行招标的项目的评标。构成犯罪的,依法追究刑事责任。

**第七十八条** 评标委员会成员应当回避而不回避,擅离职守,不按照招标文件规定的评标标准和方法评标,私下接触投标人,向招标人征询确定中标人的意向或者接受任何单位或者个人明示或者暗示提出的倾向或者排斥特定投标人的要求,对依法应当否决的投标不提出否决意见,暗示或者诱导投标人作出澄清、说明或者接受投标人主动提出的澄清、说明,或者有其他不能客观公正地履行职责行为的,有关行政监督部门责令改正;情节严重的,禁止其在一定期限内参加依法必须进行招标的项目的评标;情节特别严重的,取消其担任评标委员会成员的资格。

**第七十九条** 依法必须进行招标的项目的招标人不按照规定组建评标委员会,或者确定、更换评标委员会成员违反招标投标法和招标投标法实施条例规定的,由有关行政监督部门责令改正,可以处 10 万元以下的罚款,对单位直接负责的主管人员和其他直接责任人员依法给予处分;违法确定或者更换的评标委员会成员作出的评审决定无效,依法重新进行评审。

**第八十条** 依法必须进行招标的项目的招标人有下列情形之一的,由有关行政监督部门责令改正,可以处中标项目金额千分之十以下的罚款;给他人造成损失的,依法承担赔偿责任;对单位直接负责的主管人员和其他直接责任人员依法给予处分:

(一)无正当理由不发出中标通知书;

(二)不按照规定确定中标人;

(三)中标通知书发出后无正当理由改变中标结果;

(四)无正当理由不与中标人订立合同;

(五)在订立合同时向中标人提出附加条件。

**第八十一条** 中标通知书发出后,中标人放弃中标项目的,无正当理由不与招标人签订合同的,在签订合同时向招标人提出附加条件或者更改合同实质性内容的,或者拒不提交所要求的履约保证金的,取消其中标资格,投标保证金不予退还;给招标人的损失超过投标保证金数额的,中标人应当对超过部分予以赔偿;没有提交投标保证金的,应当对招标人的损失承担赔偿责任。对依法必须进行施工招标的项目的中标人,由有关行政监督部门责令改正,可以处中标金额千分之十以下罚款。

**第八十二条** 中标人将中标项目转让给他人的,将中标项目肢解后分别转让给他人的,违法将中标项目的部分主体、关键性工作分包给他人的,或者分包人再次分包的,转让、分包无效,有关行政监督部门处转让、分包项目金额千分之五以上千分之十以下的罚款;有违法所得的,并处没收违法所得;可以责令停业整顿;情节严重的,由工商行政管理机关吊销营业执照。

**第八十三条** 招标人与中标人不按照招标文件和中标人的投标文件订立合同的,合同的主要条款与招标文件、中标人的投标文件的内容不一致，或者招标人、中标人订立背离合同实质性内容的协议的，有关行政监督部门责令改正；可以处中标项目金额千分之五以上千分之十以下的罚款。

**第八十四条** 中标人不履行与招标人订立的合同的，履约保证金不予退还，给招标人造成的损失超过履约保证金数额的，还应当对超过部分予以赔偿；没有提交履约保证金的，应当对招标人的损失承担赔偿责任。

中标人不按照与招标人订立的合同履行义务，情节严重的，有关行政监督部门取消其二至五年参加招标项目的投标资格并予以公告，直至由工商行政管理机关吊销营业执照。

因不可抗力不能履行合同的，不适用前两款规定。

**第八十五条** 招标人不履行与中标人订立的合同的，应当返还中标人的履约保证金，并承担相应的赔偿责任；没有提交履约保证金的，应当对中标人的损失承担赔偿责任。

因不可抗力不能履行合同的，不适用前款规定。

**第八十六条** 依法必须进行施工招标的项目违反法律规定，中标无效的，应当依照法律规定的中标条件从其余投标人中重新确定中标人或者依法重新进行招标。

中标无效的，发出的中标通知书和签订的合同自始没有法律约束力，但不影响合同中独立存在的有关解决争议方法的条款的效力。

**第八十七条** 任何单位违法限制或者排斥本地区、本系统以外的法人或者其他组织参加投标的，为招标人指定招标代理机构的，强制招标人委托招标代理机构办理招标事宜的，或者以其他方式干涉招标投标活动的，有关行政监督部门责令改正；对单位直接负责的主管人员和其他直接责任人员依法给予警告、记过、记大过的处分，情节较重的，依法给予降级、撤职、开除的处分。

个人利用职权进行前款违法行为的，依照前款规定追究责任。

**第八十八条** 对招标投标活动依法负有行政监督职责的国家机关工作人员徇私舞弊、滥用职权或者玩忽职守，构成犯罪的，依法追究刑事责任；不构成犯罪的，依法给予行政处分。

**第八十九条** 投标人或者其他利害关系人认为工程建设项目施工招标投标活动不符合国家规定的，可以自知道或者应当知道之日起 10 日内向有关行政监督部门投诉。投诉应当有明确的请求和必要的证明材料。

## 第六章 附 则

**第九十条** 使用国际组织或者外国政府贷款、援助资金的项目进行招标，贷款方、资金提供方对工程施工招标投标活动的条件和程序有不同规定的，可以适用其规定，但违背中华人民共和国社会公共利益的除外。

**第九十一条** 本办法由国家发展改革委会同有关部门负责解释。

**第九十二条** 本办法自 2003 年 5 月 1 日起施行。

## 附录5

# 工程建设项目招标范围和规模标准规定

（2000 年 4 月 4 日国务院批准；
2000 年 5 月 1 日国家发展计划委员会发布）

**第一条** 为了确定必须进行招标的工程建设项目的具体范围和规模标准，规范招标投标活动，根据《中华人民共和国招标投标法》第三条的规定，制定本规定。

**第二条** 关系社会公共利益、公众安全的基础设施项目的范围包括：

（一）煤炭、石油、天然气、电力、新能源等能源项目；

（二）铁路、公路、管道、水运、航空以及其他交通运输业等交通运输项目；

（三）邮政、电信枢纽、通信、信息网络等邮电通讯项目；

（四）防洪、灌溉、排涝、引（供）水、滩涂治理、水土保持、水利枢纽等水利项目；

（五）道路、桥梁、地铁和轻轨交通、污水排放及处理、垃圾处理、地下管道、公共停车场等城市设施项目；

（六）生态环境保护项目；

（七）其他基础设施项目。

**第三条** 关系社会公共利益、公众安全的公用事业项目的范围包括：

（一）供水、供电、供气、供热等市政工程项目；

（二）科技、教育、文化等项目；

（三）体育、旅游等项目；

（四）卫生、社会福利等项目；

（五）商品住宅，包括经济适用住房；

（六）其他公用事业项目。

**第四条** 使用国有资金投资项目的范围包括：

（一）使用各级财政预算资金的项目；

（二）使用纳入财政管理的各种政府性专项建设基金的项目；

（三）使用国有企业事业单位自有资金，并且国有资产投资者实际拥有控制权的项目。

**第五条** 国家融资项目的范围包括：

（一）使用国家发行债券所筹资金的项目；

（二）使用国家对外借款或者担保所筹资金的项目；

（三）使用国家政策性贷款的项目；

（四）国家授权投资主体融资的项目；

（五）国家特许的融资项目。

**第六条** 使用国际组织或者外国政府资金的项目的范围包括：

（一）使用世界银行、亚洲开发银行等国际组织贷款资金的项目；

（二）使用外国政府及其机构贷款资金的项目；

（三）使用国际组织或者外国政府援助资金的项目。

**第七条** 本规定第二条至第六条规定范围内的各类工程建设项目，包括项目的勘察、设计、施工、监理以及与工程建设有关的重要设备、材料等的采购，达到下列标准之一的，必须进行招标：

（一）施工单项合同估算价在200万元人民币以上的；

（二）重要设备、材料等货物的采购，单项合同估算价在100万元人民币以上的；

（三）勘察、设计、监理等服务的采购，单项合同估算价在50万元人民币以上的；

（四）单项合同估算价低于第（一）、（二）、（三）项规定的标准，但项目总投资额在3 000万元人民币以上的。

**第八条** 建设项目的勘察、设计，采用特定专利或者专有技术的，或者其建立艺术造型有特殊要求的，经项目主管部门批准，可以不进行招标。

**第九条** 依法必须进行招标的项目，全部使用国有资金投资或者国有资金投资占控股或者主导地位的，应当公开招标。

招标投标活动不受地区、部门的限制，不得对潜在投标人实行歧视待遇。

**第十条** 省、自治区、直辖市人民政府根据实际情况，可以规定本地区必须进行招标的具体范围和规模标准，但不得缩小本规定确定的必须进行招标的范围。

**第十一条** 国家发展计划委员会可以根据实际需要，会同国务院有关部门对本规定确定的必须进行招标的具体范围和规模标准进行部分调整。

**第十二条** 本规定自发布之日起施行。

**附录 6**

# 招标公告发布暂行办法

**第一条** 为了规范招标公告发布行为，保证潜在投标人平等、便捷、准确地获取招标信息，根据《中华人民共和国招标投标法》、《中华人民共和国招标投标法实施条例》，制定本办法。

**第二条** 本办法适用于依法必须招标项目招标公告发布活动。

**第三条** 国家发展改革委根据国务院授权，按照相对集中、适度竞争、受众分布合理的原则，指定发布依法必须招标项目招标公告的报纸、信息网络等媒介（以下简称指定媒介），并对招标公告发布活动进行监督。

指定媒介的名单由国家发展计划委员会另行公告。

**第四条** 依法必须招标项目的招标公告必须在指定媒介发布。

招标公告的发布应当充分公开，任何单位和个人不得非法限制招标公告的发布地点和发布范围。

**第五条** 指定媒介发布依法必须招标项目的招标公告，不得收取费用，但发布国际招标公告的除外。

**第六条** 招标公告应当载明招标人的名称和地址、招标项目的性质、数量、实施地点和时间、投标截止日期以及获取招标文件的办法等事项。

招标人或其委托的招标代理机构应当保证招标公告内容的真实、准确和完整。

**第七条** 拟发布的招标公告文本应当由招标人或其委托的招标代理机构的主要负责人签名并加盖公章。

招标人或其委托的招标代理机构发布招标公告，应当向指定媒介提供营业执照（或法人证书）、项目批准文件的复印件等证明文件。

**第八条** 在指定报纸免费发布的招标公告所占版面一般不超过整版的四十分之一，且字体不小于六号字。

**第九条** 招标人或其委托的招标代理机构应至少在一家指定的媒介发布招标公告。

指定报纸在发布招标公告的同时，应将招标公告如实抄送指定网络。

**第十条** 招标人或其委托的招标代理机构在两个以上媒介发布的同一招标项目的招标公告的内容应当相同。

**第十一条** 指定报纸和网络应当在收到招标公告文本之日起七日内发布招标公告。

指定媒介应与招标人或其委托的招标代理机构就招标公告的内容进行核实，经双方确认无误后在前款规定的时间内发布。

**第十二条** 拟发布的招标公告文本有下列情形之一的，有关媒介可以要求招标人或其委托的招标代理机构及时予以改正、补充或调整：

（一）字迹潦草、模糊，无法辨认的；

(二)载明的事项不符合本办法第六条规定的;

(三)没有招标人或其委托的招标代理机构主要负责人签名并加盖公章的;

(四)在两家以上媒介发布的同一招标公告的内容不一致的。

**第十三条** 指定媒介发布的招标公告的内容与招标人或其委托的招标代理机构提供的招标公告文本不一致,并造成不良影响的,应当及时纠正,重新发布。

**第十四条** 指定媒介应当采取快捷的发行渠道,及时向订户或用户传递。

**第十五条** 指定媒介的名称、住所发生变更的,应及时公告并向国家发展改革委备案。

**第十六条** 招标人或其委托的招标代理机构有下列行为之一的,由国家发展改革委和有关行政监督部门视情节依照《中华人民共和国招标投标法》第四十九条、第五十一条的规定处罚:

(一)依法必须公开招标的项目不按照规定在指定媒介发布招标公告的;

(二)在不同媒介发布的同一招标项目的招标公告的内容不一致,影响潜在投标人投标的;

(三)招标公告中有关获取招标文件的时限不符合招标投标法及招标投标法实施条例规定的;

(四)招标公告中以不合理的条件限制或排斥潜在投标人的。

**第十七条** 指定媒介有下列情形之一的,给予警告;情节严重的,取消指定:

(一)违法收取或变相收取招标公告发布费用的;

(二)无正当理由拒绝发布招标公告的;

(三)不向网络抄送招标公告的;

(四)无正当理由延误招标公告的发布时间的;

(五)名称、住所发生变更后,没有及时公告并备案的;

(六)其他违法行为。

**第十八条** 任何单位和个人非法干预招标公告发布活动,限制招标公告的发布地点和发布范围的,由有关部门依照《中华人民共和国招标投标法》第六十二条及《中华人民共和国招标投标法实施条例》第八十一条的规定处罚。

**第十九条** 任何单位或个人认为招标公告发布活动不符合本办法有关规定的,可向国家发展改革委投诉。

**第二十条** 各地方人民政府依照审批权限审批的依法必须招标的民用建筑项目的招标公告,可在省、自治区、直辖市人民政府发展改革部门指定的媒介发布。

**第二十一条** 使用国际组织或者外国政府贷款,援助资金的招标项目,贷款方、资金提供方对招标公告的发布另有规定的,适用其规定。

依法必须招标项目进行资格预审的,其资格预审公告的发布,参照本办法执行。

**第二十二条** 本办法自2000年7月1日起执行。

## 附录 7

# 评标专家和评标专家库管理暂行办法

（国家计委令第 29 号）

**第一条** 为加强对评标专家的监督管理，健全评标专家库制度，保证评标活动的公平、公正，提高评标质量，根据《中华人民共和国招标投标法》（简称《招标投标法》）、《中华人民共和国招标投标法实施条例》（简称《招标投标法实施条例》），制定本办法。

**第二条** 本办法适用于评标专家的资格认定、入库及评标专家库的组建、使用、管理活动。

**第三条** 评标专家库由省级（含，下同）以上人民政府有关部门或者依法成立的招标代理机构依照《招标投标法》、《招标投标法实施条例》及国家统一的评标专家专业分类标准和管理办法的规定自主组建。

评标专家库的组建活动应当公开，接受公众监督。

**第四条** 省级人民政府、省级以上人民政府有关部门、招标代理机构应当加强对其所建评标专家库及评标专家的管理，但不得以任何名义非法控制、干预或者影响评标专家的具体评标活动。

**第五条** 政府投资项目的评标专家，必须从政府或者政府有关部门组建的评标专家库中抽取。

**第六条** 省级人民政府、省级以上人民政府有关部门组建评标专家库，应当有利于打破地区封锁，实现评标专家资源共享。

省级人民政府和国务院有关部门应当组建跨部门、跨地区的综合评标专家库。

**第七条** 入选评标专家库的专家，必须具备如下条件：

（一）从事相关专业领域工作满八年并具有高级职称或同等专业水平；

（二）熟悉有关招标投标的法律、法规；

（三）能够认真、公正、诚实、廉洁地履行职责；

（四）身体健康，能够承担评标工作；

（五）法规、规章规定的其他条件。

**第八条** 评标专家库应当具备下列条件：

（一）具有符合本办法第七条规定条件的评标专家，专家总数不得少于 500 人；

（二）有满足评标需要的专业分类；

（三）有满足异地抽取、随机抽取评标专家需要的必要设施和条件；

（四）有负责日常维护管理的专门机构和人员。

**第九条** 专家入选评标专家库，采取个人申请和单位推荐两种方式。采取单位推荐方式的,应事先征得被推荐人同意。

个人申请书或单位推荐书应当存档备查。个人申请书或单位推荐书应当附有符合本办法第七条规定条件的证明材料。

**第十条** 组建评标专家库的省级人民政府、政府部门或者招标代理机构,应当对申请人或被推荐人进行评审,决定是否接受申请或者推荐,并向符合本办法第七条规定条件的申请人或被推荐人颁发评标专家证书。

评审过程及结果应做成书面记录,并存档备查。

组建评标专家库的政府部门,可以对申请人或者被推荐人进行必要的招标投标业务和法律知识培训。

**第十一条** 组建评标专家库的省级人民政府、政府部门或者招标代理机构,应当为每位入选专家建立档案,详细记载评标专家评标的具体情况。

**第十二条** 组建评标专家库的省级人民政府、政府部门或者招标代理机构,应当建立年度考核制度,对每位入选专家进行考核。评标专家因身体健康、业务能力及信誉等原因不能胜任评标工作的,停止担任评标专家,并从评标专家库中除名。

**第十三条** 评标专家享有下列权利:

(一)接受招标人或其委托的招标代理机构聘请,担任评标委员会成员;

(二)依法对投标文件进行独立评审,提出评审意见,不受任何单位或者个人的干预;

(三)接受参加评标活动的劳务报酬;

(四)国家规定的其他权利。

**第十四条** 评标专家负有下列义务:

(一)有《招标投标法》第三十七条、《招标投标法实施条例》第四十六条和《评标委员会和评标方法暂行规定》第十二条规定情形之一的,应当主动提出回避;

(二)遵守评标工作纪律,不得私下接触投标人,不得收受投标人或者其他利害关系人的财物或者其他好处,不得透露对投标文件的评审和比较、中标候选人的推荐情况以及与评标有关的其他情况;

(三)客观公正地进行评标;

(四)协助、配合有关行政监督部门的监督、检查;

(五)国家规定的其他义务。

**第十五条** 评标专家有下列情形之一的,由有关行政监督部门责令改正;情节严重的,禁止其在一定期限内参加依法必须进行招标的项目的评标;情节特别严重的,取消其担任评标委员会成员的资格:

(一)应当回避而不回避;

(二)擅离职守;

(三)不按照招标文件规定的评标标准和方法评标;

(四)私下接触投标人;

(五)向招标人征询确定中标人的意向或者接受任何单位或者个人明示或者暗示提出的倾向或者排斥特定投标人的要求;

(六)对依法应当否决的投标不提出否决意见;

（七）暗示或者诱导投标人作出澄清、说明或者接受投标人主动提出的澄清、说明；

（八）其他不客观、不公正履行职务的行为。

评标委员会成员收受投标人的财物或者其他好处的，评标委员会成员或者与评标活动有关的工作人员向他人透露对投标文件的评审和比较、中标候选人的推荐以及与评标有关的其他情况的，给予警告，没收收受的财物，可以并处三千元以上五万元以下的罚款；对有所列违法行为的评标委员会成员取消担任评标委员会成员的资格，不得再参加任何依法必须进行招标项目的评标；构成犯罪的，依法追究刑事责任。

**第十六条**　组建评标专家库的政府部门或者招标代理机构有下列情形之一的，由有关行政监督部门给予警告；情节严重的，暂停直至取消招标代理机构相应的招标代理资格：

（一）组建的评标专家库不具备本办法规定条件的；

（二）未按本办法规定建立评标专家档案或对评标专家档案作虚假记载的；

（三）以管理为名，非法干预评标专家的评标活动的。

法律法规对前款规定的行为处罚另有规定的，从其规定。

**第十七条**　依法必须进行招标的项目的招标人不按照规定组建评标委员会，或者确定、更换评标委员会成员违反《招标投标法》和《招标投标法实施条例》规定的，由有关行政监督部门责令改正，可以处十万元以下的罚款，对单位直接负责的主管人员和其他直接责任人员依法给予处分；违法确定或者更换的评标委员会成员作出的评审结论无效，依法重新进行评审。

政府投资项目的招标人或其委托的招标代理机构不遵守本办法第五条的规定，不从政府有关部门组建的评标专家库中抽取专家的，评标无效；情节严重的，由政府有关部门依法给予警告。

**第十八条**　本办法由国家发展改革委负责解释。

**第十九条**　本办法自 2003 年 4 月 1 日起实施。

附录 8

# 国家重大建设项目招标投标监督暂行办法

(2002 年 2 月 1 日)

**第一条** 为了加强国家重大建设项目招标投标活动的监督,保证招标投标活动依法进行,根据《中华人民共和国招标投标法》、《中华人民共和国招标投标法实施条例》、《国务院办公厅印发国务院有关部门实施招标投标活动行政监督职责分工意见的通知》和《国家重大建设项目稽察办法》(国办发〔2000〕54 号、2000 年国家发展改革委令第 6 号),制定本办法。

**第二条** 国家发展改革委根据国务院授权,负责组织国家重大建设项目稽察特派员及其助理(以下简称稽察人员),对国家重大建设项目的招标投标活动进行监督检查。

**第三条** 本办法所称国家重大建设项目,是指国家出资融资的,经国家发展改革委审批或审核后报国务院审批的建设项目。

**第四条** 国家重大建设项目的招标范围、规模标准及评标方法,按《工程建设项目招标范围和规模标准规定》(2000 年国家计委令第 3 号)、《评标委员会和评标方法暂行规定》(2001 年国家计委、经贸委、建设部、铁道部、交通部、信息产业部、水利部令第 12 号)执行。

国家重大建设项目招标公告的发布,按《招标公告发布暂行办法》(2000 年国家计委令第 4 号)执行。

依法必须招标的国家重大建设项目,必须在报送项目可行性研究报告或者资金申请报告中增加有关招标内容,具体办法按《建设项目可行性研究报告增加招标内容以及核准招标事项暂行规定》(2001 年国家计委令第 9 号)执行。

招标人自行招标的,必须符合《工程建设项目自行招标试行办法》(2000 年国家计委令第 5 号)有关规定。

**第五条** 招标人和中标人应按照《中华人民共和国招标投标法》、《中华人民共和国招标投标法实施条例》和《中华人民共和国合同法》规定签订书面合同。合同中确定的建设标准、建设内容、合同价格必须控制在批准的设计及概算文件范围内。

**第六条** 通过招标节省的概算投资,不得擅自挪作他用。

**第七条** 投标人或者其他利害关系人认为国家重大建设项目招标投标活动不符合国家规定的,可以自知道或者应当知道之日起 10 日内向国家发展改革委投诉。国家发展改革委应当自收到投诉之日起 3 个工作日内决定是否受理,并自受理投诉之日起 30 个工作日内作出书面处理决定;需要检验、检测、鉴定、专家评审的,所需时间不计算在内。

**第八条** 稽察人员对国家重大建设项目的招标投标活动进行监督检查可以采取经常性稽察和专项性稽察的方式。经常性稽察方式是对建设项目所有招标投标活动进行全过程的跟踪监控;专项性稽察方式是对建设项目招标投标活动实施抽查。经常性稽察项目名单由国家发展改革委确定。

**第九条** 列入经常性稽察的项目,招标人应当根据核准的招标事项编制招标文件,并在发售前15日将招标文件、资格预审情况和时间安排及相关文件一式三份报国家发展改革委备案。

招标人应当自确定中标人之日起15日内向国家发展改革委提交招标投标情况报告。报告内容依照《评标委员会和评标方法暂行规定》(2001年国家计委、经贸委、建设部、铁道部、交通部、信息产业部、水利部令第12号)第四十二条规定执行。

**第十条** 稽察人员对国家重大建设项目贯彻执行国家有关招标投标的法律、法规、规章和政策情况以及招标投标活动进行监督检查,履行下列职责:

(一)监督检查招标投标当事人和其他行政监督部门有关招标投标的行为是否符合法律、法规规定的权限、程序。

(二)监督检查招标投标的有关文件、资料,对其合法性、真实性进行核实。

(三)监督检查资格预审、开标、评标、定标过程是否合法以及是否符合招标文件、资格预审文件规定,并可进行相关的调查核实。

(四)监督检查招标投标结果的执行情况。

**第十一条** 稽察人员对招标投标活动进行监督检查,可以采取下列方式:

(一)检查项目审批程序、资金拨付等资料和文件;

(二)检查招标公告、投标邀请书、招标文件、投标文件,核查投标单位的资质等级和资信等情况;

(三)监督开标、评标,并可以旁听与招标投标事项有关的重要会议;

(四)向招标人、投标人、招标代理机构、有关行政主管部门、招标公证机构调查了解情况,听取意见;

(五)审阅招标投标情况报告、合同及其有关文件;

(六)现场查验,调查、核实招标结果执行情况。

根据需要,可以联合国务院其他行政监督部门、地方发展改革部门开展工作,并可以聘请有关专业技术人员参加检查。

稽察人员在监督检查过程中不得泄漏知悉的保密事项,不得作为评标委员会成员直接参与评标。

**第十二条** 稽察人员与被监督单位的权力、义务,依照《国家重大建设项目稽察办法》(国办发〔2000〕54号、2000年国家计委令第6号)的有关规定执行。

**第十三条** 对招标投标活动监督检查中发现的招标人、招标代理机构、投标人、评标委员会成员和相关工作人员违反《中华人民共和国招标投标法》、《中华人民共和国招标投标法实施条例》及相关配套法规、规章的,国家发展改革委视情节依法给予以下处罚:

(一)警告。

(二)责令限期改正。

(三)罚款。

(四)没收违法所得。

(五)取消在一定时期参加国家重大建设项目投标、评标资格。

(六)暂停安排国家建设资金或暂停审批有关地区、部门建设项目。

**第十四条** 对需要暂停或取消招标代理资质、吊销营业执照、责令停业整顿、给予行政处分、依法追究刑事责任的,移交有关部门、地方人民政府或者司法机关处理。

**第十五条** 对国家重大建设项目招标投标过程中发生的各种违法行为进行处罚时,也可以依据职责分工由国家发展改革委会同有关部门共同实施。

重大处理决定,应当报国务院批准。

**第十六条** 国家计委和有关部门做出处罚之前,应告知当事人。当事人对处罚有异议的,国家发展改革委及其他有关行政监督部门应予核实。

对处罚决定不服的,可以依法申请行政复议。

**第十七条** 各省、自治区、直辖市人民政府发展改革部门可依据《中华人民共和国招标投标法》、《中华人民共和国招标投标法实施条例》及相关配套法规、规章,结合当地实际,参照本办法制定本地区招标投标监督办法。

**第十八条** 本办法由国家发展改革委负责解释。

**第十九条** 本办法自 2002 年 2 月 1 日起施行。

附录9

# 亚洲开发银行贷款采购指南

## Ⅰ. 概 述

1.01 采购指南的目的在于使亚洲开发银行(以下简称银行)的借款人①和潜在的供货商或承包商了解关于执行银行贷款项目的货物和土建工程采购②应遵循的总原则和程序。这些指南适用于源于普通资金和特别基金的银行贷款的采购,但是特别基金贷款项下的采购被限制用于对基金来源有贡献的发达成员国和所有发展中成员国。

1.02 任何银行和借款人同意增加的关于使用贷款资金的安排,可根据具体情况在贷款协定中阐明。借款人与货物或土建工程供应商的关系,取决于由借款人发出的招标文件和借款人与供应商之间签订的合同,该合同应遵循本采购指南及贷款协定。

1.03 虽然借款人对项目所需货物和服务的采购负有最主要的责任,但作为银行方面,有义务确保使用贷款资金时充分考虑经济性和高效益。为此,银行贷款的采购有以下三个基本原则:

(a)受上述1.01段的限制,对于源于特别基金贷款的采购,贷款资金只能用于银行成员国所提供的货物和土建工程的采购,除非董事会根据银行协定条款中第14 (IX)款另行规定。

(b)为了达到采购的经济性和高效益,银行要求借款人通过国际竞争性招标获得货物和服务,除非在特殊情况下,银行和借款人已同意使用其他更合适的程序。

(c)作为国际合作机构,亚行对其所有成员国都给予在银行贷款项目中提供货物和服务的机会。

1. 04 当项目中有数个合同,且在执行其中一个或更多的合同中没有采用银行资金时,只要借款人令银行满意其所采用的程序将有助于借款人履行其义务,并且努力而有效地实施项目,并符合合理施工和其他适当的操作需要,借款人可在这些合同中采用其自己的采购程序。任何全部或部分使用贷款资金的合同必须使用银行的采购程序。

1.05 为确保高效益而采用的国际竞争性招标采购程序,在本指南第Ⅱ章和第Ⅳ章中有所描述;第Ⅲ章则阐述了在何种情况下采用哪种方法,比国际竞争性招标更经济有效。任何这些方法的使用,应在有关项目的贷款协定中列明。

## Ⅱ. 国际竞争性招标

### A. 总则

2.01 国际竞争性招标的目的是给予借款人更大的选择范围,从参加竞争的供货商承包商中选择最好的投标,同时给予所有来自合格成员国的潜在投标人,提供对银行贷款采购所需货物和土建工程进行投标的一个充分、公正、平等的机会。为达到这一目的,银行要求其借款人按照指南要求编制标书和合同文件,同时遵循一定的程序刊登招标邀请广告、接受投标、开标和评标。另外,按照指南 IV 章的规定,招标文件初稿、评标报告和授予合同的建议均须报银行并获得批准。

合同的类型和规模

2.02 根据所需货物或土建工程的特点,授予合同可基于单价(对于执行土建工程提供货物)或总价,或针对合同不同部分将二者混合使用。授予合同的方式应在招标文件中阐明。

2.03 采购时应尽可能使每个招标项目包或合同都能引起国际性竞争。单个合同的规定和范围由项目的大小、特点和位置决定。

2.04 对于既需要土建工程施工又需要设备供货和安装的项目,一般对它们分别授予合同。如果一个项目需要类似的但又是独立分开的设备品目或土建工程,则邀请投标时可提供几种合同方案选择,以引起大、小承包商或供货商的投标兴趣。可以允许它们根据自己的情况选择对单个的合同进行投标,或对一组类似的合同(包)进行投标。所有单项标和组合投标应同时开标和评标,以确定对借款人最有利的单项投标或组合投标。

2.05 在适当的情况下,如涉及特殊制作工艺或紧密结合的制造方式时,银行可允许采用交钥匙合同,即把设计、设备的供货以及建造一个完整的工厂,都包括在一个合同之内。对交钥匙合同或大型复杂的工业项目,可采用两阶段招标程序(请见下列 2.44 段)。

广告和通告

2.06 应及时向所有的银行合格成员国通告投标机会。投标邀请应在银行的"亚行商业机会"以及借款国广泛发行的报纸上刊登广告(如果可能的话,至少在一份英文报纸上刊登),而且,投标邀请应以最迅速的方式传递给银行成员国在当地的代表(如在借款国的使馆、领事馆、商会)。此外,还应送达其他所有银行成员国列明的地址。贷款批准后银行会提供一份须发出投标邀请的地址清单。投标邀请应在当地报纸上刊登广告的同时发送,同时借款人应向银行汇报投标邀请已按要求发出。[见下列 4.04(b)段]

2.07 对于大型或专业性合同,银行可以另外要求借款人将投标邀请或采购通告刊登在国际上广泛发行的著名专业技术杂志、行业出版物或报纸上。通告应留出足够的时间,使潜在的投标人能够准备和提交其投标。

对投标人的资格预审

2.08 对于大多数土建工程合同、交钥匙合同,以及昂贵的、技术复杂的设备的供应合同均需要进行资格预审,以保证投标邀请只发给那些具有合格技术和资金能力的厂商,对于货物和设备的供应商通常不进行资格预审。资格预审应完全以感兴趣的厂商是否具有圆满履行具体合同的能力为基础,应考虑它们的:(i)经验和过去类似合同的执行情况(ii)人员、设备和车间的能力;(iii)财务状况。

2.09 刊登资格预审邀请广告和发出通告,应按上述 2.06 段所述程序进行。工作的范围、简略的技术规格,以及资格预审要求的详细说明,均应提供给那些表示希望参加资格预审的厂商。一般准备递交资格预审文件的时间最少为 60 天。对于参加资格预审的厂商数量则没有限制。所有符合资格预审标准,具有圆满履行具体合同能力的厂商,都应通过资格预审并被邀请投标。

2.10 当投标人按上述 2.08 和 2.09 段通过资格预审后,投标邀请和招标文件应直接提供给资格预审合格的投标人。

2.11 提前采购。在特殊情况下,当提前签订货物或土建工程合同显然是按时完成项目的关键和重要的因素时,在事先征得银行的同意的情况下,允许在项目批贷前发布投标邀请或资格预审。在这种情况下,银行要求招标文件或资格预审文件的草本在发布之前必须经银行审批。对于刊登广告和发出投标邀请或资格预审邀请通告的要求,应按照上述 2.06 段和 2.07 段进行。银行对这种提前采购的批准并不意味着银行承诺批准项目的贷款。

**B. 招标文件**

**总则**

2.12 (a)招标文件应包括适当的使指南中的要求生效的条款,同时包括由银行和借款人同意的任何特别的修改或差异。

(b)招标文件应为投标人提供准备响应投标文件所必要的信息。虽然招标文件的详细程度和复杂程度取决于所采购的货物品种和合同的规模,一般来说,招标文件应包括:投标邀请;投标人须知及投标条件;投标书格式;合同条款,包括一般条款和专用条款;技术规格;工程量清单和图纸;价格表格式;必要的附件;履约保函和投标担保的格式。对准备招标文件的指导将在下面说明。

**关于银行的提法**

2.13 当合同全部或部分使用银行贷款时,关于银行的提法应采用下列文字:

"……(借款人名称)……已获得亚洲开发银行的一笔(普通资金或特别基金)贷款用于支付……(项目名称)……的费用,并计划将贷款资金用于本投标邀请包括的合同项下的支付。此合同的条款和亚洲开发银行的支付,必须完全符合贷款协定的条款和条件,包括'亚洲开发银行贷款采购指南'。除非银行另外特别同意,除……(借款人名称)……外,任何一方都不得从贷款协定中取得任何权利或对贷款资金提出任何要求。"

**语言**

2.14 在银行协定条款下,银行的工作语言是英语,因此招标文件和其他相关的文件,包括广告,必须用英文准备。当使用一种以上语言时,英语版本优先。

**招标文件的明确性**

2.15 为鼓励国际竞争性招标,招标文件应清楚准确地阐述需要开展的工作或所要提供的货物,交货或安装的时间地点,质量保证和维修的要求,以及其他有关条款。技术规格应描述需采购项目的所有基本特点,并说明任何与这些特点的不一致将导致其投标实质性不响应。图纸应与技术规格相一致。如果允许选择投标,这一点必须表达清楚。招标文件必须表明评标的方法、条款和条件,还有投标评比时需考虑的其他因素和基础(包括那些不可能用货币量化的因素和给出的特定权重)。如果借款人保留其权利按单项或一组项目或按包对标价进行比较,招标文件中应予以说明。

2.16 招标文件中任何增加的资料、澄清、对错误的修改和变更,应提供给所有的拥有原始招标文件的投标人。任何对招标文件的实质性修改,都应给予投标人足够的时间用来完成所需的改变,以响应这些修改。一般 30 天的时间被认为能足以达到响应实质性修改的目的。

**投标担保或保函**

2.17 可要求投标担保或投标保函以保证投标文件在投标邀请中规定的投标有效期内有效。但是它们的金额不宜太高,以免影响投标人的积极性。投标担保或投标保函的金额应合理反映投标人撤标或拒绝签署合同时借款人的损失。投标价的百分之二通常被认为是公平合理的。在选择中标商后,投标担保或投标保函应尽快返还给未中标的投标人。

**合同条款**

2.18 合同应包括一般条款,它特别应包括:拟进行工程的范围的定义或供货的品种,借款人和承包商或供货商的权利和义务,由业主雇用的监理工程师或建筑师进行合同管理时的职责权利,付款条款(包括预付款的支付,如果有的话),担保规定,保函,保留金,价格调整条款,保险以及误期损害赔偿。除一般条款外,还应该有适合货物或工程或项目特点的特殊条款。

**标准**

2.19 如果引用某些设备或材料必须符合的特殊标准,技术规格应说明货物符合其他能确保质量等于或高于上述标准的权威标准也可以被接受。

**商标的使用**

2.20 技术规格应以性能要求为基础,避免引用商标名称、产品目录号或相似的分类,除非这是保证包含某种基本特性所必须的。在这种情况下,则应在引用后面加上“或相当于”的字样。技术规格应允许提供至少与规定的性能质量相等的替代货物。

**采购来源**

2.21 招标文件应说明,银行贷款资金的支付有如下限制:普通资金贷款可以用于支付由银行成员国生产的货物或提供的服务。特别基金贷款只能用于支付由向此基金提供资助的发达国家成员国和所有发展中成员国所生产的货物或提供的服务。

**货币规定**

2.22 投标货币

(a)招标文件中应说明可以使用哪种或哪几种货币报价。招标文件中一般要求投标人以投标人所在国货币投标或以招标文件中规定的某种国际贸易货币报价。

(b)投标人在生产其所提供的货物的时候需要支付其他货币时,投标价中相应部分可用预计使用的该种货币的金额表示。

(c)如果合同的开支需在借款国支付,投标价中预计用于这种开支的部分应以借款国货币表示。

(d)在土建工程中,招标文件可要求投标人全部以借款国货币报价。

2.23 评标货币

(a)为便于比较,投标价应换算成借款人选定且在招标文件中规定的一种货币。下列(b)段规定,换算时所使用的兑换率应为招标文件所规定的日期当日官方公布的类似交易的卖出价。在不能得到这种汇率的情况下,所使用的兑换率应由借款人和银行协商确定。

(b)招标文件中规定的用于按上述(a)段的规定进行标价比较的日期,应为下列两者之一:(i)开标日期;或(ii)决定授予合同的日期;但规定,如果投标有效期延长,并且决定授予合同的日期在延长的有效期内,标价将使用原投标有效期的最后一天进行比较。

2.24 付款货币和汇率风险

(a)合同应按中标价格所述货币支付,除非在招标文件中明确规定另有安排。

(b)如果全部或部分以投标货币以外的其他货币进行支付,汇率风险不能由承包商或供货商承担。为此,合同中应规定,以投标货币以外的货币进行支付时,金额应按招标文件中为此目的所列出的相应货币间的汇率进行计算。对于土建工程合同,当全部投标价以借款国货币表示[见上述2.22段(d)],且该价格中代表其他种类货币支出部分将用该种其他货币支付时,合同中应有类似的规定。

**付款条件和方法**

2.25 付款条件应遵照标准的国际商业惯例,贷款的支付应根据标题为"ADB贷款资金提款程序"的小册子1977年7月版(版本会随时修改)中规定的程序进行。

**价格调整条款**

2.26 招标文件应明确指出,如果合同的主要成本因素(如:人工、设备和材料)发生承包商不能控制的变动,是否允许对价格进行调整。对于涉及的交货期较短的简单供货合同,没有必要包括价格调整条款。但是,交货期较长(一般超过12个月)的供货合同以及大型土建工程合同,则应包括价格调整条款。如果合同涉及价格会在短期内急剧变动的大量商品,则应包括有关价格跌升的条款,保护借款人或承包商,避免因价格意外急剧变动而蒙受损失。

2.27 价格调整应以合同主要组成部分的成本变动为基础。调整方法应在招标文件规定,可以规定根据承包商提供的文件(单据)证明进行调整,或者运用价格调整公式进行计算。在招标文件中,可以规定一个价格调整封顶(即最高调整量),但是只能根据基准价格进行比较,而不能应用调整条款。

**预付款**

2.28 在施工合同中可以支付动员预付款及结合工程交运现场的材料的预付款。招标文件中应说明决定每次预付的数量、时间和支付方法、所需要的保证及承包商偿还的方法的依据。对于动员预付款,取决于在工程量清单中列明动员预付款的项目,且预付款只适用于这些项目。一般动员预付款的数量限制在合同总价的10%。对于结合工程交运现场的材料的预付款,取决于工程的类型,一般按照材料费的一定比例支付。

**目的担保,保留金**

2.29 招标文件中应要求一定形式的投标保证,用以保证工程的完成以防承包商不履行合同。在土建工程中,应要求承包商提交履约担保,或银行保函,或现金支票,其有效期应覆盖合同的有效期。保证金的数量取决于所做工程的类型和范围;一般合同价的10%被认为足以保护借款人。另外,保留金可以保证承包商履行保质和保修义务,其金额不超过付款金额的10%。只有在保质或保修期到期后,保留金才能退回。工程完工后,在保质或保修期到期前,借款人可选择由适当的银行保函或由信誉良好的机构出具的保留金担保代替保留金。

2.30 对于供货合同,可要求提交履约担保或银行保函或保留金,用来保证提供的设备在保证期内符合技术规格要求。虽然对于具体的货物,其金额取决于市场条件和商业惯例,但在大多数情况下,合同金额的5%到10%被认为是合理的。

保险和运输

2.31 招标文件应准确地说明中标人所投保的险种及其所抵御的风险，应承担的责任以及保险的期间。在以CIF条款为基础的供货合同中，按合同中的要求，海运保险和运输由供货商安排。而对于以FOB条款为基础的供货的合同，海运保险和运输由借款人另外安排。如果请求银行支付这些保险和运输费用，必须满足银行的要求，在购买这些保险和运输时，已充分考虑到其经济性和高效益，而且没有不恰当的限制。

误期损害赔偿与奖励条款

2.32 招标文件中应规定，如果由于土建工程竣工误期或交货延迟给借款人带来额外的支出，收益损失，或丧失了其他效益，借款人应得到赔偿，误期损害赔偿金额或类似的款项一般不能超过合同金额的10%。如果承包商提前完工，而该提前将给借款人带来效益，也可规定向承包商支付奖金。

不可抗力

2.33 招标文件的合同条款中应规定，合同的一方若出现由于合同条款中定义的不可抗力事件而不能履行其合同义务，不应被视做违约。

争端的解决

2.34 只要可能，合同条款中应包括适用法律和争端的解决条款。在采购货物和服务的合同中一般考虑采用国际商务仲裁比较有利。但是银行不应作为仲裁者也不应要求银行指定仲裁者。

C. 开标，评标和授予合同

投标书的准备时间

2.35 投标书的准备和提交时间主要由合同的规模和复杂程度来决定。项目的特殊情况也应考虑。一般而言，供货合同不少于7天，土建工程合同不少于30天。当进行严格的国内竞争性招标的时候，投标书准备的时间可以缩短；在截标时间的延期能增强竞争性的情况下，可适当延期截标。如果招标时间延长，应通知所有受到邀请的投标人。

开标程序

2.36 开标和截标的日期、时间、地点应在投标邀请书中说明，所有的投标应在规定的时间公开开标。迟到的标书将不得开标并被退回。如果不是由于投标人的错误而造成的递交投标书的延误，而且接受此投标不会给该投标人带来超过其他投标人的优惠，那该投标仍可能被考虑，但取决于与银行事先磋商的结果。开标时应大声宣读并记录投标人名称和投标总价。

投标有效期的延长

2.37 在原投标有效期内应努力完成评标，除非特殊情况，投标有效期不能延长。如果需要延期，应要求所有递交投标书的投标人延长他们的投标有效期。对于那些愿意延长投标有效期的投标人既不能要求也不能允许他们对其投标进行实质性的修改。投标担保和投标保函将退回给不愿延长投标有效期的投标人。

对投标书的澄清或修改

2.38 在开标后任何投标人都不允许修改其投标书，但是可以接受对投标书进行非实质性修改的澄清，借款人可要求任何投标人进行澄清。但不能要求任何投标人改变其投标书的实质性内容。

**过程的保密**

2.39 从公开开标到对中标商宣布授予合同之前，与投标的检查、澄清，以及评标和投标建议有关的情况均不得向任何与该程序无关的人员透露。

**投标书的检查**

2.40 开标后，借款人应查明投标书中是否有重大误差；是否对招标文件作出了实质性的响应；是否按要求提供了要求的保函和保证；投标书签署是否适当；以及投标书是否在其他方面大体符合要求。如果某投标书对招标文件不具有实质性的响应或包含有不可接受的保留，该投标将被拒绝。随后为使各投标可以进行比较，对于响应的投标应进行技术分析。

**投标的评价和比较**

2.41 对于符合技术规格和实质性响应招标文件的投标，将在评标价的基础上加以比较。合同应该授予具有最低评标价的投标，但不一定是报价最低的投标。

2.42 (a)评标必须按照招标文件前面列明的方法、条款和条件进行。除了价格以外，其他包括设备的效率和可靠性或施工采用的方法，竣工或交货的时间，零备件和售后服务的可获得性，运营成本在内的相关因素都将被考虑进来，并按照招标文件中规定的范围和方法确定最低评标价。这些因素如有可能应尽量货币化，或在招标文件的评标条款中给出相应的权重。投标将在不考虑价格调整条款的基本价格基础上进行比较。同样，比较供货合同的投标时应除去海关关税和进口税。

(b)应借款国的要求，并根据银行同意的协定中的条件和招标文件的规定，对符合下列情况的国际竞争性招标中的投标可以给予一定幅度的优惠：

(i)在与进口货物相比较时，可给予在借款国国内制造的货物一定幅度的优惠；

(ii)在比较借款国土建工程合格承包商的投标与国外承包商的投标时，可给予借款国合格承包商的投标一定幅度的优惠。

若在贷款协定中有允许给予国内制造的货物或国内承包商优惠的条款，贷款协定中对投标书的评估和比较的方法和步骤应在招标文件中写明。

2.43 对于不需按照上述2.08段进行资格预审的合同，如果需要有关投标人经验(销售记录)，财务状况，技术人员，以及售后服务网络的资料，则应在招标文件中写明。一般情况，这些资料将在投标书初步检查时予以考虑，任何不能令人满意地达到要求的投标书将不被进一步评估。在任何情况下，借款人必须确保最低评标价的投标人具有能令人满意地履行合同的技术和财务能力。若投标人不能满足这些要求，其投标将被拒绝。

**两阶段招标程序**

2.44 对于可能遇到技术不等同投标的大型复杂合同，为了增强竞争性和方便评估，可能会采取两阶段招标程序。在此过程中，投标人首先被邀请递交没有报价的技术建议书(加上所有其他招标的要求)，该建议书应与技术规格规定的最低操作和性能要求相一致。随后，有关的投标人和借款人及其顾问(如果有的话)将对每一个不含报价的技术建议书进行讨论，以便得到一个对所有投标均可接受的技术标准。在讨论之后，投标人将得到一次机会修改其投标建议，使其和商定的技术标准相吻合。在第二阶段，投标人将被邀请递交报价建议书，在技术建议投标通过评估基础之上进行评标。对特定的机械或设备，若技术方案是可以选择的,投标时技术规格和报价可分两个信封同时提交。技术建议书将先被打开,审查评定其对技术规格的响应以及是否需要修改。技术审查结束后,报价信封将被打开用来对价格进行比较。但是,当某个或某些投标需进行技术修改且随后需进行价格调整时,受影响的报价将原封退回给有关的投标人,然后在特定的时期内重新递交。此种程序的使用必须由银行和借款人商定。

**废除所有投标和重新招标**

2.45 招标文件通常规定借款人有权废除所有投标。只有在缺乏有效的竞争,或所有的投标书都未对招标文件作出实质性响应的情况下,才能废标。

2.46 当所有的投标被废除时,可能要进行重新招标。借款人应邀请那些在第一次投标中得到招标文件的投标人递交新的投标书。然而,如果在第一次投标中有足够数量的投标,借款人可只邀请那些先前送交了投标书的投标人。废除所有的投标是因为缺乏竞争性或不满足规范要求时,借款人应检查废标的原因,并考虑在重新招标前修改规范或投标条件。如果所有的投标价格大大超过了借款人的费用估算,重新招标之外的另一种方法是,借款人可以在与银行磋商之后,与具有最低评标价的投标人进行降价谈判。如果没有得到令人满意的合同,就要进行重新招标,此时应考虑对合同范围进行修改。

**授予合同**

2.47 合同应授予满足适当能力和财务责任标准且评标价最低的投标人。不应要求投标人承担未在招标文件中规定的工作责任或修改其投标书,并将此作为授予合同的条件。

## Ⅲ. 其他采购方式

**总则**

3.01 正如以上第Ⅰ章概述中所表明的,虽然银行通常要求借款人通过国际竞争性招标的方式得到货物和服务,但也许在特殊情况下使用诸如国际询价采购,或合理的国内竞争性招标,直接采购或直接谈判或独家投标,以及自营工程等方法会更加经济高效。在项目评估期间应当对在何种情况使用哪种采购方式进行审查。适当的采购程序,工程和货物的种类,采购的分包和每种采购方法所允许的采购总金额,将反映在贷款文件中。如同在国际竞争性招标中一样,公平原则, 机会平等,以及经济和高效均应予以考虑。下面对通常的其他采购方式及其适用条件予以说明。

**国际询价采购**

3.02 国际询价采购应用于合同金额不大,且若采用国际竞争性招标不能引起国外供货商和承包商兴趣的情况。国际询价采购还适于只有有限几家供货商能满足要求的特别项目,也适于对项目下某工程的执行来说,尽早交货是最重要因素的情况。

3.03 国际询价采购需按照下列程序。

(a)合理的竞争。投标邀请应向合理数量的供货商或承包商发出,根据具体情况,他们应来自1个以上合格货源国。如条件允许,还应在借款国一份普遍发行英文报纸上刊登广告。所收到的投标或报价应当众打开并像国际竞争性招标那样进行评估和比较。投标邀请和有关招标文件在发行前不必得到银行的批准。

(b)授予合同。在授予每个合同之后,银行应立即得到下列材料的3份副本:(i)对于收到的投标或报价的评估及汇总；(ii)授予合同的简要理由(同时附上咨询顾问的推荐意见，如果适用的话)；(iii)已生效的合同；和(iv)在银行要求时提供证明合同合格性的适当证明。

**国内竞争性招标**

3.04　当银行认为下列条件均成立时，才允许采用国内竞争性招标：

(i)国内产品或施工设施价格合理，有效，并可及时交货；

(ii)估计外国承包商或供货商对投标未必感兴趣；

(iii)国内采购程序(例如国内竞争，资格预审等)可以满足银行的要求；以及

(iv)借款人特别要求采用国内竞争性招标。

**直接采购/谈判或独家投标**

3.05　直接采购/谈判或独家投标用于处理特别的供货商或有限数量的供货商，经银行允许适用于以下情况：

(i)当进行金额小于 50 000 美元的少量采购或货架采购时；

(ii)当标准化成为重要的因素，现有设备的扩充或维修所需的设备和零配件必须从原供货商或同一货物的供货商采购时；

(iii)当设备具有专有特性，只能从一家供货商那里获得时；

(iv)当关键部件需从专业供货商那里采购时；

(v)当将要进行的土建工程是早先完成或正在施工工程的自然延伸，且由同一个承包商承担显然会更经济并且将会保证工程质量的一致时。

**有限招标或重复采购**

3.06　在某项目下原先的一些款项通过国际竞争性招标进行采购之后，又急需增加相同数量的部件；且在贷款中可获得用于此用途的资金来满足项目的紧急要求时，如果采用国际竞争性招标明显没有优势，增加部件的采购就可采用有限招标。按此程序，招标可只邀请那些在原来的招标中提交响应投标书的投标人。如果响应的投标人数量很多，可以只邀请 5 个评标价最低的响应投标人。在以前采购中只有少数响应投标人的特殊情况下，中标的投标不仅在价格条款而且在设备的可靠性、售后服务和零配件的获得以及交货期都明显优于其他投标时，上述情况中增加部件的采购方式，可由向以前提供相同部件的供货商重复采购的方式代替，但要以重复采购距先前采购时间不长，没有可能得到更好的报价，且重复采购所付的价格不高于原来采购的价格为条件。

**自营工程**

3.07　自营工程，即借款人利用自己的施工人员和设备以及其他资源进行施工。这种方式适于当工程的大小、特性和地点不适于采用竞争性招标，借款人具有充足有效的可使银行满意的施工设施，并有能力以合理的成本迅速完成工程的情况。

**用于小型私营子借款人的设备采购**

3.08　如贷款是贷给中间机构(农业开发银行，合作机构，渔业组织)，再由中间机构转贷给农业或渔业领域的小型私营子借款人，则对于该项目的机械和设备采购，在适当的情况下子借款人可选择由子借款直接采购或由中间机构进行集中采购。在子借款人在集中采购的情况下，应遵照已制定的商业惯例。在集中采购时，中间机构应进行国际竞争性招标，任何有兴趣的供货商均可以递交其投标。在此程序下，开标后应要求选定的子借款人明确其

拟订货的投标人,该投标人应是招标文件中规定的属于最低评标价范围的投标人。

**金融发展机构贷款项下的采购**

3.09 在银行贷款给金融发展机构(简称 DFIs)并转贷给子借款人的情况下,银行不坚持一定采用国际竞争性招标程序,但要求 DFIs 行使其对贷款的实际管理职能时,满足银行的要求,即保证(包括对独立子贷款的批准)应用于各个独立的子借款人的采购程序分别适用于各项目,价格合理,采购的货物适合项目需要,并且在选择供货商的时候进行了详细的审查。此外,银行鼓励 DFIs 要求子借款人在投资的数量很大时,采用国际竞争性招标的程序,按此程序会在经济高效方面获得收益。

## Ⅳ. 审查借款人的采购活动

4.01 在要求借款人采用竞争性招标进行货物和土建的采购时,银行将按下列标准规定审查借款人的采购活动。除非在特殊情况下经银行同意,这些规定适用于所有此类情况。

**分包打捆**

4.02 在任何采购开始之前,借款人应向银行递交一份采购货物的清单、这些货物的分组建议以及土建工程合同的建议数量和范围,并经银行批准。

**资格预审程序**

4.03 对投标人的资格预审要按照下列程序:

(a)资格预审邀请。资格预审邀请和所有的相关文件(包括建议的资格预审方法和标准)应说明贷款号,并在发出之前得到银行的批准。为此,资格预审邀请和有关文件草本的3份副本应提交银行批准。提交银行供批准的资格预审邀请草本应说明建议提交资格预审申请的时间。

(b)资格预审邀请的发布。在资格预审邀请按 2.06 段的要求刊登广告并进行传送后,银行应得到一份有关广告和传送过程的报告。这份报告应特别说明刊登招标邀请的报纸的名称、广告的日期、已传送邀请的地址清单、传送的方法(本国,送达或寄达;外国,航空寄达)和传送的日期。报告应当随附所发布的资格预审邀请和已出版的刊登广告的报纸的副本各1份。

(c)资格预审建议。资格预审评审完成之后,应在通知申请人之前得到银行对评审结果的批准。为此,银行应在资格预审之后,立即得到以下文件的 3 份副本:(i)资格预审申请人名单;(ii)资格预审的评估及汇总,和(iii)资格预审建议(随附咨询专家的推荐建议,如果可能的话)。关于资格预审申请以及任何有关这些申请的资料复印件信息应准备好按银行的要求及时提供。

**国际竞争性招标**

4.04 国际竞争性招标应按照以下程序:

(a)投标邀请和招标文件。投标邀请和有关的招标文件(包括投标须知和条件,规格,表格以及合同条件)应说明贷款号并在发出之前得到银行的批准。为此,投标邀请和有关招标文件的 3 份副本应提交银行。提交银行供批准的招标文件草本,应说明所有招标的重要条件,包括建议的招标时间和建议的提交时间。

(b)投标邀请的发布。在投标邀请按 2.06 段的要求刊登广告并传送后,银行应立即得到1份有关广告和传送过程的报告。这份报告应特别说明刊登投标邀请的报纸的名称、广告的日期、已传送邀请的地址清单、传送的方法（本国，送达或寄达；外国，航空寄达）和传送的日期。报告应当随附所发布的投标邀请和已出版的刊登广告的报纸的副本各1份。

（c）授标建议。评标完成之后，应在投标或书面意向通知发出之前得到银行对评审结果的批准。为此，银行应在评标后，投标有效期结束以前至少30天，得到以下文件的3份副本：（i）公开开标说明（随附开标记录）；（ii）对投标的评估及汇总；（iii）投标建议（随附咨询专家的推荐建议，如果适用的话）；（iv）若与以前递交的并得到银行批准的草本有实质性的区别则需提交合同草本或中标通知草本；以及（v）银行要求提供的，证明拟签合同的合格性的证书。

（d）授标。在授予合同后，银行应立即得到3份生效合同的副本。如果拟生效的最终合同与先前得到银行同意的合同有实质性的差别，或在合同生效后又对合同提出实质性的补遗，这些拟采取的变化应事先提交银行并得到批准。

**附录 10**

# 中华人民共和国政府采购法

（2002 年 6 月 29 日第九届全国人民代表大会
常务委员会第二十八次会议通过）

## 目　录



## 第一章　总　则

**第一条**　为了规范政府采购行为，提高政府采购资金的使用效益，维护国家利益和社会公共利益，保护政府采购当事人的合法权益，促进廉政建设，制定本法。

**第二条**　在中华人民共和国境内进行的政府采购适用本法。

本法所称政府采购，是指各级国家机关、事业单位和团体组织，使用财政性资金采购依法制定的集中采购目录以内的或者采购限额标准以上的货物、工程和服务的行为。

政府集中采购目录和采购限额标准依照本法规定的权限制定。

本法所称采购，是指以合同方式有偿取得货物、工程和服务的行为，包括购买、租赁、委托、雇用等。

本法所称货物，是指各种形态和种类的物品，包括原材料、燃料、设备、产品等。

本法所称工程，是指建设工程，包括建筑物和构筑物的新建、改建、扩建、装修、拆除、修缮等。

本法所称服务，是指除货物和工程以外的其他政府采购对象。

**第三条**　政府采购应当遵循公开透明原则、公平竞争原则、公正原则和诚实信用原则。

**第四条**　政府采购工程进行招标投标的，适用招标投标法。

**第五条** 任何单位和个人不得采用任何方式,阻挠和限制供应商自由进入本地区和本行业的政府采购市场。

**第六条** 政府采购应当严格按照批准的预算执行。

**第七条** 政府采购实行集中采购和分散采购相结合。集中采购的范围由省级以上人民政府公布的集中采购目录确定。

属于中央预算的政府采购项目,其集中采购目录由国务院确定并公布;属于地方预算的政府采购项目,其集中采购目录由省、自治区、直辖市人民政府或者其授权的机构确定并公布。

纳入集中采购目录的政府采购项目,应当实行集中采购。

**第八条** 政府采购限额标准,属于中央预算的政府采购项目,由国务院确定并公布;属于地方预算的政府采购项目,由省、自治区、直辖市人民政府或者其授权的机构确定并公布。

**第九条** 政府采购应当有助于实现国家的经济和社会发展政策目标,包括保护环境,扶持不发达地区和少数民族地区,促进中小企业发展等。

**第十条** 政府采购应当采购本国货物、工程和服务。但有下列情形之一的除外:

(一)需要采购的货物、工程或者服务在中国境内无法获取或者无法以合理的商业条件获取的;

(二)为在中国境外使用而进行采购的;

(三)其他法律、行政法规另有规定的。

前款所称本国货物、工程和服务的界定,依照国务院有关规定执行。

**第十一条** 政府采购的信息应当在政府采购监督管理部门指定的媒体上及时向社会公开发布,但涉及商业秘密的除外。

**第十二条** 在政府采购活动中,采购人员及相关人员与供应商有利害关系的,必须回避。供应商认为采购人员及相关人员与其他供应商有利害关系的,可以申请其回避。

前款所称相关人员,包括招标采购中评标委员会的组成人员,竞争性谈判采购中谈判小组的组成人员,询价采购中询价小组的组成人员等。

**第十三条** 各级人民政府财政部门是负责政府采购监督管理的部门,依法履行对政府采购活动的监督管理职责。

各级人民政府其他有关部门依法履行与政府采购活动有关的监督管理职责。

## 第二章 政府采购当事人

**第十四条** 政府采购当事人是指在政府采购活动中享有权利和承担义务的各类主体,包括采购人、供应商和采购代理机构等。

**第十五条** 采购人是指依法进行政府采购的国家机关、事业单位、团体组织。

**第十六条** 集中采购机构为采购代理机构。设区的市、自治州以上人民政府根据本级政府采购项目组织集中采购的需要设立集中采购机构。

集中采购机构是非营利事业法人,根据采购人的委托办理采购事宜。

**第十七条** 集中采购机构进行政府采购活动,应当符合采购价格低于市场平均价格、采购效率更高、采购质量优良和服务良好的要求。

**第十八条** 采购人采购纳入集中采购目录的政府采购项目，必须委托集中采购机构代理采购；采购未纳入集中采购目录的政府采购项目，可以自行采购，也可以委托集中采购机构在委托的范围内代理采购。

纳入集中采购目录属于通用的政府采购项目的，应当委托集中采购机构代理采购；属于本部门、本系统有特殊要求的项目，应当实行部门集中采购；属于本单位有特殊要求的项目，经省级以上人民政府批准，可以自行采购。

**第十九条** 采购人可以委托集中采购机构以外的采购代理机构，在委托的范围内办理政府采购事宜。

采购人有权自行选择采购代理机构，任何单位和个人不得以任何方式为采购人指定采购代理机构。

**第二十条** 采购人依法委托采购代理机构办理采购事宜的，应当由采购人与采购代理机构签订委托代理协议，依法确定委托代理的事项，约定双方的权利义务。

**第二十一条** 供应商是指向采购人提供货物、工程或者服务的法人、其他组织或者自然人。

**第二十二条** 供应商参加政府采购活动应当具备下列条件：

（一）具有独立承担民事责任的能力；

（二）具有良好的商业信誉和健全的财务会计制度；

（三）具有履行合同所必需的设备和专业技术能力；

（四）有依法缴纳税收和社会保障资金的良好记录；

（五）参加政府采购活动前 3 年内，在经营活动中没有重大违法记录；

（六）法律、行政法规规定的其他条件。

采购人可以根据采购项目的特殊要求，规定供应商的特定条件，但不得以不合理的条件对供应商实行差别待遇或者歧视待遇。

**第二十三条** 采购人可以要求参加政府采购的供应商提供有关资质证明文件和业绩情况，并根据本法规定的供应商条件和采购项目对供应商的特定要求，对供应商的资格进行审查。

**第二十四条** 2 个以上的自然人、法人或者其他组织可以组成一个联合体，以 1 个供应商的身份共同参加政府采购。

以联合体形式进行政府采购的，参加联合体的供应商均应当具备本法第二十二条规定的条件，并应当向采购人提交联合协议，载明联合体各方承担的工作和义务。联合体各方应当共同与采购人签订采购合同，就采购合同约定的事项对采购人承担连带责任。

**第二十五条** 政府采购当事人不得相互串通损害国家利益、社会公共利益和其他当事人的合法权益；不得以任何手段排斥其他供应商参与竞争。

供应商不得以向采购人、采购代理机构、评标委员会的组成人员、竞争性谈判小组的组成人员、询价小组的组成人员行贿或者采取其他不正当手段谋取中标或者成交。

采购代理机构不得以向采购人行贿或者采取其他不正当手段谋取非法利益。

## 第三章 政府采购方式

**第二十六条** 政府采购采用以下方式：

（一）公开招标；

（二）邀请招标；

（三）竞争性谈判；

（四）单一来源采购；

（五）询价；

（六）国务院政府采购监督管理部门认定的其他采购方式。

公开招标应作为政府采购的主要采购方式。

**第二十七条** 采购人采购货物或者服务应当采用公开招标方式的，其具体数额标准，属于中央预算的政府采购项目，由国务院规定；属于地方预算的政府采购项目，由省、自治区、直辖市人民政府规定；因特殊情况需要采用公开招标以外的采购方式的，应当在采购活动开始前获得设区的市、自治州以上人民政府采购监督管理部门的批准。

**第二十八条** 采购人不得将应当以公开招标方式采购的货物或者服务化整为零或者以其他任何方式规避公开招标采购。

**第二十九条** 符合下列情形之一的货物或者服务，可以依照本法采用邀请招标方式采购：

（一）具有特殊性，只能从有限范围的供应商处采购的；

（二）采用公开招标方式的费用占政府采购项目总价值的比例过大的。

**第三十条** 符合下列情形之一的货物或者服务，可以依照本法采用竞争性谈判方式采购：

（一）招标后没有供应商投标或者没有合格标的或者重新招标未能成立的；

（二）技术复杂或者性质特殊，不能确定详细规格或者具体要求的；

（三）采用招标所需时间不能满足用户紧急需要的；

（四）不能事先计算出价格总额的。

**第三十一条** 符合下列情形之一的货物或者服务，可以依照本法采用单一来源方式采购：

（一）只能从唯一供应商处采购的；

（二）发生了不可预见的紧急情况不能从其他供应商处采购的；

（三）必须保证原有采购项目一致性或者服务配套的要求，需要继续从原供应商处添购，且添购资金总额不超过原合同采购金额10%的。

**第三十二条** 采购的货物规格、标准统一、现货货源充足且价格变化幅度小的政府采购项目，可以依照本法采用询价方式采购。

## 第四章 政府采购程序

**第三十三条** 负有编制部门预算职责的部门在编制下一财政年度部门预算时，应当将该财政年度政府采购的项目及资金预算列出，报本级财政部门汇总。部门预算的审批，按预算管理权限和程序进行。

**第三十四条** 货物或者服务项目采取邀请招标方式采购的，采购人应当从符合相应资格条件的供应商中，通过随机方式选择3家以上的供应商，并向其发出投标邀请书。

**第三十五条** 货物和服务项目实行招标方式采购的,自招标文件开始发出之日起至投标人提交投标文件截止之日止,不得少于20日。

**第三十六条** 在招标采购中,出现下列情形之一的,应予废标:

(一)符合专业条件的供应商或者对招标文件作实质响应的供应商不足3家的;

(二)出现影响采购公正的违法、违规行为的;

(三)投标人的报价均超过了采购预算,采购人不能支付的;

(四)因重大变故,采购任务取消的。

废标后,采购人应当将废标理由通知所有投标人。

**第三十七条** 废标后,除采购任务取消情形外,应当重新组织招标;需要采取其他方式采购的,应当在采购活动开始前获得设区的市、自治州以上人民政府采购监督管理部门或者政府有关部门批准。

**第三十八条** 采用竞争性谈判方式采购的,应当遵循下列程序:

(一)成立谈判小组。谈判小组由采购人的代表和有关专家共3人以上的单数组成,其中专家的人数不得少于成员总数的2/3。

(二)制定谈判文件。谈判文件应当明确谈判程序、谈判内容、合同草案的条款以及评定成交的标准等事项。

(三)确定邀请参加谈判的供应商名单。谈判小组从符合相应资格条件的供应商名单中确定不少于3家的供应商参加谈判,并向其提供谈判文件。

(四)谈判。谈判小组所有成员集中与单一供应商分别进行谈判。在谈判中,谈判的任何一方不得透露与谈判有关的其他供应商的技术资料、价格和其他信息。谈判文件有实质性变动的,谈判小组应当以书面形式通知所有参加谈判的供应商。

(五)确定成交供应商。谈判结束后,谈判小组应当要求所有参加谈判的供应商在规定时间内进行最后报价,采购人从谈判小组提出的成交候选人中根据符合采购需求、质量和服务相等且报价最低的原则确定成交供应商,并将结果通知所有参加谈判的未成交的供应商。

**第三十九条** 采取单一来源方式采购的,采购人与供应商应当遵循本法规定的原则,在保证采购项目质量和双方商定合理价格的基础上进行采购。

**第四十条** 采取询价方式采购的,应当遵循下列程序:

(一)成立询价小组。询价小组由采购人的代表和有关专家共3人以上的单数组成,其中专家的人数不得少于成员总数的2/3。询价小组应当对采购项目的价格构成和评定成交的标准等事项作出规定。

(二)确定被询价的供应商名单。询价小组根据采购需求,从符合相应资格条件的供应商名单中确定不少于3家的供应商,并向其发出询价通知书让其报价。

(三)询价。询价小组要求被询价的供应商一次报出不得更改的价格。

(四)确定成交供应商。采购人根据符合采购需求、质量和服务相等且报价最低的原则确定成交供应商,并将结果通知所有被询价的未成交的供应商。

**第四十一条** 采购人或者其委托的采购代理机构应当组织对供应商履约的验收。大型或者复杂的政府采购项目,应当邀请国家认可的质量检测机构参加验收工作。验收方成员应当在验收书上签字,并承担相应的法律责任。

**第四十二条** 采购人、采购代理机构对政府采购项目每项采购活动的采购文件应当妥善保存,不得伪造、变造、隐匿或者销毁。采购文件的保存期限为从采购结束之日起至少保存15年。

采购文件包括采购活动记录、采购预算、招标文件、投标文件、评标标准、评估报告、定标文件、合同文本、验收证明、质疑答复、投诉处理决定及其他有关文件、资料。

采购活动记录至少应当包括下列内容:

(一)采购项目类别、名称;

(二)采购项目预算、资金构成和合同价格;

(三)采购方式,采用公开招标以外的采购方式的,应当载明原因;

(四)邀请和选择供应商的条件及原因;

(五)评标标准及确定中标人的原因;

(六)废标的原因;

(七)采用招标以外采购方式的相应记载。

## 第五章 政府采购合同

**第四十三条** 政府采购合同适用合同法。采购人和供应商之间的权利和义务,应当按照平等、自愿的原则以合同方式约定。

采购人可以委托采购代理机构代表其与供应商签订政府采购合同。由采购代理机构以采购人名义签订合同的,应当提交采购人的授权委托书,作为合同附件。

**第四十四条** 政府采购合同应当采用书面形式。

**第四十五条** 国务院政府采购监督管理部门应当会同国务院有关部门,规定政府采购合同必须具备的条款。

**第四十六条** 采购人与中标、成交供应商应当在中标、成交通知书发出之日起30日内,按照采购文件确定的事项签订政府采购合同。

中标、成交通知书对采购人和中标、成交供应商均具有法律效力。中标、成交通知书发出后,采购人改变中标、成交结果的,或者中标、成交供应商放弃中标、成交项目的,应当依法承担法律责任。

**第四十七条** 政府采购项目的采购合同自签订之日起7个工作日内,采购人应当将合同副本报同级政府采购监督管理部门和有关部门备案。

**第四十八条** 经采购人同意,中标、成交供应商可以依法采取分包方式履行合同。

政府采购合同分包履行的,中标、成交供应商就采购项目和分包项目向采购人负责,分包供应商就分包项目承担责任。

**第四十九条** 政府采购合同履行中,采购人需追加与合同标的相同的货物、工程或者服务的,在不改变合同其他条款的前提下,可以与供应商协商签订补充合同,但所有补充合同的采购金额不得超过原合同采购金额的10%。

**第五十条** 政府采购合同的双方当事人不得擅自变更、中止或者终止合同。

政府采购合同继续履行将损害国家利益和社会公共利益的,双方当事人应当变更、中止或者终止合同。有过错的一方应当承担赔偿责任,双方都有过错的,各自承担相应的责任。

## 第六章　质疑与投诉

**第五十一条**　供应商对政府采购活动事项有疑问的，可以向采购人提出询问，采购人应当及时作出答复，但答复的内容不得涉及商业秘密。

**第五十二条**　供应商认为采购文件、采购过程和中标、成交结果使自己的权益受到损害的，可以在知道或者应知其权益受到损害之日起7个工作日内，以书面形式向采购人提出质疑。

**第五十三条**　采购人应当在收到供应商的书面质疑后7个工作日内作出答复，并以书面形式通知质疑供应商和其他有关供应商，但答复的内容不得涉及商业秘密。

**第五十四条**　采购人委托采购代理机构采购的，供应商可以向采购代理机构提出询问或者质疑，采购代理机构应当依照本法第五十一条、第五十三条的规定就采购人委托授权范围内的事项作出答复。

**第五十五条**　质疑供应商对采购人、采购代理机构的答复不满意或者采购人、采购代理机构未在规定的时间内作出答复的，可以在答复期满后15个工作日内向同级政府采购监督管理部门投诉。

**第五十六条**　政府采购监督管理部门应当在收到投诉后30个工作日内，对投诉事项作出处理决定，并以书面形式通知投诉人和与投诉事项有关的当事人。

**第五十七条**　政府采购监督管理部门在处理投诉事项期间，可以视具体情况书面通知采购人暂停采购活动，但暂停时间最长不得超过30日。

**第五十八条**　投诉人对政府采购监督管理部门的投诉处理决定不服或者政府采购监督管理部门逾期未作处理的，可以依法申请行政复议或者向人民法院提起行政诉讼。

## 第七章　监督检查

**第五十九条**　政府采购监督管理部门应当加强对政府采购活动及集中采购机构的监督检查。

监督检查的主要内容是：

（一）有关政府采购的法律、行政法规和规章的执行情况；

（二）采购范围、采购方式和采购程序的执行情况；

（三）政府采购人员的职业素质和专业技能。

**第六十条**　政府采购监督管理部门不得设置集中采购机构，不得参与政府采购项目的采购活动。

采购代理机构与行政机关不得存在隶属关系或者其他利益关系。

**第六十一条**　集中采购机构应当建立健全内部监督管理制度。采购活动的决策和执行程序应当明确，并相互监督、相互制约。经办采购的人员与负责采购合同审核、验收人员的职责权限应当明确，并相互分离。

**第六十二条**　集中采购机构的采购人员应当具有相关职业素质和专业技能，符合政府采购监督管理部门规定的专业岗位任职要求。

集中采购机构对其工作人员应当加强教育和培训；对采购人员的专业水平、工作实绩和职业道德状况定期进行考核。采购人员经考核不合格的,不得继续任职。

**第六十三条** 政府采购项目的采购标准应当公开。

采用本法规定的采购方式的,采购人在采购活动完成后,应当将采购结果予以公布。

**第六十四条** 采购人必须按照本法规定的采购方式和采购程序进行采购。

任何单位和个人不得违反本法规定,要求采购人或者采购工作人员向其指定的供应商进行采购。

**第六十五条** 政府采购监督管理部门应当对政府采购项目的采购活动进行检查,政府采购当事人应当如实反映情况,提供有关材料。

**第六十六条** 政府采购监督管理部门应当对集中采购机构的采购价格、节约资金效果、服务质量、信誉状况、有无违法行为等事项进行考核,并定期如实公布考核结果。

**第六十七条** 依照法律、行政法规的规定对政府采购负有行政监督职责的政府有关部门,应当按照其职责分工,加强对政府采购活动的监督。

**第六十八条** 审计机关应当对政府采购进行审计监督。政府采购监督管理部门、政府采购各当事人有关政府采购活动,应当接受审计机关的审计监督。

**第六十九条** 监察机关应当加强对参与政府采购活动的国家机关、国家公务员和国家行政机关任命的其他人员实施监察。

**第七十条** 任何单位和个人对政府采购活动中的违法行为,有权控告和检举,有关部门、机关应当依照各自职责及时处理。

## 第八章 法律责任

**第七十一条** 采购人、采购代理机构有下列情形之一的,责令限期改正,给予警告,可以并处罚款,对直接负责的主管人员和其他直接责任人员,由其行政主管部门或者有关机关给予处分,并予通报:

(一)应当采用公开招标方式而擅自采用其他方式采购的;

(二)擅自提高采购标准的;

(三)以不合理的条件对供应商实行差别待遇或者歧视待遇的;

(四)在招标采购过程中与投标人进行协商谈判的;

(五)中标、成交通知书发出后不与中标、成交供应商签订采购合同的;

(六)拒绝有关部门依法实施监督检查的。

**第七十二条** 采购人、采购代理机构及其工作人员有下列情形之一,构成犯罪的,依法追究刑事责任;尚不构成犯罪的,处以罚款,有违法所得的,并处没收违法所得,属于国家机关工作人员的,依法给予行政处分:

(一)与供应商或者采购代理机构恶意串通的;

(二)在采购过程中接受贿赂或者获取其他不正当利益的;

(三)在有关部门依法实施的监督检查中提供虚假情况的;

(四)开标前泄露标底的。

**第七十三条** 有前两条违法行为之一影响中标、成交结果或者可能影响中标、成交结果的,按下列情况分别处理:

（一）未确定中标、成交供应商的，终止采购活动；

（二）中标、成交供应商已经确定但采购合同尚未履行的，撤销合同，从合格的中标、成交候选人中另行确定中标、成交供应商；

（三）采购合同已经履行的，给采购人、供应商造成损失的，由责任人承担赔偿责任。

**第七十四条** 采购人对应当实行集中采购的政府采购项目，不委托集中采购机构实行集中采购的，由政府采购监督管理部门责令改正；拒不改正的，停止按预算向其支付资金，由其上级行政主管部门或者有关机关依法给予其直接负责的主管人员和其他直接责任人员处分。

**第七十五条** 采购人未依法公布政府采购项目的采购标准和采购结果的，责令改正，对直接负责的主管人员依法给予处分。

**第七十六条** 采购人、采购代理机构违反本法规定隐匿、销毁应当保存的采购文件或者伪造、变造采购文件的，由政府采购监督管理部门处以2万元以上10万元以下的罚款，对其直接负责的主管人员和其他直接责任人员依法给予处分；构成犯罪的，依法追究刑事责任。

**第七十七条** 供应商有下列情形之一的，处以采购金额千分之五以上千分之十以下的罚款，列入不良行为记录名单，在一至三年内禁止参加政府采购活动，有违法所得的，并处没收违法所得，情节严重的，由工商行政管理机关吊销营业执照；构成犯罪的，依法追究刑事责任：

（一）提供虚假材料谋取中标、成交的；

（二）采取不正当手段诋毁、排挤其他供应商的；

（三）与采购人、其他供应商或者采购代理机构恶意串通的；

（四）向采购人、采购代理机构行贿或者提供其他不正当利益的；

（五）在招标采购过程中与采购人进行协商谈判的；

（六）拒绝有关部门监督检查或者提供虚假情况的。

供应商有前款第（一）至（五）项情形之一的，中标、成交无效。

**第七十八条** 采购代理机构在代理政府采购业务中有违法行为的，按照有关法律规定处以罚款，可以在一至三年内禁止其代理政府采购业务，构成犯罪的，依法追究刑事责任。

**第七十九条** 政府采购当事人有本法第七十一条、第七十二条、第七十七条违法行为之一，给他人造成损失的，并应依照有关民事法律规定承担民事责任。

**第八十条** 政府采购监督管理部门的工作人员在实施监督检查中违反本法规定滥用职权，玩忽职守，徇私舞弊的，依法给予行政处分；构成犯罪的，依法追究刑事责任。

**第八十一条** 政府采购监督管理部门对供应商的投诉逾期未作处理的，给予直接负责的主管人员和其他直接责任人员行政处分。

**第八十二条** 政府采购监督管理部门对集中采购机构业绩的考核，有虚假陈述，隐瞒真实情况的，或者不作定期考核和公布考核结果的，应当及时纠正，由其上级机关或者监察机关对其负责人进行通报，并对直接负责的人员依法给予行政处分。

集中采购机构在政府采购监督管理部门考核中，虚报业绩，隐瞒真实情况的，处以2万元以上20万元以下的罚款，并予以通报；情节严重的，取消其代理采购的资格。

**第八十三条** 任何单位或者个人阻挠和限制供应商进入本地区或者本行业政府采购市

场的，责令限期改正；拒不改正的，由该单位、个人的上级行政主管部门或者有关机关给予单位责任人或者个人处分。

## 第九章 附 则

**第八十四条** 使用国际组织和外国政府贷款进行的政府采购，贷款方、资金提供方与中方达成的协议对采购的具体条件另有规定的，可以适用其规定，但不得损害国家利益和社会公共利益。

**第八十五条** 对因严重自然灾害和其他不可抗力事件所实施的紧急采购和涉及国家安全和秘密的采购，不适用本法。

**第八十六条** 军事采购法规由中央军事委员会另行制定。

**第八十七条** 本法实施的具体步骤和办法由国务院规定。

**第八十八条** 本法自2003年1月1日起施行。

附录 11

# 政府采购货物和服务招标投标管理办法

（财政部令第 18 号）

## 第一章　总　则

**第一条**　为了规范政府采购当事人的采购行为，加强对政府采购货物和服务招标投标活动的监督管理，维护社会公共利益和政府采购招标投标活动当事人的合法权益，依据《中华人民共和国政府采购法》（以下简称“政府采购法”）和其他有关法律规定，制定本办法。

**第二条**　采购人及采购代理机构（以下统称“招标采购单位”）进行政府采购货物或者服务（以下简称“货物服务”）招标投标活动，适用本办法。

前款所称采购代理机构，是指集中采购机构和依法经认定资格的其他采购代理机构。

**第三条**　货物服务招标分为公开招标和邀请招标。

公开招标，是指招标采购单位依法以招标公告的方式邀请不特定的供应商参加投标。

邀请招标，是指招标采购单位依法从符合相应资格条件的供应商中随机邀请三家以上供应商，并以投标邀请书的方式，邀请其参加投标。

**第四条**　货物服务采购项目达到公开招标数额标准的，必须采用公开招标方式。因特殊情况需要采用公开招标以外方式的，应当在采购活动开始前获得设区的市、自治州以上人民政府财政部门的批准。

**第五条**　招标采购单位不得将应当以公开招标方式采购的货物服务化整为零或者以其他方式规避公开招标采购。

**第六条**　任何单位和个人不得阻挠和限制供应商自由参加货物服务招标投标活动，不得指定货物的品牌、服务的供应商和采购代理机构，以及采用其他方式非法干涉货物服务招标投标活动。

**第七条**　在货物服务招标投标活动中，招标采购单位工作人员、评标委员会成员及其他相关人员与供应商有利害关系的，必须回避。供应商认为上述人员与其他供应商有利害关系的，可以申请其回避。

**第八条**　参加政府采购货物服务投标活动的供应商（以下简称“投标人”），应当是提供本国货物服务的本国供应商，但法律、行政法规规定外国供应商可以参加货物服务招标投标活动的除外。

外国供应商依法参加货物服务招标投标活动的，应当按照本办法的规定执行。

**第九条**　货物服务招标投标活动，应当有助于实现国家经济和社会发展政策目标，包括保护环境，扶持不发达地区和少数民族地区，促进中小企业发展等。

**第十条** 县级以上各级人民政府财政部门应当依法履行对货物服务招标投标活动的监督管理职责。

## 第二章 招 标

**第十一条** 招标采购单位应当按照本办法规定组织开展货物服务招标投标活动。

采购人可以依法委托采购代理机构办理货物服务招标事宜,也可以自行组织开展货物服务招标活动,但必须符合本办法第十二条规定的条件。

集中采购机构应当依法独立开展货物服务招标活动。其他采购代理机构应当根据采购人的委托办理货物服务招标事宜。

**第十二条** 采购人符合下列条件的,可以自行组织招标:

(一)具有独立承担民事责任的能力;

(二)具有编制招标文件和组织招标能力,有与采购招标项目规模和复杂程度相适应的技术、经济等方面的采购和管理人员;

(三)采购人员经过省级以上人民政府财政部门组织的政府采购培训。

采购人不符合前款规定条件的,必须委托采购代理机构代理招标。

**第十三条** 采购人委托采购代理机构招标的,应当与采购代理机构签订委托协议,确定委托代理的事项,约定双方的权利和义务。

**第十四条** 采用公开招标方式采购的,招标采购单位必须在财政部门指定的政府采购信息发布媒体上发布招标公告。

**第十五条** 采用邀请招标方式采购的,招标采购单位应当在省级以上人民政府财政部门指定的政府采购信息媒体发布资格预审公告,公布投标人资格条件,资格预审公告的期限不得少于 7 个工作日。

投标人应当在资格预审公告期结束之日起 3 个工作日前,按公告要求提交资格证明文件。招标采购单位从评审合格投标人中通过随机方式选择 3 家以上的投标人,并向其发出投标邀请书。

**第十六条** 采用招标方式采购的,自招标文件开始发出之日起至投标人提交投标文件截止之日止,不得少于 20 日。

**第十七条** 公开招标公告应当包括以下主要内容:

(一)招标采购单位的名称、地址和联系方法;

(二)招标项目的名称、数量或者招标项目的性质;

(三)投标人的资格要求;

(四)获取招标文件的时间、地点、方式及招标文件售价;

(五)投标截止时间、开标时间及地点。

**第十八条** 招标采购单位应当根据招标项目的特点和需求编制招标文件。招标文件包括以下内容:

(一)投标邀请;

(二)投标人须知(包括密封、签署、盖章要求等);

(三)投标人应当提交的资格、资信证明文件;

（四）投标报价要求、投标文件编制要求和投标保证金交纳方式；

（五）招标项目的技术规格、要求和数量，包括附件、图纸等；

（六）合同主要条款及合同签订方式；

（七）交货和提供服务的时间；

（八）评标方法、评标标准和废标条款；

（九）投标截止时间、开标时间及地点；

（十）省级以上财政部门规定的其他事项。

招标人应当在招标文件中规定并标明实质性要求和条件。

**第十九条** 招标采购单位应当制作纸质招标文件，也可以在财政部门指定的网络媒体上发布电子招标文件，并应当保持两者的一致。电子招标文件与纸质招标文件具有同等法律效力。

**第二十条** 招标采购单位可以要求投标人提交符合招标文件规定要求的备选投标方案，但应当在招标文件中说明，并明确相应的评审标准和处理办法。

**第二十一条** 招标文件规定的各项技术标准应当符合国家强制性标准。

招标文件不得要求或者标明特定的投标人或者产品，以及含有倾向性或者排斥潜在投标人的其他内容。

**第二十二条** 招标采购单位可以根据需要，就招标文件征询有关专家或者供应商的意见。

**第二十三条** 招标文件售价应当按照弥补招标文件印制成本费用的原则确定，不得以营利为目的，不得以招标采购金额作为确定招标文件售价依据。

**第二十四条** 招标采购单位在发布招标公告、发出投标邀请书或者发出招标文件后，不得擅自终止招标。

**第二十五条** 招标采购单位根据招标采购项目的具体情况，可以组织潜在投标人现场考察或者召开开标前答疑会，但不得单独或者分别组织只有 1 个投标人参加的现场考察。

**第二十六条** 开标前，招标采购单位和有关工作人员不得向他人透露已获取招标文件的潜在投标人的名称、数量以及可能影响公平竞争的有关招标投标的其他情况。

**第二十七条** 招标采购单位对已发出的招标文件进行必要澄清或者修改的，应当在招标文件要求提交投标文件截止时间 15 日前，在财政部门指定的政府采购信息发布媒体上发布更正公告，并以书面形式通知所有招标文件收受人。该澄清或者修改的内容为招标文件的组成部分。

**第二十八条** 招标采购单位可以视采购具体情况，延长投标截止时间和开标时间，但至少应当在招标文件要求提交投标文件的截止时间 3 日前，将变更时间书面通知所有招标文件收受人，并在财政部门指定的政府采购信息发布媒体上发布变更公告。

## 第三章　投　标

**第二十九条** 投标人是响应招标并且符合招标文件规定资格条件和参加投标竞争的法人、其他组织或者自然人。

**第三十条** 投标人应当按照招标文件的要求编制投标文件。投标文件应对招标文件提出的要求和条件作出实质性响应。

投标文件由商务部分、技术部分、价格部分和其他部分组成。

**第三十一条** 投标人应当在招标文件要求提交投标文件的截止时间前,将投标文件密封送达投标地点。招标采购单位收到投标文件后,应当签收保存,任何单位和个人不得在开标前开启投标文件。

在招标文件要求提交投标文件的截止时间之后送达的投标文件,为无效投标文件,招标采购单位应当拒收。

**第三十二条** 投标人在投标截止时间前,可以对所递交的投标文件进行补充、修改或者撤回,并书面通知招标采购单位。补充、修改的内容应当按招标文件要求签署、盖章,并作为投标文件的组成部分。

**第三十三条** 投标人根据招标文件载明的标的采购项目实际情况,拟在中标后将中标项目的非主体、非关键性工作交由他人完成的,应当在投标文件中载明。

**第三十四条** 2 个以上供应商可以组成一个投标联合体,以 1 个投标人的身份投标。

以联合体形式参加投标的,联合体各方均应当符合政府采购法第二十二条第一款规定的条件。采购人根据采购项目的特殊要求规定投标人特定条件的,联合体各方中至少应当有一方符合采购人规定的特定条件。

联合体各方之间应当签订共同投标协议,明确约定联合体各方承担的工作和相应的责任,并将共同投标协议连同投标文件一并提交招标采购单位。联合体各方签订共同投标协议后,不得再以自己名义单独在同一项目中投标,也不得组成新的联合体参加同一项目投标。

招标采购单位不得强制投标人组成联合体共同投标,不得限制投标人之间的竞争。

**第三十五条** 投标人之间不得相互串通投标报价,不得妨碍其他投标人的公平竞争,不得损害招标采购单位或者其他投标人的合法权益。

投标人不得以向招标采购单位、评标委员会成员行贿或者采取其他不正当手段谋取中标。

**第三十六条** 招标采购单位应当在招标文件中明确投标保证金的数额及交纳办法。招标采购单位规定的投标保证金数额,不得超过采购项目概算的百分之一。

投标人投标时,应当按招标文件要求交纳投标保证金。投标保证金可以采用现金支票、银行汇票、银行保函等形式交纳。投标人未按招标文件要求交纳投标保证金的,招标采购单位应当拒绝接收投标人的投标文件。

联合体投标的,可以由联合体中的一方或者共同提交投标保证金,以一方名义提交投标保证金的,对联合体各方均具有约束力。

**第三十七条** 招标采购单位应当在中标通知书发出后 5 个工作日内退还未中标供应商的投标保证金,在采购合同签订后 5 个工作日内退还中标供应商的投标保证金。招标采购单位逾期退还投标保证金的,除应当退还投标保证金本金外,还应当按商业银行同期贷款利率上浮 20% 后的利率支付资金占用费。

## 第四章 开标、评标与定标

**第三十八条** 开标应当在招标文件确定的提交投标文件截止时间的同一时间公开进

行;开标地点应当为招标文件中预先确定的地点。

招标采购单位在开标前,应当通知同级人民政府财政部门及有关部门。财政部门及有关部门可以视情况到现场监督开标活动。

**第三十九条** 开标由招标采购单位主持,采购人、投标人和有关方面代表参加。

**第四十条** 开标时,应当由投标人或者其推选的代表检查投标文件的密封情况,也可以由招标人委托的公证机构检查并公证;经确认无误后,由招标工作人员当众拆封,宣读投标人名称、投标价格、价格折扣、招标文件允许提供的备选投标方案和投标文件的其他主要内容。

未宣读的投标价格、价格折扣和招标文件允许提供的备选投标方案等实质内容,评标时不予承认。

**第四十一条** 开标时,投标文件中开标一览表(报价表)内容与投标文件中明细表内容不一致的,以开标一览表(报价表)为准。

投标文件的大写金额和小写金额不一致的,以大写金额为准;总价金额与按单价汇总金额不一致的,以单价金额计算结果为准;单价金额小数点有明显错位的,应以总价为准,并修改单价;对不同文字文本投标文件的解释发生异议的,以中文文本为准。

**第四十二条** 开标过程应当由招标采购单位指定专人负责记录,并存档备查。

**第四十三条** 投标截止时间结束后参加投标的供应商不足三家的,除采购任务取消情形外,招标采购单位应当报告设区的市、自治州以上人民政府财政部门,由财政部门按照以下原则处理:

(一)招标文件没有不合理条款、招标公告时间及程序符合规定的,同意采取竞争性谈判、询价或者单一来源方式采购;

(二)招标文件存在不合理条款的,招标公告时间及程序不符合规定的,应予废标,并责成招标采购单位依法重新招标。

在评标期间,出现符合专业条件的供应商或者对招标文件作出实质响应的供应商不足三家情形的,可以比照前款规定执行。

**第四十四条** 评标工作由招标采购单位负责组织,具体评标事务由招标采购单位依法组建的评标委员会负责,并独立履行下列职责:

(一)审查投标文件是否符合招标文件要求,并作出评价;

(二)要求投标供应商对投标文件有关事项作出解释或者澄清;

(三)推荐中标候选供应商名单,或者受采购人委托按照事先确定的办法直接确定中标供应商;

(四)向招标采购单位或者有关部门报告非法干预评标工作的行为。

**第四十五条** 评标委员会由采购人代表和有关技术、经济等方面的专家组成,成员人数应当为 5 人以上单数。其中,技术、经济等方面的专家不得少于成员总数的三分之二。采购数额在 300 万元以上、技术复杂的项目,评标委员会中技术、经济方面的专家人数应当为 5 人以上单数。

招标采购单位就招标文件征询过意见的专家,不得再作为评标专家参加评标。采购人不得以专家身份参与本部门或者本单位采购项目的评标。采购代理机构工作人员不得参加由本机构代理的政府采购项目的评标。

评标委员会成员名单原则上应在开标前确定,并在招标结果确定前保密。

**第四十六条** 评标专家应当熟悉政府采购、招标投标的相关政策法规,熟悉市场行情,有良好的职业道德,遵守招标纪律,从事相关领域工作满8年并具有高级职称或者具有同等专业水平。

**第四十七条** 各级人民政府财政部门应当对专家实行动态管理。

**第四十八条** 招标采购单位应当从同级或上一级财政部门设立的政府采购评审专家库中,通过随机方式抽取评标专家。

招标采购机构对技术复杂、专业性极强的采购项目,通过随机方式难以确定合适评标专家的,经设区的市、自治州以上人民政府财政部门同意,可以采取选择性方式确定评标专家。

**第四十九条** 评标委员会成员应当履行下列义务:

(一)遵纪守法,客观、公正、廉洁地履行职责;

(二)按照招标文件规定的评标方法和评标标准进行评标,对评审意见承担个人责任;

(三)对评标过程和结果,以及供应商的商业秘密保密;

(四)参与评标报告的起草;

(五)配合财政部门的投诉处理工作;

(六)配合招标采购单位答复投标供应商提出的质疑。

**第五十条** 货物服务招标采购的评标方法分为最低评标价法、综合评分法和性价比法。

**第五十一条** 最低评标价法,是指以价格为主要因素确定中标候选供应商的评标方法,即在全部满足招标文件实质性要求前提下,依据统一的价格要素评定最低报价,以提出最低报价的投标人作为中标候选供应商或者中标供应商的评标方法。

最低评标价法适用于标准定制商品及通用服务项目。

**第五十二条** 综合评分法,是指在最大限度地满足招标文件实质性要求前提下,按照招标文件中规定的各项因素进行综合评审后,以评标总得分最高的投标人作为中标候选供应商或者中标供应商的评标方法。

综合评分的主要因素是:价格、技术、财务状况、信誉、业绩、服务、对招标文件的响应程度,以及相应的比重或者权值等。上述因素应当在招标文件中事先规定。

评标时,评标委员会各成员应当独立对每个有效投标人的标书进行评价、打分,然后汇总每个投标人每项评分因素的得分。

采用综合评分法的,货物项目的价格分值占总分值的比重(即权值)为百分之三十至百分之六十;服务项目的价格分值占总分值的比重(即权值)为百分之十至百分之三十。执行统一价格标准的服务项目,其价格不列为评分因素。有特殊情况需要调整的,应当经同级人民政府财政部门批准。

$$评标总得分 = F_1 \times A_1 + F_2 \times A_2 + \cdots + F_n \times A_n$$

式中:$F_1, F_2 \cdots F_n$ 分别为各项评分因素的汇总得分;$A_1, A_2 \cdots A_n$分别为各项评分因素所占的权重($A_1 + A_2 + \cdots + A_n = 1$)。

**第五十三条** 性价比法,是指按照要求对投标文件进行评审后,计算出每个有效投标人除价格因素以外的其他各项评分因素(包括技术、财务状况、信誉、业绩、服务、对招标文件的响应程度等)的汇总得分,并除以该投标人的投标报价,以商数(评标总得分)最高的投标人为中标候选供应商或者中标供应商的评标方法。

$$评标总得分 = B/N$$

$B$ 为投标人的综合得分:

$$B = F_1 \times A_1 + F_2 \times A_2 + \cdots + F_n \times A_n$$

式中:$F_1, F_2 \cdots F_n$ 分别为除价格因素以外的其他各项评分因素的汇总得分;$A_1, A_2 \cdots A_n$ 分别为除价格因素以外的其他各项评分因素所占的权重($A_1 + A_2 + \cdots + A_n = 1$)。

$N$ 为投标人的投标报价。

**第五十四条** 评标应当遵循下列工作程序:

(一)投标文件初审。初审分为资格性检查和符合性检查。

1. 资格性检查。依据法律法规和招标文件的规定,对投标文件中的资格证明、投标保证金等进行审查,以确定投标供应商是否具备投标资格。

2. 符合性检查。依据招标文件的规定,从投标文件的有效性、完整性和对招标文件的响应程度进行审查,以确定是否对招标文件的实质性要求作出响应。

(二)澄清有关问题。对投标文件中含义不明确、同类问题表述不一致或者有明显文字和计算错误的内容,评标委员会可以书面形式(应当由评标委员会专家签字)要求投标人作出必要的澄清、说明或者纠正。投标人的澄清、说明或者补正应当采用书面形式,由其授权的代表签字,并不得超出投标文件的范围或者改变投标文件的实质性内容。

(三) 比较与评价。按招标文件中规定的评标方法和标准,对资格性检查和符合性检查合格的投标文件进行商务和技术评估,综合比较与评价。

(四)推荐中标候选供应商名单。中标候选供应商数量应当根据采购需要确定,但必须按顺序排列中标候选供应商。

1. 采用最低评标价法的,按投标报价由低到高顺序排列。投标报价相同的,按技术指标优劣顺序排列。评标委员会认为,排在前面的中标候选供应商的最低投标价或者某些分项报价明显不合理或者低于成本,有可能影响商品质量和不能诚信履约的,应当要求其在规定的期限内提供书面文件予以解释说明,并提交相关证明材料;否则,评标委员会可以取消该投标人的中标候选资格,按顺序排在后面的中标候选供应商递补,以此类推。

2. 采用综合评分法的,按评审后得分由高到低顺序排列。得分相同的,按投标报价由低到高顺序排列。得分且投标报价相同的,按技术指标优劣顺序排列。

3. 采用性价比法的,按商数得分由高到低顺序排列。商数得分相同的,按投标报价由低到高顺序排列。商数得分且投标报价相同的,按技术指标优劣顺序排列。

(五)编写评标报告。评标报告是评标委员会根据全体评标成员签字的原始评标记录和评标结果编写的报告,其主要内容包括:

1. 招标公告刊登的媒体名称、开标日期和地点;

2. 购买招标文件的投标人名单和评标委员会成员名单;

3. 评标方法和标准;

4. 开标记录和评标情况及说明,包括投标无效投标人名单及原因;

5. 评标结果和中标候选供应商排序表;

6. 评标委员会的授标建议。

**第五十五条** 在评标中，不得改变招标文件中规定的评标标准、方法和中标条件。

**第五十六条** 投标文件属下列情况之一的，应当在资格性、符合性检查时按照无效投标处理：

（一）应交未交投标保证金的；

（二）未按照招标文件规定要求密封、签署、盖章的；

（三）不具备招标文件中规定资格要求的；

（四）不符合法律、法规和招标文件中规定的其他实质性要求的。

**第五十七条** 在招标采购中，有政府采购法第三十六条第一款第（二）至第（四）项规定情形之一的，招标采购单位应当予以废标，并将废标理由通知所有投标供应商。

废标后，除采购任务取消情形外，招标采购单位应当重新组织招标。需要采取其他采购方式的，应当在采购活动开始前获得设区的市、自治州以上人民政府财政部门的批准。

**第五十八条** 招标采购单位应当采取必要措施，保证评标在严格保密的情况下进行。

任何单位和个人不得非法干预、影响评标办法的确定，以及评标过程和结果。

**第五十九条** 采购代理机构应当在评标结束后5个工作日内将评标报告送采购人。

采购人应当在收到评标报告后5个工作日内，按照评标报告中推荐的中标候选供应商顺序确定中标供应商；也可以事先授权评标委员会直接确定中标供应商。

采购人自行组织招标的，应当在评标结束后5个工作日内确定中标供应商。

**第六十条** 中标供应商因不可抗力或者自身原因不能履行政府采购合同的，采购人可以与排位在中标供应商之后第一位的中标候选供应商签订政府采购合同，以此类推。

**第六十一条** 在确定中标供应商前，招标采购单位不得与投标供应商就投标价格、投标方案等实质性内容进行谈判。

**第六十二条** 中标供应商确定后，中标结果应当在财政部门指定的政府采购信息发布媒体上公告。公告内容应当包括招标项目名称、中标供应商名单、评标委员会成员名单、招标采购单位的名称和电话。

在发布公告的同时，招标采购单位应当向中标供应商发出中标通知书，中标通知书对采购人和中标供应商具有同等法律效力。

中标通知书发出后，采购人改变中标结果，或者中标供应商放弃中标，应当承担相应的法律责任。

**第六十三条** 投标供应商对中标公告有异议的，应当在中标公告发布之日起7个工作日内，以书面形式向招标采购单位提出质疑。招标采购单位应当在收到投标供应商书面质疑后7个工作日内，对质疑内容作出答复。

质疑供应商对招标采购单位的答复不满意或者招标采购单位未在规定时间内答复的，可以在答复期满后15个工作日内按有关规定，向同级人民政府财政部门投诉。财政部门应当在收到投诉后30个工作日内，对投诉事项作出处理决定。

处理投诉事项期间，财政部门可以视具体情况书面通知招标采购单位暂停签订合同等活动，但暂停时间最长不得超过30日。

**第六十四条** 采购人或者采购代理机构应当自中标通知书发出之日起30日内，按照招标文件和中标供应商投标文件的约定，与中标供应商签订书面合同。所签订的合同不得对招标文件和中标供应商投标文件作实质性修改。

招标采购单位不得向中标供应商提出任何不合理的要求，作为签订合同的条件，不得与中标供应商私下订立背离合同实质性内容的协议。

**第六十五条** 采购人或者采购代理机构应当自采购合同签订之日起7个工作日内，按照有关规定将采购合同副本报同级人民政府财政部门备案。

**第六十六条** 法律、行政法规规定应当办理批准、登记等手续后生效的合同，依照其规定。

**第六十七条** 招标采购单位应当建立真实完整的招标采购档案，妥善保管每项采购活动的采购文件，并不得伪造、变造、隐匿或者销毁。采购文件的保存期限为从采购结束之日起至少保存15年。

## 第五章 法律责任

**第六十八条** 招标采购单位有下列情形之一的，责令限期改正，给予警告，可以按照有关法律规定并处罚款，对直接负责的主管人员和其他直接责任人员，由其行政主管部门或者有关机关依法给予处分，并予通报：

（一）应当采用公开招标方式而擅自采用其他方式采购的；

（二）应当在财政部门指定的政府采购信息发布媒体上公告信息而未公告的；

（三）将必须进行招标的项目化整为零或者以其他任何方式规避招标的；

（四）以不合理的要求限制或者排斥潜在投标供应商，对潜在投标供应商实行差别待遇或者歧视待遇，或者招标文件指定特定的供应商、含有倾向性或者排斥潜在投标供应商的其他内容的；

（五）评标委员会组成不符合本办法规定的；

（六）无正当理由不按照依法推荐的中标候选供应商顺序确定中标供应商，或者在评标委员会依法推荐的中标候选供应商以外确定中标供应商的；

（七）在招标过程中与投标人进行协商谈判，或者不按照招标文件和中标供应商的投标文件确定的事项签订政府采购合同，或者与中标供应商另行订立背离合同实质性内容的协议的；

（八）中标通知书发出后无正当理由不与中标供应商签订采购合同的；

（九）未按本办法规定将应当备案的委托招标协议、招标文件、评标报告、采购合同等文件资料提交同级人民政府财政部门备案的；

（十）拒绝有关部门依法实施监督检查的。

**第六十九条** 招标采购单位及其工作人员有下列情形之一，构成犯罪的，依法追究刑事责任；尚不构成犯罪的，按照有关法律规定处以罚款，有违法所得的，并处没收违法所得，由其行政主管部门或者有关机关依法给予处分，并予通报：

（一）与投标人恶意串通的；

（二）在采购过程中接受贿赂或者获取其他不正当利益的；

（三）在有关部门依法实施的监督检查中提供虚假情况的；

（四）开标前泄露已获取招标文件的潜在投标人的名称、数量、标底或者其他可能影响公平竞争的有关招标投标情况的。

**第七十条** 采购代理机构有本办法第六十八条、第六十九条违法行为之一，情节严重的，可以取消其政府采购代理资格，并予以公告。

**第七十一条** 有本办法第六十八条、第六十九条违法行为之一，并且影响或者可能影响中标结果的，应当按照下列情况分别处理：

（一）未确定中标候选供应商的，终止招标活动，依法重新招标；

（二）中标候选供应商已经确定但采购合同尚未履行的，撤销合同，从中标候选供应商中按顺序另行确定中标供应商；

（三）采购合同已经履行的，给采购人、投标人造成损失的，由责任人承担赔偿责任。

**第七十二条** 采购人对应当实行集中采购的政府采购项目不委托集中采购机构进行招标的，或者委托不具备政府采购代理资格的中介机构办理政府采购招标事务的，责令改正；拒不改正的，停止按预算向其支付资金，由其上级行政主管部门或者有关机关依法给予其直接负责的主管人员和其他直接责任人员处分。

**第七十三条** 招标采购单位违反有关规定隐匿、销毁应当保存的招标、投标过程中的有关文件或者伪造、变造招标、投标过程中的有关文件的，处以 2 万元以上 10 万元以下的罚款，对其直接负责的主管人员和其他直接责任人员，由其行政主管部门或者有关机关依法给予处分，并予通报；构成犯罪的，依法追究刑事责任。

**第七十四条** 投标人有下列情形之一的，处以政府采购项目中标金额千分之五以上千分之十以下的罚款，列入不良行为记录名单，在一至三年内禁止参加政府采购活动，并予以公告，有违法所得的，并处没收违法所得，情节严重的，由工商行政管理机关吊销营业执照；构成犯罪的，依法追究刑事责任：

（一）提供虚假材料谋取中标的；

（二）采取不正当手段诋毁、排挤其他投标人的；

（三）与招标采购单位、其他投标人恶意串通的；

（四）向招标采购单位行贿或者提供其他不正当利益的；

（五）在招标过程中与招标采购单位进行协商谈判、不按照招标文件和中标供应商的投标文件订立合同，或者与采购人另行订立背离合同实质性内容的协议的；

（六）拒绝有关部门监督检查或者提供虚假情况的。

投标人有前款第（一）至（五）项情形之一的，中标无效。

**第七十五条** 中标供应商有下列情形之一的，招标采购单位不予退还其交纳的投标保证金；情节严重的，由财政部门将其列入不良行为记录名单，在一至三年内禁止参加政府采购活动，并予以通报：

（一）中标后无正当理由不与采购人或者采购代理机构签订合同的；

（二）将中标项目转让给他人，或者在投标文件中未说明，且未经采购招标机构同意，将中标项目分包给他人的；

（三）拒绝履行合同义务的。

**第七十六条** 政府采购当事人有本办法第六十八条、第六十九条、第七十四条、第七十五条违法行为之一，给他人造成损失的，应当依照有关民事法律规定承担民事责任。

**第七十七条** 评标委员会成员有下列行为之一的,责令改正,给予警告,可以并处1 000元以下的罚款:

(一)明知应当回避而未主动回避的;

(二)在知道自己为评标委员会成员身份后至评标结束前的时段内私下接触投标供应商的;

(三)在评标过程中擅离职守,影响评标程序正常进行的;

(四)在评标过程中有明显不合理或者不正当倾向性的;

(五)未按招标文件规定的评标方法和标准进行评标的。

上述行为影响中标结果的,中标结果无效。

**第七十八条** 评标委员会成员或者与评标活动有关的工作人员有下列行为之一的,给予警告,没收违法所得,可以并处3 000元以上5万元以下的罚款;对评标委员会成员取消评标委员会成员资格,不得再参加任何政府采购招标项目的评标,并在财政部门指定的政府采购信息发布媒体上予以公告;构成犯罪的,依法追究刑事责任:

(一)收受投标人、其他利害关系人的财物或者其他不正当利益的;

(二)泄露有关投标文件的评审和比较、中标候选人的推荐以及与评标有关的其他情况的。

**第七十九条** 任何单位或者个人非法干预、影响评标的过程或者结果的,责令改正;由该单位、个人的上级行政主管部门或者有关机关给予单位责任人或者个人处分。

**第八十条** 财政部门工作人员在实施政府采购监督检查中违反规定滥用职权、玩忽职守、徇私舞弊的,依法给予行政处分;构成犯罪的,依法追究刑事责任。

**第八十一条** 财政部门对投标人的投诉无故逾期未作处理的,依法给予直接负责的主管人员和其他直接责任人员行政处分。

**第八十二条** 有本办法规定的中标无效情形的,由同级或其上级财政部门认定中标无效。中标无效的,应当依照本办法规定从其他中标人或者中标候选人中重新确定,或者依照本办法重新进行招标。

**第八十三条** 本办法所规定的行政处罚,由县级以上人民政府财政部门负责实施。

**第八十四条** 政府采购当事人对行政处罚不服的,可以依法申请行政复议,或者直接向人民法院提起行政诉讼。逾期未申请复议,也未向人民法院起诉,又不履行行政处罚决定的,由作出行政处罚决定的机关申请人民法院强制执行。

## 第六章　附　则

**第八十五条** 政府采购货物服务可以实行协议供货采购和定点采购,但协议供货采购和定点供应商必须通过公开招标方式确定;因特殊情况需要采用公开招标以外方式确定的,应当获得省级以上人民政府财政部门批准。

协议供货采购和定点采购的管理办法,由财政部另行规定。

**第八十六条** 政府采购货物中的进口机电产品进行招标投标的,按照国家有关办法执行。

**第八十七条** 使用国际组织和外国政府贷款进行的政府采购货物和服务招标,贷款方或者资金提供方与中方达成的协议对采购的具体条件另有规定的,可以适用其规定,但不得损害国家利益和社会公共利益。

**第八十八条** 对因严重自然灾害和其他不可抗力事件所实施的紧急采购和涉及国家安全和秘密的采购,不适用本办法。

**第八十九条** 本办法由财政部负责解释。

各省、自治区、直辖市人民政府财政部门可以根据本办法制定具体实施办法。

**第九十条** 本办法自 2004 年 9 月 11 日起施行。财政部 1999 年 6 月 24 日颁布实施的《政府采购招标投标管理暂行办法》(财预字〔1999〕363 号)同时废止。

**附录 12**

# 政府采购信息公告管理办法

(财政部令第 19 号)

## 第一章　总　则

**第一条**　为了规范政府采购信息公告行为,提高政府采购活动透明度,促进公平竞争,根据《中华人民共和国政府采购法》(以下简称"政府采购法"),制定本办法。

**第二条**　政府采购信息,是指规范政府采购活动的法律、法规、规章和其他规范性文件,以及反映政府采购活动状况的数据和资料的总称。

政府采购信息公告,是指将本办法规定应当公开的政府采购信息在财政部门指定的政府采购信息发布媒体上向社会公开发布。

**第三条**　采购人、采购代理机构应当按照有关政府采购的法律、行政法规和本办法规定,公告政府采购信息。

前款所称采购代理机构,是指集中采购机构和依法经认定资格的其他采购代理机构。

**第四条**　政府采购信息公告应当遵循信息发布及时、内容规范统一、渠道相对集中,便于获得查找的原则。

**第五条**　县级以上各级财政部门负责对政府采购信息公告活动进行监督、检查和管理。但是,下列职责由省级以上财政部门履行:

(一)确定应当公告的政府采购信息的范围和内容;

(二)指定并监督检查公告政府采购信息的媒体。

**第六条**　财政部负责确定政府采购信息公告的基本范围和内容,指定全国政府采购信息发布媒体。省级(含计划单列市,下同)财政部门负责确定本地区政府采购信息公告的范围和内容,可以指定本地区政府采购信息发布媒体。

除财政部和省级财政部门以外,其他任何单位和个人不得指定政府采购信息的发布媒体。

**第七条**　政府采购信息应当首先在财政部指定的政府采购信息发布媒体上公告。

地方的政府采购信息可以同时在其省级财政部门指定的政府采购信息发布媒体上公告。

## 第二章　政府采购信息公告范围与内容

**第八条**　除涉及国家秘密、供应商的商业秘密,以及法律、行政法规规定应予保密的政府采购信息以外,下列政府采购信息必须公告:

(一)有关政府采购的法律、法规、规章和其他规范性文件;

(二)省级以上人民政府公布的集中采购目录、政府采购限额标准和公开招标数额标准;

(三)政府采购招标业务代理机构名录;

(四)招标投标信息,包括公开招标公告、邀请招标资格预审公告、中标公告、成交结果及其更正事项等;

(五)财政部门受理政府采购投诉的联系方式及投诉处理决定;

(六)财政部门对集中采购机构的考核结果;

(七)采购代理机构、供应商不良行为记录名单;

(八)法律、法规和规章规定应当公告的其他政府采购信息。

**第九条** 除本办法第八条规定内容外,省级以上财政部门可以根据管理需要,增加需要公告的政府采购信息内容。

**第十条** 公开招标公告应当包括下列内容:

(一)采购人、采购代理机构的名称、地址和联系方式;

(二)招标项目的名称、用途、数量、简要技术要求或者招标项目的性质;

(三)供应商资格要求;

(四)获取招标文件的时间、地点、方式及招标文件售价;

(五)投标截止时间、开标时间及地点;

(六)采购项目联系人姓名和电话。

**第十一条** 邀请招标资格预审公告应当包括下列内容:

(一)采购人、采购代理机构的名称、地址和联系方式;

(二)招标项目的名称、用途、数量、简要技术要求或招标项目的性质;

(三)供应商资格要求;

(四)提交资格申请及证明材料的截止时间及资格审查日期;

(五)采购项目联系人姓名和电话。

**第十二条** 中标公告应当包括下列内容:

(一)采购人、采购代理机构的名称、地址和联系方式;

(二)采购项目名称、用途、数量、简要技术要求及合同履行日期;

(三)定标日期(注明招标文件编号);

(四)本项目招标公告日期;

(五)中标供应商名称、地址和中标金额;

(六)评标委员会成员名单;

(七)采购项目联系人姓名和电话。

**第十三条** 采购信息更正公告应当包括下列内容:

(一)采购人、采购代理机构名称、地址和联系方式;

(二)原公告的采购项目名称及首次公告日期;

(三)更正事项、内容及日期;

(四)采购项目联系人和电话。

**第十四条** 采购代理机构、供应商不良行为记录名单公告,应当包括当事人名称、事由、处理机关和处理结果等内容。

**第十五条** 投诉处理决定公告应当包括下列内容：

(一)采购人、采购代理机构名称；

(二)采购项目名称及采购日期；

(三)投诉人名称及投诉事项；

(四)投诉处理机关名称；

(五)处理决定的主要内容。

## 第三章 政府采购信息公告管理

**第十六条** 公告政府采购信息必须做到内容真实、准确可靠，不得有虚假和误导性陈述，不得遗漏依法必须公告的事项。

**第十七条** 在各政府采购信息指定发布媒体上分别公告同一政府采购信息的，内容必须保持一致。内容不一致的，以在财政部指定的政府采购信息发布媒体上公告的信息为准，但法律、行政法规另有规定的除外。

**第十八条** 在各政府采购信息指定发布媒体上公告同一政府采购信息的时间不一致的，以在财政部指定的政府采购信息发布媒体上最早公告信息的时间为公告时间和政府采购当事人对有关事项应当知道的时间。

**第十九条** 政府采购法律、法规、规章和其他规范性文件，集中采购目录、政府采购限额标准，公开招标限额标准等信息，由省级以上人民政府财政部门负责在政府采购信息指定发布媒体上公告。

**第二十条** 招标投标信息由采购人或者其委托的采购代理机构负责在政府采购信息指定发布媒体上公告。

**第二十一条** 对集中采购机构的考核结果以及采购代理机构、供应商不良行为记录名单等信息，由同级人民政府财政部门按照有关规定在政府采购信息指定媒体上公告。

**第二十二条** 本办法第十九条、第二十条和第二十一条规定以外的其他信息，属于政府采购监督管理方面的，由同级人民政府财政部门进行公告；属于采购业务方面的，由采购人或者其委托的采购代理机构进行公告。

**第二十三条** 采购人、采购代理机构需要公告政府采购信息的，应当以传真、电子邮件等快捷方式将信息提供给政府采购信息指定发布媒体，也可经同级人民政府财政部门提供给政府采购信息指定发布媒体。

## 第四章 政府采购信息指定媒体管理

**第二十四条** 政府采购信息指定发布媒体负责承办本办法规定的政府采购信息发布的具体事宜。

政府采购信息指定发布媒体发布政府采购信息，应当体现公益性原则。

**第二十五条** 政府采购信息指定发布媒体应当按照信息提供者提供的信息内容发布信息。但是，对信息篇幅过大的，政府采购信息指定发布媒体可以按照统一的技术要求进行适当的压缩和调整；进行压缩和调整的，不得改变提供信息的实质性内容。

**第二十六条** 政府采购信息指定发布媒体发现信息提供者提供的信息违反法律、法规、规章和本办法规定的，应当及时建议信息提供者修改；信息提供者拒不修改的，应当向信息提供者同级的人民政府财政部门报告。

**第二十七条** 财政部门指定的政府采购信息发布媒体中的网络媒体，应当在收到公告信息之日起 1 个工作日内上网发布；指定的报纸，应当在收到公告信息之日起 3 个工作日内发布；指定的杂志，应当及时刊登有关公告信息。

**第二十八条** 政府采购信息指定发布媒体应当对其发布的政府采购信息进行分类统计，并将统计结果按期报送同级人民政府财政部门。

**第二十九条** 政府采购信息指定发布媒体应当向社会公告本媒体的名称和联系方式。名称和联系方式发生变更的，应当及时向社会公告，并向负责指定其发布政府采购信息的财政部门备案。

## 第五章 法律责任

**第三十条** 采购人或者采购代理机构有下列情形之一的，由县级人民政府财政部门责令限期改正，给予警告；对直接负责的主管人员和其他直接责任人员，由其行政主管部门或者有关机关给予处分，并予通报：

（一）应当公告政府采购信息而未公告的；

（二）不首先在财政部指定的政府采购信息发布媒体上公告信息，或者不在财政部门指定的政府采购信息发布媒体上公告信息的；

（三）政府采购信息内容明显违反本办法规定的；

（四）在两个以上政府采购信息指定发布媒体上公告同一信息的实质内容明显不一致的；

（五）未按规定期限公告信息的。

**第三十一条** 采购人或者采购代理机构有下列情形之一的，采购无效，并由县级人民政府财政部门给予警告或者通报批评；属于政府采购代理机构责任且情节严重的，依法取消其进行相关业务资格：

（一）招标投标信息中以不合理条件限制或者排斥潜在投标人的；

（二）公告的信息不真实，有虚假或者欺诈内容的。

**第三十二条** 政府采购信息指定发布媒体有下列情形之一的，由省级以上人民政府财政部门给予警告；情节严重的，依法取消其政府采购信息指定发布媒体资格；造成经济损失的，依法承担相应的赔偿责任：

（一）违反事先约定收取或者变相收取信息发布费用的；

（二）无正当理由拒绝发布信息提供者提供信息的；

（三）无正当理由延误政府采购信息发布时间的；

（四）发布政府采购信息改变信息提供者提供信息实质性内容的；

（五）其他违反政府采购信息管理的行为。

**第三十三条** 任何单位和个人非法干预政府采购信息公告活动的，由省级以上人民政府财政部门责令限期改正，给予警告；拒不改正的，转送有关机关依法处理。

**第三十四条** 任何单位或者个人发现政府采购信息发布活动不符合本办法规定的，有权向同级人民政府财政部门控告和检举，有关财政部门应当依法予以处理。

## 第六章 附 则

**第三十五条** 省级财政部门可以根据本办法，制定具体实施办法。

**第三十六条** 本办法自 2004 年 9 月 11 日起施行。财政部 2000 年 9 月 11 日颁布实施的《政府采购信息公告管理办法》（财库〔2000〕7 号）同时废止。

附录 13

# 政府采购供应商投诉处理办法

（财政部令第 20 号）

## 第一章　总　则

**第一条**　为了防止和纠正违法的或者不当的政府采购行为，保护参加政府采购活动供应商的合法权益，维护国家利益和社会公共利益，建立规范高效的政府采购投诉处理机制，根据《中华人民共和国政府采购法》（以下简称《政府采购法》），制定本办法。

**第二条**　供应商依法向财政部门提起投诉，财政部门受理投诉、作出处理决定，适用本办法。

**第三条**　县级以上各级人民政府财政部门负责依法受理和处理供应商投诉。

财政部负责中央预算项目政府采购活动中的供应商投诉事宜。

县级以上地方各级人民政府财政部门负责本级预算项目政府采购活动中的供应商投诉事宜。

**第四条**　各级财政部门应当在省级以上财政部门指定的政府采购信息发布媒体上公告受理投诉的电话、传真等方便供应商投诉的事项。

**第五条**　财政部门处理投诉，应当坚持公平、公正和简便、高效的原则，维护国家利益和社会公共利益。

**第六条**　供应商投诉实行实名制，其投诉应当有具体的投诉事项及事实根据，不得进行虚假、恶意投诉。

## 第二章　投诉提起与受理

**第七条**　供应商认为采购文件、采购过程、中标和成交结果使自己的合法权益受到损害的，应当首先依法向采购人、采购代理机构提出质疑。对采购人、采购代理机构的质疑答复不满意，或者采购人、采购代理机构未在规定期限内作出答复的，供应商可以在答复期满后 15 个工作日内向同级财政部门提起投诉。

**第八条**　投诉人投诉时，应当提交投诉书，并按照被投诉采购人、采购代理机构（以下简称“被投诉人”）和与投诉事项有关的供应商数量提供投诉书的副本。

投诉书应当包括下列主要内容：

（一）投诉人和被投诉人的名称、地址、电话等；

（二）具体的投诉事项及事实依据；

（三）质疑和质疑答复情况及相关证明材料；

（四）提起投诉的日期。

投诉书应当署名。投诉人为自然人的，应当由本人签字；投诉人为法人或者其他组织的，应当由法定代表人或者主要负责人签字盖章并加盖公章。

**第九条** 投诉人可以委托代理人办理投诉事务。代理人办理投诉事务时，除提交投诉书外，还应当向同级财政部门提交投诉人的授权委托书，授权委托书应当载明委托代理的具体权限和事项。

**第十条** 投诉人提起投诉应当符合下列条件：

（一）投诉人是参与所投诉政府采购活动的供应商；

（二）提起投诉前已依法进行质疑；

（三）投诉书内容符合本办法的规定；

（四）在投诉有效期限内提起投诉；

（五）属于本财政部门管辖；

（六）同一投诉事项未经财政部门投诉处理；

（七）国务院财政部门规定的其他条件。

**第十一条** 财政部门收到投诉书后，应当在5个工作日内进行审查，对不符合投诉条件的，分别按下列规定予以处理：

（一）投诉书内容不符合规定的，告知投诉人修改后重新投诉；

（二）投诉不属于本部门管辖的，转送有管辖权的部门，并通知投诉人；

（三）投诉不符合其他条件的，书面告知投诉人不予受理，并应当说明理由。

对符合投诉条件的投诉，自财政部门收到投诉书之日起即为受理。

**第十二条** 财政部门应当在受理投诉后3个工作日内向被投诉人和与投诉事项有关的供应商发送投诉书副本。

**第十三条** 被投诉人和与投诉事项有关的供应商应当在收到投诉书副本之日起5个工作日内，以书面形式向财政部门作出说明，并提交相关证据、依据和其他有关材料。

## 第三章 投诉处理与决定

**第十四条** 财政部门处理投诉事项原则上采取书面审查的办法。财政部门认为有必要时，可以进行调查取证，也可以组织投诉人和被投诉人当面进行质证。

**第十五条** 对财政部门依法进行调查的，投诉人、被投诉人以及与投诉事项有关的单位及人员等应当如实反映情况，并提供财政部门所需要的相关材料。

**第十六条** 投诉人拒绝配合财政部门依法进行调查的，按自动撤回投诉处理；被投诉人不提交相关证据、依据和其他有关材料的，视同放弃说明权利，认可投诉事项。

**第十七条** 财政部门经审查，对投诉事项分别作出下列处理决定：

（一）投诉人撤回投诉的，终止投诉处理；

（二）投诉缺乏事实依据的，驳回投诉；

（三）投诉事项经查证属实的，分别按照本办法有关规定处理。

**第十八条** 财政部门经审查，认定采购文件具有明显倾向性或者歧视性等问题，给投诉人或者其他供应商合法权益造成或者可能造成损害的，按下列情况分别处理：

（一）采购活动尚未完成的，责令修改采购文件，并按修改后的采购文件开展采购活动；

（二）采购活动已经完成，但尚未签订政府采购合同的，决定采购活动违法，责令重新开展采购活动；

（三）采购活动已经完成，并且已经签订政府采购合同的，决定采购活动违法，由被投诉人按照有关法律规定承担相应的赔偿责任。

**第十九条** 财政部门经审查，认定采购文件、采购过程影响或者可能影响中标、成交结果的，或者中标、成交结果的产生过程存在违法行为的，按下列情况分别处理：

（一）政府采购合同尚未签订的，分别根据不同情况决定全部或者部分采购行为违法，责令重新开展采购活动；

（二）政府采购合同已经签订但尚未履行的，决定撤销合同，责令重新开展采购活动；

（三）政府采购合同已经履行的，决定采购活动违法，给采购人、投诉人造成损失的，由相关责任人承担赔偿责任。

**第二十条** 财政部门应当自受理投诉之日起30个工作日内，对投诉事项作出处理决定，并以书面形式通知投诉人、被投诉人及其他与投诉处理结果有利害关系的政府采购当事人。

**第二十一条** 财政部门作出处理决定，应当制作投诉处理决定书，并加盖印章。投诉处理决定书应当包括下列主要内容：

（一）投诉人和被投诉人的姓名或者名称、住所等；

（二）委托代理人办理的，代理人的姓名、职业、住址、联系方式等；

（三）处理决定的具体内容及事实根据和法律依据；

（四）告知投诉人行政复议申请权和诉讼权利；

（五）作出处理决定的日期。

投诉处理决定书的送达，依照民事诉讼法关于送达的规定执行。

**第二十二条** 财政部门在处理投诉事项期间，可以视具体情况书面通知被投诉人暂停采购活动，但暂停时间最长不得超过30日。

被投诉人收到通知后应当立即暂停采购活动，在法定的暂停期限结束前或者财政部门发出恢复采购活动通知前，不得进行该项采购活动。

**第二十三条** 财政部门应当将投诉处理结果在省级以上财政部门指定的政府采购信息发布媒体上公告。

**第二十四条** 投诉人对财政部门的投诉处理决定不服或者财政部门逾期未作处理的，可以依法申请行政复议或者向人民法院提起行政诉讼。

## 第四章 法律责任

**第二十五条** 财政部门在处理投诉过程中，发现被投诉人及其工作人员、评标委员会成员、供应商有违法行为，本机关有权处理、处罚的，应当依法予以处理、处罚；本机关无权处理的，应当转送有权处理的机关依法处理。

**第二十六条** 投诉人有下列情形之一的，属于虚假、恶意投诉，财政部门应当驳回投诉，将其列入不良行为记录名单，并依法予以处罚：

(一)一年内三次以上投诉均查无实据的;

(二)捏造事实或者提供虚假投诉材料的。

**第二十七条** 被投诉人的违法行为给他人造成损失的,应当依照有关民事法律规定承担民事责任。

**第二十八条** 财政部门工作人员在投诉处理过程中滥用职权、玩忽职守、徇私舞弊的,依法给予行政处分;构成犯罪的,依法追究刑事责任。

## 第五章 附 则

**第二十九条** 财政部门处理投诉不得向投诉人和被投诉人收取任何费用。但因处理投诉发生的鉴定费用,应当按照"谁过错谁负担"的原则由过错方负担;双方都有过错的,由双方合理分担。

**第三十条** 财政部门应当建立投诉处理档案管理制度,并自觉接受有关部门依法进行的监督检查。

**第三十一条** 对在投诉处理过程中知悉的商业秘密及个人隐私,财政部门及知情人应当负保密责任。

**第三十二条** 本办法自2004年9月11日起施行。

## 附录 14

# 标准施工招标资格预审文件和标准施工招标文件试行规定

（2007 年 11 月 1 日发改委令 2007 年第 56 号）

为了规范施工招标资格预审文件、招标文件编制活动，促进招标投标活动的公开、公平和公正，国家发展和改革委员会、财政部、建设部、铁道部、交通部、信息产业部、水利部、民用航空总局、广播电影电视总局联合制定了《〈标准施工招标资格预审文件〉和〈标准施工招标文件〉试行规定》及相关附件，现予发布，自 2008 年 5 月 1 日起施行。

国家发展和改革委员会主任：
财政部部长：
建设部部长：
铁道部部长：
交通部部长：
信息产业部部长：
水利部部长：
民航总局局长：
广播电影电视总局局长：

二〇〇七年十一月一日

**第一条** 为了规范施工招标资格预审文件、招标文件编制活动，提高资格预审文件、招标文件编制质量，促进招标投标活动的公开、公平和公正，国家发展和改革委员会、财政部、建设部、铁道部、交通部、信息产业部、水利部、民用航空总局、广播电影电视总局联合编制了《标准施工招标资格预审文件》和《标准施工招标文件》（以下如无特别说明，统一简称为《标准文件》）。

**第二条** 本《标准文件》适用于依法必须招标的工程建设项目。

**第三条** 国务院有关行业主管部门可根据《标准施工招标文件》并结合本行业施工招标特点和管理需要，编制行业标准施工招标文件。行业标准施工招标文件重点对“专用合同条款”“工程量清单”“图纸”“技术标准和要求”作出具体规定。

**第四条** 招标人应根据《标准文件》和行业标准施工招标文件（如有），结合招标项目具体特点和实际需要，按照公开、公平、公正和诚实信用原则编写施工招标资格预审文件或施工招标文件，并按规定执行政府采购政策。

**第五条** 行业标准施工招标文件和招标人编制的施工招标资格预审文件、施工招标文件,应不加修改地引用《标准施工招标资格预审文件》中的"申请人须知"(申请人须知前附表除外)、"资格审查办法"(资格审查办法前附表除外),以及《标准施工招标文件》中的"投标人须知"(投标人须知前附表和其他附表除外)、"评标办法"(评标办法前附表除外)、"通用合同条款"。

《标准文件》中的其他内容,供招标人参考。

**第六条** 行业标准施工招标文件中的"专用合同条款"可对《标准施工招标文件》中的"通用合同条款"进行补充、细化,除"通用合同条款"明确"专用合同条款"可作出不同约定外,补充和细化的内容不得与"通用合同条款"强制性规定相抵触,否则抵触内容无效。

**第七条** "申请人须知前附表"和"投标人须知前附表"用于进一步明确"申请人须知"和"投标人须知"正文中的未尽事宜,招标人应结合招标项目具体特点和实际需要编制和填写,但不得与"申请人须知"和"投标人须知"正文内容相抵触,否则抵触内容无效。

**第八条** "资格审查办法前附表"和"评标办法前附表"用于明确资格审查和评标的方法、因素、标准和程序。招标人应根据招标项目具体特点和实际需要,详细列明全部审查或评审因素、标准,没有列明的因素和标准不得作为资格审查或评标的依据。

**第九条** 招标人编制招标文件中的"专用合同条款"可根据招标项目的具体特点和实际需要,对《标准施工招标文件》中的"通用合同条款"进行补充、细化和修改,但不得违反法律、行政法规的强制性规定和平等、自愿、公平和诚实信用原则。

**第十条** 招标人编制的资格预审文件和招标文件不得违反公开、公平、公正、平等、自愿和诚实信用原则。

**第十一条** 国务院有关部门和地方人民政府有关部门应加强对招标人使用《标准文件》的指导和监督检查,及时总结经验和发现问题。

**第十二条** 需要就如何适用《标准文件》中不加修改地引用的内容作出解释的,按照国务院和地方人民政府部门职责分工,分别由有关部门负责。

**第十三条** 因出现新情况,需要对《标准文件》中不加修改地引用的内容作出解释或调整的,由国家发展和改革委员会会同国务院有关部门作出解释或调整。该解释和调整与《标准文件》具有同等效力。

**第十四条** 《标准文件》作为本规定的附件,与本规定同时发布施行。

附件:一、《中华人民共和国标准施工招标资格预审文件》(2007 年版)

二、《中华人民共和国标准施工招标文件》(2007 年版)

## 附录 15

《经营性公路建设项目投资人招标投标管理规定》已于 2007 年 9 月 28 日经第 10 次部务会议通过，现予公布，自 2008 年 1 月 1 日起施行。

部　长　李盛霖

二○○七年十月十六日

# 经营性公路建设项目投资人招标投标管理规定

（2007 年 9 月 28 日交通部令 2007 年第 8 号）

## 第一章　总　则

**第一条**　为规范经营性公路建设项目投资人招标投标活动，根据《中华人民共和国公路法》、《中华人民共和国招标投标法》和《收费公路管理条例》，制定本规定。

**第二条**　在中华人民共和国境内的经营性公路建设项目投资人招标投标活动，适用本规定。

本规定所称经营性公路是指符合《收费公路管理条例》的规定，由国内外经济组织投资建设，经批准依法收取车辆通行费的公路（含桥梁和隧道）。

**第三条**　经营性公路建设项目投资人招标投标活动应当遵循公开、公平、公正、诚信、择优的原则。

任何单位和个人不得非法干涉招标投标活动。

**第四条**　国务院交通主管部门负责全国经营性公路建设项目投资人招标投标活动的监督管理工作。主要职责是：

（一）根据有关法律、行政法规，制定相关规章和制度，规范和指导全国经营性公路建设项目投资人招标投标活动；

（二）监督全国经营性公路建设项目投资人招标投标活动，依法受理举报和投诉，查处招标投标活动中的违法行为；

（三）对全国经营性公路建设项目投资人进行动态管理，定期公布投资人信用情况。

**第五条**　省级人民政府交通主管部门负责本行政区域内经营性公路建设项目投资人招标投标活动的监督管理工作。主要职责是：

（一）贯彻执行有关法律、行政法规、规章，结合本行政区域内的实际情况，制定具体管理制度；

（二）确定下级人民政府交通主管部门对经营性公路建设项目投资人招标投标活动的监

督管理职责；

（三）发布本行政区域内经营性公路建设项目投资人招标信息；

（四）负责组织对列入国家高速公路网规划和省级人民政府确定的重点经营性公路建设项目的投资人招标工作；

（五）指导和监督本行政区域内的经营性公路建设项目投资人招标投标活动，依法受理举报和投诉，查处招标投标活动中的违法行为。

**第六条** 省级以下人民政府交通主管部门的主要职责是：

（一）贯彻执行有关法律、行政法规、规章和相关制度；

（二）负责组织本行政区域内除第五条第（四）项规定以外的经营性公路建设项目投资人招标工作；

（三）按照省级人民政府交通主管部门的规定，对本行政区域内的经营性公路建设项目投资人招标投标活动进行监督管理。

## 第二章 招 标

**第七条** 需要进行投资人招标的经营性公路建设项目应当符合下列条件：

（一）符合国家和省、自治区、直辖市公路发展规划；

（二）符合《收费公路管理条例》第十八条规定的技术等级和规模；

（三）已经编制项目可行性研究报告。

**第八条** 招标人是依照本规定提出经营性公路建设项目、组织投资人招标工作的交通主管部门。

招标人可以自行组织招标或委托具有相应资格的招标代理机构代理有关招标事宜。

**第九条** 经营性公路建设项目投资人招标应当采用公开招标方式。

**第十条** 经营性公路建设项目投资人招标实行资格审查制度。资格审查方式采取资格预审或资格后审。

资格预审，是指招标人在投标前对潜在投标人进行资格审查。

资格后审，是指招标人在开标后对投标人进行资格审查。

实行资格预审的，一般不再进行资格后审，但招标文件另有规定的除外。

**第十一条** 资格审查的基本内容应当包括投标人的财务状况、注册资本、净资产、投融资能力、初步融资方案、从业经验和商业信誉等情况。

**第十二条** 经营性公路建设项目招标工作应当按照以下程序进行：

（一）发布招标公告；

（二）潜在投标人提出投资意向；

（三）招标人向提出投资意向的潜在投标人推介投资项目；

（四）潜在投标人提出投资申请；

（五）招标人向提出投资申请的潜在投标人详细介绍项目情况，可以组织潜在投标人踏勘项目现场并解答有关问题；

（六）实行资格预审的，由招标人向提出投资申请的潜在投标人发售资格预审文件；实行资格后审的，由招标人向提出投资申请的投标人发售招标文件；

(七)实行资格预审的,潜在投标人编制资格预审申请文件,并递交招标人;招标人应当对递交资格预审申请文件的潜在投标人进行资格审查,并向资格预审合格的潜在投标人发售招标文件;

(八)投标人编制投标文件,并提交招标人;

(九)招标人组织开标,组建评标委员会;

(十)实行资格后审的,评标委员会应当在开标后首先对投标人进行资格审查;

(十一)评标委员会进行评标,推荐中标候选人;

(十二)招标人确定中标人,并发出中标通知书;

(十三)招标人与中标人签订投资协议。

**第十三条** 招标人应通过国家指定的全国性报刊、信息网络等媒介发布招标公告。

采用国际招标的,应通过相关国际媒介发布招标公告。

**第十四条** 招标人应当参照国务院交通主管部门制定的经营性公路建设项目投资人招标资格预审文件范本编制资格预审文件,并结合项目特点和需要确定资格审查标准。

招标人应当组建资格预审委员会对递交资格预审申请文件的潜在投标人进行资格审查。资格预审委员会由招标人代表和公路、财务、金融等方面的专家组成,成员人数为七人以上单数。

**第十五条** 招标人应当参照国务院交通主管部门制定的经营性公路建设项目投资人招标文件范本,并结合项目特点和需要编制招标文件。

招标人编制招标文件时,应当充分考虑项目投资回收能力和预期收益的不确定性,合理分配项目的各类风险,并对特许权内容、最长收费期限、相关政策等予以说明。招标人编制的可行性研究报告应当作为招标文件的组成部分。

**第十六条** 招标人应当合理确定资格预审申请文件和投标文件的编制时间。

编制资格预审申请文件时间,自资格预审文件开始发售之日起至潜在投标人提交资格预审申请文件截止之日止,不得少于三十个工作日。

编制投标文件的时间,自招标文件开始发售之日起至投标人提交投标文件截止之日止,不得少于四十五个工作日。

**第十七条** 列入国家高速公路网规划和需经国务院投资主管部门核准的经营性公路建设项目投资人招标投标活动,应当按照招标工作程序,及时将招标文件、资格预审结果、评标报告报国务院交通主管部门备案。国务院交通主管部门应当在收到备案文件七个工作日内,对不符合法律、法规规定的内容提出处理意见,及时行使监督职责。

其他经营性公路建设项目投资人招标投标活动的备案工作按照省级人民政府交通主管部门的有关规定执行。

## 第三章 投 标

**第十八条** 投标人是响应招标、参加投标竞争的国内外经济组织。

采用资格预审方式招标的,潜在投标人通过资格预审后,方可参加投标。

**第十九条** 投标人应当具备以下基本条件:

(一)总资产六亿元人民币以上,净资产二亿五千万元人民币以上;

(二)最近连续三年每年均为盈利,且年度财务报告应当经具有法定资格的中介机构审计;

(三)具有不低于项目估算的投融资能力,其中净资产不低于项目估算投资的百分之三十五;

(四)商业信誉良好,无重大违法行为。

招标人可以根据招标项目的实际情况,提高对投标人的条件要求。

**第二十条** 两个以上的国内外经济组织可以组成一个联合体,以一个投标人的身份共同投标。联合体各方均应符合招标人对投标人的资格审查标准。

以联合体形式参加投标的,应提交联合体各方签订的共同投标协议。共同投标协议应当明确约定联合体各方的出资比例、相互关系、拟承担的工作和责任。联合体中标的,联合体各方应当共同与招标人签订项目投资协议,并向招标人承担连带责任。

联合体的控股方为联合体主办人。

**第二十一条** 投标人应当按照招标文件的要求编制投标文件,投标文件应当对招标文件提出的实质性要求和条件作出响应。

**第二十二条** 招标文件明确要求提交投标担保的,投标人应按照招标文件要求的额度、期限和形式提交投标担保。投标人未按照招标文件的要求提交投标担保的,其提交的投标文件为废标。

投标担保的额度一般为项目投资的千分之三,但最高不得超过五百万元人民币。

**第二十三条** 投标人参加投标,不得弄虚作假,不得与其他投标人串通投标,不得采取商业贿赂以及其他不正当手段谋取中标,不得妨碍其他投标人投标。

## 第四章 开标与评标

**第二十四条** 开标应当在招标文件确定的提交投标文件截止时间的同一时间公开进行。

开标由招标人主持,邀请所有投标人代表参加。招标人对开标过程应当记录,并存档备查。

**第二十五条** 评标由招标人依法组建的评标委员会负责。评标委员会由招标人代表和公路、财务、金融等方面的专家组成,成员人数为七人以上单数。招标人代表的人数不得超过评标委员会总人数的三分之一。

与投标人有利害关系以及其他可能影响公正评标的人员不得进入相关项目的评标委员会,已经进入的应当更换。

评标委员会成员的名单在中标结果确定前应当保密。

**第二十六条** 评标委员会可以直接或者通过招标人以书面方式要求投标人对投标文件中含义不明确、对同类问题表述不一致或者有明显文字错误的内容作出必要的澄清或者说明,但是澄清或者说明不得超出或者改变投标文件的范围或者改变投标文件的实质性内容。

**第二十七条** 经营性公路建设项目投资人招标的评标办法应当采用综合评估法或者最短收费期限法。

采用综合评估法的,应当在招标文件中载明对收费期限、融资能力、资金筹措方案、融资经验、项目建设方案、项目运营、移交方案等评价内容的评分权重,根据综合得分由高到低推荐中标候选人。

采用最短收费期限法的,应当在投标人实质性响应招标文件的前提下,推荐经评审的收费期限最短的投标人为中标候选人,但收费期限不得违反国家有关法规的规定。

**第二十八条** 评标委员会完成评标后,应当向招标人提出书面评标报告,推荐一至三名中标候选人,并标明排名顺序。

评标报告需要由评标委员会全体成员签字。

## 第五章 中标与协议的签订

**第二十九条** 招标人应当确定排名第一的中标候选人为中标人。招标人也可以授权评标委员会直接确定中标人。

排名第一的中标候选人有下列情形之一的,招标人可以确定排名第二的中标候选人为中标人:

(一)自动放弃中标;

(二)因不可抗力提出不能履行合同;

(三)不能按照招标文件要求提交履约保证金;

(四)存在违法行为被有关部门依法查处,且其违法行为影响中标结果的。

如果排名第二的中标候选人存在上述情形之一,招标人可以确定排名第三的中标候选人为中标人。

三个中标候选人都存在本条第二款所列情形的,招标人应当依法重新招标。

招标人不得在评标委员会推荐的中标候选人之外确定中标人。

**第三十条** 提交投标文件的投标人少于三个或者因其他原因导致招标失败的,招标人应当依法重新招标。重新招标前,应当根据前次的招标情况,对招标文件进行适当调整。

**第三十一条** 招标人确定中标人后,应当在十五个工作日内向中标人发出中标通知书,同时通知所有未中标的投标人。

**第三十二条** 招标文件要求中标人提供履约担保的,中标人应当提供。担保的金额一般为项目资本金出资额的百分之十。

履约保证金应当在中标人履行项目投资协议后三十日内予以退还。其他形式的履约担保,应当在中标人履行项目投资协议后三十日内予以撤销。

**第三十三条** 招标人和中标人应当自中标通知书发出之日起三十个工作日内按照招标文件和中标人的投标文件订立书面投资协议。投资协议应包括以下内容:

(一)招标人与中标人的权利义务;

(二)履约担保的有关要求;

(三)违约责任;

(四)免责事由;

(五)争议的解决方式;

(六)双方认为应当规定的其他事项。

招标人应当在与中标人签订投资协议后五个工作日内向所有投标人退回投标担保。

**第三十四条** 中标人应在签订项目投资协议后九十日内到工商行政管理部门办理项目法人的工商登记手续,完成项目法人组建。

**第三十五条** 招标人与项目法人应当在完成项目核准手续后签订项目特许权协议。特许权协议应当参照国务院交通主管部门制定的特许权协议示范文本并结合项目的特点和需要制定。特许权协议应当包括以下内容:

(一)特许权的内容及期限;

(二)双方的权利及义务;

(三)项目建设要求;

(四)项目运营管理要求;

(五)有关担保要求;

(六)特许权益转让要求;

(七)违约责任;

(八)协议的终止;

(九)争议的解决;

(十)双方认为应规定的其他事项。

## 第六章 附 则

**第三十六条** 对招投标活动中的违法行为,应当按照国家有关法律、法规的规定予以处罚。

**第三十七条** 招标人违反本办法规定,以不合理的条件限制或者排斥潜在投标人,对潜在投标人实行歧视待遇的,由上级交通主管部门责令改正。

**第三十八条** 本规定自 2008 年 1 月 1 日起施行。

## 附录 16

《工程建设项目招标代理机构资格认定办法》已于 2006 年 12 月 30 日经建设部第 114 次常务会议讨论通过，现予发布，自 2007 年 3 月 1 日起施行。

建设部部长　汪光焘

二〇〇七年一月十一日

# 工程建设项目招标代理机构资格认定办法

（2007 年 1 月 11 日中华人民共和国建设部令第 154 号）

**第一条**　为了加强对工程建设项目招标代理机构的资格管理，维护工程建设项目招标投标活动当事人的合法权益，根据《中华人民共和国招标投标法》《中华人民共和国行政许可法》等有关法律和行政法规，制定本办法。

**第二条**　在中华人民共和国境内从事各类工程建设项目招标代理业务机构资格的认定，适用本办法。

本办法所称工程建设项目（以下简称工程），是指土木工程、建筑工程、线路管道和设备安装工程及装饰装修工程项目。

本办法所称工程建设项目招标代理（以下简称工程招标代理），是指工程招标代理机构接受招标人的委托，从事工程的勘察、设计、施工、监理以及与工程建设有关的重要设备（进口机电设备除外）、材料采购招标的代理业务。

**第三条**　国务院住房城乡建设主管部门负责全国工程招标代理机构资格认定的管理。

省、自治区、直辖市人民政府住房城乡建设主管部门负责本行政区域内的工程招标代理机构资格认定的管理。

**第四条**　从事工程招标代理业务的机构，应当依法取得国务院住房城乡建设主管部门或者省、自治区、直辖市人民政府住房城乡建设主管部门认定的工程招标代理机构资格，并在其资格许可的范围内从事相应的工程招标代理业务。

**第五条**　工程招标代理机构资格分为甲级、乙级和暂定级。

甲级工程招标代理机构可以承担各类工程的招标代理业务。

乙级工程招标代理机构只能承担工程总投资 1 亿元人民币以下的工程招标代理业务。

暂定级工程招标代理机构，只能承担工程总投资 6 000 万元人民币以下的工程招标代理业务。

**第六条**　工程招标代理机构可以跨省、自治区、直辖市承担工程招标代理业务。

任何单位和个人不得限制或者排斥工程招标代理机构依法开展工程招标代理业务。

**第七条** 甲级工程招标代理机构资格由国务院住房城乡建设主管部门认定。

乙级、暂定级工程招标代理机构资格由工商注册所在地的省、自治区、直辖市人民政府住房城乡建设主管部门认定。

**第八条** 申请工程招标代理资格的机构应当具备下列条件：

(一)是依法设立的中介组织，具有独立法人资格；

(二)与行政机关和其他国家机关没有行政隶属关系或者其他利益关系；

(三)有固定的营业场所和开展工程招标代理业务所需设施及办公条件；

(四)有健全的组织机构和内部管理的规章制度；

(五)具备编制招标文件和组织评标的相应专业力量；

(六)具有可以作为评标委员会成员人选的技术、经济等方面的专家库；

(七)法律、行政法规规定的其他条件。

**第九条** 申请甲级工程招标代理资格的机构，除具备本办法第八条规定的条件外，还应当具备下列条件：

(一)取得乙级工程招标代理资格满 3 年；

(二)近 3 年内累计工程招标代理中标金额在 16 亿元人民币以上(以中标通知书为依据，下同)；

(三)具有中级以上职称的工程招标代理机构专职人员不少于 20 人，其中具有工程建设类注册执业资格人员不少于 10 人(其中注册造价工程师不少于 5 人)，从事工程招标代理业务 3 年以上的人员不少于 10 人；

(四)技术经济负责人为本机构专职人员，具有 10 年以上从事工程管理的经验，具有高级技术经济职称和工程建设类注册执业资格。

**第十条** 申请乙级工程招标代理资格的机构，除具备本办法第八条规定的条件外，还应当具备下列条件：

(一)取得暂定级工程招标代理资格满 1 年；

(二)近 3 年内累计工程招标代理中标金额在 8 亿元人民币以上；

(三)具有中级以上职称的工程招标代理机构专职人员不少于 12 人，其中具有工程建设类注册执业资格人员不少于 6 人(其中注册造价工程师不少于 3 人)，从事工程招标代理业务 3 年以上的人员不少于 6 人；

(四)技术经济负责人为本机构专职人员，具有 8 年以上从事工程管理的经历，具有高级技术经济职称和工程建设类注册执业资格。

**第十一条** 新设立的工程招标代理机构具备第八条和第十条第(三)、(四)项条件的，可以申请暂定级工程招标代理资格。

**第十二条** 申请工程招标代理机构资格的机构，应当提供下列资料：

(一)工程招标代理机构资格申请报告；

(二)《工程招标代理机构资格申请表》及电子文档；

(三)企业法人营业执照；

(四)工程招标代理机构章程以及内部管理规章制度；

(五)专职人员身份证复印件、劳动合同、职称证书或工程建设类注册执业资格证书、社会保险缴费凭证以及人事档案代理证明；

（六）法定代表人和技术经济负责人的任职文件、个人简历等材料，技术经济负责人还应提供从事工程管理经历证明；

（七）办公场所证明，主要办公设备清单；

（八）上一年度经审计的企业财务报告（含报表及说明，下同）；

（九）评标专家库成员名单；

（十）法律、法规要求提供的其他有关资料。

申请甲级、乙级工程招标代理机构资格的，还应当提供工程招标代理有效业绩证明（工程招标代理合同、中标通知书和招标人评价意见）。

工程招标代理机构应当对所提供资料的真实性负责。

**第十三条** 申请甲级工程招标代理机构资格的，可以向机构工商注册所在地的省、自治区、直辖市人民政府住房城乡建设主管部门提交申请材料。

省、自治区、直辖市人民政府住房城乡建设主管部门收到申请材料后，应当在5日内将全部申请材料报审批部门。国务院住房城乡建设主管部门在收到申请材料后，应当依法作出是否受理的决定，并出具凭证；申请材料不齐全或者不符合法定形式的，应当在5日内一次性告知申请人需要补正的全部内容。逾期不告知的，自收到申请材料之日起即为受理。

国务院住房城乡建设主管部门应当自受理之日起20日内作出审批决定。自作出决定之日起10日内公告审批结果。

组织专家评审所需时间不计算在上述时限内，但应当明确告知申请人。

**第十四条** 乙级、暂定级工程招标代理机构资格的具体实施程序，由省、自治区、直辖市人民政府住房城乡建设主管部门依法确定。

省、自治区、直辖市人民政府住房城乡建设主管部门应当将认定的乙级、暂定级的工程招标代理机构名单在认定后15日内，报国务院住房城乡建设主管部门备案。

**第十五条** 工程招标代理机构的资格，在认定前由住房城乡建设主管部门组织专家委员会评审。

**第十六条** 工程招标代理机构资格证书分为正本和副本，由国务院住房城乡建设主管部门统一印制，正本和副本具有同等法律效力。

甲级、乙级工程招标代理机构资格证书的有效期为5年，暂定级工程招标代理机构资格证书的有效期为3年。

**第十七条** 甲级、乙级工程招标代理机构的资格证书有效期届满，需要延续资格证书有效期的，应当在其工程招标代理机构资格证书有效期届满60日前，向原资格许可机关提出资格延续申请。

对于在资格有效期内遵守有关法律、法规、规章、技术标准，信用档案中无不良行为记录，且业绩、专职人员满足资格条件的甲级、乙级工程招标代理机构，经原资格许可机关同意，有效期延续5年。

**第十八条** 暂定级工程招标代理机构的资格证书有效期届满，需继续从事工程招标代理业务的，应当重新申请暂定级工程招标代理机构资格。

**第十九条** 工程招标代理机构在资格证书有效期内发生下列情形之一的，应当自情形

发生之日起30日内,到原资格许可机关办理资格证书变更手续,原资格许可机关在2日内办理变更手续:

(一)工商登记事项发生变更的;

(二)技术经济负责人发生变更的;

(三)法律法规规定的其他需要变更资格证书的情形。

由省、自治区、直辖市人民政府住房城乡建设主管部门办理变更的,省、自治区、直辖市人民政府住房城乡建设主管部门应当在办理变更后15日内,将变更情况报国务院住房城乡建设主管部门备案。

**第二十条** 工程招标代理机构申请资格证书变更的,应当提交以下材料:

(一)资格证书变更申请;

(二)企业法人营业执照复印件;

(三)资格证书正、副本复印件;

(四)与资格变更事项有关的证明材料。

**第二十一条** 工程招标代理机构合并的,合并后存续或者新设立的机构可以承继合并前各方中较高的资格等级,但应当符合相应的资格条件。

工程招标代理机构分立的,只能由分立后的一方工程招标代理机构承继原工程招标代理机构的资格,但应当符合原工程招标代理机构的资格条件。承继原工程招标代理机构资格的一方由分立各方协商确定;其他各方资格按照本办法的规定申请重新核定。

**第二十二条** 工程招标代理机构在领取新的工程招标代理机构资格证书的同时,应当将原资格证书交回原发证机关予以注销。

工程招标代理机构需增补(含增加、更换、遗失补办)工程招标代理机构资格证书的,应当持资格证书增补申请等材料向资格许可机关申请办理。遗失资格证书的,在申请补办前,应当在公众媒体上刊登遗失声明。资格许可机关应当在2日内办理完毕。

**第二十三条** 工程招标代理机构应当与招标人签订书面合同,在合同约定的范围内实施代理,并按照国家有关规定收取费用;超出合同约定实施代理的,依法承担民事责任。

**第二十四条** 工程招标代理机构应当在其资格证书有效期内,妥善保存工程招标代理过程文件以及成果文件。

工程招标代理机构不得伪造、隐匿工程招标代理过程文件以及成果文件。

**第二十五条** 工程招标代理机构在工程招标代理活动中不得有下列行为:

(一)与所代理招标工程的招投标人有隶属关系、合作经营关系以及其他利益关系;

(二)从事同一工程的招标代理和投标咨询活动;

(三)超越资格许可范围承担工程招标代理业务;

(四)明知委托事项违法而进行代理;

(五)采取行贿、提供回扣或者给予其他不正当利益等手段承接工程招标代理业务;

(六)未经招标人书面同意,转让工程招标代理业务;

(七)泄露应当保密的与招标投标活动有关的情况和资料;

(八)与招标人或者投标人串通,损害国家利益、社会公共利益和他人合法权益;

(九)对有关行政监督部门依法责令改正的决定拒不执行或者以弄虚作假方式隐瞒

真相；

（十）擅自修改经招标人同意并加盖了招标人公章的工程招标代理成果文件；

（十一）涂改、倒卖、出租、出借或者以其他形式非法转让工程招标代理资格证书；

（十二）法律、法规和规章禁止的其他行为。

申请资格升级的工程招标代理机构或者重新申请暂定级资格的工程招标代理机构，在申请之日起前一年内有前款规定行为之一的，资格许可机关不予批准。

**第二十六条** 国务院住房城乡建设主管部门和省、自治区、直辖市住房城乡建设主管部门应当通过核查工程招标代理机构从业人员、经营业绩、市场行为、代理质量状况等情况，加强对工程招标代理机构资格的管理。

**第二十七条** 工程招标代理机构取得工程招标代理资格后，不再符合相应条件的，住房城乡建设主管部门根据利害关系人的请求或者依据职权，可以责令其限期改正；逾期不改的，资格许可机关可以撤回其工程招标代理资格。被撤回工程招标代理资格的，可以按照其实际达到的条件，向资格许可机关提出重新核定工程招标代理资格的申请。

**第二十八条** 有下列情形之一的，资格许可机关或者其上级机关，根据利害关系人的请求或者依据职权，可以撤销工程招标代理资格：

（一）资格许可机关工作人员滥用职权、玩忽职守作出准予资格许可的；

（二）超越法定职权作出准予资格许可的；

（三）违反法定程序作出准予资格许可的；

（四）对不符合许可条件的申请作出资格许可的；

（五）依法可以撤销工程招标代理资格的其他情形。

以欺骗、贿赂等不正当手段取得工程招标代理资格证书的，应当予以撤销。

**第二十九条** 有下列情形之一的，资格许可机关应当依法注销工程招标代理机构资格，并公告其资格证书作废，工程招标代理机构应当及时将资格证书交回资格许可机关：

（一）资格证书有效期届满未依法申请延续的；

（二）工程招标代理机构依法终止的；

（三）资格证书被撤销、撤回，或者吊销的；

（四）法律、法规规定的应当注销资格的其他情形。

**第三十条** 住房城乡建设主管部门应当建立工程招标代理机构信用档案，并向社会公示。

工程招标代理机构应当按照有关规定，向资格许可机关提供真实、准确、完整的企业信用档案信息。

工程招标代理机构的信用档案信息应当包括机构基本情况、业绩、工程质量和安全、合同违约等情况。本办法第二十五条第一款规定的行为、被投诉举报处理的违法行为、行政处罚等情况应当作为不良行为记入其信用档案。

**第三十一条** 工程招标代理机构隐瞒有关情况或者提供虚假材料申请工程招标代理机构资格的，资格许可机关不予受理或者不予行政许可，并给予警告，该机构 1 年内不得再次申请工程招标代理机构资格。

**第三十二条** 工程招标代理机构以欺骗、贿赂等不正当手段取得工程招标代理机构资格的,由资格许可机关给予警告,并处 3 万元罚款;该机构 3 年内不得再次申请工程招标代理机构资格。

**第三十三条** 工程招标代理机构不及时办理资格证书变更手续的,由原资格许可机关责令限期办理;逾期不办理的,可处以 1 000 元以上 1 万元以下的罚款。

**第三十四条** 工程招标代理机构未按照规定提供信用档案信息的,由原资格许可机关给予警告,责令限期改正;逾期未改正的,可处以 1000 元以上 1 万元以下的罚款。

**第三十五条** 未取得工程招标代理资格或者超越资格许可范围承担工程招标代理业务的,该工程招标代理无效,由原资格许可机关处以 3 万元罚款。

**第三十六条** 工程招标代理机构涂改、倒卖、出租、出借或者以其他形式非法转让工程招标代理资格证书的,由原资格许可机关处以 3 万元罚款。

**第三十七条** 有本办法第二十五条第(一)、(二)、(四)、(五)、(六)、(九)、(十)、(十二)项行为之一的,处以 3 万元罚款。

**第三十八条** 本办法自 2007 年 3 月 1 日起施行。《工程建设项目招标代理机构资格认定办法》(建设部令第 79 号)同时废止。

# 参考文献

[1]何红峰.招标投标法研究[M].天津:南开大学出版社,2004.

[2]朱建元.工程招标投标案例评析及法律实务[M].北京:知识产权出版社,2004.

[3]朱建元.招标投标法操作实务[M].北京:法律出版社,2000.

[4]林善谋.招标投标法适用与案例评析[M].北京:机械工业出版社,2004.

[5]曹富国.中国招标投标法原理与适用[M].北京:机械工业出版社,2002.

[6]刘长春,张嘉强,丛林.中华人民共和国招标投标法释义[M].北京:中国法制出版社,1999.

[7]全国人大常委会法制工作委员会经济法室.中华人民共和国招标投标法实用问答[M].北京:中国建材工业出版社,1999.

[8]国家发展计划委员会《中华人民共和国招标投标法》起草小组.招标投标法操作实务[M].北京:法律出版社,2000.

[9]王俊安.招标投标与合同管理[M].北京:中国建材工业出版社,2003.

[10]朱树英.建设工程法律实务[M].北京:法律出版社,2001.

[11]曲修山,黄文杰.工程建设合同管理[M].北京:知识产权出版社,2000.

[12]何伯森.国际工程招标与投标[M].北京:水利水电出版社,1994.

[13]许高峰.国际招投标[M].北京:人民交通出版社,2001.

[14]周越群,朱建元.国际金融机构贷款的招标与投标[M].北京:人民法院出版社,2000.

[15]曲修山.建设工程招标代理法律制度[M].北京:中国计划出版社,2002.

[16]曲修山.建设工程合同法律制度[M].北京:中国计划出版社,2002.

[17]张培添.招标投标法律指南[M].北京:中国政法大学出版社,1992.

[18]叶东文,马占福.招标投标法法律实务[M].北京:中国建筑工业出版社,2003.

# 参考文献